秘教 I

日本宗教の深層に蠢く
オカルティズムの源流

藤巻一保 著

戎光祥出版

深遠なる〝秘教世界〟への誘い

深遠なる秘密の教えを〝秘教〟という。仏教では密教の異名として使われてきたことばだが、本書では何らかの条件をクリアした秘儀参入者に対して伝授される秘密の教え、および伝授にかかわる秘密の儀式の担い手である密儀宗教の意味合いで用いている。

密儀宗教の世界では、秘密の知識は神仏・神仙・精霊・星神など目に見えない超越者との交わりによってもたらされると考えられており、その知識にあずかる資格のない者には、ほんらい公開は許されない。資格の要件はさまざまだが、中核をなしているのは超越者との直接的・全身的・没我的な交感という神秘体験であり、そうした交わりの神秘体験をもつことのできない者は、いかに知識学問を積み重ねても神秘の教えの扉を開くことはできない。もちろん密儀について概念的な知識を得ることはできる。けれどもそれは、中に何があるかわからない建物の周囲を果てしなくうろつき廻る行為と同じであり、建物の中身については無知の境涯に留まるしかないのである。

固く閉ざされた建物の扉を開ける鍵——それが見神や開悟や回心や得脱などさまざまなことばによって表現されてきた神秘体験にほかならない。神秘体験をもたらすための行と儀式は、日本では密教が最も体系的に整えてきたため、密教における密儀伝授の儀式である灌頂は、神道や修験道など密教以外の諸宗教にとりこまれたほか、和歌や文学、能・狂言、琵琶などの音曲、武道など、あらゆる芸事にとりこまれ、やがては流派の宗家・家元などによる家芸の独占化の道具となった。ただし、そこでおこなわれる灌頂は、ほんらいそうであるべきナマの神秘体験ではなく、シナリオのある演劇化された形式的・擬似的な神秘体験であり、文化伝承の形式としての灌頂なのである。

神秘体験は、まったく個人的な体験であり、秘教に参入できるかどうかは、ただただそれが体験されたか否かのみにかかっている。体験した者は必ず何らかのヴィジョンを見、声なき声を聞き、超越的な何かに没入するが、未体験者は他者が感得したヴィジョンや声を知識として受け取ることで満足しなければならない。この世界は、事実体験できたかどうかだけが問題であり、そこに到達するための段階的な過程というものは、ほんらい存在しない世界だからである。

とはいえ形式としての密儀が無意味かというと、けっしてそうではない。文化として残され、伝えられてきた密儀の〝型〟は、いわば一種の孵卵器（ふらんき）のようなもので、そこにはまる資質をもった者が入れば孵化が発動して、神秘に参入する道が開けるからである。

日本の秘教の中心は、古代以来、一貫して密教が座を占めてきた。それゆえ本書でも随所に密教が顔をのぞかせているが、その奥底にあるのは、密教という行と儀式のシステムを受け入れ、あるいは改編しながら営々と積み重ねられてきた、神仏を求めずにはおられない人間の宗教的営みの姿そのものにほかならない。それは私自身が十代の頃から倦かずに追い求めてきたものでもある。

本書の初版はちょうど二十年前に学習研究社から出版された。今回、戎光祥出版株式会社からの新版刊行に際して、全面的に内容を見直し、大幅な加筆訂正をほどこした。とくに聖徳太子（しょうとくたいし）の章では『先代旧事本紀大成経（せんだいくじほんぎたいせいきょう）』をめぐる歴史と背景を新たに書き加え、真言立川流（しんごんたちかわりゅう）その他についても大きく加筆修正した。また、前著では論と関連文書の現代語訳を並べて一冊としていたが、この版では論篇と訳篇を分けて『秘教Ⅰ』、『秘教Ⅱ』とし、関連文書を大幅に増補した。それについては『秘教Ⅱ』のはしがきを参照していただきたい。

本書は、宗教の根源に位置する密儀宗教をめぐる歴史、神話、伝承、体験、儀式などをひとつに溶かしこんで、非時間的な空間に存在しつづける、果てしなく深く仄暗い神秘の森を、虚仮の一念でうろつき回ってきた著者の探訪記でもある。改めて読み返すと不足ばかりが目につくが、もし本書がわずかでも秘教への関心の呼び水になることがあるのなら、私のささやかな探求にもなにがしの意味があったことになる。

令和四年正月

藤巻一保

目次

凡　例

編集部

一、本書は、著者の藤巻一保氏が、二〇〇七年に上梓した『増補改訂版　日本秘教全書』（学習研究社）を全面的に書き換え、新たに『秘教Ⅰ』『秘教Ⅱ』（全二冊）として刊行するものである。

二、『秘教Ⅰ』は「本文論篇」にあたる。また、『秘教Ⅱ』は「資料現代語訳篇」にあたるものである。本書では前著で一部にとどまっていた資料について全文を現代語訳し、さらに新たな資料を加え書き起こしたものである。

三、本書では、可能な限り原典に忠実な表記を用いた。そのため、漢字の表記は一部煩雑、かつさまざまな表記が混在しているが、あえて統一を避けた。

第一章　宮廷陰陽道と安倍・賀茂宗家

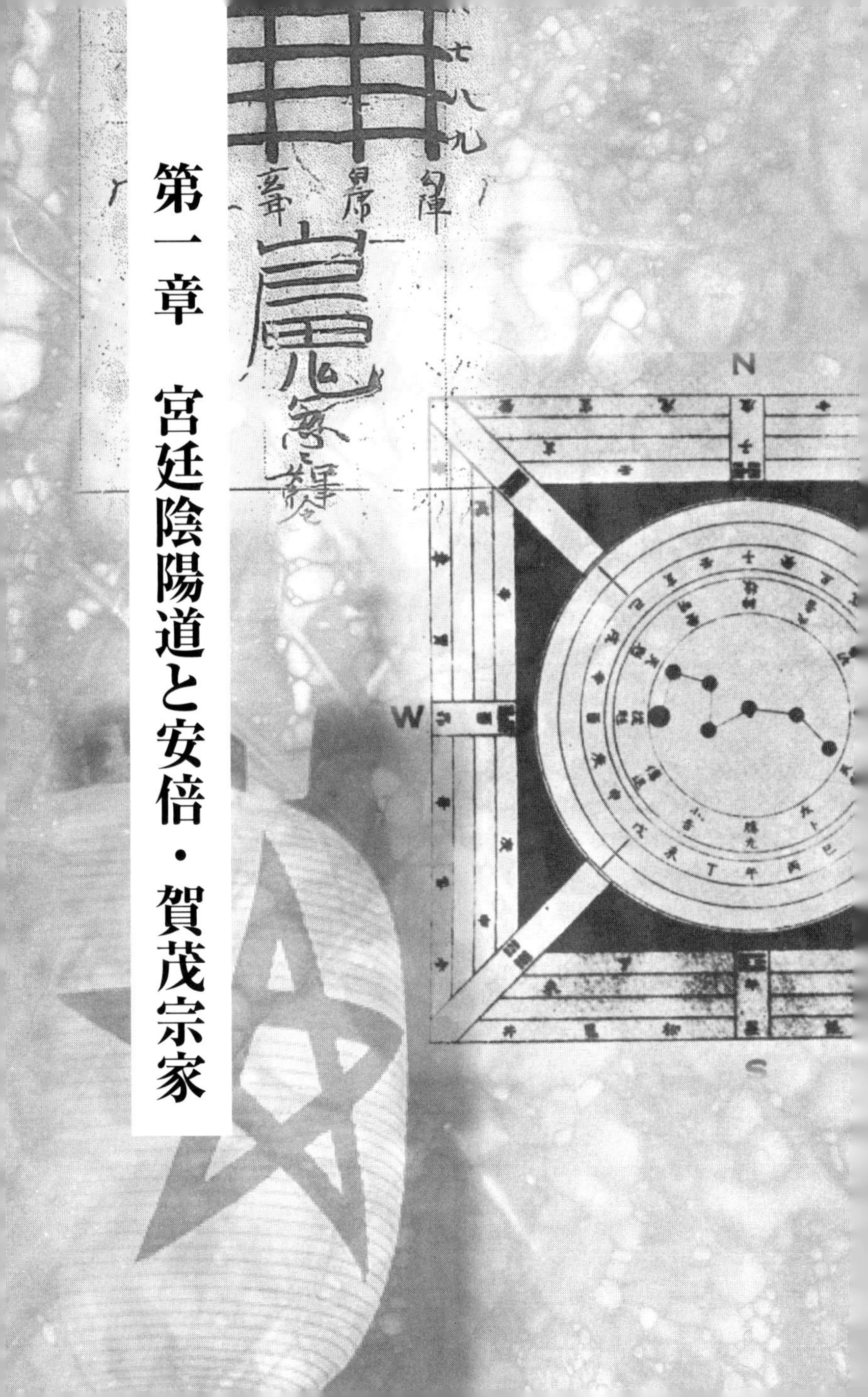

はじめに

　この章では、陰陽道の歴史と思想・術法の流れを、継体朝まで、継体朝から奈良朝末まで、桓武朝から十世紀まで、および陰陽道宗家の賀茂・安倍両氏の登場とそれ以後の四期に分けて概観し、その間、とくに陰陽家としてすぐれた能力を発揮した天武天皇、滋岳川人、弓削是雄、三善清行、賀茂忠行、賀茂保憲、安倍晴明らの事蹟も通観していく。

　陰陽道は賀茂氏の台頭が始まる十世紀から第四期に入っていく。賀茂氏は後に修験道の祖と崇められた役小角の系流といわれ、もともと神仙道や道教、陰陽道など大陸系の呪法と深いつながりをもつ呪法のエキスパートの家柄だった。その賀茂氏に認められ、ついに斯界の一大権威者にまでのしあがったのが安倍晴明で、保憲と晴明の登場以後、陰陽道界は賀茂・安倍両家の支配するところとなる。保憲は実子の光栄に暦道を継がせ、晴明には天文道を伝えて、ここに暦と天文の二大宗家体制が確立するのである。

　この両家のうち、近世にいたるまで陰陽道宗家の地位を保持しつづけたのが安倍（土御門）家であり、安倍氏陰陽道の礎を築いた晴明は、さまざまな説話を通じて神の化身とも文殊菩薩の化身とも称えられ、崇敬されてきた。けれどもその実像は、あまり伝えられていない。この章の後半では、謎に包まれた晴明の実像を、陰陽道の古文書『反閇作法并事例』や、当時の公家の日記などの史料を手がかりに探っていく。

『反閇作法』には、「天文得業生」として晴明の名が登場するが、この時点で晴明は四十歳だったと推定される。天文得業生とは天文道を学ぶ学生のことなので、世間に流布しているイメージとは大きく異なり、晴明は四十歳の時点で、いまだ若い天文得業生らにまじって陰陽寮四科のうちの天文道を学んでいたのである。彼が「陰陽師」の肩書で歴史に登場してくるのはさらに遅く、康保四年（九六七）、四十七歳のときである。

以後、晴明は朝廷の有力公家らに重用されて、ついには陰陽道界の一大権威者（陰陽道の一臈）となっていくのだが、なぜ晴明が陰陽道を目指したのか、安倍氏とはどのような家系だったのか、晴明が実際におこなった陰陽道祭祀はどのようなものだったかについても、探っていくことにしたい。関連資料として、『秘教Ⅱ』に『簠簋抄』由来の全訳を付した。そこで語られている晴明の前世と前半生が、近世に編まれた数々の晴明伝説のルーツとなっていくのである。

1、古代陰陽道の推移と呪術宗教化

陰陽道の四期

古代中国に発した陰陽五行説（いんようごぎょうせつ）に基づく諸思想と技術の体系を陰陽道（おんみょうどう）という。古代陰陽道の受容と発展の歴史を、村山修一氏は以下の四つの時期に大別している。[1]

第一期は、大和朝廷という統一国家ができる以前の分裂国家時代から、ほぼ統一国家の体制が築かれ、陰陽道系の思想がはじめて日本にもたらされたとされる継体（けいたい）天皇（在位五〇七〜三一年）までの時代。第二期は、継体朝から奈良朝末（八世紀末）までの約三百年間。第三期は、平安朝を開いた桓武（かんむ）天皇（在位七八一〜八〇六年）から、十世紀ごろまでの約二百年間。第四期は、陰陽寮長官の賀茂家と安倍家が陰陽道宗家としてのしあがっていく十世紀から中世の前までである。

この流れに沿って、陰陽道の歴史をざっと振りかえると、第一期では、まだ体系的な陰陽五行思想は取り入れられていない。祭祀の中心は、たとえば卑弥呼（ひみこ）の邪馬台国（やまたいこく）にみられるような古代的なシャーマニズムであり、世界を成り立たせている原理としての陰陽五行などに関する理解も素朴なもので、朝鮮半島などからの渡来人や、半島との戦争による俘虜（ふりょ）などが、大陸の進んだ文明を散発的に日本にもたらしていたと考えられる時期である。

やがて有力地方豪族と連携したオオキミ家（後の天皇家）により統一的な国家が形成されると、王の呪術的権威をより強化し、補強する理論や技術のニーズが高まってきた。この段階――すなわち第二期に、陰陽五行思想は、朝鮮半島の百済を経由して続々と日本にもたらされはじめる。その担い手は、まずはじめは五経博士、暦博士、易博士などの専門学者であり、のちには陰陽五行思想に通じた渡来僧の観勒などが、天文、占筮、遁甲（兵法に関する占術）、相地（土地の吉凶を占う占術）、暦法などの陰陽道関係の書籍とともに、これを伝えた。

この受容期から、天武天皇（在位六七三～八六年）の時代になると、陰陽術を扱う方術師の境遇に重大な変化が訪れる。天皇は天武朝を樹立して後、ただちに陰陽寮を設置してこれを官僚機構に組みこみ、陰陽道に関連する思想と技能、および人材（多くは帰化人とその子弟）を国家管理に採り入れた。これによって陰陽師は、いわば国家専属の占い師へと変貌したのである。

律令体制に組み込まれた陰陽師の仕事は、当初は官僚的性格のものだったが、第三期に至り、藤原氏が権力の中枢に食いこんで律令体制にほころびが見えだすと、その性格もまた徐々に変化していった。彼らは国家に仕えるだけではなく、天皇や有力公家の私的生活にまで食いこみ、それまで強調されることのなかった方位の吉凶や星巡りの吉凶などをさかんに吹きこむことによって、公家らの精神生活の一部を支配しだした。

また、この時代に陰陽道思想の一般化が大いに進められた結果、在野にすぐれた陰陽家が多数現れた。朝廷内外の陰陽師らは「卜占の乱発によって職域を拡大し、神祇界など他の分野にも進出し、陰陽道を宮廷人の教養的有職的知識へと発展せしめた。……藤原氏専制に伴う社会的停滞、宮廷の因習化・形式化（……により）かえって陰陽道界は活況を呈し、すぐれた専門家や識者を生み出し、彼らによって、陰陽道の日本化がすすめられ」るに至ったのである[2]。

陰陽道の日本化は、この第三期に大幅に押し進められた。陰陽道が日本のオカルティズムとして機能していく直接的な源流は、この時期にある。かくして陰陽道は第四期に移る。賀茂・安倍の両家が陰陽道を世襲化した時点で陰陽道自体の因習化・形式化も進み、この占術と祭祀を中核とした一大呪術体系は、一個の巨大な迷信製造機関の様相を呈していくのだが、中世以降の流れについては後の章に譲り、まず陰陽道のルーツから見ていくことにしたい。

陰陽道の受容と展開

『日本書紀』継体天皇七年（五一三）の条に、百済から五経博士が貢られたという記事がある。儒教聖典の五経の中には易占の書である『易経』が含まれているから、五経に精通し、それを教授する資格をもった五経博士の派遣は「その道の流布を意味する」というのが村山氏の意見だが、より明確な陰陽道の伝来を伝えるのは、継体天皇の孫に当たる欽明天皇の十四年（五五三）六月の記事においてである。

当時、百済は、東からは新羅(しらぎ)、北からは高句麗(こうくり)の圧迫を受けて国家存亡の危機に立たされており、日本からの援軍をさかんに乞うて、この年一月にも援軍要請の使者を派遣していた。ちなみにその前年には、仏像や仏具、経論(きょうろん)を献上しており、これが日本への初の仏教公伝と見なされている。この援軍要請に対し、天皇も使者を送って「援軍は百済王の望みのままにせよ」と応えたが、それとは別に「医(くすしの)博士、易(やくの)博士、暦(こよみの)博士は当番制により交代させよ。今、上記の人は、ちょうど交代の時期になっている。帰還する使いにつけて交代させよ。また、卜書(うらのふみ)・暦本(こよみのためし)・種々(くさぐさ)の薬物(くすり)などを送るように」という要求を携えさせている。この勅(みことのり)から明らかにわかることは、六世紀半ばの時点で、すでに日本には易を専門とする易博士や造暦(ぞうれき)を司る暦博士、また、陰陽五行論医学ともいうべき中国医学の博士が当番制で滞日していたこと、また、わざわざ卜書・暦本を要求するほど朝廷の陰陽道摂取が活発化していたということである。

こうして六世紀に始まった陰陽道摂取の活発化は、七世紀へと受け継がれる。聖徳太子を片腕として即位した女帝・推古(すいこ)天皇の十年（六〇二）には、百済僧の観勒が訪朝。暦本や天文・地理書、遁甲・方術書を献上した。これらのうち、とくに注目されるのは天文、遁甲、および方術の書である。

まず遁甲だが、これは五行の気の展開である十干(じっかん)・十二支(じゅうにし)と、乾(けん)・兌(だ)・離(り)・震(しん)・巽(そん)・坎(かん)・艮(ごん)・坤(こん)の八卦(はっか)に基づく干支術(かんしじゅつ)の一種で、時空間に配置された干支（神や星に置き換えられる）が時間の経過とともに移動してゆく姿をとらえ、どの方位、どの日時に天地の冥助（みょうじょ）が得られるかを探ることを目的とした軍陣兵法用の占術、およびそれにともなう呪術である。また、方術とは、天地神明（しんめい）や鬼神らと気脈を通じ、気を自在に調整することによって不思議の術をおこなう道教仙術や呪術技能の総称だが、こうした体系的・魔術的テクノロジーは、おそらく従来の日本文化の中には存在したことのないものであった。

同じように、天を区画する二十八宿（しゅく）・日月（じつげつ）および木火土金水（もっかどごんすい）の五星などの運行を読みとり、その吉凶を占うことによって王政を補佐することを目的とした天文観象術（てんもんかんしょうじゅつ）も、それまで日本には知られていなかった。つまり、当時の日本にとっては、まさに最新の自然哲学、古代経験科学、神秘学、運命学、およびそれに付随するもろもろの技術が、推古天皇十年、百済僧・観勒によって伝えられたことを、この記事は伝えているわけである。

観勒以後も、暦本や天文、遁甲、方術書などは、数次にわたって公的に伝来した。また、聖徳太子の命を受けて唐に留学した帰化人の僧・旻（みん）は、朝鮮を経由しない本場の陰陽五行系の学術を日本に伝え、『藤氏家伝（とうしかでん）』によると、周易（しゅうえき）を講じて中臣鎌足（なかとみのかまたり）や蘇我入鹿（そがのいるか）もこれに学んだという。旻は乙巳（いっし）の変（へん）（大化改新）後の新体制下で国政に関わる国博士に任ぜられている。

こうして天文観象術・卜筮（ぼくぜい）・遁甲・造暦法などが、六世紀から七世紀にかけて続々と移入された結果、日本の社会にも新たな動きが現れてきた。たとえば、従来、天体に対しての関心がきわめて薄かった日本人が、[③]星の動きに注意をはらいはじめたのは、明らかに陰陽道がもたらした天文観象術や造暦法などの影響であった。それが『日本書紀』の中で最初に現れてくるのは、観勒が天文書をもたらしてから十八年後の推古天皇二十八年（六二八）の条である。そこには「天に赤い気がある。長さは一丈あまり。形は雉（きじ）に似ている」という極光（オーロラ）に関すると思われる記述があり、同三十六年（六二八）には、日蝕（にっしょく）の記事が現れる。さらに六年後の舒明（じょめい）天皇六年（六三四）には、南方に現れた彗星（すいせい）、翌年には東方に現れた彗星の記事が見え、舒明天皇九年（六三七）には巨大な星が東から西に流れて雷に似た大音声（だいおんじょう）を発したが、僧・旻はこれを「天狗（あまつきつね）であると語った」という有名な記事が登場してくるのである。

一方、陰陽道思想は、天皇中心の政治体制の権威づけや理論づけにも用いられはじめた。聖徳太子が制定したとされ、のちの位階制度の源流となった「冠位十二階」は、大徳・小徳、大仁・小仁、大礼・小礼、大信・小信、大義・小義、大智・小智の六種十二階に分けられている。儒教の徳目に従って並べるなら「仁義礼智信」の序列になるはずのものが、なぜ「仁礼信義智」となっているのかというと、五行の相生説（そうしょうせつ）に合わせたからと考えられる。

五行は森羅万象（しんらばんしょう）に配当される。儒教の仁義礼智信の「五常（ごじょう）」も五行に割り振られ、仁＝木（青）、義＝金（白）、礼＝火（赤）、智＝水（黒）、信＝土（黄）と配当された。この徳目を、儒教の序列ではなく陰陽五行説の相生の序列にもとづいて並べると、仁は礼を生み、礼は信を生み、信は義を生み、義は智を生み、智は仁を生むという並びになる。上位の冠位が順次、次の冠位を生んで滞（とどこお）らず、体制が円滑に循環するという理想的な流れであり、太子の冠位十二階は、まさにこの五行相生説にもとづいてつくられているのである（儒教式の仁義礼智信の順に並べると、仁は義に剋害（こくがい）され、義は礼に剋害され、礼は智に剋害され、智は信に剋害され、信は仁に剋害されるという五行「相剋（そうこく）」の循環になる）。

また、五常十階に大小の徳の二階を合わせた十二階としたことについても、十二は天界を司（つかさど）る天帝（てんてい）の住居である太一（たいいつ）星を取り巻く十二の衛星に由来するとする説がある。高句麗にも十二等に分ける冠位制があったので、太子の十二階が十二の衛星にもとづくものと断定はできないが、もし十二階が十二衛星に由来するものであれば、太子の中にも色濃く陰陽道思想が入っていたことになる。[4]

陰陽道思想の社会への影響で、もうひとつ見逃せないものに、災異瑞祥（さいいずいしょう）の思想がある。これは、天子（天皇）の政（まつりごと）がよければ天はこれを喜んで瑞祥を現し、悪ければ災異をもってこれを戒めるという天人相関・天地相関の思想で、『漢書（かんじょ）』五行志に網羅されているのだが、この災異瑞祥に関する記事も、天文関係の記事同様、聖徳太子の時代、すなわち推古朝から非常な件数で現れ出してくる。また、太子の十七条憲法の第三条でも、「君は則（すなわ）ち天（あめ）たり。臣（やつこらま）は則ち地（つち）たり。天覆（おお）い地は載（の）せ、四時（よつのとき）順行して万気（よろずのしるし）通ずることを得（う）。地、天を覆わんと欲せば、則ち壊（くず）れを致（いた）さんのみ」という形で、天人相関、天地相関の思想が述べられている。

さらに技術的な面でいえば、斉明（さいめい）天皇六年（六六〇）の記事が見逃せない。この年、のちの天智（てんじ）天皇――当時は中大兄皇子（なかのおおえのみこ）――が漏刻（ろうこく）（水時計）を日本で初めて製作して民衆に時を知らしめたと『日本書紀』は伝えるが、この漏刻も、やはり陰陽道系の知識に基づくものだからである。

天武天皇と陰陽道

陰陽道の思想と技術は、このように着々と社会の中にとりこまれていったが、それが王権を支える有力なテクノロジーのひとつとして制度的に確立されたのは、蘇我氏の専横を断ち切った六四五年の乙巳（いっし）の変（へん）から、日本を二分した・壬申（じんしん）の乱（六七二年）を経て、天皇専制による国家支配がようやく不動のものとなった第四十代・天武天皇（在位六七三〜八六年）の時代であった。

天武天皇は、その強力な指導力のもと、律令体制の整備、神道や仏教の掌握、国史編纂など数々の施政によって天皇専制の礎（いしずえ）を築いた天皇として知られるが、同時にたぐいまれな陰陽道家でもあった。『日本書紀』の天武天皇の条には、陰陽道関係の記事が随所に登場してくる。とくに目立つのは瑞祥・災異の記事だ。その一部を列挙していこう。

◎即位二年三月　備後国司（びんごのこくし）が白雉（はくち）を献上。
◎同四年一月　東国が白鷹（はくよう）、近江国が白鵄（はくし）を献上。
　　　十月　三つ子の誕生。
◎同五年七月　七、八尺の彗星が東に流れる。

◎同六年十一月　大宰府が赤烏を献上。
◎同七年四月　新宮西庁の柱に落雷。
　九月　株ごとに枝のある瑞穂五株を献上。
　十月　綿のようなものが難波に降り、人々は「甘露だ」と噂しあった。
◎同八年八月　嘉禾（穂が多くついた優良な穀類）が献上された。
◎同九年二月　根本が二本で先が一つになっており、肉と毛がついている角が葛城山で採られて献上された。麟の角ではと考えられた。
　三月　摂津国が白い巫鳥（ホオジロ類の鳥）を献上した。
　七月　朱雀が南門に出現した。
　十一月　一日に日蝕。十日、西方に雷があり、二日後、皇后が病の床に伏した。
◎同十年九月　周防国が赤亀を献上した。
　同月　彗星が現れた。火星と月が重なった。
　十月　一日に日蝕、十八日に地震があった。
◎同十一年八月　三日、金星が東から西に流れた。五日、大きな虹が殿舎に立った。十一日、灌頂幡のような形で火の色をしたものが北に流れた。この日、白気が東の山に出現。翌日、大地震があり十七日にもあった。このとき午後四時に虹が天の中央に太陽に向かいあって現れた。

天武天皇紀には、このような調子で、瑞祥と災異の記事が崩御までとぎれることなく記載されている。その量は前代の天智天皇の五倍近くに達しているが、そうなった最大の理由は、天武自身の陰陽道家的な資質に求められるにちがいない。実際、天武紀は、その冒頭で出自や幼名などを述べたあと、いきなり、「天皇は天文や遁甲の術をよくされた」と記している。そして、そのことを裏付けるかのように、天武が前の天智天皇の嫡子の大友皇子の近江朝廷を倒すべく軍を起こした記事の一節で、「横川に着こうとするころ黒雲が現れ、広がって天を覆った。天皇はこれを怪しんで〝式〟（と呼ばれる占術盤）を執り、『これは天下が二分されるという天象だが、最後には私が天下をとるであろう』と占った」と記すのである。また、天皇は即位四年年に日本で初めての占星台を設置してもいる。天皇が地と相関する天の動きに、いかに注意をはらっていたかが、これで知れる。

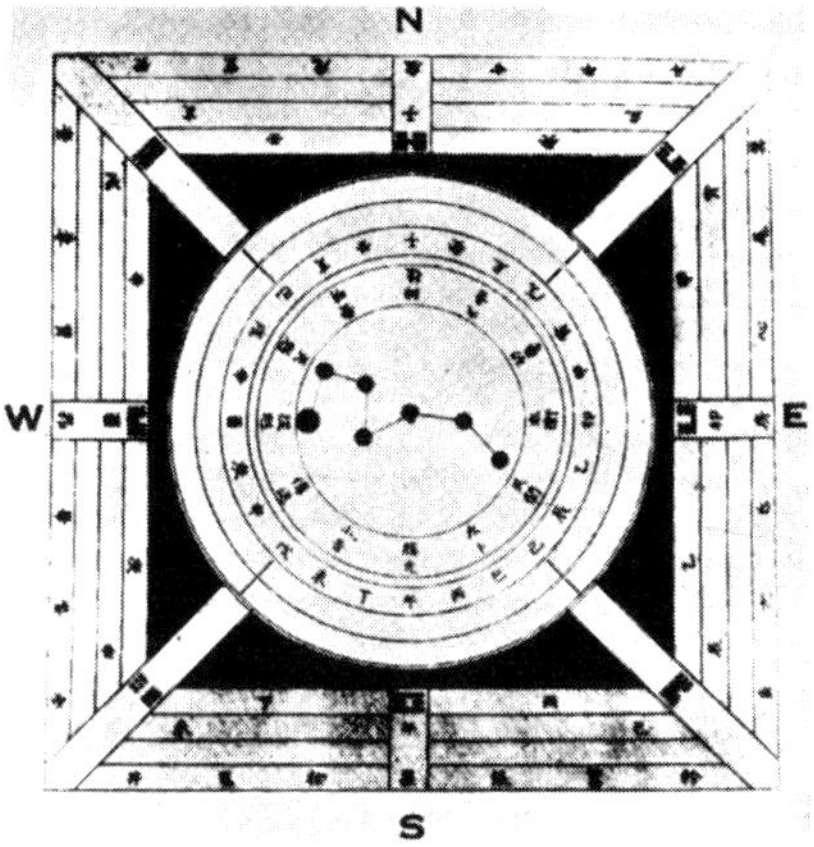

漢代の式盤（栻）復元図。地を象徴する方盤の上に天を象徴する円盤が載せられており、円盤を回転させて占術に用いたと考えられる。（ジョセフ・ニーダム『中国の科学と文明』６巻）

天皇が用いたという「式」の実物は伝わっていないが、朝鮮の楽浪郡から出土したそれは、天を現す円盤と地を現す方盤からなり、北斗七星・十干・十二支・八卦・二十八宿などの占術記号が記されている。方盤の上に円盤を重ね、回転させて占ったもののようだが、天武天皇が用いたという式も、これと似たものであったろう。

ここで注目していただきたいのは、こうした占盤に記されている干支や八卦など記号だ。これらの記号は、それぞれ固有の意味があるばかりでなく、組み合わせによって生じる意味や、変化する意味などがある。「占う」というのは、それら記号によって描き出された象の背後にある意味を総合的に解読するということであり、そのためには、これら記号についての理解と応用力が不可欠なのであって、天武天皇がみずからそれをおこなったとするなら、天皇の陰陽道的知識には、並々ならぬものがあったはずなのである。

天道と用兵戦略

では、天武はなぜそれほどまでに陰陽道を重視したのだろうか。ひとつには、地上の王として天に通じようとの意図があったため、またひとつには、戦略兵法のためではなかったかと、筆者は考える。

先に述べたように、「天皇は天文や遁甲の術をよくされた」。この遁甲は兵法用の一種の占星術を指す。ところでこの兵法について、陰陽道の本家・中国ではどのように考えていたのだろうか。たとえば『淮南子』の兵略訓には、戦争に勝つためには、「天道」をつかみ、「地利」を握り、「人心」を掌握したうえで、時期を読んで行動し、勢いに乗って兵を発動させることだと述べられている。これが優れた将の用兵とされるものだが、ではここでいう天道とは何か。それは、陰陽五行理論に基づいた刑徳（けいとく）、奇咳（きがい）などと呼ばれる術数（じゅっすう）、望気（ぼうき）（気象測候術）、候星（こうせい）（天文観象術）、卜筮、吉凶を知る術などに精通することであり、精通した者が「天道の善み（たく）」と呼ばれると『淮南子』はいうのである。

このように、古代にあっては、用兵戦略と占術は、切っても切れない関係にあった（この伝統は戦国時代まで連綿と続いており、戦国武将は占術を担う陰陽師や修験者などを引き連れて征戦している）。そして陰陽道が伝える術は、まさにこの「天道の善み」になるために必要な術の宝庫であった。ここに、敗れれば逆賊になることを承知で近江朝に弓を引き、力づくで政権を簒奪した天武天皇と陰陽道の重要な接点のひとつがあったはずなのである。

かくして天皇は、天武朝を打ち立てた。そうなると、次に考えるのは、陰陽道の管理の問題だ。この学問技能は、王が利用するぶんには、まことに都合がよい。王権の神秘的権威の裏付けにもなれば、暦や時を通じて、実質的な権力維持にも役立つ。しかし、天皇自身がそうしたように、時の権力に刃向かおうとする者が用いるなら、これほど危険でやっかいなものはない。それは何も用兵戦略用の占術にかぎらない。陰陽道がもたらした災異思想は、政治批判の道具として、きわめて有力な武器となる。たとえば、天にしかじかの異変があったが、これは時の天子の悪政を天が咎（とが）めたものだといった噂をばらまくことで人心を動揺させ、社会不安をかきたてるのは容易なことだし、他の占術についても、同じく政権批判や転覆の道具として使うことができる。数ある皇子のだれかに狙いを定め、「あなたには皇位に就くべき天命がそなわっている」と占って権力闘争に立ち上がらせることもまた、状況次第ではいとも容易なのである。

おそらく、こうしたもろもろの理由と、中国の律令体制にならっての国家建設という理念から、天武は陰陽道を国家体制に組みこみ、厳重な国家管理のもとにおくことに決めた。それが、治世四年目（六七六年）の記事に現れてくる官僚機構のひとつとしての「陰陽寮」、および日本初の占星台の建造なのである。

陰陽寮の設置

天武天皇が陰陽寮を設置したこのときから、陰陽道は国家の官僚組織に組みこまれた。天武が制定した『浄御原律令』は残っていないため、具体的な内容を知ることはできないが、天皇の孫に当たる文武天皇の大宝元年（七〇一）に完成された『大宝律令』は、今に伝えられている。この律令以後の陰陽寮の構成は、次のようになっている。

まず、陰陽寮は、中務省という上級官庁が所管する部局の一つで、直接的には同省に管掌される。司る仕事は①陰陽道、②暦道、③天文道、④漏刻の四種。それぞれに担当の博士が任命され、寮全体は「陰陽頭」が統括した。具体的な成員は以下のようである。

◎陰陽頭（定員一名）……右の①〜④までの仕事全体を統轄し、陰陽寮全体を束ねる長官。「天文・暦数・風雲に異常があれば（上司に）密封奏聞することを司る」。位階は従五位下。陰陽頭の下に陰陽助・陰陽允・陰陽大属・陰陽少属の下級官吏がつく。

◎陰陽博士（定員一名）……陰陽道のエキスパートで、占筮・相地などの各種占術などを司るほか、陰陽道を学ぶ学生（陰陽生・定員十名）に、陰陽道の思想と技術を教授する。位階は正七位下。

◎天文博士（定員一名）……日月の蝕や星の動き、雲の動き、風の動向などを観察して、異変があれば上司に報告する。また、天文生（定員十名）に、天文気色を読み、判断する技術を教授する。位階は陰陽博士と同じ正七位下。

◎陰陽師（定員六名）……占考などの実務を担う。位階は従七位上。

◎暦博士（定員一名）……暦道のエキスパートで、暦作り、および暦生（定員十名）への暦道の教授を司る。位階は陰陽師と同じ従七位上で、陰陽博士や天文博士より低い。

◎漏刻博士（定員二名）……時計（漏刻）管理の実務者である守辰丁（定員二十名）などの部下を差配して水時計を管理し、正しく時刻を告げることを司る。位階は従七位下。

以上が陰陽寮の構成だが、位階のランクでいうと陰陽頭が最も高く、次に陰陽博士と天文博士が同格で並び、その下が暦博士と陰陽師、さらにその下が漏刻博士という順になる。陰陽道・暦道・天文道・漏刻という四つの職掌のうち、陰陽道が最も重んじられていることが、この位階からわかる。なお、陰陽頭は、陰陽博士や天文博士、暦博士を兼ねることもあった。

また、中央官庁の陰陽師とは別に、太宰府・陸奥国・出羽国・武蔵国などにも陰陽師が配置された。これら辺境の国は、外敵による攻撃や蝦夷の反乱などの危険性が高い地域であり、その動向・気色を判断する上で、陰陽師の占いが重視された。そのため、とくに陰陽師が常置されたのであり、これら以外の国でも、臨時に陰陽師が送りこまれることもあったが、こうした制度は天武朝よりずっと後代のことになる。

この組織の中で、職員は天文を観察し、天地の瑞祥・災異の意味を考え、行事の日取りや方位を占い、歳月とともに動き回る吉神・凶神を暦に記し、その福をとって凶を避ける方法を考えるなどの仕事に従事した。

律令の「職制律」には、「玄象器物、天文書、河図・洛書、讖書、兵書、七曜暦、太一・雷公式の書は、これを私有してはならない。もし違反すれば労役一年の刑に処す。また、私的に習う者も同罪とする」という興味深い記載がある。「玄象器物」は天体観測用具、「天文書」は二十八宿・日月・五星・彗星・気象現象などについて書かれた天文書（占術も含まれる）で、おそらく『史記』天官書や『漢書』天文志、『晋書』天文志などの書籍をさしたものと思われる。「河図・洛書」は八卦や五行、九星などの生成を描いた図説で、未来予知などに用いられた秘教の一種。古代中国の漢代に流行した讖緯説（讖は未来予知、緯は陰陽五行など種々の神秘説を用いた経書の解釈学）の集成である『緯書』類に取りこまれた（「河図帝覧嬉」「洛書霊準聴」などの諸書）。伝説では、河図は伏羲が天から授かって易の八卦を編み出し、洛書は治水の功により禹王が授かって、天下を治めるための九つの大法（洪範九疇）にまとめあげたとされる（『漢書』五行志）。その次の「讖書」は占星術や干支術などを駆使した未来予言書。「七曜暦」は日月五星の動向などを記載した暦書。「太一・雷公式の書」は、陰陽家が式という占術盤を用いて占う占法の書を指す。

これらはいずれも天地の動向を察するものであり、王が国を治めていくために必要な術数と考えられた。それゆえ、王ならざる者が「私有」したり「学習」したりすることは禁じられ、違反者は労役刑に処されたのである。

また「雑令」には、「天文を学ぶ学生（天文生）は、陰陽道関係の占書を読んではならない」という規定も見える。奈良朝以前の陰陽寮のテキストは不明だが、孝謙天皇時代には、『易経』、今では散佚した唐の『新撰陰陽書』、同じく散佚した『黄帝金櫃』、日本にのみ伝わる隋・蕭吉の『五行大義』が、陰陽生のための正式なテキスト（正経）として採用されていた。おそらくこれらが、雑令で陰陽生以外、読むことを禁じられたテキストの筆頭だったのだろう。

このように、陰陽道という秘密の知識に関する国家の管理は、同じ陰陽寮に属している天文生に対してまで及んでいた。そうであればこそ、当時、最も進んだ大陸系の知識をもち、当時の陰陽道の一翼を担っていた僧侶に対する統制もおこなわれた。「僧尼令」には、僧尼が天体観象をおこなったり、災異瑞祥を説いたり、兵書を読み習ったりしてはならないといった禁令が述べられている。
したがって、先の「職制律」で玄象器物などとともに禁止されていた「兵書」は、たんなる戦略・用兵の書ではありえない。天地人三才を読むための記号学――陰陽五行占術の用兵バージョン（天武天皇が用いたと伝えられる遁甲の類）を指すものと理解してまちがいない。それゆえ国家は、僧尼と陰陽道の接触を禁じ、のみならず、陰陽道に関する学問技能をもった僧侶を勅命によって還俗させ、陰陽寮に組みこむことまでおこなったのである。

このように、陰陽道を官僚機構の一部に組みこみ、陰陽寮関係者以外の人物がこの道を学ぶこと、技能を用いることを固く禁じることで、国家は陰陽道の独占と隔離を図ろうとした。しかし、このもくろみは、結果的には成功しなかった。僧侶と陰陽道は、星辰（せいしん）信仰を介してさらに深く結びつき、またその僧侶を介して、民衆も徐々に陰陽道的信仰を自分たちの生活の中に取りこんでいったからである（次節、および第二章参照）。一方、隔離された側の陰陽道は、必然的に官僚的性格を増していくことになる。それが村山氏のいう「第三期」――平安朝を開いた桓武天皇（在位七八一～八〇六年）から十世紀ごろまでの約二百年間の宮廷陰陽道なのである。

2、輩出する陰陽家と安賀宗家体制の確立

陰陽師の暗躍

陰陽師らが国家機関に組みこまれたということは、彼らの占いが、私的性質のものではなく、公のもの、すなわち天皇のものになったことを意味する。けれども陰陽師は、陰陽寮に所属するかぎり通常なら従七位上という底辺の位階しか授かることのできない、まったくの下級技官にすぎない。他の職に就いて出世するためには、自分たちが身につけている特殊技能を用いて有力者の後ろ盾を得る以外になく、実際、その時々の有力者のために自分たちの占いのわざを用い、祭祀をおこなうなど、有力者の歓心を買うことが通常のならいとなっていった。天皇のための陰陽師から、公卿ら朝廷有力者のための陰陽師へと変質していったのである。

これはいつの時代にも見られる官僚の宿命であり、陰陽師も例外ではなかった。すでに奈良時代から特定のパトロンのために働く陰陽師は存在しており、たとえば孝謙天皇・道鏡(どうきょう)サイドと対立して謀叛し、首をはねられた藤原仲麻呂(ふじわらのなかまろ)(恵美押勝(えみのおしかつ))には、大津大浦(おおつのおおうら)というお抱え陰陽師がいた。この大浦は、仲麻呂を裏切って孝謙方に通牒(つうちょう)し、のちに陰陽頭にまで出世している。

ただし、陰陽寮官僚が、強力な王権のもと国家のために働いていた奈良時代のうちは、陰陽師らの私的活動も、まださほど表面化することはなかった。けれども第三期に入っていくと、右に述べたような陰陽寮官僚の変質が次第に明らかとなっていった。

官僚的性格の変質とは、具体的には何を指すのか。前節でも引いたように、彼らは「天皇や公家の私的生活に奉公し、禁忌と物怪を強調し、卜占の乱発によって職域を拡大」していくようになった。本来、官僚の仕事は公のものであり、彼らの仕事は今日でいう国家公務員のそれであったはずである。けれども、奈良時代から平安時代にいたり、北家藤原氏が次第に台頭してくるにつれて（これは律令体制の緩慢な崩壊過程を意味する）、陰陽師らの性格もまた徐々に変わっていかざるを得なかった。

政界の複雑にからむ利害関係、権力をめぐる権謀術数を駆使した暗闘は、目に見えない世界の力関係を読む特殊技能者としての陰陽師らの〝私的〟需要を大いに呼び起こした。また、怨霊に恐れおののき、星の巡りや方位の吉凶などに異常なまでに敏感になっていた宮廷人にとっては、僧侶と並んで異変の背後にある意味を読み取る力があると信じられた陰陽師の言説や占筮能力は無視できない重みをもち、この面からも陰陽師らの〝私的〟需要が喚起された。

一方、陰陽師らの学問技能も、奈良・平安を通じて大いに進んだ。その最大の理由は、遣唐使を通じて日本に持ちこまれた最新の大陸陰陽道にあった。今日、中国（東洋）占術と呼ばれているものの多くは、この唐代に大成され、あるいは原型が形づくられている。

たとえば生まれ年月日時の干支から人の一生を読む算命術（日本でいう四柱推命術）は、唐代の学者・李虚中（九世紀）によって体系がつくりあげられた。ほかにも、この時代には遁甲、風水、占星術などの大家・大学者がきら星のごとく現れ、膨大な陰陽五行関係書籍が編纂・著述されたのである。こうした大陸の進んだ知識の一部は、奈良・平安の遣唐使や留学僧らを通じて、日本にもさかんにもたらされた。空海が請来した密教占星術もそのひとつである。

また、春苑玉成（九世紀）のように、陰陽師自身が遣唐使の随行員として海を渡り、大陸陰陽道を研究し、日本に持ち帰った例もある。[5]そもそも遣唐船には、航海の安全をまじなったり占ったりするための陰陽師が、船員の一人として必ず乗船したのである。このように、

①北家藤原氏の台頭と並行して律令体制が崩れ、陰陽師の私的需要が増していったこと、

②怨霊や物怪に脅える宮廷人の精神状況に、陰陽道系の占いや仏教などとの習合によって獲得した呪術・祭祀がマッチし、彼らの心を強烈にとらえたこと、

③陰陽道の学問技能それ自体が発展して、多様なニーズに応えられるようになったこと、

などの理由により、陰陽道は大いに活況を呈し、すぐれた陰陽師や、陰陽寮には属さないが陰陽道に精通した陰陽家が、あいついで現れた。次に、何人かの人物にスポットを当てて、当時の陰陽師や陰陽家（民間の陰陽師）の活動を見ていくことにしよう。

刀伎直川人の遁甲

九世紀の陰陽師の中で名の知れた陰陽師といえば、まず刀伎直川人（滋岳川人）が挙げられる。陰陽権允兼陰陽博士だった斉衡元年（八五四）に滋岳朝臣の姓を賜わった川人は、当時正六位上の位階と記録されている。律令に規定された陰陽博士の位階は正七位下だが、それより五ランクも上の位階を賜っていたわけで、それだけ傑出した技倆が認められていたと推定される。その後、陰陽権助・播磨権大掾・播磨権介などを歴任し、貞観十六年（八七四）には従五位上まで出世し、陰陽頭・陰陽博士・安芸権介を兼ねて同年に死没した。

『今昔物語集』には、川人にまつわる次のようなエピソードが残されている。

文徳天皇（在位八五〇～五七年）が崩じたため、川人は大納言の安倍安仁に伴われて、天皇の陵墓地を定める相地に出かけた。その帰り道で、川人は自分たちを追いかけてくる地神の存在に気づいた。二人は何か大きな過ちを犯し、その結果、地神が怒って追ってきたもののようであった。「罪はわれらにあるようで、逃れがたい情勢のようです」と川人がいうと、大納言が「助けてくれ」と懇願した。そこで川人は大納言を田の中に座らせ、その上に刈りあげられた稲束を積み、陰陽道の呪文を唱えながら、周囲を「禹歩」と呼ばれる継ぎ足歩きで何度も回るという遁甲隠形の術を用いた。

こうして大納言を隠し、自らも姿を隠した後に、千万とも思える物怪がやってきて二人を探しはじめたが、どうしても見つけることができない。そこで一団の主人らしきものが、「かくなるうえは大晦日の夜半に、天下をしらみつぶしに探してでも必ず見つけ出してくれる。その夜、再び集まれ」と命令すると、一団はいずこともなく消え去った。

さて、大晦日になった。川人は地神に脅える大納言を伴って嵯峨寺へゆき、彼自身は天上裏に上って呪を唱え、大納言は下で三密の呪文を唱え続けた。そうこうしている間に、ただならぬ妖気が漂いはじめ、生臭い風が吹いたかと思うと、地震のような家鳴りがあった。が、それもすぐにおさまり、その後は何事もないままに朝を迎えた。大納言は無事を感謝して川人を伏し拝み、彼は、後々まで類いまれなる陰陽師として語り継がれたというのである。

ここで地神と呼ばれているのは中国の土公神、いわゆる「竃神」をいう。この神の方位を犯せば祟りを受けるという信仰は根強く、それを避けるために陰陽道が広めた方違いが、公卿らのあいだで大まじめにおこなわれていた。このエピソードは、そうした陰陽道禁忌を示すとともに、当時の陰陽師が遁甲や呪、禹歩などの方術によって、この種の祟りを封じることができると信じられていたことを示している。

遁甲隠形の術や禹歩は神仙道の古典の『抱朴子』などに出てくる方術で、中国では道士や神降ろしの巫師らがおこなった。『抱朴子』には「名山に入らんと欲すれば、遁甲の秘術を知らざるべからず」などの文章や、「山林中を往くには……禹歩してあるき、三たび呪していえ」などの文章が見える。

このように、禹歩はいわゆる道士法の一種に属しているが、道士の受け入れを拒んでいた日本では、陰陽師がこれを受け継ぎ、反閇として定着させたのである（反閇については次節以下を参照。また拙著『秘説陰陽道』でも詳述している）。この説話では、川人が上司の大納言のために、私的に術を用いている点も見逃せない。川人は式占や遁甲に優れ、『磁川新術遁甲書』『指掌宿曜経』など多数の著作を残したと伝えられる、九世紀の陰陽道界を代表する陰陽師だったのである。

弓削是雄の式占

川人と同じく九世紀に活躍し、式占の達人として名の高かった陰陽師に弓削是雄がいる。播磨国の出身で、のちに平安京に移り、陰陽権助から陰陽頭まで出世した。生没年はわかっていないが、前項の川人が没して十一年後に陰陽頭になっている。この是雄が、貞観六年（八六四）、近江の国の司に招かれ、属星祭を営むために同地に滞在していたおりの話である。

このとき是雄は、世継という男と同宿になった。その世継が悪夢を見た。占ってほしいと乞われた是雄が式を執って占うと、「世継の家に、彼を殺そうとして待ち構えている者が潜んでいる」という、なんとも不気味な答えがでた。驚いた世継は、どうすれば難を避けられるかと是雄にたずねた。そこで是雄は、「賊はあなたの家の丑寅（東北の鬼門）に隠れている。家にもどったら弓に矢をつがえなさい。それから艮の隅に向かって狙いを定め、弓を引き絞りながら、『私を殺そうとして隠れていることは先刻承知だ。速やかに出でよ。さもなくば射殺すがよいか』といいなさい。そうすれば私の法術により、敵は隠れ通せなくて必ず出てきます」と教えた。

翌日、京都の我が家にもどった世継は、教えられたとおりに弓矢をつがえ、丑寅に向かって口上を述べた。すると一人の法師が観念して薦の中から現れ、「自分の主人の僧侶と、あなたの妻が不義密通の関係にあり、あなたが邪魔になったので殺せと仰せつかり、こうして忍んでおりました」と白状した。世継は改めて是雄の占いの力に感服し、是雄のいる方向に向かって伏し拝んだ。それからくだんの法師を検非違使に引き渡し、密通の妻を離縁したという（『政事要略』『今昔物語集』）。

ここでは陰陽師が用いる式占の威力が語られている。陰陽道の式占には、先に出た「太一・雷公式」のほかに、先の刀伎直川人がよくしたという「奇門遁甲」、安倍晴明が駆使した「六壬式」があり、「三式」と総称された。日本には七世紀初頭に公伝したといわれているが、それ以前から帰化人などによって持ちこまれていた可能性が高い。この式盤を用いた式占は、やがて陰陽道に取り入れられて陰陽師の占いの中核となる。先の説話では、是雄がどの式占を用いたかは記されておらず、三式の詳細も不明で、現代では失われた占術となっているが、その神秘的威力は大いに畏怖されたらしい。

陰陽師が操る式盤から陰陽師の用いる使い魔である式神が翻案されたように、古代陰陽師のマジカルなイメージの源泉となったものは、まさにこの式占であった。西洋のオカルティストがしばしば占星術を駆使し、錬金術など隠された知識を記述する際に占星術の記号や用語を用いたように、陰陽師は式盤とそこに刻まれたさまざまな記号を駆使することによって、一般人にはアクセスすることのできない隠された知識を相承する者と見なされたのである。⑥

隠れ陰陽師の呪殺

この弓削是雄や先の刀伎直川人は陰陽寮に属する国家公認の技官として活躍した人々だが、これら宮廷陰陽師とは別に、平安時代には民間の陰陽師（隠れ陰陽師）や、僧侶でありながら陰陽道の呪法・占いを用いて金銭財物を稼ぐ「法師陰陽師」などが多数活動していた。この隠れ陰陽師らは、陰陽の術を官独占と定めている律令の立場からいえば、本来あってはならない存在だった。けれども律令体制が崩れかけていたこの時代には公然と活動しており、貴族らもさんにこれを用いた。そのことを示す興味深いエピソードが残っている。

九世紀後半のころ、算（数学）博士として知られた小槻茂助という男がいた。生来聡明で、ゆくゆくは人並み外れて出世するであろうといわれていた。あるとき、この茂助の家に不吉な前兆があった。そこで陰陽師に占ってもらったところ、「厳重なる物忌みが必要だ」といって、慎むべき日を示してくれた。そこで教えに従い、茂助は堅く門を閉ざして家に籠もり、物忌みに入った。

ところでこの茂助には、彼の才能を憎み、追い落としを狙う敵がおり、その敵は、力のある隠れ陰陽師に茂助の呪殺を依頼していた。その隠れ陰陽師が、茂助の物忌みを聞いて、次のような指示を出したのである。「茂助はいま、物忌みに入っているが、これは忌まねば災いがふりかかる日にあたっているからだ。そこで、この物忌みの日に呪いをかけたなら、きっと効果が上がるであろう。あなたは茂助の家に行き、声をかけて呼び出しなさい。おそらく物忌み中なので門はあけないだろうが、返事の声だけでも出させれば呪いの効果は現れるでしょう」。

そこでこの男は、隠れ陰陽師と連れ立って茂助の家に赴いた。それから、「重要な用がある」といって使用人にしつこく取り次ぎを迫ったため、ついに茂助が遣戸から顔をのぞかせ、「何事だ」と声を発した。ここぞと陰陽師は呪殺の法をおこない、呪いの限りを茂助に投げつけた。はたせるかな、その夜から茂助の頭が痛みだし、三日後にはこの世を去ったという（『宇治拾遺物語』『今昔物語集』）。

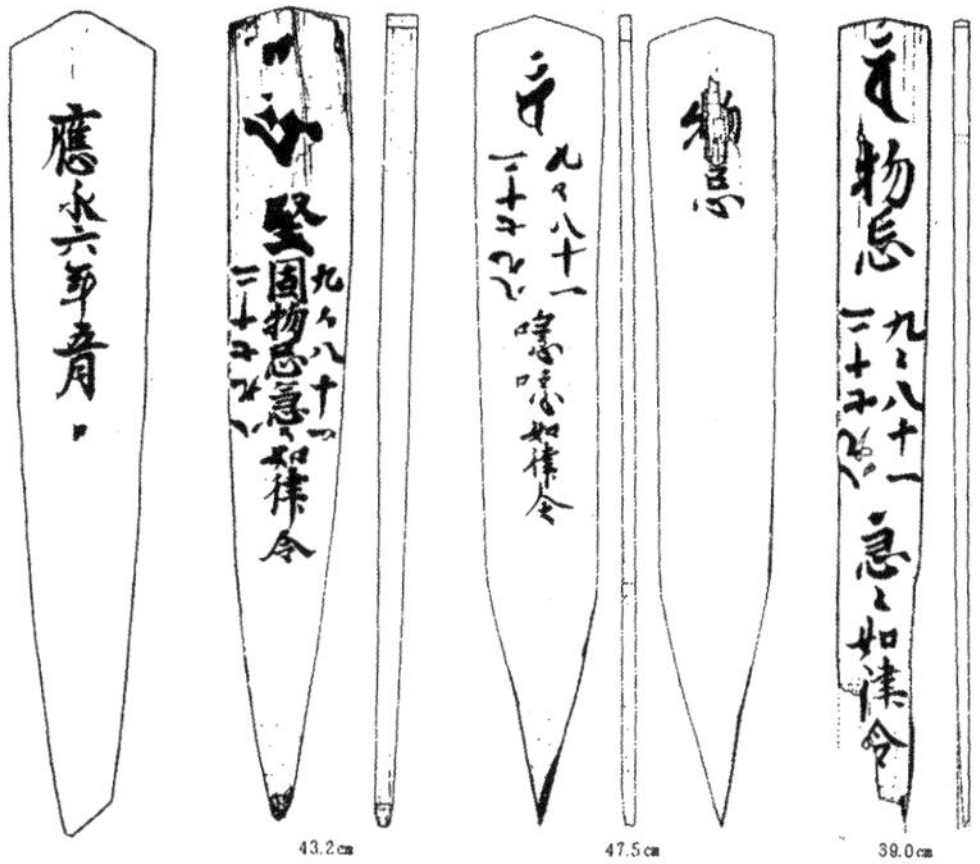

元興寺に残る物忌札。梵字と呪句が記されている。（『中世庶民信仰資料』元興寺文化財研究所より）

　陰陽師が不吉な出来事や前兆などを占って物忌みの指示を出していたこと、また彼らが、ときには人の呪殺まで請け負っていたこと、および当時の貴族が、いかに目に見えない世界からの干渉に脅え、それを避けるために陰陽師に頼っていたかが、この話からうかがえる。なお、鬼や物怪などの侵入を防いだり、死者の穢れを避けたり、物忌で家に籠もっていることを表示するために、古代人は物忌札（ものいみふだ）を門前などに立てた。三十七ページの図は奈良の元興寺（がんごうじ）に遺る物忌札で、下部が尖っているのは地面などに突き刺すためだが、こうした物忌札の作成も陰陽師の仕事だった。元興寺の旧境内近くには、かつて「陰陽町」と呼ばれた一画があり、実際に陰陽師たちが居住していたという。[7]

次は十世紀に入って以降の話だが、天神様で有名な菅原道真（すがわらのみちざね）が左大臣・藤原時平（ときひら）の讒言（ざんげん）にあって左遷された事件の背後にも、陰陽師の呪術があったことが『北野天神縁起（きたのてんじんえんぎ）』などに記されている。それによれば、時平らの一党は、勅宣（ちょくせん）と偽って「陰陽寮の官人」（おそらく陰陽師）に種々の珍宝（ちんぽう）を与え、道真およびその子孫が断絶して家門が滅びるよう呪詛（じゅそ）をかけよと命じた。陰陽師は陰陽道系の冥衆（みょうしゅ）（冥界の神々）を祀り、厭魅（えんみ）呪詛のための呪物（まじもの）を宮城（きゅうじょう）の八方の野山に埋めたが、道真はその呪法を破る術を会得（えとく）していたので、害をこうむることはなかった。けれども、陰陽師による呪詛に失敗した時平が讒訴（ざんそ）という手段に出たため、ついに大宰権帥（だざいごんのそち）に左降（さこう）されたというのである。

一方、これら陰陽師とは別に、陰陽五行の学説をもって一家を成すにいたった陰陽家も、この時代に数多く輩出した。百済人の祖先をもつ三善清行（八四七～九一八年）などはその典型で、漢の時代に流行した讖緯説（しんいせつ）のうちの時間循環論に基づく革命説から改元を主張したが、この改元上奏（じょうそう）が、実は道真左遷の引き金のひとつになっている。中国の暦は、十干と十二支を組み合わせた六十干支によって記載され、六十年で一巡する。この最小単位のサイクルを重ねあわせて長大な循環時間周期を割り出し、世界の栄枯盛衰を占っていくのだが、革命説はそこから割り出された理論の一つとして重視された。すなわち、あるサイクルを経た後の「甲子」の年には令が革まり、「戊午」の年には天運が革まり、「辛酉」の年には天命が革まると考えられたのである。この三つの節目の年は、順に革令・革運・革命というが、問題は革命で、これは地上の統治を天から命ぜられる者が革ることを意味した。つまり辛酉年には戦が起こり、政権が交替する年と見なされたのである。

昌泰四年（九〇一）は、ちょうどこの辛酉革命の年に当たっていた。そこで清行はその前年に道真に書簡を送り、明年は革命の年で政変が起こるだろうから、朝政から身を引いたほうがいいと勧告する一方、朝廷には、明年は辛酉革命の年で臣が君を剋害するようなことが起こりかねないとの意見書を提出した。「この二つの書状を結びつけて考えると、（清行は）一方では道真に下野をすすめて追いつめ、他方では天皇に対し邪計異図をもつものの排撃、つまり道真罷免をほのめかし、政変の勃発を期待していたかのごとくである」と、村山氏は述べている[8]。清行が提出したこの説を利用し、この機に乗じてまんまと道真左遷に成功したのが時平なのである。

さらに清行は、辛酉革命の年である昌泰四年に醍醐天皇に『革命勘文』を奉上して改元を建議し、元号は延喜と改められた。改元によって革命を防ぎ、王権の安泰をはかろうとしたもので、これが革令・革運・革命の三革思想に基づく改元の初めとされている。この三革思想をはじめ、方位、日巡り、星巡りの吉凶など、陰陽五行説に基づく神秘説は、当時の平安京に充満しており、現実に道真左遷のような事件も起きた。平安貴族の行動は、多かれ少なかれ、これらの神秘説に縛られ、はなはだしい者は、爪を切ったり、沐浴するにも暦の吉凶に従った。世があげてこの状態であったから、陰陽師の地位が向上し、羽振りがよくなっていったのも当然だった。こうした時代背景を受けて、以後、明治まで陰陽道界を牛耳ることになる賀茂氏と安倍氏が登場してくるのである。

天才陰陽家の登場

賀茂氏の台頭が始まる十世紀をもって、古代陰陽道は第四期に入っていく。賀茂氏はのちに修験道の祖と崇められた役小角《えんのおづぬ》（賀茂役君《かものえだちのきみ》）の系流といわれる。小角の呪法が、大陸の道士法と密接不離の関係にあったことは、すでに別の著で詳細に述べたとおりで、[9]小角系の賀茂氏には、百済を介した神仙道や道教、陰陽道の呪法が、雑密《ぞうみつ》（空海の純密教以前の密教）とともに流れこんでいた。したがって、もし事実、陰陽道の賀茂氏が小角の子孫であるなら、賀茂神社を氏神として奉斎してきた賀茂氏は、奈良時代以前から連綿とつづく呪法のエキスパートの家だったとみてよい。西郷信綱氏らが指摘しているように、小角以前の賀茂氏が祭っていた一言主神《ひとことぬしのかみ》そのものが、そもそも実は道教系の神仙の色彩を色濃く帯びた神なのである。[10]

もっとも、賀茂氏そのものは、この時代までは、かろうじて貴族の末席に位置する低い家格の家柄にすぎなかった。陰陽道宗家の道を切り開いたのは陰陽家の賀茂忠行《ただゆき》（生没年未詳。説話文学では陰陽師とされているが、忠行が陰陽寮の陰陽師だったと伝える資料はない）で、『今昔物語集』では「道に付て古にも恥じず、当時も肩を並ぶ者なし。然れば、公私にこれ（忠行）をやんごとなき者に用いられける」と称えられている人物だが、この忠行にしても、官職に関してはわずかに近江掾や丹波権介を歴任した記録が残るにすぎない。近江掾の掾は、国司の職掌のひとつである判官を指す。近江国は大国・中国・小国・下国の四等級のうちの大国に分類されているので（『延喜式』）、律令の規定によるなら大掾で正七位下、少掾なら従七位上が相当官位だ。山下克明氏によれば忠行は少掾の補佐役である権少掾だったようなので、官位は従七位上、もしくはそれより等級が下の官位だったと推定される。[11]忠行当時の賀茂氏は、その程度の家柄だったのである。

けれども、この忠行には、陰陽家としての傑出した技倆があった。その技倆が、時代の趨勢とうまくマッチして貴顕に重用された様子が、残されたわずかの資料からうかがわれる。そのひとつが、平将門・藤原純友の乱（承平天慶の乱、九三一～四七年）に関するエピソードだ。『阿娑縛抄』によれば、忠行は乱を「降滅」するためには「九曜息災大白衣観自在法」を修すべきだと奏上した。ところが時の阿闍梨はこの法を知らなかった。その後、忠行は藤原師輔にも乱鎮定のために白衣観音法を勧めたので、師輔は修法を某阿闍梨に命じたが、その僧も知らなかったため、神護寺別当の寛静に修法のお鉢がまわってきた。ところが寛静にとっても未知の法だったため、東大寺別当の寛救に尋ねて修したというのである。

　この白衣観音は、観音グループの部母（そのグループ内の菩薩等を生み出す働きを象徴する女尊）とされる女性の観音で、白衣母、白衣観自在母などとも呼ばれ、胎蔵界曼荼羅（たいぞうかいまんだら）の観音院と呼ばれる区画に大明白身菩薩の名で住している。当時ほとんど知られていなかった白衣観音の法を、忠行はなぜ知っていたのか。それはこの観音が、占星家には必修のテキストである『七曜攘災決（しちようじょうさいけつ）』に、諸星を司る星宿の部主尊として登場しているからで、天変や兵乱などを鎮める「大息災観音」であるがゆえに、忠行はこの尊の修法を勧めたのである（同書は八六五年に天台僧宗叡（しゅえい）が請来した。第二章3参照）。

　この一事だけでも、陰陽道に関する忠行の知識のほどが知れるが、彼には陰陽道の占術にかかわるエピソードも残されている。村上（むらかみ）天皇（在位九四六～六七年）の天徳三年（九五九）、忠行は勅命によって竹籠の中のものを式占で占い、中には水晶の数珠があること、形はしかじかで、納められている箱の形状はしかじかであると、鮮やかに占い当てた（『朝野群載（ちょうやぐんさい）』）。これを「推条（すいじょう）（易占でいう射覆（せきふう））」といい、易の世界では今もおこなわれることがあるが、忠行は式占によって推条した。彼が式占の名人だったことが、このエピソードから知れる。この忠行から賀茂氏の家運が開けはじめ、嫡子の天文博士・保憲（やすのり）の代に至ると、次第に陰陽道界の一大権威として認められるようになったのである。

賀茂保憲と安倍晴明

　忠行の嫡子・保憲は延喜十七年（九一七）に生まれた。伝説によると、十歳のころ父・忠行の祓（はら）いの場に付いていき、人間のような姿をした鬼神らが供物（くもつ）をとって食べ、忠行がつくって神前に供えていた船や車や馬などに乗って帰っていく姿が見えた。保憲からこの話を聞いた忠行は、自分でも陰陽道を学んでのち、ようやく鬼神の姿が見えるようになったというのに、この子はこんな幼いうちから見えるのかと驚き、将来達人になると確信して、自分のもてる知識とわざを、残らず保憲に注ぎこんだという（『今昔物語集』）。

これはあくまで説話なので、真偽のほどは知れない。ただ史実を見ても、保憲に傑出した能力があったことはまちがいない。保憲は陰陽寮の暦生を振り出しに、暦博士・陰陽頭・天文博士・主計頭（かずえのかみ）・穀倉院（こくそういん）別当などを歴任し、従四位下という父の位階をはるかに凌駕する出世を果たして、貞元二年（九七七）に六十一歳で死去した。

当時の天文暦数の第一人者であり、中国の新知識の導入にも熱心で、天台僧の日延（にちえん）が呉越（ごえつ）国の天台山の要請で渡航した際、新たな暦法を持ち帰るよう朝廷を通じて要請している。その結果、日本にもたらされたのが『新修符天暦経（しんしゅうふてんりゃくきょう）』と『符天暦経日纏差立表（ふてんりゃくきょうにってんさりっせい）』（太陽の運動表）であり、この請来によって、日本の占星家は自前のホロスコープをつくれるようになったのである（第二章3参照）。

保憲の活動は幅広い。さまざまな陰陽道祭祀のほか、造暦、各種日柄の占い、革令の勘申などを行い、暦注書の『暦林（れきりん）』など陰陽道の重書も遺しており、当時の宮廷陰陽道界の第一人者と称えられた。この保憲の弟子として頭角を現した斯界のスーパースター——それこそが安倍晴明なのである（晴明については次節参照）。

保憲・晴明の登場により、陰陽道界は賀茂・安倍両家の支配するところとなった。保憲は、実子・光栄には暦道を受け継がせ、晴明には天文道を伝えて、ここに暦と天文の二大宗家体制が完成するのである（陰陽道は両家ともに継承した）。陰陽道（天文道・暦道を含む）は、本来、特定の家が独占的に継承するような性質の術法ではなかった。けれども保憲と晴明という二人の天才の出現後、賀茂・安倍の両氏がこれを世襲の家職としたため、陰陽道自体の進歩・発展の芽は著しくそがれ、陰陽五行説は秘伝として、ますます深く神秘のベールに包まれることになった。

以後の賀茂・安倍家は、律令的官僚とは名ばかりで、実態は摂関家や後宮などに奉仕することをもって宗家の立場を保持する一種の寄生的存在へと姿を変える。呪術・外法がちまたにあふれ、呪詛、調伏、星占い、日の吉凶が宮廷人の心を呪縛すればするほど、陰陽師らの活躍の舞台は増えた。人々がそれらに心を奪われているかぎり、律令体制に滅びの時はあっても、陰陽道が滅びの時を迎えることはありえるはずもなかった。この閉塞状況の中で陰陽道のオカルト化は進み、道教や密教などの神々を寄せ集めた星神のパンテオンは、グロテスクなまでにきらびやかさを増していった。官僚的陰陽道は、家伝として私物化されることにより、その命脈を保ちつつ中世へと向かった。一方、市井の陰陽道は、呪術色を深めながら、より深く歴史の闇へと浸透していくこととなるのである。

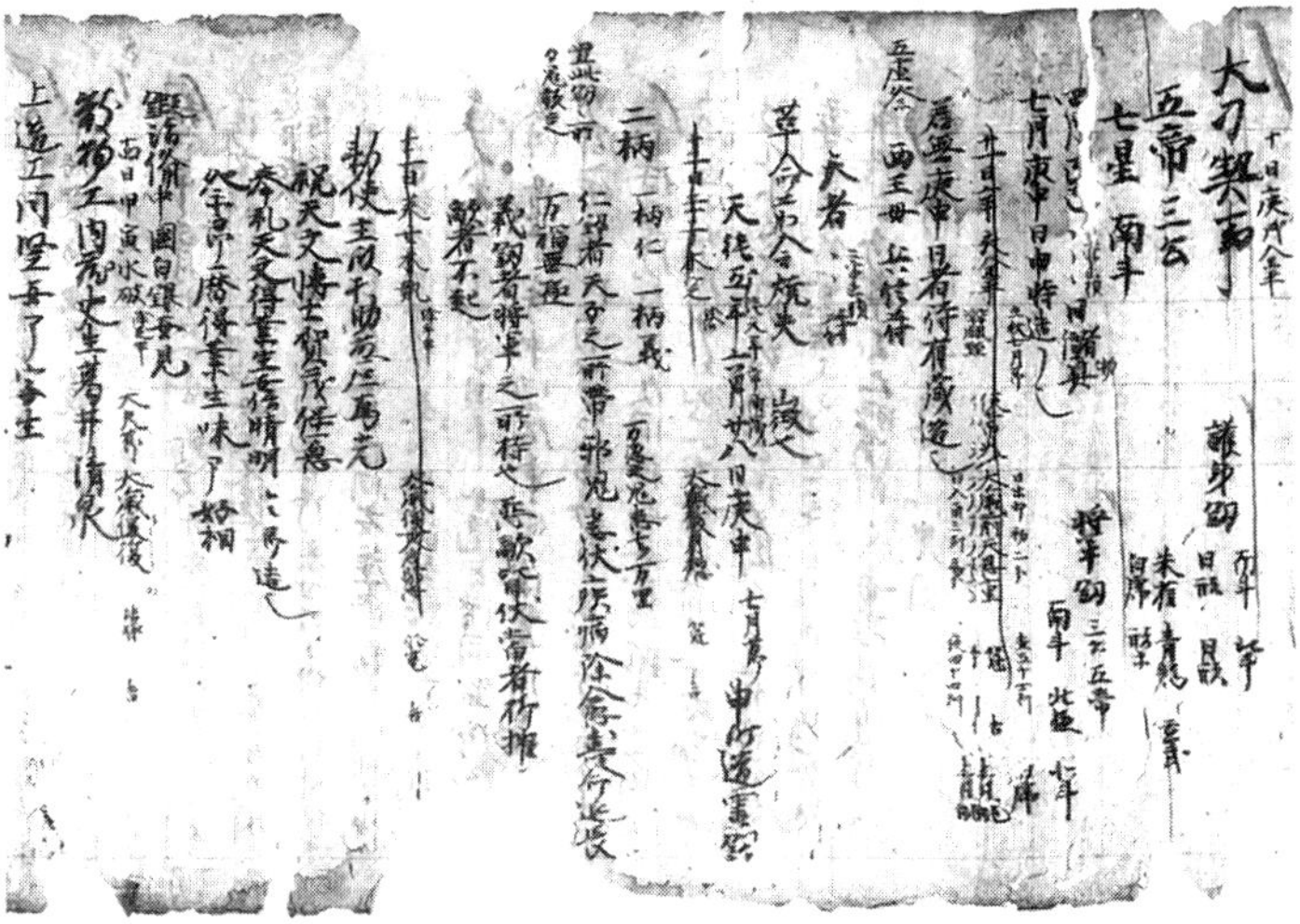

安倍晴明の名が記され、その足跡が裏付けられる唯一の史料「大刀契事」。（「若杉家文書」より、京都府立京都学・歴彩館蔵）

3、史実としての安倍晴明

「晴明」という名の初出

陰陽道を代表する陰陽師といえば安倍晴明をおいてほかにはないが、数々の伝説に彩られているにもかかわらず、晴明の実像はほとんどわかっていない。その名が初めて歴史の舞台に現れてくるのは、天徳四年（九六〇）のことだ。安倍氏後裔の土御門家で家司（家政を司る職員）を勤めた若杉家の古文書（京都府立京都学・歴彩館所蔵・若杉家文書）のなかに、『反閇作法并事例』[12]がある。その末尾に継ぎ足された「大刀契事」（大刀契については後述）という文書に「天文得業生安倍晴明」として晴明が登場するのである。

晴明の生年の記録はないが、没年の記録から逆算すれば、延喜二十一年（九二一）の生まれで、天徳四年には四十歳になっている。そのとき晴明が「天文得業生（天文生）」だったことが、この文書から知れる。天文得業生とは、前節で述べたように、陰陽寮に所属して天文道を学ぶ学生（天文生）をさす。「職員令」によれば、学生の定員は十人。指導教官である天文博士の教授のもと、「天文の気色候ふことを習はむこと」と定められている。四十歳の晴明は、若い天文生らにまじって陰陽・暦・天文・漏刻の陰陽寮の四科のうちの天文道を学んでいたわけである。

では、陰陽寮官人の道に入る以前、晴明は何をしていたのだろう。当時の史書や日記類などには、それに関する消息はなにひとつないようだが、鎌倉初期に成った説話集の『続古事談』には、賀茂保憲に認められて陰陽寮の官人となる以前、晴明は「大舎人」だったと記されている。大舎人は六位以下八位以上の嫡子で、二十一歳以上の者から選ばれたので、『続古事談』の記述を信じるとすれば、晴明は中務省管下の大舎人寮に属する下級官吏として宮中に宿直し、朝廷内のさまざまな雑務・雑役に従事していたのである。

この大舎人から、晴明はいったいどのような経緯で陰陽寮の学生に採用されたのだろう。この興味深い謎を解く史料も残念ながら残されていないのだが、先の『続古事談』には、「晴明、陰陽師具曠が許に行きたるに用ひず。また保憲がり行きたるに、その相を見てもてなしけり。晴明は術法の物なり、才覚は優長ならずとぞ」とも書かれている。つまり、最初は具曠という名の陰陽師について陰陽の道を学ぼうとしたが、弟子入りを断られた。そこで賀茂保憲のもとに行ったところ、晴明の相に見所があるというのでとりたてられた。陰陽道に関する知識学問はさして優れてはいないが（「才覚は優長ならず」）、道術の実践者としては優れている（「晴明は術法の物なり」）と保憲から評価されたという。これが事実なら、晴明には陰陽道で身を立てたいという思いがあり、あちこちの陰陽師に弟子入りを志願し、ようやく保憲に認められて陰陽師としての第一歩を踏み出したということになる。

延喜十七年（九一七）生まれの賀茂保憲は、晴明より四歳年長にすぎないが、陰陽寮所管の技芸に関しては、前節でも述べたように、すでに名人の域に達していた。天慶（てんぎょう）四年（九四一）には二十五歳の若さで造暦の宣旨（せんじ）を蒙（こうむ）って暦つくりに従事しており、天暦（てんりゃく）四年（九五〇）の三十四歳時には暦博士、同十一年（九五七）の四十一歳時には陰陽寮長官である陰陽頭に任ぜられており、晴明が天文得業生として文献に現れる天徳四年には、四十四歳で天文博士に補されていた。つまり保憲は、陰陽寮で扱う学芸のすべてに精通していたわけで、「保憲をもって当朝の陰陽の基模（きぼ）と為（な）す」（『左経記（さけいき）』）と称えられたとおり、この時代を代表する天地陰陽の術の偉才だったのである。

「大刀契事」によれば、その保憲が天文博士となった年に、晴明は天文生として陰陽寮に所属していた。これは、晴明が保憲から天文道の教授を受けたことを意味している。『今昔物語集』は晴明の師を忠行としているが、それを裏付けるものはない。しかし、保憲が晴明の師だったことは、天徳四年に晴明が天文得業生だったことから、確実に裏付けられるのである。

天皇家の霊剣鋳造

さて、この天文得業生時代、のちに安倍氏の誉れとなるような大仕事を、晴明は成し遂げている。先に引いた『反閇作法并事例』中の「大刀契事」一件がそれである。

天徳四年（九六〇）九月、内裏が焼亡した。この火事で代々伝わる天皇家の宝物も烏有に帰したが、そこに「大刀契」もふくまれていた。大刀契とは、三種の神器に次ぐ天皇家の宝器とされた「大刀」と「契」（朝廷が管理した割符の類で関所を通過する際に照合した関契などの符契全般）の総称で、三種の神器と同じく皇位継承に際して前帝から今帝に伝えられた。このうち大刀には、百済から献じられた古代以来の霊剣二腰――護身（守護）剣と破敵剣がふくまれていたのだが、これら無上の霊宝を、保憲と晴明が朝命によって複製したというのである。

破敵剣は、海外に派遣される使節代表や叛乱軍鎮圧のために派遣される大将軍に任務の標識として授ける節刀として用いられ、護身剣は御所に置かれて王家の守護をつかさどった。右大臣藤原宗忠の日記『中右記』に引かれた『蔵人信経私記』（以下『私記』）は、「件の霊刀等国家の大宝なり、必ず作り儲けらるべきもの」という晴明の言葉を記し、天徳四年の復元新造の一件を書き残している。

護身剣は「疾病邪気を除く」とされた霊剣で、左面には陽気や生気を司る太陽・南斗六星および朱雀・青龍、右面には陰気や殺気を司る月・北斗七星および玄武・白虎が描かれており、「歳は庚申正月に在り。百済の造るところの三七練刀。南斗・北斗、左青龍、右白虎、前朱雀、後玄武。避深不祥、百福会就、年齢延長、万歳無極」の銘があった。また破敵剣は、左面には三皇五帝・南斗六星・青龍および西王母の兵刃符（道教の呪符）、右には北極五星・北斗七星・白虎および老子の破敵符が描かれていたという。朝廷は、この霊剣のレプリカ鋳造に関わる祭祀を天文博士の賀茂保憲に命じ、天文生の晴明も、師の保憲に従ってこの大任に当たった。その記録が、冒頭の「大刀契事」なのである。

同文書によると、鋳造は内裏焼亡翌年の応和元年（九六一）におこなわれ、六月二十八日の庚申の日に完成した。庚申の日が選ばれたのは、七月・申月の庚申日と八月・酉月の辛酉日を刀剣製作の吉日とする道教説に従ったもので、両日ともに五行の金が重なる（庚・辛は十干の陽金と陰金、申・酉は十二支の金の陽支と陰支）。それゆえ、邪を切り捨てる金気の働きが最も旺盛となり、刀剣に生粋の金気が籠もる日と見なされたのである。

その庚申日に成った霊剣の働きを記した上で、「大刀契事」は、鋳造に際しておこなわれた五帝祭の勅使・祭官と、鋳造にたずさわった工人名を列挙する。すなわち、勅使は主殿権助の藤原為光、祭官筆頭の祝は天文博士・賀茂保憲、その保憲を補佐する奉礼は天文得業生の晴明、神々への供物の手配などをおこなう助手役の祭郎は暦得業生の味部好相で、鍛冶は備中国の白銀安見（安生とも）、鋳物工は内蔵史生の葛井清泉らであった。この霊剣鋳造に、なぜ陰陽寮官人が任命されたのか。その理由は、保憲によって「五帝祭」がおこなわれていることから推察することができる。

五帝祭の具体的な修法内容は不明だが、霊剣に三皇五帝や北斗七星、南斗六星などの星神が刻まれていることから、この陰陽道祭祀が、三皇五帝の降臨を願って、その霊威を剣に封じこめるための祭祀であったことはほぼたしかと思われる。三皇は天界の中心である紫微垣内に鎮座する天地人の至高神で、天を司る天一神（天皇）、地を司る地一神（地皇）、人を司る太一神（人皇）からなる。また、五帝とは東西南方及び中央の五方の天帝で、五行の神格化にほかならない。この三皇・五帝や、その気の分化ともいうべき北斗七星（寿命や死を管掌する）、南斗六星（誕生や生を管掌する）、五行神の霊獣である青龍（東）、朱雀（南）、白虎（西）、玄武（北）などの星神・方位神の霊威を護身剣と破敵剣にこめるには、その祭式に通じたプロの祭祀が必要になる。また、もとの霊剣に刻まれていた道教霊符の知識も陰陽師の管轄になる。そこで、「陰陽の基模」と称えられた保憲が「祝」役となって呪法祭祀を執行し、その補佐として晴明がついたのであり、晴明が保憲にいかに重用されていたかが知れるのである。

晴明と光栄

この一件で、晴明は具体的にはどのような役割を果したのか。それを伝えているのが、先に引いた『中右記』所引の『私記』だ。そこには宜陽殿に召された晴明が霊剣について、『私記』の筆者である藤原信経に下問され、こう答えたとして、晴明自身の言葉が引用されている。「件の（焼損した）御剣は四十四本ございました。……晴明が天文得業生のとき宣旨をたまわり、勘文を進めたてまつって造らしめたのでございます。四十四本中、二本は霊剣とよばれており、一腰（ひとこし）は破敵剣、一腰は守護剣でございます。……焼け損じてのちには、（剣に彫られていた）図文（ずもん）が読み取れなくなっておりました。そこで私が（どのような図文であったかについての）勘文を献じました。……破敵剣は大将軍を遣わすときに天皇より将軍に授けたまうところの節刀でございます。また、もう一腰は守護剣という名の霊剣で、御所に安置するところの霊剣でございます。去る天徳以後も御所がたびたび焼亡し（て霊剣も焼損いたしましたが）、その後はいまにいたるまで作られておりません」。

天徳の鋳造時に、一介の天文得業生でしかない晴明が宣旨を受けたというのは、山下克明氏も指摘しているとおり、真実とは考えられない[13]。信経と晴明の会話が交わされた長徳（ちょうとく）三年（九九七）は、保憲が亡くなって二十年後のことであり、陰陽道界の第一人者は保憲の二人の高弟――賀茂光栄（みつよし）と安倍晴明ということで衆目が一致していた。晴明は、光栄と陰陽道界のトップの座を争っており、自分のほうが師・保憲に重用されていたと周囲にアピールしていた。師が存命のときには光栄を自分（晴明）より前に出すことはなかったとか、『百家集』という書物は保憲が私に伝えたものであって、光栄には伝えていないとも発言している（『続古事談』）。『百家集』については光栄が「自分のもとにある」と反論しており、いずれが本当なのか確かめるすべはないが、ことほどさように晴明は光栄を烈しくライバル視していた。そうした事情が背景にあって、晴明は師・保憲の手柄まで自分のものにふくめて語ったというのが本当のところだろうが、『村上天皇御記（ぎょき）』に明文があるとおり、実際には宣旨は保憲にくだり、天文得業生の晴明は師の手伝いとして霊剣鋳造にかかわったのである。

ともあれ、晴明が「国家の大宝」である霊剣鋳造に抜擢されるほど、保憲から信任されていたことはまちがいない。後に保憲は、実子の光栄には暦道を、弟子の晴明には天文道を授けたが（『帝王(ていおう)編年記(へんねんき)』十七「賀茂保憲、暦道を以てその子光栄に伝へ、天文道を以て弟子晴明に伝ふ。これより巳後、両道相ひ分る」）、わが子をさしおいて晴明に天文道を授けたという一事からも、保憲の晴明に対する寵愛ぶりがうかがえる（保憲は晴明の子の吉昌を天文得業生に推挙することもおこなっている）。晴明には、それだけ飛び抜けた「術法の物」としての才能があったのである。

晴明の出自

四十歳で天文得業生だった晴明が、その後、どのようにして斯界(しかい)で重きをなしていったかを見る前に、ここで晴明のルーツについて簡単にふりかえっておきたい。三条西家(さんじょうにしけ)重書古文書中の『医陰(いいん)系図』に載る安倍氏系図[14]によると、安倍（阿倍）氏の初代は阿倍倉橋麻呂(くらはしまろ)で、晴明はその九代目にあたる（系図参照）。この倉橋麻呂が本当に晴明の遠祖に当たるのなら、晴明は古代史上の重要人物の末裔ということになる。というのも、倉橋麻呂は蘇我馬子(うまこ)や蝦夷(えみし)・入鹿と同時代の人で、乙巳(いっし)の変の際、中大兄皇子、つまりのちの天智天皇らとともに蘇我氏打倒に働いた大功臣だからである。

乙巳の変後に即位した孝徳天皇は、中大兄皇子を次期天皇ポストである皇太子に定めるとともに、阿倍倉橋麻呂（内麻呂）を左大臣、蘇我宗家に叛して中大兄側についた蘇我倉山田石川麻呂（くらやまだいしかわまろ）を右大臣、中臣鎌子（かまこ）（後の藤原鎌足）を内臣（うちつおみ）に任命して、天皇集権をめざす新体制をスタートさせた。倉橋麻呂が朝廷内でいかに重きをおかれていたかは、左大臣という要職に明らかだが、それだけではない。彼の娘・小足媛（おたらしひめ）は孝徳天皇妃に、娘・橘郎（たちばなのいらつめ）は天智天皇妃になっており、倉橋麻呂は王家の外戚（がいせき）にもなっているのである。

【安倍氏系図】

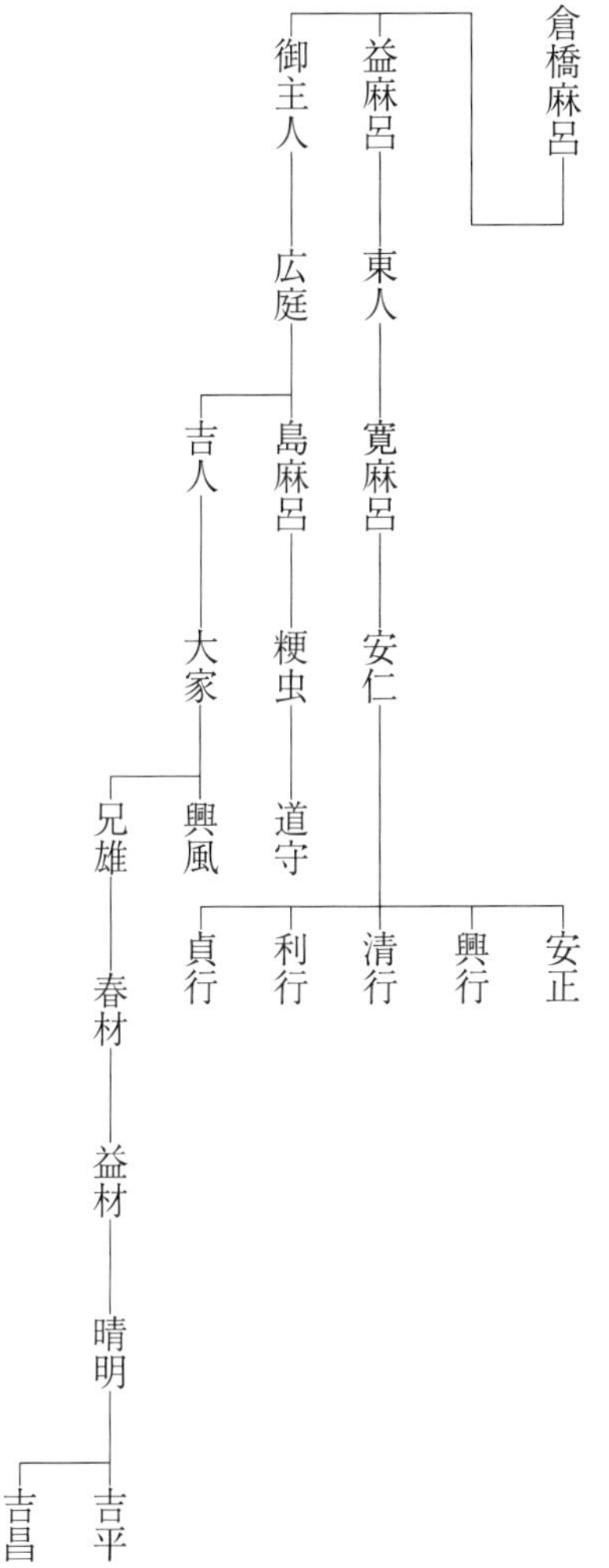

この倉橋麻呂の子として系図に出る阿倍朝臣御主人（六三五～七〇三年）も、中納言・大納言を歴任し、大宝三年（七〇三）の死亡時には従二位右大臣にまで昇進した。『公卿補任』によれば、御主人の「本姓は布勢」で、父は「布勢麻呂古臣」となっており、阿倍倉橋麻呂ではない。阿倍氏には引田、許曾倍、狛などの支族があり、布勢もそのひとつで、持統天皇八年（六九四）に布勢御主人が阿倍氏の首長（氏上）となって以後は、布勢氏系が阿倍氏の本流となり、御主人も阿倍朝臣を称した。『竹取物語』に登場する「阿倍のみむらじ」のモデルは、この御主人のことだろうと推定されている。阿倍倉橋麻呂から阿倍御主人に至る系図の真偽は定かではないが、晴明につらなる阿倍（安倍）氏は、この御主人の流れを汲んでいる。後の安倍氏は、倉橋麻呂を「火星の化身」である安倍仲麻呂の子孫とし（『医陰系図』）、その子とされる御主人を「安倍氏陰陽先祖」（『公卿補任』）と伝えてきたので、いまはこれに従って話を進めよう。

御主人が時の政権で重きをなしたように、子の広庭も中納言従三位まで昇進した。その子に嶋麻呂と吉人があり、晴明は吉人の流れだが、吉人は天長元年（八二四）に陰陽頭に任ぜられ、その子の大家は、翌年に陰陽頭に就任している。そこで、彼らには陰陽道に関する知識・素養があったようにも思われるが、山下氏は「貴族官僚として一時的に陰陽頭に在職したにすぎない[15]」としている。

吉人は治部省の長官（卿）で正四位下、大家はわからないが、次の兄雄も正四位下で参議・左中将まで進んでいるから、御主人や広庭ほどではないにしても貴族官僚と呼んでさしつかえない（安倍氏系図で吉人の孫とされている安倍兄雄を吉人の父とする説もある）。しかし、晴明の祖父にあたる春材（はるき）は淡路守（淡路国司）で、一気に下級官僚に落ちている。国司の赴任する国には大国・上国・中国・下国の等級があり、等級が下がるほど地位も収入も低くなったが、淡路は下国であり春材が任ぜられた守は従六位下相当の官であって、もはや貴族とは呼びがたい。また、春材の子で晴明の父にあたる益材（ますき）は、内裏における調理や食料の管理などを司る大膳職大夫（だいぜんしきたいふ）（長官）で、これは正五位上相当の官だが、やはり政治にはタッチしない下級官僚だったようである。かりにこの系図が正しいとしたら、晴明につらなる家系は祖父春材の代から家運が衰退に向かい、もはや政界中央で活躍することなど、とうていかなわぬ家となっていたのである。そうであってみれば、晴明が陰陽寮に入る以前は「大舎人」だったとする『続古事談』の説も、ありうることと肯ける。

先にも書いたとおり、大舎人は中務省の管下で天皇に供奉して雑使などをつかさどった下級官人で、左右の大舎人寮に所属した。舎人には、四位以下五位以上の貴族の子弟のうちの優秀者から選ばれて天皇のそば近くに仕える高級官僚見習いの内舎人（うどねり）と、六位以下八位以上の下級官吏の子弟のうちの二十一歳以上の者から選ばれた大舎人があったが、晴明は後者の大舎人として他の下級官吏の嫡子らとともに、宮中に宿直し、警備や護衛、使い走りなどの雑事を勤めていたのである。けれども、のちの晴明から容易に推察できるように、彼にはおそらく陰陽道など目に見えない世界を扱うに足（た）る非凡な才能があった。そこで、「下層官僚の家に生まれた彼が、身分の固定してきた当時の世相をみて宮仕えをあきらめ、この特殊な方伎の世界で身を立てようとした[16]」ことは、十分に考えられる。

　陰陽寮は大舎人寮と同様、中務省が管轄していた。寮とは「官舎」の意味で、大寮と小寮にわかれる。大寮には大舎人寮・図書寮・内蔵寮など十五寮があり、小寮には陰陽寮・大炊寮・主殿寮・典薬寮・掃部寮の五寮があった。官位は大寮のほうが高いので、もし晴明がみずから求めて陰陽寮入りをしたのなら、彼はあえて官位の低い小寮の陰陽寮の職員になることを希望したことになる。それだけ陰陽道に対する思いが強かったとも考えられるし、賀茂保憲に見所があると認められたという『続古事談』の逸話のようなことも、実際にあったのかもしれない。ともあれ、晴明が陰陽道を志したのは、決して青年時代のことではなく、中年にさしかかったころのことだったろう。四十歳の時点で、まだ天文道を学ぶ学生だったという事実が、それを暗示している。ただし、天文生になった時点で、晴明にはすでに陰陽の術や道術、また天文道に関するひとかどの知識と実践能力があったはずだ。そうでなければ、王家の重宝である霊剣鋳造に関与することはできなかったろうし、当代屈指の達人である賀茂保憲の目にとまることもなかったはずだからである。

　鋳造から七年後の康保四年（九六七）、四十七歳の晴明は政始めの日時を占って上司に勘申した。このときの肩書は「陰陽師」だから、すでに学生ではなく陰陽寮の技官に任ぜられていたことがわかる。陰陽師は暦博士や呪禁博士と同じ従七位上相当官で、位階はきわめて低い。今日、陰陽師をみやびな王朝貴族のように描くことが一般化しているが、それは荒唐無稽なフィクションで、実際には長屋暮らしの貧乏技官というのが実情であったろう。しかし、位は低くとも、おのれの実力でいくらでも位階を上げ、収入を上げていけるということを晴明に身をもって教えたのが、師の賀茂保憲であった。保憲が就いた陰陽頭は、かろうじて貴族の末席を占めることのできる従五位下相当官だが、陰陽頭を辞したのちも彼は順調に出世し、やや先のことになるが、天延二年（九七四）には、陰陽家としては前代未聞の従四位下に叙されている。従五位下と従四位下の間には、従五位上・正五位下・正五位上の三つの位階がある。保憲は、天延二年までの間に、この位の階段を一歩一歩のぼっていったのである。保憲という手本は、四歳年下の晴明に大いなる希望を与えたにちがいない。ますます深くこの道に精進する意欲を植えつけたことだろう。

四十七歳で陰陽師となっていた晴明は、五十二歳時には「天文博士」として史料に現れる（『親信卿記』）。天文博士は陰陽師より一ランク上とはいえ、正七位下相当官だから、位階自体はまだまだ底辺といっていい。けれどもこの官職には、位階では測れない重みがあった。というのも、天文を観察して異変があれば密奏するという職務は、じかにその時々の政治の評価と結びついていくからで、そうであればこそ、天文博士は陰陽頭を介さず、摂政・関白という政治の実権者に直接異変について密奏することができた。当時の摂関は藤原氏の独占であり、ここに政界頂点に君臨する藤原氏と晴明との接点が生まれてくる。

さらに、摂関に渡った報告書は、摂関から天皇に近侍する蔵人を通じて天皇に届けられる。つまり天文博士には、密奏を介して天皇の目にとまる道まで開けていたのである。師の保憲が栄達した理由のひとつも、ここにあった。晴明は、その師の歩んできた道を、今や着実に歩みだしていたのである。

化人・晴明の誕生

貞元二年（九七七）、師の賀茂保憲が六十一歳で卒した。時に晴明は五十七歳。いよいよ晴明時代の幕開けである。晴明は陰陽寮長官には任ぜられることはなかったが、保憲亡き後、陰陽寮の「一臈」として斯界に君臨したことはまちがいない。一臈とは、もと仏教用語で年功を積んだ最長老の僧侶をいう。転じて、その分野の長老や筆頭人を一臈と呼んだ。

保憲は、まさにその一臈だった。彼はまず暦博士となり、陰陽頭、天文博士を経て、主計頭、穀倉院別当を兼任するようになった。博士という言葉から今日の博士を連想すると誤りになる。今日の博士は学位だから、一度獲得すれば、終生失われることがない。しかし、この時代の博士は官職の一種であり、その職を退けば博士ではなくなる。保憲の場合も、主計頭に任ぜられた時点で職場・職責が変わり、その時点で天文博士ではなくなっている。けれど彼は、陰陽寮を離れてのちも当代屈指の〝陰陽家〟として、その技芸を駆使していた。つまり彼は斯界の一臈として君臨していたのである。

晴明もまったく同じで、保憲亡きあとの陰陽道界の一臈は、まさしく晴明であり、保憲の息子の光栄であった。彼らは陰陽寮という下級官庁の役人から栄達し、陰陽寮を離れた「蔵人所陰陽師」となって活躍した。蔵人所陰陽師とは、「蔵人所の職員や蔵人所医師とともに天皇の代替わりごとに補され、内裏における怪異を占い（蔵人所御占）、天皇に関する行事の日時を勘申し、祭祓をおこなうもので、……陰陽道の一臈あるいは次位の者が任ぜられた。……さらに位階上首の陰陽家は、天皇のみならずその外戚である摂関家にも重用された」[17]。晴明がいつ蔵人所陰陽師に補されたのか、その年月を記録する史料はないが、天皇の代替わり時だとすると、円融天皇が花山天皇に譲位した永観二年（九八四）か、花山天皇が一条天皇に位を譲り、右大臣の藤原兼家が摂政に昇進した二年後の寛和二年（九八六）あたりのことだろう。前者なら晴明六十四歳、後者とすれば晴明六十六歳のときとなる。

晴明と花山天皇とのかかわりには、深いものがあったらしい。晴明が花山天皇の頭痛の原因を霊視し、天皇の前世の髑髏が大峯の岩にはさまって雨の日は膨張した岩で締めつけられるため、頭痛がするのだと申し上げて問題を取り除いたとか（『古事談』）、花山天皇が藤原兼家らの策謀で退位に追いこまれたとき、そのことを星を見て察した（『大鏡』）などの話が、後世つくられている。これは、晴明が花山天皇の時代に蔵人所陰陽師に補されたことを示すものなのかもしれない。もっとも、晴明の最大のパトロンは藤原氏で、晴明が陰陽道界の大御所の一人として活躍した時代は、天皇家の外戚となって政治をほしいままにし、我が世の春を謳歌した藤原の兼家・道隆・道長の時代とぴったり重なっている。とくに、晴明の晩年は、七歳で即位して政治の実権をもたない一条天皇に代わり、兼家の娘で一条天皇の母である詮子や、彼女の推挙によって兄道隆の後継者となった道長が政治を私物化した時代であった。

そうした摂関家や天皇・皇族のために、晴明は種々の占いや邪鬼祓い・延命祈願などの祭祀、呪術などを奉仕し、目に見えない世界の秘密に通暁した達人として重きをなした。その影響力は、今日の政治家付きの占い師の比ではなかったことだろう。ちょっとした不祥でも災いや穢れを恐れて物忌や方忌・方違いをおこない、万事に暦日の吉凶を参照した平安貴族たちにとって、それら神秘世界の秘密に通じていると信じられた晴明の言葉は、ときには神の言葉ほどの重さがあったにちがいない。であればこそ、のちの説話作者は、晴明を人間ならざる者＝「化人」としたのである。

晴明が実際におこなった占術・祭祀・呪法を列挙しておこう（以下、小＝『小右記』、権＝『権記』、御堂＝『御堂関白記』の略）。

まず祭祀・呪法関係では、藤原実資の妻の安産のために修した解除（六十五歳・小）、一条天皇の出御・還御に際しておこなった反閇（六十七歳・小、なお反閇については後述）、火星の天変を鎮めるための熒惑星祭（六十八歳・小）、実資の子の治病・邪鬼祓いのためと思われる鬼気祭（六十八歳・小）、一条天皇の母・詮子の病気退散のためにおこなった泰山府君祭（六十九歳・小）、一条天皇の御悩を祓うために修した御禊（七十三歳・小、「忽ちその験あり」、その功により一階を加えて正五位上としたとある）、道長の命による防解火災祭（七十七歳・権）、一条天皇の命による玄宮北極祭（八十二歳・諸祭文故実抄）、蔵人頭・藤原行成の延年益算（寿命延長）のための泰山府君祭（八十二歳・権）、雨を降らせるために修し、実際にその日の夜から大雨となったという五龍祭（八十四歳・御堂）などがある。

右に挙がっている陰陽寮所管の祭祀はほんの一部で、村山修一氏は同祭祀を、

①病気その他、身体の直接的な障害や危険を取り除き、悪霊の祟りを防ぐもの（泰山府君祭、鬼気祭、天曺地府祭、三万六千神祭、百怪祭、呪詛祭、招魂祭等）、

②宿星の信仰を中心とし、自然の異変に対する祈禱的なもの（天地災変祭、属星祭、歳星祭、太白星祭、熒惑星祭、大将軍祭、日曜祭、月曜祭等）、

③建築物の安全祈願のもの（土公祭、宅鎮祭、石鎮祭、防解火災祭等）、

④祓いを中心としたもの（四角四堺祭、七瀬祓、風伯祭、井霊祭等）、

の四種に分類している。これらのうち、頻度の点で突出しているのは①と②の祭祀で、中でも①の泰山府君祭、②の天地災変祭と属星祭は最も頻繁におこなわれた。先に挙げた晴明の祭祀では、解除、鬼気祭、泰山府君祭、御禊は①、玄宮北極祭、五龍祭は②、防解火災祭は③に当たると思われるが、やはり①の病気その他、身体の直接的な障害や危険を取り除き、悪霊の祟りを防ぐための祭祀が最も多い。陰陽師に対するニーズの筆頭が、これだったのである。

泰山府君の祭り

これらのうち、のちの安倍（土御門）家陰陽道でとくに重んじられたのが泰山（太山）府君祭で、

祭神である泰山府君は土御門家の主神としても斎き祭られた。泰山府君とは、中国の五つの霊山（五岳）のうちの首座の山東省・東岳泰山の神で、のちに仏教の閻魔大王と習合して人間の寿命と福禄を支配する冥府の神となった。道教によれば、すべての人間は冥府の戸籍に登録されており、そこに記載された寿命が尽きるとあの世からお迎えが来るという。ただし、泰山府君のみは戸籍の年齢を書き換える権能をもつと信じられたので、この神を祭って延寿・福禄を祈った。これが陰陽道を代表する泰山府君祭である。実際にこの神を祭りはじめたのは晴明らしく、『今昔物語集』十九巻に「安倍晴明という陰陽師ありけり云々、晴明を呼んで泰山府君の祭りという事を命ず」が、文献における泰山府君祭の本邦初出とされている。

祭りの次第は明らかではないが、壇を設けて天地陰陽五行の行事をなし、千寿万歳を祈禱して祭文を唱え、秘符・霊章・鎮札を取り扱う秘密の儀式といわれる。この祭祀に当たり、後冷泉天皇が泰山府君に奉った都状（一〇五〇年）には、こう記されている。「……もし冥府の神の恩助をこうむるのでなければ、どうして人を襲う凶厄を攘うことができましょう。よって禍の種がまだ萌え出る前に攘い、宝祚を将来に保たんがために、敬んで礼奠を設け、謹んで冥府の神々に（銀銭二百四十貫文、白絹百二十匹、鞍置馬十二匹、勇奴三十六人を）献じます。……この心からの祈りに答えて災厄を払い、宝祚を保たしめ、我が死籍を（泰山府君の支配する）北宮の戸籍から削り、生を支配する南斗の戸籍に記録して、延年増算し、長生久視せんことを、天皇親仁が謹んで啓します」。こうして供物を献じ、祈りを捧げて、命籍の書き換えを泰山府君に願ったのである。

先に見たように、晴明も一条天皇の母の詮子や藤原行成の寿命延長のために泰山府君祭をおこなっている。この祭祀が他者の目にどう写ったかを物語るのが、鴨長明の『発心集』などに出る「泣不動縁起」の説話だ。それによると、三井寺の智興が重病にかかり、今日明日の命となった。「だれか師の身代わりとなって命を差し出すものはないか」と晴明がたずねると、弟子のうちの証空が、「私が身代わりになりましょう」と申し出た。そこで晴明は泰山府君祭をおこない、智興と証空の寿命を入れ替えた。そのため、証空は死にかけたが、師を思う弟子の真心に打たれた不動明王が血の涙を流し、証空の身代わりになってくれたため、証空は天寿をまっとうしたというのである。このように、泰山府君には寿命を書き換える力があると信じられ、その泰山府君を動かす力が晴明にはあるものと考えられた。

さらに、陰陽道には死者の霊魂を呼び寄せる「招魂続魂祭」なる祭祀もあった。晴明没後の万寿二年（一〇二五）、道長の娘で後朱雀皇后の嬉子の魂を冥府から呼ぶために、陰陽師がこれを実修した記録もある（『小右記』）。こうした招魂祭祀と泰山府君祭が重ねあわされて、後世、晴明が死者を蘇らせたなどの説話がつくられていったのである。

以上の祭祀のほかに、晴明が占いの要求に応えた例も、日記その他に頻出する。一条天皇の御悩や歯痛などの病気に関する占い、行幸や参詣の日取りに関する占い、長保二年（一〇〇〇）に新造がなっ

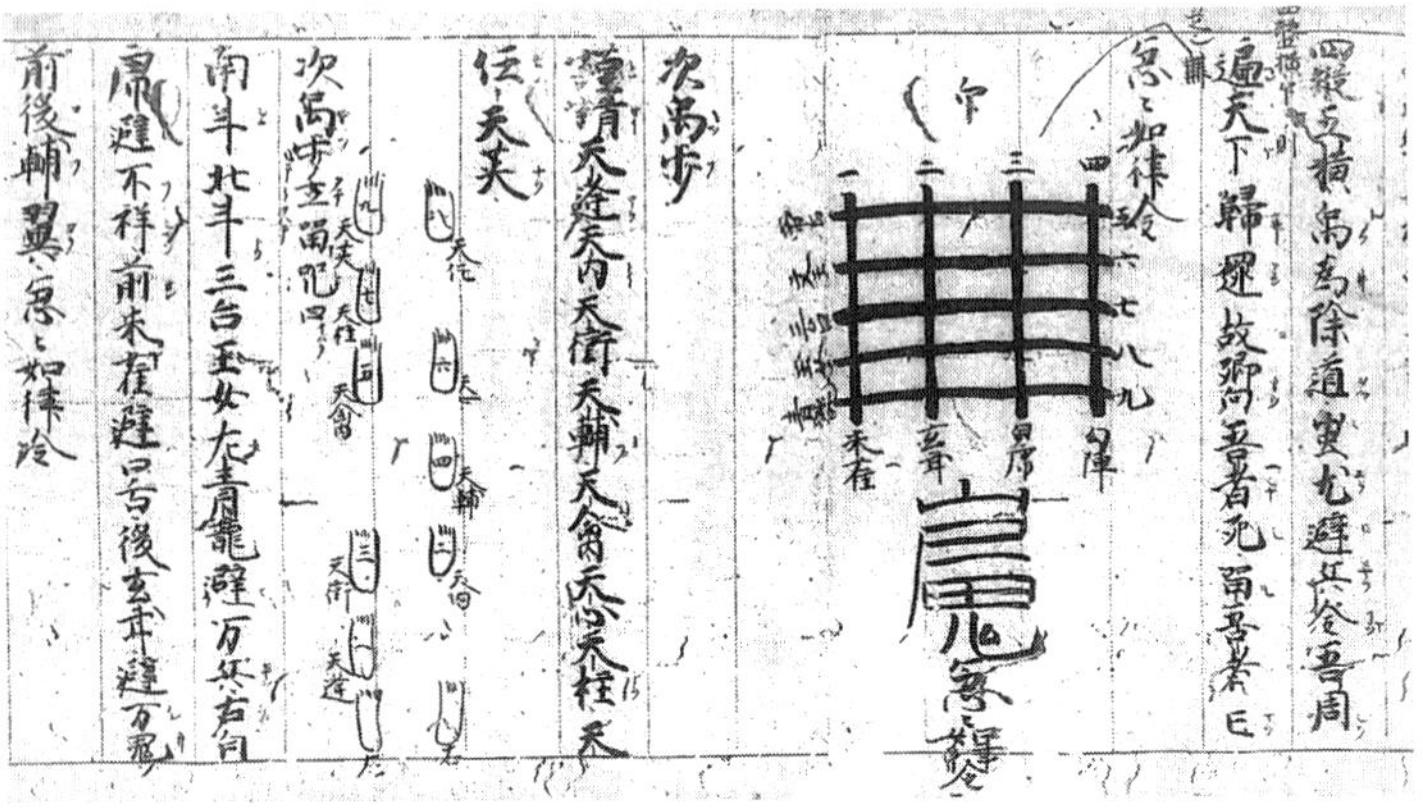

中古の陰陽道の実際を伝える「若杉家文書」より、魔除けのドーマン（九字）と護符、禹歩の足法などを記す。（京都府立京都学・歴彩館蔵）

た内裏に天皇が遷御すべき日取りの占い、寺の建設地の占定（相地）など、天皇・公卿の求めに応じて、晴明は最晩年まで諸事を占い、アドバイスを送り続けている。

陰陽道界の一臈として

このほか、天皇・皇族の行幸に先立ち、晴明はしばしば「反閇」と呼ばれる呪術を奉仕した。反閇とは、神々を召喚して種々の呪文を唱えたのち、北斗七星の形に大地を踏み鎮め、行幸する者の心身を霊的に防護するための呪的歩行法で、道教の「玉女反閇局法」からとりこまれた。その詳細は拙著『秘説陰陽道』に詳述したのでここでは略すが、道蔵の『太上六壬明鑑符陰経』や『景祐遁甲符応経』には反閇で用いられる歩行法（禹歩）や、陰陽道が常用し、反閇や反閇の略式である身固などで用いられる四縦五横印が用いられており、道教由来のものであることが歴然としている。⑱

この反閇について、小坂眞二氏が注目すべき説を出されている。小坂氏は天皇の行幸儀礼をともなう宮廷行事をすべて分類・整理した上で、行幸に大刀が供奉（ぐぶ）するのは「野行幸（のぎょうこう）や大嘗会御禊（だいじょうえごけい）・神泉苑競馬（えんくらべうま）行幸など」、天皇が「大内裏の外」に出御する場合のみで、それ以外の行幸には、大刀の供奉はないとする。反閇もまったく同じで、大内裏外への行幸のときにのみ奉仕され、それ以外のときにはおこなわれない。つまり、「反閇は大刀の供奉に対応するもの[19]」だというのである。

では、なぜこの対応が生まれたのか。その理由として、小坂氏は「天徳四年の内裏焼亡に伴う大刀の焼損と、その作塋（さくけい）への賀茂保憲・安倍晴明の関与が関係している」と推理する。つまり、天徳四年の内裏焼亡によって天皇の行幸に供奉すべき大刀、とりわけ守護剣が焼損したことと、大内裏外への行幸に反閇がおこなわれるようになったことは関係があるのではとの指摘なのである。

山下克明氏は、そこからさらに「注意されるのは、天徳四年九月の内裏焼亡で大刀・霊剣は焼損して図様は消え、その霊威が損なわれていたことで、賀茂保憲による鋳造は翌年の六月二十八日であるから、その間に刀禁呪を含む反閇が賀茂保憲によって公式におこなわれたことは、損なわれた霊剣の威力を陰陽師の呪術により補う意味を持つものであったと考えられる[20]」と論を進めた。実際、天徳四年の内裏焼亡のおり、天皇の遷御に先立って保憲が反閇を奉仕している。とすれば、大刀の焼損をおぎなう呪儀としての反閇も、保憲から晴明に受け継がれたことになる。

そもそも玉女反閇局法は兵法に関わる呪法で、鬼門遁甲式占から派生した[21]。あの天武天皇が用い、陰陽師の職務のひとつとなったとされる遁甲である。魔や邪による障害を防除し、安全や勝利の道を探る遁甲の呪儀は、たしかに守護剣による霊的な守護とぴったり符合する。記録がないのであくまで筆者の推定だが、大内裏外への行幸に際していかに天皇の御身を守るかについて政権上層部から下問があり、保憲が答えて反閇を勘申したのではないかと想像されるのである。

保憲亡きあと、晴明はたびたび反閇を奉仕した。たとえば、一条天皇は母・東三条院詮子の病を見舞うにふさわしい日時を晴明に占わせ、晴明の答えに従って出御したが、その際、天皇のために反閇をおこなっている（七十七歳・権）。また、天皇が新内裏に遷御したときも、晴明が出御に先立って反閇し、「応和の例では陰陽寮が供奉・散供したが、このたび晴明が道の傑出の者であることをもって、このこと（反閇）を供奉した」と記録されている（八十歳・権）。寛弘二年（一〇〇五）の反閇記録もある。この年は晴明が八十五歳で没した年だが、同年三月、大原野社に参詣する中宮彰子のために、晴明は反閇を奉仕した（小）。この参詣は、前年におこなわれる予定のものだったが、晴明と賀茂光栄が吉凶を占って延期を勘申し（御堂）、この年に延びたのである。このように、晴明は死の直前まで、陰陽道の一臈として重用されつづけた。天文博士ののちは、父と同じ大膳大夫に補され、さらに左京大夫、穀倉院別当、播磨守（大国、その長官である守は従五位上相当）を歴任したが、彼の実質的な仕事は、陰陽道および天文道の実践にあった。そうして晴明は、ついには師の保憲と同じ従四位下の高位までのぼったのである。

晴明の影響力の大きさを物語るエピソードがある。長保三年（一〇〇一）閏十二月二十二日、東三条院詮子が崩御した。このとき晴明は八十一歳。詮子の葬送に関し、光栄らとともに晴明も蔵人所で勘申している（権）。葬送に関する日時等を占ったものだろう。さて、この崩御を受けて、年末に内裏でおこなわれる追儺が中止となった。追儺とは鬼を祓う恒例行事で、今日の節分の鬼やらい（豆まき）にあたる。このとき「散位従四位下・安倍朝臣晴明」は「追儺はおこなうべきではない」と語ったが、公的な追儺の代わりに、彼は私宅でこれをおこなった。するとそのことが「京中に響き、人々がともに追儺をおこなったが、それはあたかも恒例行事のようであった」（『政事要略』）。それほどまでに、晴明の影響力は大きかったのである。

晴明には吉平と吉昌という二人の跡継ぎがいたが、彼らは晴明在世中に、ともに陰陽寮で重きをなしていた。天文博士・陰陽博士の吉平は正暦四年（九九三）に陰陽助となり、晴明に引きつづいて道長に重用された。天文博士の吉昌は、寛弘元年（一〇〇四）に陰陽頭になっている。そうして晴明の孫の章親が天喜三年（一〇五五）に陰陽頭になって以後は、賀茂氏と安倍氏が陰陽頭と陰陽助の地位を独占し、暦博士は賀茂氏の世襲、天文博士は安倍氏の世襲となって、安・賀両家による陰陽道宗家体制が確立するのである。

その礎を築いた晴明は、寛弘二年（一〇〇五）九月二十六日にこの世を去った。阿倍氏の末裔である土御門家は、晴明を文殊菩薩の化身にして北斗七星中の巨門星の精と伝えている。

4、安倍晴明伝説

説話中の晴明

安倍晴明にまつわる物語は、おおまかにいって二つの系譜にわかれる。ひとつは、希代の陰陽師・晴明の超人ぶりを伝える説話で、平安末から鎌倉初期にかけてつくられた。もうひとつは、超人晴明の出生の秘密やその力の源泉について述べたもので、晴明に仮託された陰陽道書『陰陽輨轄簠簋内伝金烏玉兎集』（鎌倉末から室町初期？）が成立して以後、主に近世に生み出された一連の縁起物語のたぐいである。

まず前者には、十二世紀前半に成った『今昔物語集』を筆頭に、十三世紀初頭に成った『宇治拾遺物語』『古事談』『続古事談』『発心集』、一二五四年に成った『古今著聞集』などがある。そこに収められた説話はいずれもそのまま史実と考えることはできないが、すべてが荒唐無稽なつくりごとかというと、そうとも言い切れない。というのも、以下に述べる術や祭祀の多くは、実際に陰陽師がおこなっていたものであり、物語の設定をとりはらえば、晴明がおこなっていてもおかしくない話だからである。これらの説話集が編まれた時代は、賀茂氏と安倍氏が陰陽道の二大宗家として君臨していた時代にあたっている。とりわけ安倍氏陰陽道の祖の晴明の声価は抜きん出て高く、同じ陰陽の術でも、晴明がおこなえば以下のような驚異的な結果が引き出されたにちがいないと信じられた。たとえば生殺与奪(せいさつよだつ)の呪術である。

あるとき、広沢の寛朝(かんちょう)僧正のもとにでかけた晴明が、若い公達や僧侶らから「陰陽道の術で人を殺すことができるか」と、からかい半分でたずねられた。そこで晴明は、これら思慮の浅い連中をたしなめるために、草の葉を摘み、呪文を唱えて蛙に投げかけた。すると、蛙はぺしゃんこに潰れて死んでしまった。一同は色を失って恐れ慄(おのの)いた(『今昔物語集』)。また、こんな話もある。蔵人の少将が烏(からす)に糞をかけられた。その烏を、陰陽師が用いる使い魔の一種である式神(しきがみ)と見てとった晴明は、ただちに少将を救うために身固(みがため)の呪法をおこなった。そのため、式神がそれを放った陰陽師のもとにはねかえされ、陰陽師は自分の式神に打たれて死んでしまった(『古今著聞集』)。ここに出る身固は、史伝のところで述べた反閇の際の護身法と同じもので、呪文を唱えたのち、呪刀や印・符などを用いて人体を邪鬼から防護する法をいう。晴明がさかんに反閇をおこなったことは先に書いたとおりで、その一部である身固めも、当然修したことだろう。

陰陽師は邪鬼や物怪を祓うために、さまざまな祭祀や呪術をおこなった。祓うことができるなら、逆にそれを人に憑けたり攻撃したりすることもできるだろうというので、式神という陰陽師使役の鬼神が想像され、さまざまな説話となった。仏教僧や行者は鬼神の一種である「護法(ごほう)」を駆使すると信じられたし、民間巫覡（ふげき）のたぐいは狐などを使役すると信じられた。そうした使役霊の陰陽道バージョンとして「式神」という鬼神が立てられ、晴明はその式神使いの達人と見なされたのである。

人を呪咀・呪殺できるなら、死にかけた者を生き返らせることもできるはずだ——そうした思いから編まれた話もある。先に記した「泣き不動」説話もそのひとつだ。近世の『しのだつまつりぎつね』では、陰陽師の芦屋道満（あしやどうまん）に殺された父の安倍保名（やすな）を蘇（よみがえ）らせるべく、晴明がばらばらになった父の遺骸を一条戻橋（いちじょうもどりばし）の橋げたの下に寄せ集め、「招魂続命（しょうこんぞくみょう）の法」を修して生き返らせている。これも泰山府君祭をふまえたものとみてよい。

天地の秘密に通じ、自在に鬼神を駆使すると見なされた晴明は、過去世の因縁を読みとる力があるとも信じられた。晴明が花山天皇の前世を読みとったという前章で記した説話は、その代表的なものだ。晴明の説話には、彼ら陰陽師のパトロンたちも登場する。その筆頭が藤原道長だ。こんな説話がある。あるとき、物忌で籠もっていた藤原道長の屋敷に、晴明、観修（かんじゅ）僧正、医師忠明（ただあきら）、源義家（みなもとのよしいえ）が集まっていた。ちょうどそこに早生（わせ）の瓜（うり）が献じられてきた。そこで道長が晴明に占わせたところ、晴明は「瓜の一つに毒気がある」といって問題の瓜をつまみ出した。観修僧正がそれに向かって加持（かじ）すると、瓜が動き出した。そこで忠明が針を二本打ち、義家が抜刀して瓜を二つに割ると、中から頭を断ち割られた蛇が出てきた。蛇の目には忠明の打った針が刺さっていた（『古今著聞集』）。

物忌とは、一定期間、家に籠もって外出や飲食や房事などを慎しみ、精進潔斎（しょうじんけっさい）の生活を送ることをいう。身辺に怪事や不祥があったり、夢見が悪いなどのことがあると、貴族らは陰陽師に占わせて物忌の期間を定めた。瓜の説話は人物の組み合わせが時代と合っていないので史実ではないが、道長が晴明に物忌に関する占いをさせたこと自体は、いくらもあったにちがいない。陰陽師は彼らの生活に欠かすことのできない存在であり、なかでも晴明は、道長に重用されていた。説話の背景には、そうした歴史的事実がある。

こんな説話もある。建築中の法成寺（ほうじょうじ）にでかけた道長が、敷地に入ろうとすると、犬が衣の裾をくわえて引き留めた。不審に思った道長が晴明に占わせたところ、道長を呪咀する者が道に呪物（まじもの）を埋めているという。掘らせてみると、土器を二枚合わせにして、中に呪咀の文字を書き付けた呪物が出てきた。そこで晴明は懐から紙を取り出し、鳥の形に結んで呪（まじない）をかけた。それから空に放ると、紙は白鷺となって術を仕掛けた老法師の道摩（どうま）のところに飛んでいった。そこで道摩を搦（から）め捕り、すべてを白状させたうえで、故郷の播磨に追放した（『古今著聞集』）。法成寺は晴明の死後に建てられた寺だから、これも史実ではないが、パトロンのために呪術をおこなったり、敵が仕掛けた呪術を打ち返すことも陰陽師の重要な仕事だった。ここで晴明は、その仕事をおこなっている。

道長がいかに陰陽師を重用したかは、彼の日記『御堂関白記』によく表れている。勅命によって陰陽寮が謹製する暦（具注暦（ぐちゅうれき））の余白に記されたこの日記には、九九八年から一〇二一年までの記事が記されているが、その中には通算で百十三回も陰陽師関連の記事が出ていると山下克明氏がカウントしている[22]。そのうち、晴明在世中の期間は、晴明が十回、賀茂光栄が七回で、それ以外の陰陽師はわずか二人というから、道長が重用したのは晴明と光栄ということが、日記からも確認できる。ちなみに、晴明の死後は光栄が二十六回、晴明の子の安倍吉平が十八回、光栄没後は吉平が三十九回となっており、晴明・吉平親子で過半数をこえている。安倍氏の寵愛ぶりが如実に伝わってくる。

『簠簋内伝』以降の晴明伝説

平安末から鎌倉初期にかけての説話集における晴明は、右にみてきたとおり、類(たぐ)い稀な能力をもつ陰陽師として描かれた。けれども、そうした力が何に由来するのかについて触れたものは、ほぼ皆無に近い。また、晴明の生い立ちについてふれたものもない。ところが、中世に『簠簋内伝』が編纂されて以降になると、この書物がどのような経緯で晴明のもとに収まったかを語る伝来譚とからめるかたちで、晴明のルーツや出世や霊験などに関する物語が、数々生み出された。「天文司郎(てんもんしろう)安倍博士吉(あべのはくじき)備后胤晴明朝臣撰(びこういんせいめいあそんせん)」と銘打たれた『簠簋内伝』は、陰陽道の秘伝書として珍重され、晴明が自在に過去・現在・未来を読み解くことができたのも、この書におさめられたような天地の秘密に通暁していたからだという伝説が、中世から近世にかけてつくりあげられたのである。

その際、重要な役割を果たしたのが、室町時代末期の写本が残る『簠簋袖裡(しょうり)伝』や、近世初頭には成立していただろうとされる『簠簋抄』などの『簠簋内伝』注釈書である（この三者の複雑にからみあった関係については、渡辺守邦氏の詳細精緻な考証がある）[23]。これらの注釈書がまとめられる過程で、『簠簋内伝』には存在しなかった数々の説話が組み合わされ、今日の安倍晴明像が完成した。

新たに付加された説話の代表は、晴明の母を信田の森の霊狐とする狐女房譚で、竹田出雲の浄瑠璃『蘆屋道満大内鑑』によって「演劇的完成」をみた。ほかにも、文殊菩薩から『簠簋内伝』の秘書を授かったとする伯道の伝説の原話と思われる縁起を記す『五常内義抄』（鎌倉時代中期）や、烏同士の会話を聞いた「天下無双の陰陽師」晴明（請明）が、烏の語っていた治病法によって天皇の病を癒やしたとする『臥雲日件録』（臨済宗相国寺禅僧・瑞渓周鳳の日記）応仁元年（一四六八）十月二十七日の記事など、多くの話柄がよりあわされている。

こうしてつくりあげられた晴明物語がベースとなって、江戸時代には浅井了意の『安倍晴明物語』、僧誓誉の『泉州信田白狐伝』、作者未詳の『安倍仲麿生死流傳輪廻物語』などの諸本が生みだされ、歌舞伎や浄瑠璃の芸能にもとりこまれたほか、幕末期には「浄土宗系の布教活動にも利用され、勧化本と呼ばれる読み物に仕立てられ[24]」て、化人晴明伝説が民間に定着した。これらの著作のネタ元は、先に挙げた『簠簋抄』（慶長年間＝一五九六〜一六一五年）の冒頭に掲げられている「三国相伝簠簋金烏玉兎集之由来」（「由来」と略称）である。先に筆者は『安倍仲麿生死流転輪廻物語』を編訳し、『簠簋内伝』の拙訳も上梓したが[25]、晴明伝説の大元である「由来」については部分的にしか紹介していなかった。そこで『秘教Ⅱ』に「由来」の全訳を掲げた。近世以降に流布した晴明伝説は、そのほとんどがこの「由来」から発している。

【注】

①村山修一「古代日本の陰陽道」（『陰陽道叢書1』名著出版）
②村山修一『日本陰陽道史総説』塙書房
③たとえば佐野賢治「妙見信仰と虚空蔵信仰」（『妙見信仰調査報告書』千葉市立郷土博物館）など。朝廷には中国から星辰信仰の体系が移入されたが、民間への伝播は遅く、「北斗七星などの一部の星が農事暦や、漁民の漁期や方角の指標とされる程度で……生活への影響は薄かった」（佐野）。ただし、古代日本にも独自の星辰信仰があったとする説も少数ながら存在する（勝俣隆『星座で読み解く日本神話』大修館書店）。
④村山修一『日本陰陽道史総説』塙書房
⑤春苑玉成は承和五年（八三八）の第十七次遣唐使の請益生として入唐し、『難義』一巻を持ち帰り、陰陽寮の学生に教授したと伝えられる（『続日本後紀』）。なお、『難義』は通常は書名と考えられているが、山下克明氏は、日本で解決のつかない問題や疑問を唐国で専門家に質問し、得られた教えをまとめた問答集のようなものだったのではないかと推定している（「遣唐請益と難義」『平安時代の宗教文化と陰陽道』岩田書院）。
⑥式占は密教に取り込まれて壇法という呪法に改変されている。密教・道教系の神々が天地人盤に配されているが、陰陽道の式盤のように実占に用いられたのではなく、呪術の本尊として用いられた。詳しくは本書第五章、および『秘教Ⅱ』所収の『辰菩薩口伝』参照。
⑦『中世庶民信仰資料』元興寺文化財研究所
⑧村山前掲書
⑨藤巻一保『役小角読本』原書房
⑩西郷信綱『神話と国家』平凡社
⑪山下克明『平安時代の宗教文化と陰陽道』岩田書院

⑫村山修一編著『陰陽道基礎史料集成』東京美術

⑬「当時天文得業生であった晴明は天文博士保憲の下で具官の奉礼を勤めたにすぎない。『村上天皇御記』に賀茂保憲に命じて鋳造させたとあったのはその謂であり、晴明が霊剣の図様を勘申したというのも、その地位を考えれば師の保憲のもとで関与したとすることが実情に近いと思われる。それを晴明があえて自身の功績として主張した理由は、長徳年間における陰陽家としての地位の確立に基づくものと考えられる」（山下克明「陰陽道と護身剣・破敵剣」『平安時代の宗教文化と陰陽道』岩田書院）。

⑭村山前掲書

⑮山下前掲書

⑯村山前掲書

⑰山下前掲書

⑱藤巻一保『秘説陰陽道』戎光祥出版

⑲小坂眞二「陰陽道の反閇について」（『陰陽道叢書４』名著出版）

⑳山下前掲書

㉑大野裕司「玉女反閇局について」（『北海道大学大学院文学研究科研究論集６』）。反閇で用いられている禹歩と道教の玉女反閇局が中国道教の中で結び合わされ、日本陰陽道の反閇になったと推定されることは拙著『秘説陰陽道』で記した。土御門家に伝わった『小反閇作法幷護身法』も、道教の玉女反閇局法を踏襲して、勧請呪・天門呪・地戸呪・玉女呪・刀禁呪・四縦五横呪という次第で行われている。

㉒山下前掲書

㉓渡辺守邦「『簠簋抄』以前―狐の子安倍の童子の物語」（『国文学研究資料館紀要14』）、「『簠簋抄』以前・補注」（『説話論集第四集』清文堂出版）

㉔渡辺守邦「『簠簋抄』以前―狐の子安倍の童子の物語」

㉕藤巻一保『安倍晴明』学習研究社、『安倍晴明『簠簋内伝』現代語訳総解説』戎光祥出版

第二章　北斗と北辰をめぐる星の秘儀

はじめに

星辰（せいしん）信仰は日本の秘教の中核のひとつであり、この信仰を抜きにして日本のオカルティズムを語ることはできない。陰陽道祭祀はまさにこの星辰信仰が中核となっていたし、古代末から中世にかけて、あらゆる秘教の母胎となり、孵化器（ふかき）としての役割を果たした密教においても、事情は同じだった。この章では、密教と陰陽道という日本の秘教を担う両輪がそろって最重視し、門外不出の秘法としてきた星辰および星辰関連の神仏にまつわる信仰と祭祀の歴史をながめていくことにしたい。

星にまつわる呪法は、すでに奈良時代からおこなわれている。北極星および北斗七星の霊験を説く『北辰菩薩経（ほくしんぼさつきょう）』をはじめ、占星術経典の『舎頭諫太子（しゃとうかんたいし）二十八宿経（しゅくきょう）』、星神の呪文をふくむ『陀羅（だら）尼集経（にじっきょう）』など、数々の祭星関連の経典がすでにもたらされていたし、孝謙（こうけん）天皇に寵愛された大臣禅師（だいじんぜんじ）・弓削道鏡（ゆげのどうきょう）が宿曜（すくよう）の秘法を用いて孝謙天皇を癒やしたという史書の記載もある。しかし、星辰信仰が本格的に根付きはじめたのは、空海が大陸から最新の密教をもちこんだ平安朝以後で、密教祭祀の中心となっていったのはさらに後の十世紀以後のことになる。

この時代、王権を支えてきた律令体制が揺らぎ出し、それと並行して災異は星からもたらされるという意識が膨らんでいった。さらに、星の影響は天皇・国家のみならず「貴賤（きせん）大小」に等しく及び、個人の運命も生死も「みな北斗七星の所管に属す」（『北斗七星延命経』）と信じられるようになった。

こうした社会状況の中で星辰信仰が急速に広まっていくのだが、その背景として『都利聿斯経』や『七曜攘災決』などの祭星と占星術に関する密教テキストが、九世紀半ばからあいついで日本にもちこまれたことも見逃せない。これらは道教と習合した中国製の密教テキストであり、そのなかには陰陽道的・道教的要素がふんだんにふくまれていた。そのため日本においても、星神信仰と祭祀・占術は陰陽道と密教が手を携えて発展させていくこととなり、十世紀から十一世紀にかけて、密教側には星神祭祀に長けた寛空や仁海らの達人が、陰陽道界には賀茂保憲や安倍晴明といった名だたる大家が、宮廷社会のニーズを背景に相次いで出現したのである。

十世紀から十二世紀にかけては、まさに〝星の秘儀の時代〟だった。その背景には何があり、どのような信仰や祭星秘法がおこなわれていたのかを追っていきたい。

1、日本における星神信仰

記紀の星神信仰

記紀神話に登場する星神は、金星の神格化と思われる悪神の天津甕星、太陽神の天照大神、月神の月読神（つくよみのかみ）のわずか三神で、星の古語である「ツツ」の名をもつ住吉三神の底筒之男（そこつつのお）・中筒之男（なかつつのお）・上筒之男（うわつつのお）をオリオンの三つ星とする野尻抱影氏らの説を加えても、四種六神にしかならず、他の古代民族に比べて星神が極端に少ない。そこで日本人は、古来、星に対する関心や信仰に乏しい民族と見なされ、それが定説となってきた。ただし、異論を唱える研究者もいる。その一人である勝俣隆氏は、記紀神話には日本独自の星神神話が語られているとしてユニークな神話分析をおこない、興味深い仮説を提起している。①

　記紀神話によれば、イザナギとイザナミはまず天の御柱（あめのみはしら）の周囲を回って「みとのまぐわい」をおこない、次々と国を生んだ。この天の御柱を、勝俣氏は「北極星を柱に見立てた表現」ではないかとする。また、同神話は、死んだ妻イザナミを求めて冥界（めいかい）に下ったイザナギが、醜く変貌した妻に驚いて冥府（めいふ）から逃げ出し、筑紫（つくし）の日向（ひむか）の橘の小門（おど）の阿波岐原（あはぎはら）で禊（みそぎ）をしたと伝えている。この禊の過程で次々と神を生んでいき、最後にイザナギが左目を洗ったときに生まれたのが天照大神、右目を洗ったときに生まれたのが月読命、鼻を洗ったときに生まれたのが須佐之男命（すさのおのみこと）だが、この三貴子（みはしらのうづのみこ）誕生までの過程を、勝俣氏は、「天父神」であるイザナギがもろもろの星神を生む過程を表した神話表現と見なして、種々の根拠を示しながら論証を試みたのである。その根拠については勝俣氏の所説に直接あたっていただくとして、ここでは氏の仮説で「星神」とされた記紀の神、およびその神に充てられた星（星座）を列挙していこう。

◎衝立船戸神（つきたつふなとのかみ）　北極星
◎道之長乳歯神（みちのながちはのかみ）　天の川
◎時量師神（ときはかしのかみ）　北斗七星
◎道俣神（ちまたのかみ）　畢星（ひっせい）（ヒアデス星団、畢宿（ひっしゅく））
◎住吉三神　オリオン座の三つ星

道俣神までは三貴子誕生以前にイザナギの杖や帯、裳（したばかま）、褌（ふんどし）を脱いだときに生まれた神で、住吉三神はイザナギが禊をおこなっている過程で生まれた神だ。また勝俣氏は、天孫降臨（てんそんこうりん）にあたってニニギ命の先駆けになった猿田彦神（さるたひこのかみ）を畢宿、猿田彦がいる場所とされている天の八衢（やちまた）を昴宿（ぼうじゅく）（プレアデス）とする。この、星々の世界のなかに猿田彦神の顔や属性を浮かびあがらせていく部分は勝俣説の白眉（はくび）で、思わず天空のロマンに引きこまれる。「従来、天津甕星以外は星の記述は、日本神話の中に存在しないというのが定説の如く言われて来た。しかし、実際に『古事記』や『日本書紀』の神話を繙いてみると、星や星座の記述と思われる部分が少なからず見出される。これは、古代日本人も星に深い関心を持ち、ギリシアや他の民族同様に、星の神話を生み出して来たにもかかわらず、今まで、その事実が見過ごされてきたことを意味しているのではなかろうか」。勝俣氏はこう述べている。もし氏の仮説が正しいなら、たしかに古代日本人も他の古代文明圏と同じように、豊かな星の神話をもっていたということになる。

ただ、ここにひとつの大問題がある。かりにそうした星神に関する神話が日本にあったのだとしても、その記憶は、はやくも奈良時代あたりから曖昧模糊（あいまいもこ）としたものとなり、代わって当時の先進地域だった大陸や朝鮮半島からもたらされた道教・陰陽道・天文道や仏教の星神にとってかわられたことが明らかだからである。

勝俣氏は、日本にも星の神話があったことの傍証として、さかんに漁労や農事との関連、また地方色豊かな星の方言を引いている。漁や航海に際し、海民が天の指標として星を利用したことは確かだし、農民が種蒔きその他の農事の指標として星を利用したことも事実だろう。けれども、そうした実用としての民俗信仰的な星の意味と、星神信仰としての星の意味はちがう。信仰を軸として見たとき、日本はまちがいなく大陸流の星神信仰というフィルターをとおして星を見、その意味を考えた。そのとき記紀神話が思い起こされることはなかった。というのも、満天に散らばる星の意味や神秘的な働き、そこに住む神々のもつ吉凶禍福などの知識は、そのすべてが大陸起源のものといっても過言ではなかったからである。

日本の星神信仰の最古の層は、こうして記憶の底に深く埋もれた。代わって、古代から中世、近世にいたるまで、星にまつわる日本人の信仰世界や知識を支配したのは、前述の大陸流のそれであった。以上のことを踏まえたうえで、次にその諸相を見ていくことにしたい。

人々の心をとらえた属星法

日本人に大陸流の進んだ星の知識や祭祀をもたらしたのは、天文道や暦道、陰陽道といった古代中国系の学術だが（ただし中国にはインドや中東の天文・占星知識が入っている）、これらのうち、星神信仰、星神祭祀という面でもっとも大きな影響を及ぼしたのは陰陽道である。陰陽道では、星を地上の吉凶を司る神そのものと見なした。それゆえ星は、早くから占いの対象であると同時に信仰の対象にもなり、北極星や北斗七星、日月五惑星などが祀られて政治に影響を及ぼしてきた。

宿曜師・深算の『宿曜占文抄』によれば、星をまつって攘災招福を祈願する「祭星法」の初伝は天智天皇三年（六六四）。唐国天文博士の郭務宗が中臣鎌子に伝授し、鎌子は同法を月に二度修することで内大臣・正一位の極位に昇り、弓削道鏡もこの法を修して法験を得たという。伝説世界で陰陽道の祖の一人に数えられている吉備真備も、入唐して「祭属星法」などの祭星法をマスターし、唐国で足止めをくらって塔中に幽閉されたときは、太陽と月を封じて世界を暗黒化するなどの奇験を示した。また帰国後の日本では、属星（北斗七星のうちの自分の運命を支配する一星）を祭って高位高官に昇ったとし、道鏡禅師も「宿曜秘法」などによる法験で法王にまで昇りつめたとしている。

これらの話は後世の作り話だが、奈良時代に祭星関連の呪法がおこなわれていたことは確実で、そのために必要な典籍・経典も伝えられていた。道鏡が孝謙天皇を癒す際にもちいたという宿曜秘法の中身は不明だが、すでに伝わっていた『舎頭諌太子二十八宿経』にもとづくものにちがいなく、孝謙天皇の病と関連する星宿を加持するなどして呪的治病（これを看病といい、看病の法を修する僧を看病禅師といった）をおこなったものと思われる。またこの時代には、北辰（北極星）および北斗七星の霊験を説く『北辰菩薩経』（「北斗七星延命経」）も読まれていたし、奈良時代から雑密を修する験僧らによってさかんに用いられた『陀羅尼集経』や『陀羅尼雑集』といった雑密系の呪文集にも、北極星の神格化である北辰菩薩妙見呪や、金星神の呪文である太白仙人呪、火星神の呪文である熒惑仙人呪などが含まれていた。ただし、それがどれほど活用されたのかはわからない。

ともあれ、これら仏教系の祭星呪法を駆使する僧侶が、陰陽師や天文博士と並ぶ星関連の術法のエキスパートだったことはまちがいない。というのも、僧尼に関する法令集である「僧尼令」に、僧尼が天文を観察して災祥を説くことを禁ずる条文があり、またすでに奈良時代に、天文などの知識のある僧侶らが還俗を命ぜられて陰陽寮に配属される例もあったからである[2]。

こうして陰陽道と密教（雑密）は、深く習合しながら日本文化に浸透していった。その端的な例が、延暦十五年（七九六）三月十九日の桓武天皇の勅に見られる。この年、朝廷は私的な北辰祭祀を禁止した。ということは、都が奈良から平安に移るころには、朝廷が禁令を出さねばならないほど祭星が流行していたということである。その勅は、「この年以前から久しく禁令を出しているにもかかわらず、所司は禁令を侮って取締をおこなっていない。それどころか、都や畿内の官吏も民衆も春秋ごとに職を放り出し、仕事を忘れて集い合い、男女が入り乱れて猥雑な祭りをおこなっており、かえって天のとがめを招くようなありさまだ」(『日本後紀』大意)と憂いている。ここには、朝廷が風紀の紊乱に眉をひそめるような、日本的な性の交歓をふくむ祭と一体化した北辰祭祀の様子がうかがえる。また、それからほどなくの大同二年(八〇七)には、平城天皇が陰陽師らによる虚説や占術の乱用を戒め、星神の禁忌などを記した暦注を排除し、行動の指針は聖賢の格言に拠るべしとする詔を発している。けれどもこうした詔勅に効果はなく、時代が進むにつれて暦注はますます深く人々の心と暮らしを支配するようになっていったのである。

空海請来の星神祭儀

九世紀初頭、陰陽道と並ぶ星神信仰の担い手だった仏教界に、新風がもたらされた。空海の登場である。平城天皇の詔が出る前年の大同元年(八〇六)、空海は唐国から最新の密教をたずさえて帰国した。彼の密教は、それ以前の雑多な呪法の寄せ集めの密教(雑密)ではなく、大日如来という絶対中心軸のもと、森羅万象と諸仏・諸神を金剛界と胎蔵界という大日如来の二つの相のうちにすっぽりと包含した体系的なものであり、そのなかにはもちろん星神もふくまれていた。

空海が持ち帰った星神は、いまも曼陀羅中に見ることができる。まず『大日経』にもとづいて描かれた胎蔵界曼陀羅では、星神は曼陀羅の一番外側にあたる外金剛部(最外院)に、方位を守る護方神(八方神・十二天)とともに配されている。描かれているのは日曜・月曜・木曜・火曜・土曜・金曜・

胎蔵界曼荼羅・外金剛部院に配された星神の一部。上段右から土曜、月曜、秤宮（天秤座）、弓宮（射手座）、蝎虫宮（蠍座）。下段は二十八宿中の東方七宿。宿星神たちはいずれも手に蓮台に乗せた星を持っている。（『大悲胎蔵大曼荼羅』仁和寺版・大正蔵図像部一より）

水曜の七曜、および計都星と羅睺星からなる九曜星、二十八宿、十二宮（十二星座）で、計四十の星神が配されていることになる。

また、『金剛頂経』にもとづいて描かれた金剛界曼陀羅では、画面全体が九分割されてそれぞれの中に小宇宙がつくられているが、その小宇宙のうちの成身会・三昧会・微細会・供養会・降三世会・降三世三昧耶会と呼ばれるブロックの外金剛部の南方に「飛行天」が配されている。飛行天とは日月星辰がめぐると信じられた天で、日天・月天・彗星天・熒惑（火星）天である。

なぜ、これらの星神が曼陀羅中に描かれたのか。それは星神が仏神の化身そのものとみなされ、その不規則な運行や、凶星による吉星への侵犯などの天変が天界に起こると、影響がただちに地につたわって、国家・国王に災いがもたらされると信じられたからである。たとえば、架空の星である羅睺星は日蝕・月蝕を引き起こす暗黒星とされ、計都星も同じように種々の災いをもたらす凶星としての彗星と考えられた。これらの凶星が諸惑星を襲ったり、国王の本命星や本命宿、本命宮（いずれも後に詳述）を侵犯すると、戦争や飢饉、国王の病など、さまざまな不祥が起きると信じられた。そのことは仏典の処々で執拗に説かれている。そこで密教僧は、諸天を供養し、加持祈禱などによって災いを鎮めるための修法をおこなったのである。

鎮護国家の法を修するうえで、祭星がいかに重要視されたかは、弘仁元年（八一〇）十月の空海の『上表文』によくあらわれている。この年、空海は、それまで奈良の大寺がおこなっていた鎮護国家のための法会を、密教によっておこなうことの許可を求めて嵯峨天皇に文を奉った。その中で空海は、新たに招来した『仁王護国般若波羅蜜経』や『守護国界主陀羅尼経』などの功徳を述べて、「七難を摧破し、四時を調和し、国を護り、家を護り、己を安んじ他を安んじる此の道の秘妙典」だとその功徳を称揚しているが、冒頭の「七難摧破（七つの難を打ち砕くこと）」の「七難」とは、①日月失度難（太陽・月の運行の異変に基づく災難）、②星宿失度難（諸星の運行の異変に基づく災難）、③災火難、

④雨水難、⑤悪風難、⑥亢陽難（日照り）、⑦悪賊難のことで（『仁王経』にもとづく）、代表的な七つの難の筆頭が日月と星宿の災い、つまりは天に現れた異常な徴証なのである。

また空海は、真言宗第六祖にあたる不空三蔵のことを「ひろく全仏教の要諦に通じ、仏教界においては右に出る者がない第一人者[3]」だと讃仰しているが、その不空が漢訳した大乗経典の一切は、「国運隆盛のために災厄を除き、日月星辰、五風十雨の順調を祈請するものであり、如来の加持力によって国家安穏を成就したいと願うものである」とも明記している。空海が日本に持ち帰った新訳経典中、最も多いのがこの不空の訳経で、『請来目録』には百十八部、百五十巻の不空訳経が記載されている。そのすべてが「日月星辰、五風十雨の順調を祈請するもの」だと、空海は述べているのである。

さらに空海は、密教占星術の基本テキストである『宿曜経』も日本に持ち帰った。この経には、密教が扱う星神が網羅されており、星が人間に及ぼす影響など、インド化したオリエント流の占星術の基礎知識が集成されていた。そのなかには、それまで日本に伝えられていなかった七曜日のことが説かれるなど、新たな星神信仰や、星を用いた占いの素材が、空海招来の本経によって日本に植えられた（中身については後述）。『宿曜経』は、ただ天変や王者などの人間の運命を占うためだけに用いられたわけではない。暦を考えて日を選ぶこと（撰日）は陰陽寮の最も重要な仕事のひとつだったが、密教でも修法や灌頂、曼陀羅製作、築壇などの重大な法事作業をおこなうにあたっては、吉日良辰（辰は星の意味）を選ぶことがインド以来の伝統で、この吉日良辰を知る典拠となったのが『宿曜経』であった。空海は五十歳のときに真言僧侶が学ぶべき経・律・論の三蔵を定めている。その「雑部真言の経」の中に、『宿曜経』の名がある。[4] つまりこの経は、密教僧の学ぶべき根本テキストのひとつとして空海自らが位置付けていたのである。

密教星祭の隆盛

このように、九世紀初頭には中国天文道や陰陽道を介してもちこまれた北辰・北斗を中心とする陰陽道の星神信仰と、密教を通じてもちこまれた宿・曜などの星神信仰という二本柱が日本に存在していたわけだが、九世紀の時点では、密教家による星祭りや星占い関連の活動はまださして目立つものではなく、主流は陰陽師による北斗祭祀だった。

ところが十世紀に入ると、陰陽家・密教家双方の星神祭祀が急激にさかんになってくる。九世紀から十世紀にいたる密教の祭星の流れを、武田和昭氏はこう要約している。「台密では円仁により天子の本命星（北極星）を供す熾盛光法が、嘉祥三年（八五〇）に惣持院を建立して修された。これは台密の四箇大法の一つとして、以後長く重用されることになる。ついで『覚禅鈔』にみられるように、天暦六年（九五二）に天台の沙門が北斗七星の真言を写し留めたこと、『行林抄』では天慶五年（九四二）に北斗護符が朱雀天皇に奉られたことが記されている。さらに月曜供・太白星供・熒惑星供など、九曜星に対する修法もなされた。このように、十世紀中期ころには、台密を中心に星辰信仰の隆盛が窺えるが、その背景には陰陽道の影響が深く関連していることが指摘されている。一方、東密では石山寺淳祐（じゅんにゅう）が本命供を、また香隆寺寛空（かんぐう）が天暦年中（九四七〜九五七）に北斗曼陀羅を創図して北斗法を修した。ついで成就院寛助（かんじょ）や勧修寺（かじゅうじ）寛信（かんじん）によっても盛んに北斗法が修されるようになる。東密では、このころ以降から、星辰供はこの北斗法が主流となった。……天永元年（一一一〇）鳥羽殿で寛助が大北斗法を修し、その後、寛助が如法北斗法を鳥羽院のために修すなど、北斗法が盛んとなるのは十一世紀末から十二世紀中期である。この約二〇〇年間に及ぶ期間のなかで、密教と陰陽道が複雑に混淆して各種の占星法が確立されていくのである[5]」。

それまでさして注目されていなかった星辰祭祀が、なぜ十世紀以降、堰を切ったように重視されはじめたのか。そのおもな理由は三つある。

まず第一は、「律令制の衰退状況のもとで高揚した災異意識の展開[6]」という社会の変化だ。それまで国をたばねてきた律令制という確固とした基軸が揺らぎ、自分たちの足場が不安定になってきたとき、王家や貴族らの心に、体制の揺らぎの原因としての天の咎め——星辰によってもたらされると内（ない）典（てん）（仏教経典）や外典（げてん）（儒教経典など）に説かれたさまざまな災異——に対する不安や恐れが急速に膨らんでいった。

第二に、こうした社会状況のなかで、個人と星との関係についての関心も急速に高まっていったことがあげられる。星の影響は、国界・国主（天皇）だけに及ぶのではない。天皇を補佐している大小の貴族・官僚から百姓にいたるまで、だれもが星の影響を受けているという考え方が、十世紀以降、大いに広まっていった。すなわち、「貴賤大小の生命、みな北斗七星の所管に属す」という『北斗七星延命経』などの所説にしたがって、「寿命吉凶など個人の運命は星宿に支配されていると、当時の貴族社会で考えられはじめた[7]」のである。その背景に、陰陽道や密教からの熱心な働きかけがあったことはまちがいないが、そうした働きかけに強く反応して不安をかきたてるような精神状況が、律令制が揺らぎだした十世紀にいたって貴族らの間に広まったことが大きい。

ただし、貴族らの間に、そうした星神に対する畏怖を背景とした信仰が高まっただけでは、十世紀からの星神祭祀の急速な展開は説明しきれない。これにはもう一つの理由がある。『都利聿斯経』『七曜攘災決』『七曜二十八宿暦』『七曜暦日』『七曜星辰別行法』など、星神祭祀や占星技術に関する密教経典や儀軌が、九世紀半ばから大量に日本に将来されており、それらを活用することで貴族らのニーズに応えられる態勢が、密教サイドで調えられていったのである。

もし密教が星神祭祀に手を出さないなら、この分野は陰陽寮の独壇場となったにちがいない。しかし、呪法をもって最大の存在理由としている密教が、手をこまねいて陰陽道の星神祭祀をながめていられるわけもない。ここに密教による陰陽道のとりこみが起こり、陰陽道は陰陽道で密教所説や呪法をとりこんでいくという星神がらみの呪法の習合が起こる。十世紀から十一世紀にかけて、密教側には星神祭祀に長けた寛空や仁海らの呪術僧があいついで現れ、陰陽道にも賀茂保憲、安倍晴明といった名だたる大家が出現した背景には、こうした星神信仰の急激な高まりがあったのである。

先に筆者は私的な北辰祭祀を禁ずる延暦十五年（七九六）の勅のことを書いたが、このことからも明らかなように、日本では、中国の伝統に倣って、星のなかでもとくに北辰妙見や北斗七星を重んじ、祭ってきた。八世紀には民間の北辰祭祀を禁じた朝廷も、ついにはこれをとりいれ、三月三日と九月三日に北辰に灯火をたてまつる「御灯」の儀式をおこなうようになった。また、天皇が正月元旦の寅の刻（午前四時）に、その年の属星（当年の十二支に相当する北斗七星中の一星）の名を唱えて拝礼し、ついで天地ならびに四方、また、祖先の天皇霊の鎮まる山陵を拝する「四方拝」も、九世紀初頭の弘仁年間（八一〇～八二四年）にはおこなわれはじめ、以後、恒例化するようになった。では数ある星のなかでも、なぜ北辰・北斗が特別に重んじられたのか。次にそれを考えていくことにしよう。

2、北辰妙見と北斗信仰の展開

なぜ北辰だったのか

まず最初に、北辰とはどんな星神なのかを見ておきたい。中国では、北辰は天の至高神と見なされ、歴代王朝によって信仰されてきた。中国文化をそっくり移入した日本でも、北辰は天帝と見なされ、具体的には天の中央にあって自身は不動のまま天の王宮にとどまり、その周囲に群星（これは臣下と見なされる）を巡らす北極星こそが北辰と考えられた（辰は「目印の星」の義）。

ただし意外なことに、今日われわれが北極星と呼んでいる星は、古代中国にあっては、必ずしも本来の北辰ではなかった。北辰は、実際には時代により変遷があったからである。フランスの日本学教授だったベルナール・フランクは、古代中国で天帝として重んじられた太一神（たいいつしん）と天一神（てんいつしん）を、ともに北極星（北辰）とするソシュールの説に疑問を抱き、中国天文学者のミシェル・トブールに教示を仰いだ。そのトブールによれば、中国に天文学が生まれた時代の北極星の定義基準に当てはまる星は「小熊座のベータ星（天帝星）」だったが、紀元三〇〇年ころには、天の北極の位置が小熊座のベータ星とアルファ星とからほぼ等距離の位置にあったため、より明るいほうのアルファ星（現在の北極星）が北極星となりはじめた。つまり、天の至高神の座所としての北極星は二つあるわけだが、そのいずれもが後代まで北極星の神（太一）の座所と見なされ、また北極星そのものとも考えられた。

この太一とは別に、天空には天一という星神がいた。司馬遷（しばせん）の『史記（しき）』天官書（てんかんしょ）（前一世紀ころ）では、天一は天の「中宮（ちゅうきゅう）」あるいは「紫宮（しきゅう）」の内部に位置する三つの星からなる星群で、北極星に近いが、北極星そのものではないとしている。ところが、この天一も北極星と同一視された。つまり「『帝位に関する名称』は、北極星だけの特権ではなく、もっと広く、天の北極の軌道に沿って位置する星々にもつけられていた[8]」というのである。この指摘からもわかるとおり、北辰は天文学上の北極星のこと機械的に考えることはできない。北極星を指すとされてきた北辰、あるいは太一・天一・上帝・天帝といった神々は、むしろ北極星の位置から割り出された象徴的な機能——不動の中心、宇宙の軸、天の帝王など——を担う、抽象化された星神と見なしたほうが、より実情に近いのである。

中国の場合はさておき、天文学では中国とは比較にならないほど幼稚なレベルにあった日本の陰陽寮では、実際に太一や天一を観測してその吉凶禍福（きっきょうかふく）を考えたわけではない。陰陽家は、これらの神を機械的に暦に配属し、時間とともに天地を巡る神と見なした（ただしこの考え方の本家も中国である）。つまり北極星の神とされる太一神や天一神の実態は、実在の天体に対応する神ではなく、むしろ観念上の天体と対応する暦のうえだけの星神だったのである。

仏教でも事情は変わらなかった。北辰菩薩は、一応は北極星のこととされたが、それはあくまで理念上の観念にとどまった。さらに仏教では、北辰と北斗七星の激しい混同が起こり、北辰＝妙見＝北斗七星という考え方もおこなわれた。また、北極星を妙見とし、北斗をその眷属として、祭星法の際の印で手指を握れば妙見法、開けば北斗法という秘伝もつくられた[9]。北辰菩薩の功徳を説いた代表的な経に、『七仏八菩薩所説大陀羅尼神呪経（しちぶつはちぼさつしょせつだいだらにしんじゅきょう）』所収の、通称『北辰妙見大菩薩神呪経』がある（ちなみに『北辰妙見大菩薩神呪経』の次が金星関連の『太白仙人神呪経（たいはくせんにんしんじゅきょう）』、次が火星関連の『熒惑仙人神呪経（けいこくせんにんしんじゅきょう）』となる）。『秘教Ⅱ』に全文を訳して掲げたので詳しくはそちらを参照していただきたいが、この経文中の第一の眼目は、北辰菩薩に、「死を除いて生を定め、罪を減じて福を増し、命数（みょうすう）を益（ま）して寿命を延ばす（除死（じょし）

定生、滅罪増福、益算延寿）」権能があるという部分であり、それにつづくのが、「国界が犯されることのないよう守りかため、国土を守護し、その災患を除き、その姦悪を滅ぼすであろう。また、その国土の風雨は吹くべきときに吹き、雨降るべきときに降るようにし、穀物や稲は豊かに熟し、疫病をもたらす気は消し去り、その国に対抗できるようないかなる強敵もないようにし、人民が安楽に暮らせるようにする（邏衛国界、守護国土、除其災患、滅其奸悪、風雨順時、穀物豊熟、疫気消除、無諸強敵、人民安楽）」と謳った部分である。

第一の眼目中の「除死定生」は、北辰妙見が人の生死の鍵を握っているということであり、であればこそ北辰は「益算延寿」の権能もあわせもつ。つまりこの経に説かれる北辰は、道教や陰陽道でいう鎮宅霊符神（＝妙見）や泰山府君と同じ権能をもっているものと信じられたわけで、北辰という神自身が、そもそも著しく道教色を帯びている。そのことは、経文に司命尉や天曹都尉（天界政庁の役人）といった道教神が登場していることからも明らかで、これらの神はもともとは陰陽道で祭っていたものが仏教にとりこまれたのである。

そのうちでも、とくに重視されたのが司命で、この神は、北斗七星の上方にある文昌宮の第四星がルーツとされる。天にあって人の寿命台帳（命籍）を管理していると見なされた司命の星は、のちには北斗星とも習合して紀元前から歴代中国王朝の祭祀の対象になっており、宮中では立冬の後の亥の日に司命を祭り、民間でも春と秋に神像を作って祭った。[10]いつまでも権力をつかんでいたい、死をまぬがれたいという欲求は、権力を握っている者ならだれもが等しく抱く願望だ。それをかなえてくれる菩薩として信仰されたのが、この司命を使神としている北辰妙見なのである。

北辰には、ほかにも「滅罪増福」や「疫気消除」といった福力があると信じられた。さらに為政者にとって最も関心の深い「邏衛国界、守護国土」や「無諸強敵」も授けてくれるし、為政者にとっても人民にとっても必須の「風雨順時、穀物豊熟」も支配すると、経文は述べている。そこで人々は競って北辰を祭り、みずからの延命長寿や滅罪増福を祈ったのである。

北斗信仰の淵源

次に、この北辰と切っても切れない関係にある北斗七星について見ていこう。北斗信仰は、陰陽道と仏教（密教）のなかで複雑にからみあい、混じりあっている。なぜ混淆が生じたかというと、密教・陰陽道ともに中国を師としていたからである。

日本の平安密教は、本場インドの密教ではなく、中国で独自の発展を遂げた唐代密教をルーツとしている。その唐で道教と密教の習合が顕著になってきたのは八世紀ごろといわれ、この世紀から次の九世紀にかけて、『宿曜儀軌』『北斗七星念誦儀軌』『北斗七星護摩秘要儀軌』『仏説北斗七星延命経』『七曜星辰別行法』『北斗七星護摩法』『梵天火羅九曜』など、数々の星辰関係の儀軌が編述された[11]。書名からも明らかなように、北斗関連の経軌が異様に多い点が目につくが、インド占星術では、じつは北斗七星はまったく重視されない。赤道付近に位置するインドから北斗を見た場合、現れるのが地平線近くで観測しにくく、関心を集めにくいなどの理由からと思われるが、インドよりはるかに緯度の高い中国では、紀元前から北辰・北斗信仰がきわめてさかんだった。この信仰をそっくりとりこんだのが道教で、陰陽道が広めた属星信仰も道教で生み出された。つまり、先の星辰関係の儀軌は、道教と中国密教の習合によって生み出されたものなのである。

道教のなかで北斗星がいかに重んじられていたか、その例を二、三示せば、まず道教で考えられた神々の等級付けを挙げることができる。古代の道士を代表する陶弘景（とうこうけい）は、『霊宝真霊位業図（れいほうしんれいいごうず）』のなかで、神々・真人（しんじん）・仙人を一級から七級までの等級に分けた。その第一級は玉清宮（ぎょくせいきゅう）という天宮に住む神仙（しんせん）で、以下、上清宮（じょうせいきゅう）・太極宮（たいきょくきゅう）・太清宮（たいせいきゅう）と続く。至高の神界である玉清宮のトップは道教主神の元始天尊（げんしてんそん）だが、その左に座しているとされるのが、木火土金水（もくかどごんすい）の五行と北斗七星を一体化させた「五霊七明混生高上道君（ごれいしちみょうこんせいこうじょうどうくん）」で（神名中の七明とは北斗七星のこと）、北斗は、道教最高神である元始天尊を補佐する位置にある星界の宰相と位置付けられているのである。

目を人体に転じよう。天に神々の宮殿があり、地に皇帝の宮殿があるように、人にも天地と照応する秘められた宮殿があると道教では考えた。それら体内の宮殿のうちでも中枢部にあたるのが、頭蓋内の上丹田（じょうたんでん）、心臓部の中丹田（ちゅうたんでん）、下腹部の下丹田（かたんでん）だ。体内の最高神は、上丹田にあるとされる泥丸宮（でいがんきゅう）のさらにうえに重なっている玄丹宮（げんたんきゅう）に住む。名を太一真君（たいいつしんくん）という。太一は先に述べたとおりの大宇宙の主神たる北辰の神だが、それが小宇宙である体内にも宮殿をもつと見なされていたわけである。

その太一真君の様子は、こう描写される。「太一真君は、生まれたばかりの赤子の姿をしている。玉のとばりの前で、黄金の玉座に坐り、紫の刺繍をした絹の衣をきて、帯に流火の鈴をさげている。……彼は左手に北斗七星の柄をとり、右手には北極星座の第一の綱、すなわち動かない星（北辰）を握っている」[12]。太一真君のこのイメージから明瞭にわかるとおり、北斗は道教では至尊の神に仕える最も重要な神として信仰された。その働きは、道教における北斗星の異名に端的に表れている。

まず、この神は、そのものずばりの「司命神（しめいしん）」と呼ばれた。また、命を司るということは死を司ることだから、人間に死を注ぎこむ神、「注死神（ちゅうししん）」とも呼ばれた。さらに、一切の災いを消除し、福と延命をもたらすところから「七元解厄星君（しちげんかいやくせいくん）」の異名もあった。道教では、このようにして北斗星が厚く信仰されてきたのだが、中国密教はその道教の北辰・北斗信仰をとりいれて、先に名のあがった『宿曜儀軌』以下の経軌を編述した。つまり先に列挙した経軌は、純粋なインド伝来のものではなく、インドからもたらされた星神信仰や占星術の要素に、中国固有の道教信仰を混ぜ合わせて偽撰（ぎせん）されたものなのである。すでに先学の指摘があるように、まず『宿曜儀軌』では、星祭の際に勧請する神として九曜・二十八宿のほかに「北斗七星中の本命属星、泰山府君、司命・司禄（しろく）」を挙げている。これらはいずれも純然たる道教神で、泰山府君・司命・司禄はのちに日本の陰陽道が最も重視し、陰陽道宗家となった安倍家が主祭神とした神にほかならない[13]（第一章参照）。

次の『北斗七星念誦儀軌』以下は北斗関連の祭祀であり、それだけでこれらが純粋なインド産の儀軌ではなく、道教の影響下に成立した中国産の儀軌だということがわかる。また『北斗七星護摩秘要儀軌』は、こう述べている。

「『禄命書』ではこういっている。すなわち、世に人の寿命を司る司命の神があり、庚申の日がやってくるごとに、天に上って天帝に人間の罪悪を報告する。報告を受けた天帝は重罪の者の寿命から三年（算）を削り、軽罪の者の寿命からは三百日（紀）を削る。算が尽き紀がなくなると、その人の命は亡びに至る、と。そうであるから、如来は末世の福薄く短命で若死する衆生のために、この一字頂輪王（北極星）召 北斗七星供養護摩の儀則を説かれたのである。北斗七星を供養する者は、その属命 星をして、しばしば死者の名簿から名を削って、生者の名簿に移しかえ、生き返らせる[14]」

これはまぎれもなく道教から生まれた庚申信仰のことを語っている。道教では、人体には三尸という三匹の虫がおり、この虫が庚申の日の夜に天に上って寄生主の罪を天帝に報告すると考えた。そこで、庚申の日には人々が集まって鐃などを打ち鳴らし、仏の歌讃を唱え、念仏行道などして夜を徹し、三尸の上天を封じようとした。これを庚申会という。庚申会は日本では十世紀ないし十一世紀から僧侶たちの間でおこなわれたらしく、以後次第に民間にも広まった。庚申講や庚申待ちと呼ばれる民俗がそれだ[15]。右の儀軌は、三尸を「司命の神」とし、この司命神によって寿命を削られることのないよう北斗を供養しなければならないと説く。そのための護摩供の儀式次第を説いたのがこの儀軌であり、北斗祭祀が道教との習合から生み出されたことを明瞭に示しているのである。

これ以外の星神関連の経軌も、すべて道教との密接なつながりを示している。日本密教の星祭は、こうした道教色の濃密な儀軌をもとに編みだされた。一方、陰陽道では、もともと道教や儒教、中国天文道からくる北斗信仰をとりいれていた。つまり、九世紀から十世紀にかけての時代の陰陽道と密教は、星祭や星神信仰においては、いわば同じ母の胎から生まれた双子のような関係にあった。こうした土壌の中で、十世紀以降には陰陽道と密教による星祭が次々と編み出され、北辰・北斗以外の祭星もさかんに修されるようになる。時代的には陰陽師の祭祀がやや古く、九世紀に属星祭と本命祭がおこなわれているが、これらはともに北斗関連の星祭にほかならない。つづく十世紀初見の陰陽道の星祭には、老人星祭（南極星祭）・太歳祭（木星祭）・熒惑星祭（火星祭）がある。また十一世紀には、玄宮北極祭・本命元神祭・太白祭（金星祭）・月曜祭が現れ、十二世紀には、日曜祭・太歳八神祭・辰星祭（水星祭）・大将軍祭（金星祭）というように、星神関連の祭祀が陸続と登場するのである[16]。

一方、密教では、奈良の道鏡の時代には宿曜秘法しか知られていなかった祭星法が飛躍的に増え、熾盛光法、本命星供、北斗供、尊星王法など、数々の星祭が修せられた。また、星占いの面では陰陽師の後塵を拝していた密教側が、惑星の動きをもとにホロスコープを作成できるようになったのも十世紀以降のことであった。

3、宿曜占星術と火羅図

密教占星術の画期

空海が日本に持ちこみ、その後、台密の円仁（えんにん）・円珍（えんちん）があいついで持ち帰った『宿曜経』は、二十八宿・十二宮・七曜などの占術上の意味や働きを述べている。経の中心テーマである二十八宿とは、月の通り道である白道（はくどう）を不等間隔に二十八分割した〝月の旅宿〟のことで、各宿の西端にある明るい星を目印の標準星とした。月は一日で一つの宿を通過し、二七・三二日で二十八宿を一巡する。この月の運行と太陽の運行から、古代暦である太陰太陽暦がつくられてきたのである。

二十八宿には中国系とインド・アラビア系があり、ルーツについては諸説があってよくわかっていないが、中国系の二十八宿体系は、紀元前七～五世紀の間に成立したと考えられている。空海将来の『宿曜経』は、いうまでもなくインド・アラビア系のもので、東方筆頭の昴宿（ぼうしゅく）から始まるが、中国系の二十八宿は東方筆頭が角宿（かくしゅく）で、両者は明らかに体系が異なっている。星曼陀羅では、空海将来の胎蔵界曼陀羅もインド系の昴宿を筆頭とするものになっているが、十世紀以降にさかんになる北斗供で用いられた北斗曼陀羅には、東方筆頭を角宿とする中国系のものが数多く見られる。ここにも、空海時点での星辰信仰と、道教・陰陽道との習合によって生まれた十世紀以降の星辰信仰のちがいがあらわれている。

経では、二十八宿のそれぞれの宿が何個の星からなっているのか、どんな神が支配し、その宿に月が入ったときにやっていいことといけないことは何で、その宿生まれの人はどんな性格、どんな運命をもっているのかなどが記される[17]。また日曜・月曜・火曜・水曜・木曜・金曜・土曜の七曜は、西方起源の七惑星説がインドにとりこまれたもので、陰陽道にはふくまれない密教独自の占星法として重んじられた。この七曜に関しては、その人の生まれ日の曜による性格と運勢、その曜の支配している日（直日）におこなってよい結果の得られる行動と、よくない結果を招く行動などが説かれる。

ほかにも、二十八宿と七曜の組み合わせからくる吉凶日（甘露日・金剛峯日・羅刹日）や、太白（金星）を用いた占いなどが説かれているのだが、実占を考えた場合、この経には致命的な欠陥があった。惑星のその時々の位置を推算するのに必要な暦（占星天文暦）が付属していないため、『宿曜経』によって密教占星術の概念は知ることができても、個々人の運命を占うために必須のホロスコープ（出生天宮図）を作成することはできなかったのである。ホロスコープをつくって個々人の運命などを精密に読んでいくためには、生まれ日に惑星が天宮のどの位置にあるのかを知らなければならない。この惑星の位置推算に必要な表がまとめられているのが、八世紀末から九世紀初頭にかけて中国唐朝でつくられた『七曜攘災決』で、日本には貞観七年（八六五）に天台僧の宗叡が将来した。

『七曜攘災決』には、木火土金水の五星および羅睺・計都・太陽の八曜（月を欠く）のひと月ごとの位置を記した表がまとめられており、これによって大ざっぱなホロスコープの作成がようやく可能になった。さらに延暦寺の僧・日延が、より精緻な惑星の位置推算を可能にする『新修符天暦経』と「符天暦経日纏差立成」という太陽の運動表を天徳元年（九五七）に持ち帰ったことで、密教は陰陽道や暦道に依存せずとも独自にホロスコープ占星術を駆使できる体制ができあがったのである。[18]ただしこの『符天暦』と「立成」は、日延が自発的に持ち帰ったものではない。晴明の師で、当代屈指の「陰陽の規模」と称えられた暦道大家の賀茂保憲が、日延の渡唐（当時は唐が滅びたあとの五代時代で、日延は呉越国に渡った）にあたり、大陸から最新の暦経もあわせて入手してくれるよう朝廷を通じて依頼したのである。[19]依頼を受けた日延は、かの地で八十両をおさめて呉越国の司天台に入り、『符天暦』と「立成」を学んで帰国した。持ち帰った経典などは保憲に預けられたというから、ホロスコープ作成に必要な文献は陰陽寮の暦道家にもそっくり入っていたわけで、ここにも陰陽道と密教が手をたずさえて星神信仰をもり立てていった十世紀という時代の様子がうかがわれる。

　それはさておき、宿曜道と呼ばれる密教占星術が陰陽道と肩をならべる占術となり、陰陽師に対する宿曜師の活動が本格化したのは、まさにこの『符天暦』および「立成」が将来された十世紀以降のことであり、空海が『宿曜経』を持ち帰ってから約二百年後のことであった。『符天暦』研究の第一人者である桃裕行氏は、「宿曜経は必ずしも宿曜道における重要な書物ではない。むしろべつに唐の曹士蔿なる者が作った符天暦という書物があって、これが宿曜道におけるバイブルであると考えなおすべきである[20]」と指摘している。以後、宿曜師は個人の出生時のホロスコープを作成してその運命を占ったり、毎年の九曜の運行と出生天宮図を勘案してその年の運勢を占うなど、今日のいわゆる西洋占星術師の仕事をおこなうようになったのである。

「火羅図」を読む

宿曜師とは密教占星術師のことだが、彼らがどのようにして人の運命を占ったかをいまに伝える貴重な史料が、真言宗本寺の東寺に残されている。重用文化財に指定されている「火羅図」（図版参照）がそれだ。この「火羅図」については、武田和昭氏の詳細な研究がある。そのなかで、武田氏は火羅図の意義について、「各種の（星供の）修法を修す際に、個人の本命星・本命宿・本命曜・当年星などの決定が必要となってくる。これには『宿曜経』『仏説北斗七星延命経』『七曜攘災決』などを用いて、いちいち複雑な手法をとらねばならない。こうした面倒なことを簡便に、しかも正確に理解できるよう考案されたのが、実は本図のような曼陀羅様火羅図ではなかったか。たしかに曼陀羅様火羅図を駆使すれば、これら（個人の本命星や本命宿など）が容易に判明するとともに、個人の性格・運勢なども一目でわかり、星供の必要事項が網羅されているといえる。まさに宿曜師の手引き書のようなものとみられよう[21]」（カッコ内は引用者）と述べている。

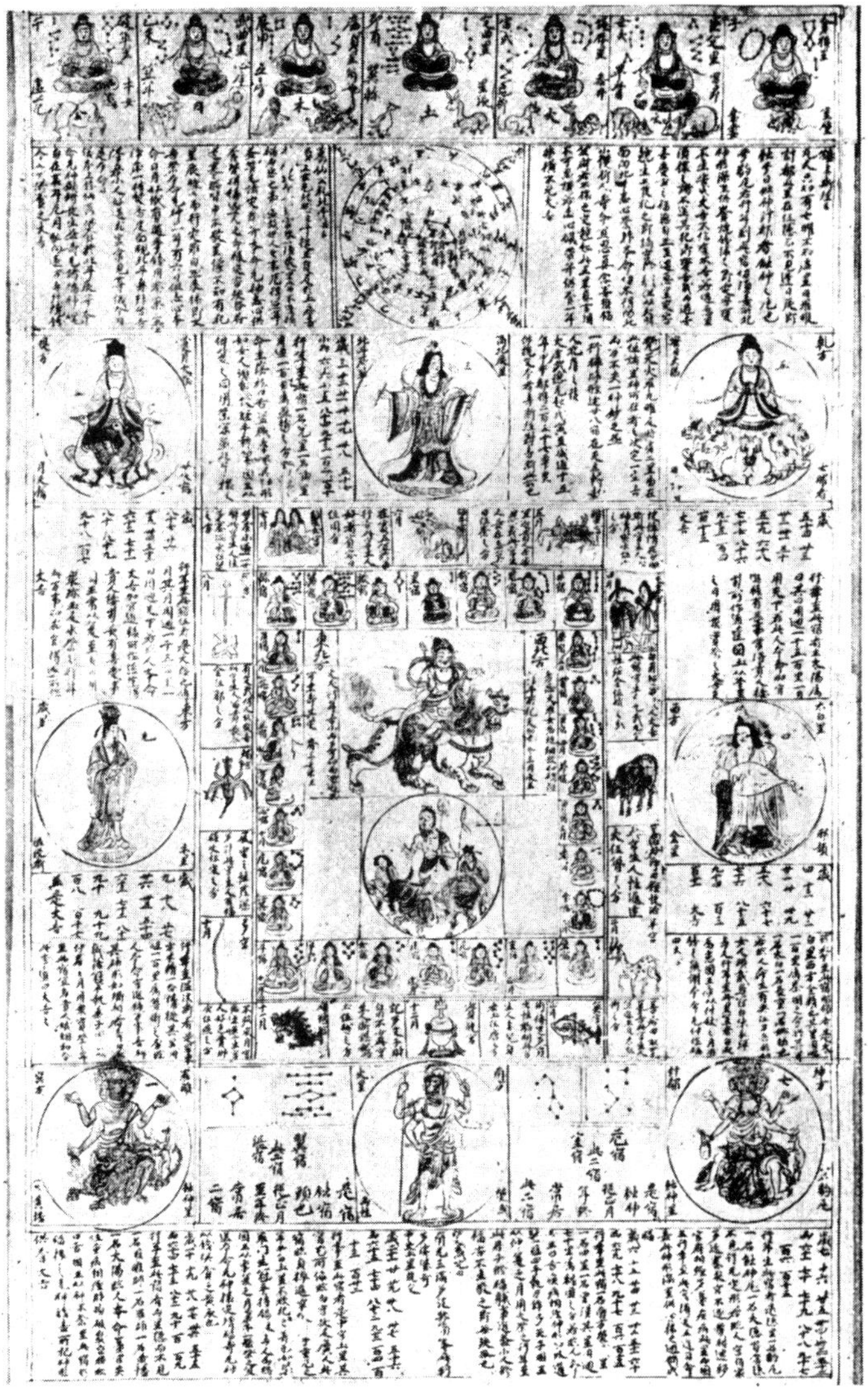

「火羅図」。八字文殊を中尊として二十八宿・十二宮・九曜が囲繞し、最上部に北斗七星が配されている。（『火羅図』京都教王護国寺蔵本・大正蔵図像部七より）

書物やインターネットなどさまざまな形態の情報が満ちあふれている現代とは異なり、この時代の情報は、ごく一部の人々や組織が独占していた。書物は書き写して写本をつくる以外に入手法はなく、秘伝書の類いとなると借覧そのものが困難で、宗教書の場合はさらに困難の度が増した。また、かりに書物が入手できても、肝腎の部分は口伝として文字にのせられてはおらず、書かれている明文を読み解くに際しても、師の教示が不可欠だった。しかも秘口伝は、師から認められたごく一部の弟子以外には明かされない不文律があった。こうした状況のなかで、宿曜師の一種の「手引き書」となったのがこの「火羅図」ではないかと、武田氏は見るのである。以下、武田氏の分析にしたがいながら、この興味深い曼陀羅形式の占星術便覧を紹介していこう。

〈中尊〉　中央に描かれているのは、星曼陀羅の中尊(ちゅうそん)（修法の中心尊格）にあたる獅子に乗った文殊菩薩(もんじゅぼさつ)だ。文殊は『宿曜経』を説いたとされる菩薩で、インドではなく唐代中国で、占星術の神と見なされるようになった。安倍晴明が、死後、文殊の化身とされたのも、[22]文殊を占星術の神と見なす信仰があったからである。『覚禅鈔(かくぜんしょう)』には、こう記されている。「『心覚抄(しんがくしょう)』はこういっている。一切の日・月・星はただ文殊の所変である。『秘密抄』にはこうある。北斗法は八字文殊(はちじもんじゅ)を本尊と為す。以下は私（覚禅）が述べることだが、醍醐寺(だいごじ)では、こう伝えられている。北斗曼陀羅は八字文殊菩薩をもって中尊とする。諸宿曜の真言を破(は)すのは、すなわち八字文殊の真言である」[23]。現存の北斗曼陀羅の中尊は釈迦金輪(しゃかきんりん)で文殊ではないが、当時は文殊を中尊とする北斗曼陀羅もつくられたのだろう。武田氏は、文殊を中尊とする信仰のもととなった経典として、『宿曜経』のほかに『大聖妙吉祥菩薩秘密八字陀羅尼修行曼陀羅次第儀軌法』『大方廣菩薩蔵文殊師利根本儀軌経』『宿曜儀軌』をあげている。

〈二十八宿と十二宮〉　文殊の周辺には二十八宿が配され、さらにその外側に十二宮が描かれている。二十八宿の配置は角宿を東方筆頭の宿とする中国式だが、向かって左回りに東南西北の方位を配する構図はインド式なので、武田氏はインドと中国の折衷様式としている。二十八宿の外側の十二宮は、西洋占星術でいう十二星座と同じもので、

◎東　秤宮（天秤座）・蝎宮（蠍座）・弓宮（射手座）
◎南　磨羯宮（山羊座）・宝瓶宮（水瓶座）・魚宮（魚座）
◎西　羊宮（牡羊座）・牛宮（牡牛座）・夫妻宮（双子座）
◎北　蟹宮（蟹座）・獅子宮（獅子座）・双女宮（乙女座）

となっている。十二宮の図の下には、その宮の特徴やその宮生まれの人の性格・運勢、五行の配当、その宮の支配下にある国（ただし中国の諸国）が記されている。わずか二十字前後の短文だが、これにより、さまざまなことがらが占えるようになっている。

注目されるのは星座と月の関係で、本図では魚宮を旧暦の正月に当てている。旧暦の正月は現在使われている暦の二～三月だから、火羅図は現行の誕生月占い（生まれたときに太陽が位置している星座に基づく占い）と同じ基準を採用していることがわかるのだが、武田氏によれば、十二宮と十二ヵ月

の対応関係については、①獅子宮を正月とする説（寛助の『七巻抄』中院星供）、②羊宮を正月とする説（『別尊雑記』）、③魚宮を正月とする説（本説および属星供・安流口決）、④弓宮を正月とする説（『七巻抄』）の四説があったと指摘している。生まれ月と生まれ星座の関係は天文から割り出されるから、どの時代でも基準はひとつと考えられがちだが、平安時代にはこのようにさまざまな説がおこなわれていたのである。

なお、火羅図に見える十二宮の説は『宿曜経』その他に見えないところから、武田氏は、いまは失われている『都利聿斯経』（矢野道雄氏はこれをギリシアのプトレマイオスの占星術書の古典『テトラビブロス』の編訳書と推定している）[24]にもとづくものかもしれないとしている。

〈九曜星〉円形内の九体の尊像が九曜星で、上段右から反時計回りに、日曜（密日・太陽）、金曜（太白星・金星）、計都（触神星・豹尾）、火曜（熒惑星・火星）、羅睺（触神星・黄幡）、木曜（歳星・木星）、月曜（莫月大陰・月天）、水曜（北斗辰星・北辰星）、土曜の諸神が描かれている（カッコ内の星名は火羅図記載の異名）。これらの像のうち、木火土金水の五曜の形態は、おそらくヘレニズム時代のホロスコープ占星術の影響からきたものと思われる（この占星術を以下ヘレニズム占星術と略称する）。

まず、火曜は、明王などと同じ忿怒形で描かれ、手には武器である弓・矢・戟・刀を持つ。これは火曜神が武神・軍神であることを表しているが、西洋占星術の火星神マルスも軍神で、かつこの火曜神と同じ猛悪神と見なされている。

次の水曜は女人形で、手には筆と紙を持つ。これは知識や情報の支配を暗示する。一方、ヘレニズム占星術における水星神ヘルメスも書記の神であり、同じくすばやい知識の伝達等を掌っている。

木曜は王服をまとった王者の姿で描かれる。約十二年で天界を一周する（つまり一つの宮に一年ずつ留まる）ところから、木星は歳月の支配神とも見なされて歳星と呼ばれたが、ヘレニズム占星術でも木星はギリシアの主神ゼウス、ローマの主神ジュピターの星であり、王服をまとった王者に相応する。また、火羅図等で花器を持った姿で描かれるのは、「幸運を授ける星」という木星の属性を表したものか。神が手にする花は祝福や恵みを象徴する。

金曜は水星と同じく女人形で表される。日本もふくめた中国占術では、五行の金が殺気・剋殺を司るところから、金星（太白）も殺気を帯びた凶悪神として扱うのが通常で、陰陽道でも太白星の精である大将軍は、万物を枯らし、敵の調伏や征伐をになう恐怖神として祭祀された。この神のいる方位は三年ごとに移るが、その方位を犯すと祟りがあるとして、日本では「三年塞がりの神」と恐れられたのである。ところがこの火羅図の金曜神は、ふくよかな女神像として描かれており、手には琵琶をもって音楽を奏でている。この姿は、ヘレニズム占星術の愛と美と調和の金星女神ヴィーナスと文句なく一致している。星の属性について、宿曜道が陰陽道とは異なる解釈を採っていたことが、この描写からうかがえる。

最後の土曜は、文殊の下に描かれた老人相の男性で、手には杖をもっている。ヘレニズム占星術の土星は古代の農耕神サトゥルヌスで、しばしば老いた父の姿で描かれる。土曜神が持つ杖は彼の年齢と、それに由来する智恵を象徴するが、サトゥルヌスである土星も、占星術では年齢と智恵にかかわる星として解釈される。土星が中央の文殊の下に描かれるのは、五行の土が中央を司るためだが（土王説）、中国式の五行・五方の考え方でいけば、中央は王者の座所である。しかし、この土曜はみすぼらしい半裸形で、王者の姿ではない。それはこの神が、東洋の土の精ではなく、ヘレニズム占星術における土星観の影響下に創図されたからにちがいない。

以上のように、木火土金水の五曜は明らかにヘレニズム占星術の影響を受けている。ヘレニズム占星術では、ほかに太陽と月も惑星に数えて七惑星とするのだが、本図では日月は陰陽の二大原理として扱われているため、この二星のみ菩薩形で描かれている。

残り二つの曜、計都と羅睺は、ヘレニズム占星術の惑星にはふくまれない。一般に計都は彗星、羅睺は日蝕・月蝕をひきおこす魔物と考えられており、日月蝕は竜が食うことによって起こるという東ヘレニズム全体に広がっている神話から、図の計都と羅睺の頭部には竜を象徴する蛇が描かれている。

以上の九曜は、星供では個人の本命曜として供養されるし、その人の運勢や性格などを支配する曜としても占われる。また、密教における星供では、九曜は当年星（とうねんしょう）（その年一年を支配する星）として供養されるが、それらの知識が、図に付随する文章に書かれているのである。

〈北斗七星その他〉　火羅図のいちばん上の七つの枠に描かれた菩薩形の尊像は、北斗七星を表している。各尊像の下に描かれている動物はその星が司どる十二支で、たとえば筆頭の貪狼星の下にネズミ(子)がいるのは、子年生まれの人の本命星は貪狼星だということを表している。

また、黒点(星)を線で結んだ図形は二十八宿で、別表のような配当になっている。

北斗の下段には五重の円圏があり、円圏の中央は北斗、第二重が一月から十二月までの月次、第三重が二十八宿、第四重が九曜など、第五重が十干・十二支・八卦で、配列や構成は違うものの、陰陽道で占いに用いる式盤と同じような記号が網羅されている。武田氏は「この部分は陰陽道そのもの」だと述べている。この五重の円圏の向かって右側に書かれている文は羅睺と計都の説明で、この両星は目に見えない虚星で凶事をもたらすが、供養すれば大吉をもたらすなどのことが記されている。また左側の文は北斗についての説明で、北斗およびそのうちの一星である本命・元神(元辰)を供養することで大吉がもたらされると説く。この北斗解説部分の冒頭に「葛仙公礼北斗法」と書かれており、密教家が自家の北斗法と道教の北斗法の関連を意識していたことが知れる。葛仙公とは『抱朴子』で知られる葛洪の従祖父の葛玄のことで、西暦二四四年に尸解したとされる三国・呉の神仙家だ。霊符を用いて自在に人や自然を操ったり、分身の術を用いて同時に二ヵ所に現れるなど、さまざまな道術を駆使したことが『神仙伝』に述べられている。ただし葛玄

貪狼星	室・壁・圭・婁
巨門星	胃・昴・畢・觜
禄存星	参・井・鬼・柳
文曲星	星・張・翼・軫
廉貞星	角・亢・氐・房
武曲星	心・尾・箕・斗
破軍星	牛・女・虚・危

別表

の北斗法については未詳。

以上が東寺の火羅図のあらましである。文殊菩薩を中心に、当時信仰されていた諸星神が網羅されており、インドを経由して入ってきたオリエント起源の占星術から中国占星術、陰陽道や道教の信仰までがまとめられている。諸星の働きについての要文も付されているから、たしかに武田氏のいうように「宿曜師の手引き書」的な用途で用いられたのだろう。なお、火羅図の名は九世紀に唐で編まれ、その後、日本に将来された『梵天火羅九曜（ぼんてんからくよう）』に由来するが、武田氏が詳細に分析されたとおり、描かれた図そのものは同書以外の星辰関連の諸経軌（しょきょうき）から採られている。

過去・現在・未来の占法

宿曜師は、こうして陰陽師と並ぶ占星・星祭のエキスパートとなっていった。もともと密教を学んでいるから、呪法は自家薬籠中（じかやくろうちゅう）のものだったはずで、そこに諸星祭祀と占星術が加わったことにより、密教に対する人々の傾斜は一段と強まったものと思われる。

この密教占星術や星供の発展と関連して、宿曜師と並ぶ「禄命師（ろくめいし）」という職掌が登場する。禄命師というのは、陰陽寮や典薬寮などのモデルとなった唐の太卜署（たいぼくしょ）内の太常寺に属した下級の技術官僚で、『唐六典（とうりくてん）』巻十四に、「禄命の義」として「一に禄といい、二に命といい、三に駅馬といい、四に納音（なっちん）といい、五に澁河といい、六に月宿という」と記されている。禄命師はこの六事に関わる占いを担当したものらしい。録は食禄で金銭財物、命は寿命で、道教では司禄・司命の神が管轄した。駅馬は主要道の拠点ごとに置かれた使者用の乗用馬だが、転じて視察や旅行などの移動を意味し、納音は六十干支と五行を組み合わせて割り出した特殊な五行により年運などをみる干支術の一種（ただし禄命の義としての納音がこの意味で使われたかどうかは不明）、溢河は日本では使われない文字だが、百度百科によれば「遭逢厄運」の意で、星命家が用いる比喩だというから、占いによって予期された厄を除き去るための術法といった意味だろう。最後の月宿はいわゆる二十八宿である。

禄命占は平安時代中期以降に貴族社会でおこなわれたようで、宿曜師も併修した㉕。禄命の六義に明らかなように、禄命師も宿曜師と同じく占星術を扱った。ただし占星術といっても、実際の天体の運行から諸事を占うオリエント系の占星術とは異なり、もっぱら干支の機械的な運用をもとに占う干支術に属していたらしい。時代は下るが十三世紀の真言僧・澄円（ちょうえん）が著した『白宝抄（びゃくほうしょう）』の「星供雑集」に、禄命師が占術で用いる五神についての記載がある。それによれば、五神とは、生年干支の本命生神、生月支の本命月神、生日支の本命元神、生時支の本命元神、入胎時の支の本命元辰で、これら入胎および誕生年月日時の五行の相生・相剋から「人の吉凶を知るべし」と説かれている。

生年干支の本命生神については干を司禄、支を司命神とし、元神と元辰を別神として扱うなど、独特な解釈が述べられているが、術の詳細はわからない。賀茂保典の依頼で『符天暦』と「立成」を持ち帰った天台僧の日延も、この禄命師だった。その役割は「現世の息災延命」に関する占いなどをおこなうことで、来世については関わらないといったことが『阿娑縛抄』に記されている。つまり禄命師は、もっぱら現世における禄や命などに関する干支系の占術を掌ったのである。

他方、宿曜占星術は、現世のみでなく来世や前世についても占った。その具体的なテクニックとして用いられたのが、『宿曜経』に説かれる「三九の秘宿」だ。これは牛宿を除く二十七宿を三等分して九宿のグループを三つつくり、それによって運命を占う法[26]で、三九の秘宿という名はそこからきている。その次第は、まず生まれ日の宿（本命宿）を「命宿」とし、この命宿から反時計回りに数えて九番目までの宿を命宿のグループとする。次に、十番目の宿を「業宿」とし、同じように反時計回りに数えて十八番目までの宿を業宿のグループとする。次に十九番目を「胎宿」とし、残りの宿を胎宿のグループとするのである。これで、

①命宿＋八宿の命宿グループ
②業宿＋八宿の業宿グループ
③胎宿＋八宿の胎宿グループ

ができる。この命・業・胎につづく八宿は、いずれも順に「栄宿・衰宿・安宿・危宿・成宿・壊宿・友宿・親宿」という属性名が振り当てられる。これで、暦に一日きざみで割り振られた二十八宿が、自分にとってどんな働きをするのかを占うことができる。たとえば、その日が命宿に当たっているなら、何事にせよ行動を起こしてはならない日と判断される。栄宿なら栄という文字のとおりの大吉の

日で、仕事・上申・献物・売買など何をおこなっても吉であり、安宿なら旅行や家・家具の補修、祭壇の設営に吉、衰宿・危宿・壊宿なら遠出や新宅への入居や転出は凶などと判断していく。

つまり、これによって日の吉凶や、その日やっていいこと悪いことが占われるのだが、三九の秘宿にはさらにオカルティックな活用法があった。何かというと、命・業・胎の三宿を輪廻とからめて見る法である。同経によれば、その人の命宿は現世の宿を示し、業宿は来世の宿、胎宿は前世の宿を示すという。とすれば、理論的には、命宿とそのグループは現世の運命を、業宿とそのグループは来世の運命を、胎宿とそのグループは前世の運命（前世につくった因縁）を示すものとなる。宿曜道では、命宿以下の九宿による占断を一九（いちく）の法といい、業宿以下の九宿による占断を二九（にく）の法、胎宿以下の九宿による占断を三九の法と呼んだ。これらを総合して判断すれば、過去・現在・未来にわたる運命が占われるわけだが、平安末から中世にかけてのこの時代、実際にそれがおこなわれたのか、おこなわれたとしたら、どのような形でおこなわれたのかについての史料はなく、残念ながら明らかではない。

宿曜道の名人

ともあれ、こうして十世紀以後に形をととのえた密教占星術は、陰陽道と並ぶ占星術の一大潮流となり、十一世紀以降、広く貴族社会で用いられるようになった。その間、数々の傑出した宿曜家が出現したが、その一人に、「空海の生まれ変わり」とまで称えられた東密の巨匠・小野僧正仁海（おのそうじょうにんがい）（九五一

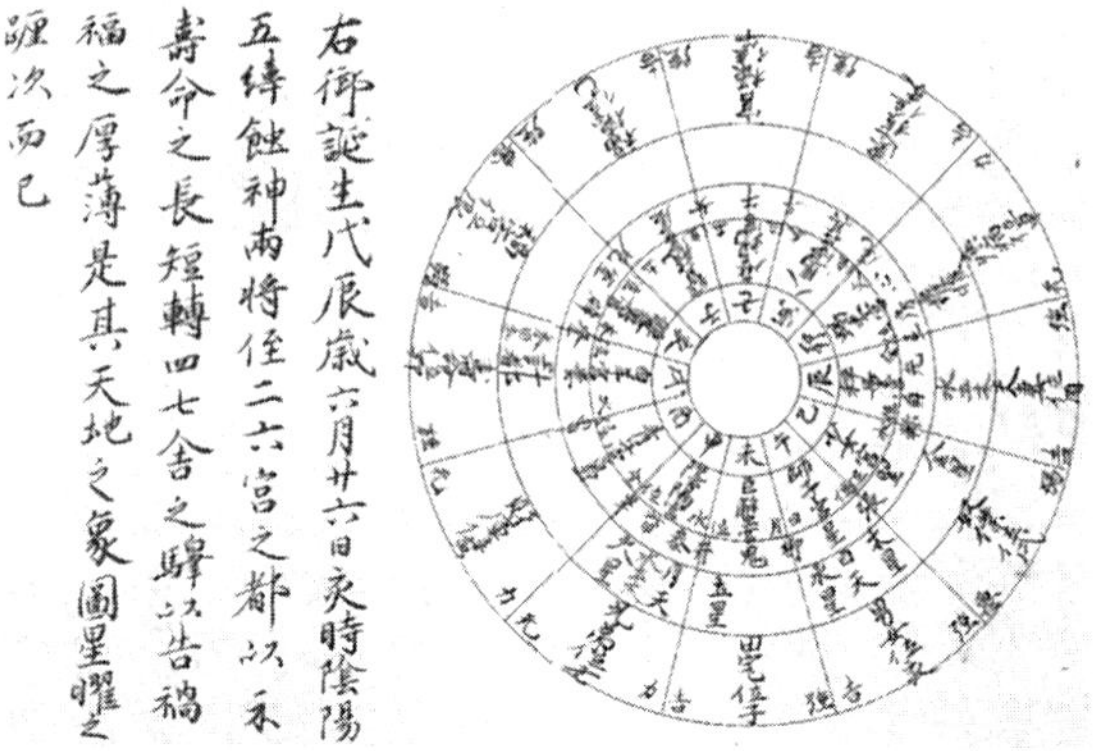
右御誕生代辰歳六月廿六日亥時陰陽
五緯蝕神両將住二六宮之都以示
壽命之長短轉四七舍之躔以告禍
福之厚薄是其天地之象圖星曜之
躔次而已

13世紀に宿曜師が作成した「生年勘文」。ホロスコープをもとに、誕生時の星の配置から生涯の運勢を占断する。（東京大学史料編纂所蔵）

～一〇四六年）がいる。仁海の弟子に成典という僧正がいるが、この成典が仁海について語った話が、源顕兼の『古事談』に出ている。それによれば、成典は長年の間、空海の尊貌を拝礼したいと念願していた。するとある夜、「大師を礼し奉りたいと思うのなら、仁海を見るべし」との夢告があった。そこで仁海を拝礼したという話のあとに、『古事談』はこうつづける。「仁海僧正は鳥を食う人である。……雀をはらはらと炙って、粥漬けのあわせ（副菜）に用いた。とはいえ、僧正は有験のお方であった。その姿は大師（空海）の遺影と違うところがなかった」。つまり仁海は、東密開祖の空海と生き写しの験僧だったというのだが、この仁海がわが国宿曜道の大成者とされるのである。

彼の名が高まったのは、朝廷の命を受けておこなった九回の祈雨の修法だ。いずれも功験いちじるしく、大量の降雨があって朝野を感動させた。その名声は遠く中国の宋まで伝わり、「雨僧正」「雨海大師」と尊称されたが、この修法をおこなうに際して、仁海は宿曜による撰日もあわせて心がけ、みごと大量の雨を降らせたと伝えられる。

ほかにも「宿曜の精」と称えられた東大寺僧の法蔵（ほうぞう）などの名人が現れ、彼らは南北朝時代ないし室町初期ごろまで活躍した㉗。密教が全仏教界の中心となり、貴族らの精神生活の中心となっていった時代は、まさに陰陽道と密教の星祭や星神信仰が急激にもりあがった時代と重なっており、社会的には律令制が崩壊して政治体制の大転換を迎えた時代、精神的には末法に対する脅えや不安が世間を支配し、同時に現世利益を求めて数々の呪法や異神信仰が密教家によって生み出された時代と重なっている。またこの時代は、真言立川流（たちかわりゅう）が燎原（りょうげん）の火のごとく全国に広まった時代でもあった（本書第五章参照）。このすさまじいまでの〝呪法万能の時代〟の原動力のひとつは、まちがいなく星神信仰にあったのである。次の節では、この時代におこなわれた代表的な星供・星祭を見ていくことにしたい。

4、密教・陰陽道それぞれの北斗祭祀

北斗の秘教的解釈

十世紀を境に、星祭・星神信仰がこの国に定着する。さきに述べたとおり、陰陽道と密教がさまざまな星祭をおこなうことで、当時の王朝人の最大の関心事だった攘災招福や延命長寿願望に応えるようになったのである。その際、祭祀の中心になったのは、やはり北辰（ほくしん）と北斗であった。くりかえしに

なるが、この両星が最重視された理由を、もう一度述べておきたい。

前漢（紀元前二〇六～後八年）から後漢（二五～二二〇年）にかけてさかんにつくられ、のちの道教や陰陽道に多大の影響を及ぼした「緯書」（詩経・書経・易経・春秋・礼記の儒教の五経などについての秘教的解釈書の総称）の一書はこう述べる。「この世を治めるべき聖人が天子の命を天から受けた場合には、必ず斗極（北斗と北極星）の在り方に順って政治をおこなわねばならない」（『洛書』）。斗極の在り方に順うとは、具体的にはどうするのか。「星はただ北辰のみが動かず、それ以外の星はどれもが北辰に隨ってその周囲を転旋する」（『詩緯』）。それと同じように、地の天子も不動の中心に位置して動かず、その周囲を天子を補佐して政治をおこなう臣下たちが転旋するようにしなければならない。この臣下を代表するものが、ほかならぬ北斗だ。「北斗は天帝の乗る車である。天帝はこれに乗って中央を運り、四方を制し、陰陽を分け、四季を立て、五行を均くし、季節を移し、諸々の法則を定める」（『史記』「天官書」）のである。

ここに挙げられた仕事は、北辰たる天子が、その乗車である北斗とともにおこなう仕事、すなわち斗極の仕事だ。地上における北辰の天子も、同じようにこれら斗極の仕事に倣わなければならない。そこで「緯書」はこうもいう。「北斗に七星があるように、天子には七政がある。斗は陰に居り、陽に布く」（『春秋合誠図』）。七政とは「天・地・人・四時（四季）」の七者のことで、この三才・四時のすべてが調和・協調しあいながら、とどこおりなく発展していくように導いていくことが天子の政治の目標にほかならない。それはあたかも、北斗が七星をつらねて北辰に仕えているようなものだというのである。

七政はまた、『史記』の「天官書」などで用いられた北斗の異名――天枢・天璇・天璣・天権・玉衡・開陽・揺光によっても説明される。筆頭の天枢（貪狼）は天の正星で陽徳を掌り、天璇（巨門）は法星で陰徳を掌り、天璣（禄存）は令星で伐害を掌り、天権（文曲）は伐星で天理を掌り、玉衡（廉貞）は殺星で中央および四方を掌り、開陽（武曲）は危星で天食五穀を掌り、揺光（破軍）は部星で兵を司る。北辰をとりまく北斗七星は、それぞれが右の役割を分担して天帝を補佐している。地上の天子も、これに倣って七政を運用しなければならないというわけだが、「天子には七政がある」という文章につづく「斗は陰に居り、陽に布く」は意味がとりにくい。緯書研究の第一人者だった安居香山氏の解説を引いておく。「北斗は……北方の天空にあるのであるが、これを陰陽に当てて考えれば陰位である。陰位（北）にあって、陽位（南）に仁徳を及ぼすということが、『陰に居り陽に布く』の意であろう。従って宮廷の儀礼においても、天子は北を背にして南面して政治を取り、臣下は北面して天子に仕えることになる[28]」（カッコ内は引用者）。

以上、ざっと見てきたとおり、北辰・北斗は天子たるものの在り方を示す根本規範であると同時に、天子がとりおこなうべき政治の理想的な体現者と見なされた。そこで隋や唐などの城塞都市では、皇帝の住まいと政庁を兼ねる皇城（日本の内裏）を都の北面に置き、皇帝が北に座し、南を向いて政治をとる形につくった。こうした斗極信仰をそっくり受容した日本でも、平城京・平安京などがこの形式を踏襲し、斗極にしたがうことをもって理想としたのである。

このように、北辰・北斗信仰の第一の動機は、天帝の政に倣うという理念にあった。天帝と同じように国を治めるなら、国は繁栄し、天変地異や外敵の侵攻などの災いから逃れられると考えられたのである。ただし、この斗極の調和世界にも、ルールからはみ出た攪乱者は存在する。そこで「緯書」は、こうもいう。「星々は、みな定まったルールに順って天を運行することをもって吉とする。そこで天下にそれに逆らうようなことがあれば、すなわち流星の異変があるだろう」(『詩緯』)。

すべての星が、北辰の周囲を同心円運動するわけではない。惑星のようにまったく異なった動き方をする星もあれば、日蝕・月蝕を引き起こす羅睺・計都のような殃星や流星もある。ここに星祭の必要が生じてくる。空海が、その上表文で、日月失度難や星宿失度難をアピールしたのはそのためなのである。

以上が北辰・北斗信仰の第一の動機だが、この信仰にはもうひとつの大きな動機があった。寿命の延長がそれで、十世紀以降の星祭の盛行は、これこそが修法最大の動機だった。さきに記した『北辰妙見大菩薩神咒経』(『秘教Ⅱ』に現代語訳所収)には、北辰菩薩が「諸大天王・諸天・帝釈天・司命尉・天曹都尉らを率いて、その者から死を除き、生を定め、罪を減じ、福を増し、命数を益し、寿命を延ばしてあげよう」と約束している部分があるが、こうした発想のルーツが道教にあることは、すでに見てきたとおりだ。道教には、われわれはだれもが北斗の一星、すなわち属星とつながっており、北斗によって現世の寿命が定められているとする思想があった。また、仙人修行を成就したもの（この成就により永世を得られると信じられた）の住む世界は、斗極のある北極紫微宮（しびきゅう）であるとも考えられた。そこで北斗を祭って滅罪増福、益算延寿を祈ったのであり、この信仰が陰陽道や密教を通じて、そっくり日本にも流れこんだのである（北斗に関する秘説を灌頂の秘儀にした天台宗の玄旨帰命壇（げんしきみょうだん）については六章で詳述しているので参照していただきたい）。

以上で斗極信仰の二大動機が明らかになったので、以下では斗極祭祀の代表例を具体的に見ていくことにしたい。

陰陽道の属星祭と関連星祭

〈属星祭〉　北極星や北斗七星を重んじる道教の教説が濃密に入りこんでいた陰陽道では、密教が星祭をさかんに修するようになる以前から、これらの星神信仰にまつわる祭祀や呪法をおこなっていた。その代表が、北斗七星のうちの一つの星をその人の一生を支配し、寿命を司る星と見なして祭る「属星祭」である。本章1で引いた『宿曜占文抄』（すくようせんもんしょう）や真言阿闍梨・覚禅の『覚禅鈔』（一二一七頃）では、唐国天文博士の郭務宗（かくむそう）が中臣鎌子（なかとみのかまこ）に伝授した天智天皇三年（六六四）を属星祭の初伝とし、吉備真備も属星祭をおこなって高位高官に昇ったとしているが、これは北斗祭祀を権威づけるためのフィクションで、現実のことではない。属星祭がいつごろからおこなわれはじめたのかは明らかでないが、天文博士の弓削是雄（ゆげのこれお）が貞観（じょうがん）六年（八六四）に近江国（おうみのくに）の藤原有蔭（ありかげ）に招かれ、彼のために「大属星祭」を修したという話が『今昔物語集（こんじゃくものがたりしゅう）』や『政事要略（せいじようりゃく）』に出ているから、遅くとも九世紀には陰陽師が貴族の私的な要請を受けて属星祭をおこなっていたと思われる。また、宮廷における「内裏属星祭」の初見は十世紀初頭の延喜三年（九〇三）で、やはり北斗関連の祭祀では最も古いものに属している。

平安貴族が属星を重んじた例として必ず引き合いにだされるのが、右大臣・藤原師輔（もろすけ）（九〇六〜六〇年）の日課だ。師輔の子の伊尹（これただ）・兼通（かねみち）・兼家（かねいえ）はいずれも摂関となっており、以後、摂関職は師輔の家系が独占した。安倍晴明の有力パトロンの家系でもあり、兼家の子の道長は師輔の孫に当たる。その師輔の『九条殿遺誡（くじょうどのゆいかい）』に、「起床したらまず属星の名号（みょうごう）を七遍唱えること」という有名な一条がある。属星七遍は天皇が元旦早朝におこなってきた四方拝（しほうはい）の唱数と同じなので、あるいはそこからきたものかもしれない。現在の四方拝は、明治五年以降に恒例化したもので、伊勢神宮・天神地祇・山陵などを拝して年災を払い、宝祚（ほうそ）を祈る。けれども、もとの形は、まず属星の名字を七遍唱えることから始め、次に天地を拝し、四方を拝した後、山陵を拝するという形でおこなわれた（『内裏儀式』）。つまり属星名を唱えることが、四方拝の最大のポイントとなっていたのである。この属星唱名を、師輔は正月元旦など特定の日にかぎらず、毎朝おこなうことを日課とした。祖父の師輔同様、道長も毎朝必ず属星の名号を唱えたという。

属星の割り出し方は、生まれ年の十二支で決まる。たとえば子年生まれなら貪狼星、丑年生まれなら巨門星となる。前節で紹介した火羅図の北斗七星の図中に描かれていた十二支がそれにあたる（一二四ページ「属星（本命星）早見表」参照）。属星は、その人の一生を支配する。そこで「本命星」とも呼ばれる。陰陽道の属星祭はこの属星を祭る祭祀で、願主（祭祀の依頼人）は自分の身の穢れや災いを撫物の鏡に移し、これを自分の身代わりとして陰陽師の待つ祭祀場に送った。撫物を受け取った陰陽師は、北斗星神などに祈って穢れや災いを消除する呪法をおこなったのである。

〈本命元辰星〉属星（本命星）と並んで、十世紀には「元辰（元神）星」も祭られるようになった。『覚禅鈔』に、「本命星と元辰星は、たがいに利生を施す。ゆえに本命星に本命を祈り、元神星に官位・栄禄・病悩・憂患のことを祈る」とあるように、元辰星は本命星と対になって働く北斗七星中の一星で、本命星がその人の一生の寿命のことを司るのに対し、元辰星は一生の貧富や栄枯、健康などを司ると考えられた。元辰星を「本命の裏星」と俗称する理由もここにある。

元辰星の出し方は男女で異なる。男は「陽八陰六」、女は「陰八陽六」というルールにもとづいて割り出すのだが、理屈は略して男女別の元辰割出表を掲げておく。まず一二四ページの「元辰支早見表」で自分の元辰の支を求める。次に、その支に当たる星を「属星（本命星）早見表」によって求める。たとえば、生まれ年が丑の男性は属星が巨門で元辰が貪狼、生まれ年が丑の女性は属星が巨門で元辰が禄存となる。ただし、密教における元辰の割り出し方は、これとは異なる。『三宝院流伝授切

[男性]

生まれ年	子	丑	寅	卯	辰	巳	午	未	申	酉	戌	亥
元辰の支	丑	子	卯	寅	巳	辰	未	午	酉	申	亥	戌

[女性]

生まれ年	子	丑	寅	卯	辰	巳	午	未	申	酉	戌	亥
元辰の支	亥	寅	丑	辰	卯	午	巳	申	未	戌	酉	子

元辰支早見表

属星	生年十二支
貪狼星	子
巨門星	丑・亥
禄存星	寅・戌
文曲星	卯・酉
廉貞星	辰・申
武曲星	巳・未
破軍星	午

属星（本命星）の早見表◆年の変わり目は旧暦に従うので、今日の暦で属星を割り出す場合、二月節分前の生まれの人は前年の十二支から属星を割り出す。

紙（がみ）』（国文学研究資料館蔵）中の「知元辰法」では、男女ではなく生まれ年の陰陽によって元辰を定める方式が説かれており、陽年（子寅辰午申戌）生まれの男女は生まれ年をふくめて八つ目の支を元辰とし、陰年（丑卯巳未酉亥）生まれの男女は生まれ年をふくめて六つ目の支を元辰としている。

たとえば、陽年・子年生まれの男女は未（武曲星）、陰年・丑年生まれの男女は午（破軍星）が元辰となるのである（流派により異説がある）。密教で元辰を祭る修法を「元辰供」という。さきに挙げた仁海の『宿曜私記』によれば、供養の対象は三座ある。一座は右に述べた元辰の方位の仏菩薩天（ぶつぼさつてん）、二座は属星（本命星）、三座はその年の九曜（当年星（とうねんしょう））とされる。

興味深いのは元辰説のルーツで、『宿曜私記』によると元辰は賀茂保憲の父の忠行（ただゆき）の伝だという。つまり元辰供は陰陽道から生まれたというのである。前出の山下氏は、本命元神供は「賀茂忠行の説と北斗七星・本命元神や九曜の祭祀を説く雑密（ぞうみつ）星辰経軌『火羅図』を典拠として成立したもの」だとし、寛弘元年（一〇〇四）、忠行の孫の光栄（みつよし）が藤原道長のために本命元神祭

羅睺	1	10	19	28	37	46	55	64	73	82
土星	2	11	20	29	38	47	56	65	74	83
水星	3	12	21	30	39	48	57	66	75	84
金星	4	13	22	31	40	49	58	67	76	85
日	5	14	23	32	41	50	59	68	77	86
火星	6	15	24	33	42	51	60	69	78	87
計都	7	16	25	34	43	52	61	70	79	88
月	8	17	26	35	44	53	62	71	80	89
木星	9	18	27	36	45	54	63	72	81	90

九曜による年星◆数字は年齢を表す。たとえば今年30歳の人の年星は水星になり、25歳の人は計都になるというように用いる

属星	字
貪狼星	司命神子
巨門星	貞文子
禄存星	禄会子
文曲星	微恵子
廉貞星	衛不隣子
武曲星	賓大恵子
破軍星	持大景子

属星の字

をおこなっているところから、「おそらく忠行の頃から陰陽家の間で元神信仰が喧伝されていたのであろう」と推定している。[29] 陰陽道の属星祭に当たる密教の星祭は本命供（後述）だが、『阿娑縛抄（あさばしょう）』では「本命供のときは元神をもって主と為す。属星供のときは当年星（次項）をもって主と為す」としており、陰陽道とは祭祀の中心星が異なっている点が注目される。

〈当年属星〉 属星は生まれ年の十二支から導き出されるので、一生を通じて変わることはない。これに対し、その年一年を支配する属星のことを「当年属星」「行年（こうねん）属星」という。天皇が年頭にあたって四方拝で唱えたのは、その年を支配すると考えられた当年属星で、星の名称そのものではなく、属星の字（あざな）を唱えた。たとえば貪狼星なら「司命神子」という字を七度、唱えたのである（別表参照）。

密教の星供（陰陽道では星祭、密教では星供という）でも本命星（属星）とともに当年星を供養し、とくに属星供ではこの本年星を主とするということは先に書いたとおりだが、密教と陰陽道では当年星の意味が異なる。密教では『七曜攘災決』や『梵天火羅九曜』にも

とづいて、北斗中の一星ではなく九曜中の一星を当年星に充てた。これを「年星（ねぞう）」という。前節で見た東寺の曼陀羅様火羅図の九曜尊像の付属解説欄には、「歳」として数字が羅列されている。たとえば日曜星の下に「五、十四、二十三……（略）大吉」とあるが、これは五歳、十四歳、二十三歳……の者は年星が日曜星で、この歳の者らの運勢は「大吉」だということを表している。占星術によってもたらされた九曜説が、ここに取りこまれているのである。

日曜の年星は大吉しかもたらさないが、「凶」をもたらす九曜もある。計都星・羅睺星・火曜星の三星がそれで、水曜星には「半凶」の記載がある。密教ではいまも星供がおこなわれているが、とくに「殃星に当たる計都星と羅睺羅（らごら）星に遭遇した年におこなう星祭りを重要視[30]」するという。なお、七曜に羅睺・計都を加えた九曜を密教では九執（くしゅう）とも呼ぶ。これは「五行が天上に在るときは曜とよび、人身に在るときは執とよぶ」（『阿娑縛抄』）からである。

5、本命祭・本命供とその星祭

本命日と本命宿

その人の「本命日」に属星や道教神などを祭って息災延命を祈る陰陽道の星祭を「本命祭」といい、

密教でおこなう場合は「本命供」という。本命祭の初見は仁和四年（八八八）というから、属星祭と並んで、星祭では最も古いもののひとつということになる。本命日の定め方については、陰陽師と僧侶の間に意見の対立があった。応和元年（九六一）、村上天皇の本命日をいつとするかで、晴明の師の賀茂保憲と、東大寺僧で宿曜家の法蔵の間に論争が起こり、保憲は「火羅図」などの所説をもとに、「生まれ年」の干支と同じ干支の日を本命日とするのが正しいと主張した。対する法蔵は、「生まれ日」の干支と同じ日を本命日とすべきだと主張したのである。村上天皇は延長四年（九二六）六月二日、干支でいうと丙戌年の六月、丁亥日に誕生している。したがって、保憲の説に従うなら天皇の本命日は「丙戌」の日となり、法蔵説なら「丁亥」の日となる。

さらに二人は、「本命宿」についても争論した。本命宿とは、生まれ日に当たる二十八宿を指す。二十八宿の並び順は決まっているので、月の一日の宿さえわかれば、あとは並び順に従って指折り数えていくことで、自動的に自分の生まれ日の宿、つまり本命宿がわかるようになっている。たとえば正月一日は室宿なので、二日は次の壁宿、三日は奎宿……といった具合になる（一二八ページ「二十七宿表」参照）。これは『宿曜経』の説であり、本来なら僧侶である法蔵が主張すべき説だが、実際には陰陽師の保憲が、この経にもとづいて本命宿を割り出すべきだと主張した。一方、法蔵は、その人が生まれた時に、七曜のうちの月曜が入っている宿が本命宿だという異説を唱えて保憲に反論した。

この論争は、本命日は生年干支にもとづく保憲説、本命宿は月曜の位置にもとづく法蔵説を採用す

【二十七宿表】

日＼月	正月	二月	三月	四月	五月	六月	七月	八月	九月	十月	十一月	十二月
1	室	奎	胃	畢	参	鬼	張	角	氐	心	斗	虚
2	壁	婁	昴	觜	井	柳	翼	亢	房	尾	女	危
3	奎	胃	畢	参	鬼	星	軫	氐	心	箕	虚	室
4	婁	昴	觜	井	柳	張	角	房	尾	斗	危	壁
5	胃	畢	参	鬼	星	翼	亢	心	箕	女	室	奎
6	昴	觜	井	柳	張	軫	氐	尾	斗	虚	壁	婁
7	畢	参	鬼	星	翼	角	房	箕	女	危	奎	胃
8	觜	井	柳	張	軫	亢	心	斗	虚	室	婁	昴
9	参	鬼	星	翼	角	氐	尾	女	危	壁	胃	畢
10	井	柳	張	軫	亢	房	箕	虚	室	奎	昴	觜
11	鬼	星	翼	角	氐	心	斗	危	壁	婁	畢	参
12	柳	張	軫	亢	房	尾	女	室	奎	胃	觜	井
13	星	翼	角	氐	心	箕	虚	壁	婁	昴	参	鬼
14	張	軫	亢	房	尾	斗	危	奎	胃	畢	井	柳
15	翼	角	氐	心	箕	女	室	婁	昴	觜	鬼	星
16	軫	亢	房	尾	斗	虚	壁	胃	畢	参	柳	張
17	角	氐	心	箕	女	危	奎	昴	觜	井	星	翼
18	亢	房	尾	斗	虚	室	婁	畢	参	鬼	張	軫
19	氐	心	箕	女	危	壁	胃	觜	井	柳	翼	角
20	房	尾	斗	虚	室	奎	昴	参	鬼	星	軫	亢
21	心	箕	女	危	壁	婁	畢	井	柳	張	角	氐
22	尾	斗	虚	室	奎	胃	觜	鬼	星	翼	亢	房
23	箕	女	危	壁	婁	昴	参	柳	張	軫	氐	心
24	斗	虚	室	奎	胃	畢	井	星	翼	角	房	尾
25	女	危	壁	婁	昴	觜	鬼	張	軫	亢	心	箕
26	虚	室	奎	胃	畢	参	柳	翼	角	氐	尾	斗
27	危	壁	婁	昴	觜	井	星	軫	亢	房	箕	女
28	室	奎	胃	畢	参	鬼	張	角	氐	心	斗	虚
29	壁	婁	昴	觜	井	柳	翼	亢	房	尾	女	危
30	奎	胃	畢	参	鬼	星	軫	氐	心	箕	虚	室

※月、日は陰暦

ることで決着した。ただし、速水侑（たすく）氏は、「本命宿についての判定は現実に即したものと思えない。法蔵のような本命宿のきめ方は他に例を見ない[31]」として、『覚禅鈔』の「法蔵僧都（ほうぞうそうず）の説は……従来の説によらぬ、自分独りの見解だろう」との一文を引いている。

ともあれ、このようにして定められた本命日（年六回訪れる）にその人の本命属星や本命元辰、本命宿、本命曜などを祭って攘災招福・延命長寿を祈ったのが本命祭で、陰陽寮の管轄のもと、天皇の本命祭では二十五柱の神々を祭場に招き、名香・紙製形代（銭形・絹形・馬形）・筆・墨・小刀・布・脯（干し肉）・酒・米などの供物を神前に設えて、星の見える夜間、陰陽師による大掛かりな祭儀がおこなわれた。また、本命日の泰山府君祭や、北斗呪の誦呪なども実行された。貴族たちも自身の本命日には祭祀をおこなっており、九条兼実の『玉葉』治承二年（一一七八）十一月八日の条には、「本命日、泰山府君祭、恒例の事なり」とあり、藤原宗忠の『中右記』にも、「本命日たるにより終日精進し北斗呪を奉念す」といった記述がある。おこないを慎んで北斗に息災益寿を祈らねばならない本命日には、このようにさまざまな祭祀がおこなわれたのである。

本命曜

本命曜はその人の生まれ日の曜のことで、月曜生まれなら本命曜は月曜、火曜生まれなら本命曜は火曜というように定め、一生の吉凶禍福を司る曜として祭祀した。曜という観念は『宿曜経』とともに日本にもたらされたものだが、起源は西域のヘレニズム占星術にある。それがインドをへて中国に入り、日本にもたらされたのである。矢野道雄氏によれば、曜日の概念は『宿曜経』成立の少し前、八世紀中ごろに西方から中国へ伝えられて『宿曜経』にとりこまれた。流行したのはほんの短い期間にすぎなかったが、一部の地方では、七曜のうちでもとくに神聖な日である日曜をあらわす「蜜」という文字を暦に記載することが、近年までおこなわれた。

月曜	貪狼星
火曜	巨門星
水曜	禄存星
木曜	文曲星
金曜	廉貞星
土曜	武曲星
日曜	破軍星

本命曜と対応する北斗七星

おもしろいのは、日本の平安貴族もこの蜜を用いたことである。「日本の具注暦では宀という略字や『みつ』『みち』などひらがなも用いられた。『蜜』は中期イラン語のひとつソグド語の『ミール』に由来する。パフラヴィー語（中世ペルシア語）では『ミフル』、古代語では『ミスラ』であり、いずれも太陽神ミトラの名である。このソグド語の『蜜』を中国にもたらしたのはマニ教徒たちである。……われわれは日曜日が休みなのは当然のこととしている。カレンダーも日曜日を赤で示すのがふつうだ。そのような習慣はすでに平安時代に、一部の人の間では始まっていたのである[32]」。右の経緯からも明らかなように、七曜は本来は太陽と月、および五惑星を意味した。けれども、北斗七星信仰の強い中国や日本では、北斗七星の精が化して七曜となったという説も信奉され、本命曜をさらに北斗七星に当てはめて、北斗中の一星を本命曜とすることもおこなわれた。曜と北斗の対応は別表のとおりである。

本命供

密教でおこなわれた本命供は、陰陽道の本命祭にあたる。同供の次第が『阿娑縛抄』にあるので、以下、その概略を紹介しよう。

まず、通常の供養法の作法にのっとって入堂し、印と真言で心身を清めてから、供養の対象である星神を礼拝する。そのとき、以下のように唱える。

「南無帰命頂礼当年所属（某甲＝施主の名）尊星。南無帰命頂礼本命所属（某甲）尊星。南無帰命頂礼（某甲）本命曜。南無帰命頂礼（某甲）本命宿。南無帰命頂礼（某甲）本命宮。」

次に着座し、塗香・香水加持など常の作法をおこなったうえで、瞑想において心中に道場を建立する道場観をおこなう。瞑想によってイメージ化するのは、右の五位の星（当年星・本命星・本命曜・本命宿・本命宮）が壇上に顕現し、猛烈に輝いてその光が堂内に満ちあふれるという情景である。道場観は、神仏という賓客を道場に招くための〝客座敷建設〟にあたる。建設が成ったら、次はいよいよ諸星神の勧請（道場に招くこと）の段になる。つまり客を迎え入れるのである。

まずはじめに当年星（ないし本命元神。年星と元神のどちらを先にするかはそのときの修法の主眼によって入れ替わる）を勧請する。次に本命元神、次に本命曜、次に本命宿、次に本命宮を勧請していく。その際、印を結びながら、「至心に謹請す。当年所属の某甲（名前）の尊星。諸眷属とともに降ってここに来り、この供養を受けよ」と三度くりかえし、その星の真言を唱える。「当年所属の某甲の尊星」の部分は、たとえば本命元神の勧請のときには「本命元神、某甲の尊星」のように入れ替えて唱えるのである。こうして五位の星を順次勧請していき、勧請を終えたら、客を迎えた道場に魔が入りこまないよう、種々の警護の呪法をほどこす。これを後結界といい、具体的には虚空に網を張ったり、火炎で焼くなどのことを印と真言によって行じていく。

次に、迎えた客（星神）を供養する。閼伽といって沐浴の水を客に供養したり、華座といって客のために美しい座を提供したうえで、経典の詩文や種々の供物を供えて星神を讃える。この供養は客に御馳走をだして接待する行為に相当する。

ついで修法の中核である瞑想（瑜伽＝ヨーガ）をおこなう。瞑想には、神仏と行者の身体を融合させる「入我々入観」、神仏と行者の心（意）を融合させる「字輪観」、神仏と行者の口（言葉）を融合させる「正念誦」の三種瑜伽があり、これら三種の瑜伽によって神仏と行者の身口意の三密を一体化させるのだが、『阿娑縛抄』には「星供等は本尊三摩地に入らず」と但し書きがあるから、入我々入観や字輪観は略して正念誦のみおこなったものらしい。佐和隆研氏も、入我々入観や字輪観を略す次第はあるが、正念誦を略した修法次第はないとして、これを「一座行法中の肝心であり、他の作法は正念誦のための前後方便であるともいえる[33]」としている。その作法の概略は以下のとおり（カッコ内は引用者）。

「胸の前で念珠（数珠）を繰りつつ、本尊の心月輪（心臓部のチャクラ）の上に本尊の真言の字があって右に廻り列り住す。また自心の月輪の上に真言の字あって同じく右に廻る。本尊の誦し給う真言の字、尊の御口より出て我が頂きより入って心月輪の上で右に廻る。我が誦する真言、尊の臍輪（腹部丹田部位のチャクラ）より入って心月輪の上で右に廻る。緩ならず急ならず、念誦して……字道（文字の点画）を分明にさせ、本尊と行者が次第に無礙渉入するに至る[34]」

こうして道場に迎えた星神を念誦したのち、後供養といって、ふたたび種々の供養をおこない、礼を尽くして星神を見送るのである。以上が『阿娑縛抄』記載の「本命供」の次第だが、星供にはほかにも種々の作法次第がある。詳細は同書の巻百四十三を参照していただきたい。

6、中世秘教に浸透する星祭

熾盛光法

この法は台密の四つの大法のひとつで、先に述べたとおり慈覚大師円仁（七九四～八六四年）が日本で最初に修した。「熾盛光法」の熾盛光とは、北辰（北極星）によって象徴される宇宙そのものが神格化された仏＝熾盛光仏頂のことで、本拠である『大聖妙吉祥菩薩説除災教令法輪』（『熾盛光仏頂儀軌』）によれば、その名のとおりの猛烈な光を放つとされ、すべての星はこの熾盛光仏頂の毛孔から放たれた光だとも説明される。また、日月蝕などの天変があると、熾盛光仏頂は毛孔から光を放って殃星を折伏し、世界に起こるあらゆる災いを消除するとも説かれている。

この仏は、如来の絶対的な智を神格化した仏頂と呼ばれるグループに属している。種々の仏頂が伝えられているが、最も大きな力をもつ仏として信仰されてきた仏頂が一字金輪仏頂で、一字金輪仏頂には釈迦金輪仏頂と大日金輪仏頂の二種がある。熾盛光仏頂はこのうちの釈迦金輪というのが定説で、『密教大辞典』も「釈迦如来、須弥山頂に成道して諸天を折伏する辺を金輪仏頂と云い、無数の光明を放って教令する辺を熾盛光と云う。無数の光明を放つ所以は、日月星宿を眷属とし、之に教令する尊なるが故なり」と説明している。

　円仁は唐国皇帝のために熾盛光法が修されるのを入唐留学して学び、帰国後、比叡山内に天子の「本命道場」である惣持院を建てて同法を修しはじめた。ここでいう「本命」とは先に述べた本命星のことだが、北斗中の一星である属星のことではない。北斗は天子の乗車であり家臣だから、唯一至尊の天皇の本命星にはふさわしくない。そこで、天皇の本命星には、宇宙の軸にあたる北辰北極星が当てられた。つまり天皇の本命道場とは、天皇の本命星である北極星を祭る道場のことなのである。

「災いを除き福をもたらす働きは、熾盛光仏頂が最勝である。そのゆえに唐朝では、宮中の道場でつねにこの法を修し、国の基の鎮めとしている。長安の東西寺院の内供奉（内道場に奉祀する役僧）の持念僧（天子の安穏を祈る密教僧）らは、交替で皇帝の宝祚を祈り奉っている。また、街東・青竜寺の裏に皇帝本命の道場を建立し、真言の秘法を勤修している。わが国もいまこそ持念の道場・護摩壇を建立して、陛下のために熾盛光法を修すべきである。建立の地は、かつて先師（最澄）が点定された場所とする」（『慈覚大師伝』）――円仁はこう上表して、文徳天皇から惣持院建立の詔を拝受した。かくして熾盛光法が修されたのであり、この法はもっぱら天皇のための特別な修法であって、貴族らが私的におこなうことのできる修法ではない（ただしこれは日本における習いであって、先述の『熾盛光仏頂儀軌』は、国王だけではなく庶人のためにもこれを修する旨を説いている）。

熾盛光法の利益として、『熾盛光仏頂儀軌』はこう述べる。

「もし国界に日月の食が起こったり、木火土金水の五星が正しい運行の度を失ったり、ないしは形色に変異が起こったりした場合、あるいは妖星（ようせい）や彗星が王者や貴人の本命宿に押し入って侵したり、あるいは日月の食が王者や貴人の本命宮で起こった場合などのときには、まさにこの熾盛光法による息災護摩を用いるべきである。あるいは大疫（たいやく）・疾病の流行、鬼神の暴乱に遭遇したとき、異国の兵賊が侵入して国人を掠めたとき、……（この熾盛光曼陀羅を掛けて熾盛光法を修すれば）必ず勝利を得て悪賊は消滅するであろう」

すでに述べてきたように、日月蝕や五星の異変は兵賊、疫病などの鬼神の災いの原因と考えられた。また、天皇や上皇などの本命宮や本命宿などが、妖星・彗星などによって侵されると、その影響が天皇や上皇に現れるが、とくに天皇の身に起こる災禍はそのまま国家の災禍に直結すると考えられた。そこで、宇宙を統（す）べる熾盛光仏頂の熾盛光によって、すべての星辰に由来する災いを消除してもらうことを期して修されたのが、この法なのである。

修法に用いる熾盛光曼陀羅は天台宗の秘宝中の秘宝で、仏・菩薩・明王・天部のほか、九曜・十二宮・二十八宿などが描かれ、勧請される諸尊は七十七座にものぼる。平安末期には、これら諸尊に北斗七星および叡山の守護神である山王行疫神も加えられて八十五尊となり、天治三年（一一二五）に土御門内裏で修されたときは泰山府君や五道大神も勧請された。[35]このことからもわかるように、仏教修法とはいっても熾盛光法には道教や陰陽道の色彩が濃厚に混じっている。密教と陰陽道は、星祭の両輪として補完しあう関係にあったのである。

台密の熾盛光法が宮中で重んじられたことに危機感を抱いた東密（真言密教）は、それと対抗すべく北斗曼陀羅を用いた北斗法を編み出した。熾盛光曼陀羅の中尊はいうまでもなく熾盛光仏頂尊で、種子（ボロン）で表される。それと同じように、北斗曼陀羅の中尊の種子もボロンが用いられたが、これは北斗曼荼羅の中尊が熾盛光仏頂と同じ釈迦金輪とされたからである。このように、台密の熾盛光法は、東密を刺激して北斗法盛行の呼び水となった。その結果、十世紀以降に東密の北斗法がさかんになると、それに対抗して、台密では熾盛光法をさかんに修すようになり、また、台密流の北斗法もおこなわれるようになった。[36]

北斗法

北斗法は北斗七星を祭って息災延命や攘災招福を祈る密教修法で、北斗供ともいう。本尊には一字頂輪王（釈迦金輪仏頂＝北極星）を中心に北斗七星・九執・十二宮・二十八宿などが描かれた北斗曼陀羅を用いるが、真言宗の諸流ごとに著しい違いがある。本拠となるべき儀軌が存在するインド・中

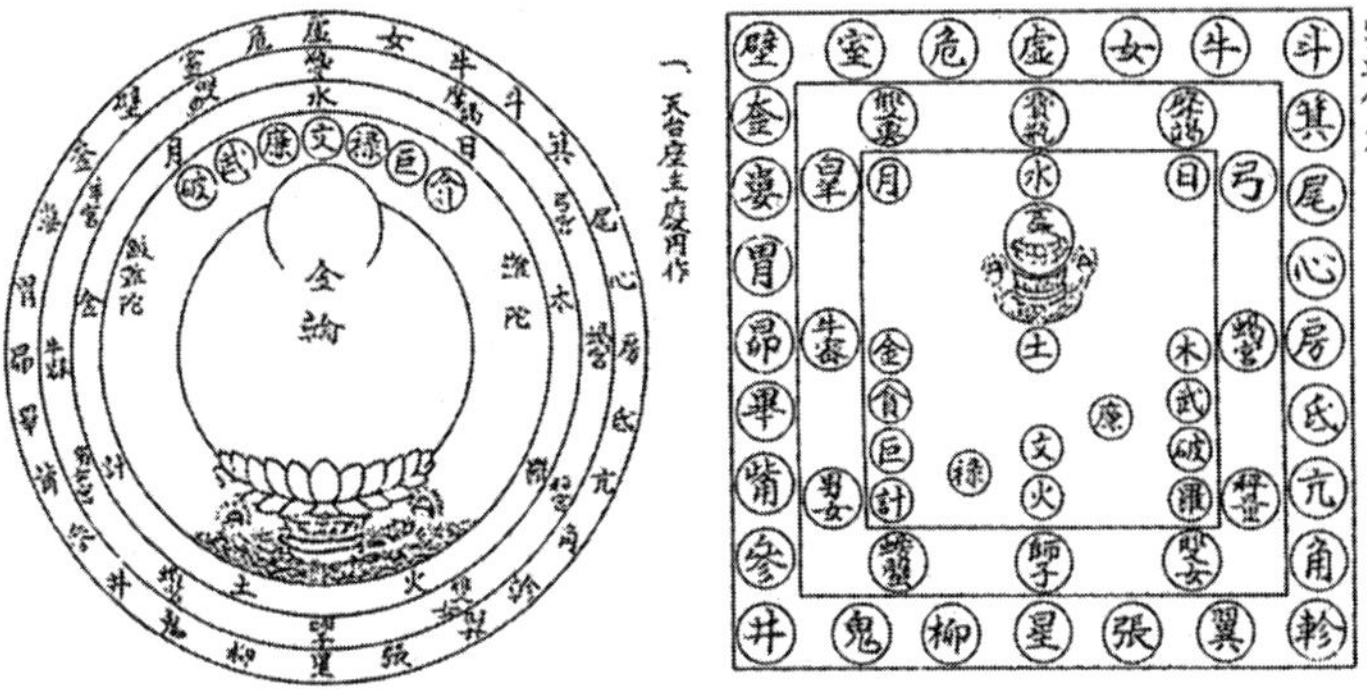

右が東密、左が台密に伝わる星曼荼羅の解説図

国起源の法ではなく、日本で工夫されて発展した法のためである。この法が起こってきた由来は先に述べたとおりで、まず東密でおこなわれ、後を追うようにして台密でも修されるようになった。東密は形が四角い方曼陀羅だが、台密は円形の円曼陀羅を用いる。この円形式の北斗曼陀羅を創図したのは天台座主・慶円（九四九〜一〇一九年）とされる。[37]

修法にあたっては、願主の本命星（属星）・本命宿・年星・本命宮・本命曜などが勧請されて供養を受ける。『覚禅鈔』に収録された北斗法の図では、壇の中央に本命星の座が設けられており、この星が最も重んじられたことがわかる。護摩を修する際に用いる五穀と火炉に投じられる護摩木（乳木）も、願主の本命星に従って選ばれる（別表参照）。たとえば願主の本命星が貪狼星なら、護摩木には桐、命穀には大豆と粟を用いるのである。

十世紀半ばから東密によって始修された北斗法は、十一世紀初頭には台密でもおこなわれるようになり、以後、密教におけるもっとも代表的な星供として貴族社会に定着した。その結果、十一世紀以

属星	命木	命穀
貪狼星	キリ	大豆・粟
巨門星	エンジュダイダイ	粟・稗
禄存星	ニレ	稲・小豆
文曲星	クワ	大麦・黍
廉貞星	ナツメ	小麦・小豆
武曲星	スモモ	大豆
破軍星	アンズ	小豆・麻子

属星の命木と命穀

降、息災延命を願う星供は、一般に「北斗法」（北斗供）と呼ばれるにいたり、こうした北斗法隆盛の流れのなかで、十三世紀には、東密・台密合同での大修法として催されるまでになった。すなわち、建仁二年（一二〇二）に二条内裏南殿でおこなわれた七壇立ての大掛かりな北斗法は、天台座主の慈円を中心に、台密・東密双方の阿闍梨たちが集まって修されたのであった。このときの七壇北斗法とは、北斗七星になぞらえて七つの修法壇を設けておこなう北斗法のことで、「大北斗法」ともいう。

また、大壇・護摩壇・聖天壇・十二天壇をそれぞれの法のごとくに設けておこなう「如法北斗法」や、北斗が降臨すると信じられた毎月の七日と二十二日に修される「一夜北斗法」など、北斗法はさまざまなバリエーションを生んで広まっていった。

なお、北斗との関連で忘れてはならないものに、閻魔王および冥府の神々を供養する「冥道供」がある。本尊には冥道供曼陀羅を用いるが、『阿娑縛抄』の所説では、北斗七星・一字金輪（釈迦金輪）・仏眼尊・二十八宿などからなる曼陀羅で、肝心の閻魔王の像がない。これは北斗によって閻魔王を表しているからで、人の寿命を支配する閻魔王は、同じ機能をもつ北斗とも陰陽道の泰山府君とも習合したのである。

尊星王法

熾盛光法は星そのものを祭るものではないが、この尊星王法は、星そのものを祭って天変地異や兵乱などを鎮め、鎮護国家・玉体安穏を祈るために修された。本尊の尊星王とは妙見菩薩（北辰）のことで、天台宗寺門派が妙見をこの名で呼び、この秘法をおこなった。妙見は菩薩と称されているが、修法など実践面では菩薩としては扱わず、天部中の一尊として扱うのが通例で、仏ではなく神（天部）の仲間に属している。

妙見信仰それ自体は古く、中国道教の北辰（北極紫微大帝）信仰と習合して生み出された。『北辰妙見大菩薩神咒経』は「私は北辰菩薩である。号して妙見という」という冒頭の文章から始まり、最後に妙見奇妙心真言と妙見心中心咒を説くという構成だが、素性は明らかではない。北極星の神格化説や北斗七星の神格化説のほか、北斗中の武曲星のかたわらにある輔星の神格化という説もなされており、『密教大辞典』も、「要するに妙見は諸星の上首、北斗は眷属にして、妙見・北斗及び諸星の関係は、大日・四仏・自余諸尊の如しとす」と、曖昧な表記にとどめている。大日如来をとりまく阿閦如来以下の五智如来や諸菩薩・諸明王・諸天部などは、すべて大日如来一尊の展開だと密教では説くが、妙見をとりまく北斗以下の諸星と妙見の関係も、大日如来と他の仏神との関係と同じだということである。

尊星王法が初めて修されのは、大流星が現れた天慶八年（九四五）。時の天皇朱雀の年厄を攘うために、天台座主の義海（ぎかい）によって修されたという。北斗法など星祭が盛行したのと同じ十世紀だという点に注目していただきたい。尊星王曼陀羅では、尊星王は青龍に乗った姿で描かれる。この青龍は北斗七星を表す。北斗は北辰妙見の乗り物なので、この図の妙見は北極星に相当するわけである。また、尊星王すなわち妙見は吉祥天であるとも伝えられる。吉祥天の図上に北斗七星を描く図像もあり、この七星は紫微宮を表しているという[38]。他の星祭同様、尊星王法も陰陽道との習合が著しい。『阿娑縛抄』は、「尊星王法の行儀は真言家の所為ではない。陰陽家の作法に依憑（えひょう）してつくりだしたものか。その行儀中に（陰陽師がおこなう）禹歩（うほ）（反閇）ということがある。（陰陽師がおこなう）大属星供のようである」と述べている（禹歩については三十二ページ参照）。

玄宮北極祭

玄宮北極祭（げんきゅうほっきょくさい）は陰陽道でおこなわれた星祭のひとつで、玄宮の玄は黒色の意味。北極星は五行では北方＝水の方位で、色では黒が配される。その北方・黒の宮に住む神を祭るので玄宮北極祭と呼んだ。白河（しらかわ）上皇名の同祭の祭文（さいもん）では、北極星は「千帝万王の暦数をつかさどり、紫微に正位し、天下の興滅をつかさどり、玄宮に施光（せこう）し、人間の悪を照らす」と称えられている。この北極星に供物を捧げて祭祀をおこない、攘災招福・延命長寿を祈ったのである。玄宮北極祭がいつから始まったのか定かではないが、文献上の初見は安倍晴明が一条天皇のためにおこなったと伝えられる長保（ちょうほ）四年（一〇〇二）

で、その後、天皇・上皇らのために、陰陽師によってたびたび修された。白河上皇は六十一歳の厄年のときに、北辰に厄除けや長寿などを祈らせている。

陰陽道には北斗関連の属星祭や本命祭はあるが、北辰妙見を供養する密教の熾盛光法や尊星王法に相応する星祭はない。そこで、星祭において大いに優勢になってきた密教と対抗すべく、新たに陰陽道側が編み出したものかもしれない。祭に際しては、身の穢れを移す撫物として鏡が用いられた。玄宮北極祭にかぎらず、陰陽道の星祭の撫物にはしばしば鏡が用いられ、生物（なまもの）である魚味を供さない精進の祭としておこなわれた。また、夜祭であることも星祭の特徴であった。[39]

神道と星辰信仰

玄宮北極祭のほかにも、陰陽師がおこなった星神関連の祭祀は多数にのぼる。村山修一氏は、鎌倉時代におこなわれた祭星関連の祭祀を『吾妻鏡』を用いて調べている。その内訳と回数（カッコ内）は、天地災変祭（39）、属星祭（32）、歳星祭（14）、太白星祭（13）、熒惑星祭（11）、大将軍祭（6）、日曜祭（5）、月曜祭（5）、地震祭（5）、填星祭（5）、代厄祭（4）、羅睺星祭（3）、太歳八神祭（2）、土曜祭（2）、木曜祭（2）、計都星祭（1）、北斗祭（1）、水曜祭（1）、夢祭（1）となっている。[40] 時の権力者の安穏のために修される天地災変祭が最多だが、個人のニーズに応えるために修される星祭としてはやはり属星祭が最も多く、これが陰陽道星祭の代表だったことが、数字からもうかがえる。

一方、密教でも先の七壇北斗法や如法北斗法のように、修法壇をいくつも連ねた大規模な星祭が編み出され、中世を通じてますますさかんに星供関連の法が修されるようになった。こうして星宿信仰は、日本の秘儀宗教に完全に定着していく。その影響は神道にもおよび、「天神(あまつかみ)の七葉は過去の七仏転じて天の七星と呈(あらわ)る」と説く『天地麗気記(てんちれいきき)』（鎌倉時代後期）のような両部(りょうぶ)神道書まで現れた。同書の説によれば、天地初発の神である初代の国常立(くにとこたち)から、イザナギ・イザナミにいたる天神七代(あまつかみななよ)は釈迦仏以前に現れた過去七仏と同じであり、七神・七仏はまた北斗七星と同体だというのである。

さらに中世室町の吉田兼倶(よしだかねとも)（一四三五～一五一一年）は、その著『唯一神道名法要集(ゆいいつしんとうみょうぼうようしゅう)』で、星にまつわる異様な説を展開している。兼倶によれば、神道の根本経典には表のものと裏のものがある。表は『先代旧事本紀(せんだいくじほんぎ)』『古事記』『日本書紀』で、これらの神典によって神道の「顕露(けんろ)の教え」が立てられた。しかし、神典はこれだけではない。人々の目から隠された「隠幽(おんゆう)の教え」があり、それは吉田神道の「三部の神経(しんきょう)」に説かれているとして、その由来をこう述べる。「（三部の神経は）天児屋根(あめのこやね)命(みこと)が説かれた神宣(しんせん)の書である。後の世に北斗七元星宿真君(しんくん)が地に下り、天児屋根命の神宣を漢字に写して経と為したのである」。このように、星神信仰は陰陽道・密教のみならず、神道オカルティズムの中にも流れこんでいった。こうした星神信仰が、以後どのような形で歴史に関与し、特異な密儀宗教を生み出すに至ったかは、玄旨帰命壇の章などで再説されることになるだろう。

【注】

①勝俣隆『星座で読み解く日本神話』大修館書店

②七〜八世紀に陰陽道をもって朝廷につかえた法蔵、行心、釈道顕らはいずれも帰化人系の僧侶であり、行心の子の僧・隆観、新羅僧の義法らも朝命によって還俗して陰陽道に従事した。

③空海「秘密曼陀羅教付法伝」(『空海全集』二巻・筑摩書房)

④空海「真言宗所学経律論目録」(『空海全集』二巻・筑摩書房)

⑤武田和昭『星曼陀羅の研究』法藏館

⑥山下克明『平安時代の宗教文化と陰陽道』岩田書院

⑦速水侑『呪術宗教の世界』塙新書

⑧ベルナール・フランク『方忌みと方違え』岩波書店

⑨金指正三『星占い星祭り』青蛙房

⑩野口鉄郎・福井文雅・坂出祥伸・山田利明編『道教辞典』平河出版社

⑪山下前掲書

⑫『大有妙経』(アンリ・マスペロ『道教』所引・東洋文庫)

⑬陰陽道の泰山府君祭の最古の都状は後冷泉天皇のものとされる。その都状の中で祈願の対象になっているのは泰山府君および「冥道諸神一十二座」すなわち司命・司禄と地獄の王である十王。十王が司る冥界は唐の道明が仮死して見聞したものとされ、偽経もつくられて日本でもさかんに信仰された。十王そのものが道教と仏教の習合の所産である。

⑭『禄命書』の出典は『抱朴子』

⑮窪徳忠『庚辛信仰の研究』日本学術振興会

⑯山下前掲書

⑰宿の数は二十八だが、そのうちの牛宿は特定の日を司る宿ではなく、月間を通じてすべての宿を統括する宿と見なされており、実占では牛宿を除いた二十七宿を用いる。

⑱矢野道雄『密教占星術』東京美術

⑲村山修一『日本陰陽道史総説』塙書房
⑳桃裕行「宿曜道と宿曜勘文」（『陰陽道叢書』四巻・名著出版）
㉑武田前掲書（『星曼陀羅の研究』五章）
㉒藤巻一保『安倍晴明』学習研究社
㉓文殊菩薩には一字文殊・五字文殊・六字文殊・八字文殊の別がある。通常、文殊菩薩と呼ばれるのは敬愛法の本尊である五字文殊だが、火羅図本尊となっている八字文殊は息災法の本尊で、あらゆる障害災厄を除く菩薩として信仰された。本章1で記したとおり、国家や国王、人民を襲う七難の筆頭は日月失度難と星宿失度難という星辰関連の災厄と考えられたから（空海上表文）、消災の修法の本尊にふさわしく、かつ星辰信仰の本尊でもある文殊として八字文殊が選ばれたと考えられる。
㉔矢野前掲書
㉕山下前掲書
㉖三九の秘宿を用いた密教修法について村山修一氏はこう述べる。「王朝宮廷で盛んとなった愛染明王の信仰は、空海将来の『金剛峰楼閣一切瑜伽瑜祇経』を所依の経典とし、この尊をまつって檀越の名を記した紙を師子（獅子）冠の師子口におき、三九秘要法を修すれば曜宿の祟りを避けうるとの信仰が平安後期に流行する。九は九曜、三は命業胎三宿で、三宿は宿曜経に照して個人的に相当の曜宿をきめ、これを供養するもので、十二宮の内の師子宮（獅子座）である愛染明王に九曜宿るときは、一切の障難も解消すると説く。広沢流でとくに重んぜられた行法である」（『日本陰陽道史総説』、カッコ内は引用者）。
㉗桃前掲論文
㉘安居香山『緯書』明徳出版社
㉙山下前掲書
㉚片山公壽『祈祷儀礼秘作法集』青山社
㉛速水前掲書
㉜矢野前掲書

㉝佐和隆研『密教辞典』法藏館
㉞佐和前掲書
㉟村山前掲書
㊱天台宗で北斗法を最重視したのは三井寺の寺門派で、延暦寺を拠点とする山門派は北斗法は陰陽家の法に依拠したものだとして嫌った（『密教大辞典』法藏館）。
㊲武田前掲書
㊳村山前掲書
㊴岡田荘司「陰陽道祭祀の成立と展開」（『陰陽道叢書』一巻・名著出版）
㊵村山前掲書

第三章　秘教の教主・聖徳太子と『旧事本紀大成経』

はじめに

この章でとりあげる聖徳太子は、六世紀から七世紀にかけ活動したと伝えられる実在の太子ではなく、古代末から中世・近世にかけて熱烈に信仰されてきた伝説上の超人としての太子である。

日本史上、聖徳太子ほど多方面から信仰されてきた人物は稀だ。仏教者からは日本仏教の祖として崇拝され、古くは弥勒菩薩、のちには観世音菩薩の生まれ変わりと信じられた。行基や空海らの高僧を太子の後身（生まれ変わり）とする信仰もおこなわれたし、最澄はみずからを太子の玄孫（やしゃご）と称し、親鸞ら鎌倉仏教の祖師たちもそろって太子を讃仰した。庶民の太子信仰もまた熱烈だった。太子は人々を阿弥陀浄土へと導いてくれる末法の救済仏とみなされ、信仰されたのである。

武家に実権を奪われた中世天皇や公家らにとっても、太子は心のよりどころだった。救済仏であるとともに、理想の為政者であり、かつその神通力によってはるか未来まで見通す不世出の聖賢――太子はそのような存在と見なされた。太子が後世のために密かに遺したとされる「未来記」は、寛弘（かんこう）四年（一〇〇七）に四天王寺（してんのうじ）の金堂内六重塔で発見されたとされる『本願縁起（ほんがんえんぎ）』を嚆矢として、以後、陸続と中世世界に現れてくる。

また、神道家にとっても、太子は特別な存在だった。伊勢神道を集大成した外宮禰宜（げくうねぎ）の渡会家行（わたらいいえゆき）は、神道を仏教に先行する根源の道とし、人々の心が次第に神道から離れていったとき、太子が「神道の化現（けげん）」として世に現れて仏法を広めたと説いた。また、室町後期の神道家の吉田兼倶（かねとも）は、太子を神道と儒教と仏教を一身に束ねる「三教一致の教主」と位置づけた。仏教者としての太子の仕事としては『三教義疏（さんきょうぎしょ）』などがあり、儒者・太子としては、摂政時代に制定した冠位十二階や十七条憲法がある。また神道者としての仕事としては、国史や『先代旧事本紀（せんだいくじほんぎ）』の撰述があると信じられ、太子は日本史上類をみない超人へと変貌していったのである。

太子信仰には、生き神のごとき聖（ひじり）に対して日本人が抱いてきた共同幻想が集約されている。その諸相を、聖徳太子にまつわる秘説、太子の予言書、秘教神道の中の太子、およびそれらすべてが網羅された江戸時代の偽書『先代旧事本紀大成経（せんだいくじほんぎたいせいきょう）』の各節によって検証していきたい。なお、すべての太子伝説のルーツとなった『聖徳太子伝暦（でんりゃく）』の現代語訳を『秘教Ⅱ』に収録した。

1、神人太子像の創出とその秘事世界

讃仰と秘義解釈

日本に仏教の種を植えつけ、その後の繁栄のもといを築いた人として、聖徳太子は宗派をこえた崇

敬をあつめてきた。すでに天武朝前後の白鳳時代から太子信仰がおこなわれており、奈良時代になると、人智を超越した神秘の聖人としての太子像がつくられはじめている。たとえば、鑑真とともに日本に渡った弟子の思託（八世紀）は、いまでは散逸して断片しか伝わらない僧伝『延暦僧録』中に「上宮皇太子菩薩伝」を収め、太子は天台第二祖・慧思の生まれ変わりだと述べている。

平安時代になると、太子信仰はさらに深まっていく。真言密教を開いた空海は太子の生まれ変わりと信じられたし、空海のライバルである最澄はみずから「太子の玄孫」を名乗り、最澄の弟子たちは太子の生まれ変わりだと信じた。禅宗では中国禅宗の初祖の達磨大師が、太子の前身（前世の姿）である中国の南岳慧思との約束にしたがって来日したと主張され、道元の曹洞宗に先立つ平安末期の大日能忍の日本達磨宗は、この伝説にもとづいて立てられた。

鎌倉・室町時代になると、太子の神秘化と超人化はさらに深化し、信仰も広まった。鎌倉仏教の祖師たちもそろって太子を信仰しているが、中でも親鸞は熱烈な太子信者であり、『三宝絵詞』中の太子関連記事を抜いて独立させた『上宮太子御記』を書写し、「皇太子聖徳奉讃」「大日本粟散王聖徳太子奉讃」など太子を讃仰する数々の和讃を遺した。親鸞が七十八歳時に末娘の覚信尼に与えたとされる『建長二年文書』（『三夢記』）によれば、彼は建久二年（一一九一）に磯長の太子廟、ついで建仁元年（一二〇二）には太子の創建と伝えられる京都の六角堂で、夢に太子の示現にあずかり、仏法者としていかに生くべきかの教示を受けた。とくに太子創建と伝えられる六角堂の参籠では、「行者（親鸞）

宿報にして設い女犯すとも、我（救世観音＝聖徳太子の本体仏）玉女の身と成りて犯せられん、一生の間能く荘厳して、臨終に引導して極楽に生ぜしめむ」という女犯を肯定する偈文（通称「女犯偈」）を授かったことで、みずから肉食妻帯・非僧非俗の道を開いたと伝えられる。

親鸞が百日間に及ぶ六角堂参籠の九十五日目に聖徳太子の示現を体験したことは、親鸞没後に妻の恵信尼が覚信尼に宛てた書状に「山（比叡山延暦寺）を出でて、六角堂に百日籠もらせたまひて、後世をいのらせたまひけるに、九十五日のあか月（暁）、聖徳太子の文を結びて、示現にあづからせたまひて」と記していることからも事実とみてまちがいない[1]（『恵信尼書簡』）。親鸞の聖徳太子信仰は、かくも熱烈なものだったのである。

太子に対する信仰の根幹は、太子が転生を重ねながら、衆生済度のために働いている大慈大悲の仏と信じられたことにある。古くは弥勒菩薩の化身と信じられ、のちには観音菩薩の化身（救世観音）と崇められた太子の救済にあずかって極楽浄土に往生しようとする信仰は、平安時代末期から鎌倉時代にかけて大いに流行し、公家や武家から民衆にいたるまで、あまねく広まった。

太子が初めて建てた寺と伝承される四天王寺や、太子の宮である斑鳩に建てられた法隆寺（斑鳩寺）、太子およびその母と妃の三骨を一廟におさめたと伝えられる磯長の叡福寺などは、極楽往生を願う多くの太子帰信者や念仏者でにぎわい、一二〇三年には、当麻寺から叡福寺に移っていた僧侶の浄戒と顕光が叡福寺の太子廟に忍びこんで墓をあばき、太子の歯を盗み出して人々に礼拝させて回るという事件まで起きた[2]。仏の歯は仏牙とも仏牙舎利とも呼ばれ、特別に尊崇された。釈迦が帝釈天に自分の仏牙を与える約束をし、その仏牙を宝塔に納めて供養すれば「福徳無尽」だと説いたという伝説があり（『涅槃経』）、仏牙を供養するための仏牙会もおこなわれてきた。太子の歯が盗まれたのも、この仏牙信仰があったからで、太子自身が仏の化身と信じられたのである。当時の熱烈な太子信仰を物語るエピソードのひとつといえよう。

一方、民間の素朴な太子信仰とは別に、太子の生涯を読み解くことで、そこに秘められた秘教的な意味を解明しようとする動きも、鎌倉時代以降さかんにおこなわれるようになった。太子の生涯を記した著作は、すでに奈良時代から数多く編まれている。最古の太子伝は藤原京以前の成立とされる『上宮記』だが、これは逸文しか伝わらない。現存最古のまとまった太子伝は『上宮聖徳法王帝説』（以下、『帝説』）で『日本書紀』以前の大宝年間（七〇一～四年）の部分をふくんでいる。この『帝説』以後も、『明一伝』『上宮太子菩薩伝』『上宮聖徳太子補闕記』など数々の太子伝が編まれて神秘化が進められた。たとえば『上宮聖徳太子補闕記』には、太子の母の夢枕に立った金色僧（仏の化身）が、「救世の願を果たすため、ひとときそなたの腹に宿らせてほしい」と告げ、その後に生まれたのが聖徳太子だとか、幼い太子を抱くと香気が数ヵ月も消えなかったとか、瞑想裡に隋国に飛んで『法華経』の脱字を明らかにしたとか、愛馬の黒駒に乗って雲を駆け、日本各地の山岳霊場を回ったとかいった神秘説がふんだんに出てくる。

太子信仰はもっぱら仏教が先導し、広めたものだが、神道界でも遅れて太子の取り込みがおこなわれた。その典型が、吉田唯一神道を樹てた卜部氏嫡流の吉田兼倶（一四三五〜一五一一）だ。兼倶は、天神太祖から天照大神を経て卜部氏の祖神である天児屋命に伝えられた秘伝の元本宗源神道なるものが、卜部家のみに存在すると主張し、伝承者の一人に聖徳太子を加えるとともに、日本でおこなわれてきた神道・仏教・儒教の関係を、太子が明示したと説いた。

兼倶はこう書いている。「第三十四代推古天皇の御宇、上宮太子が密かに奏してこう述べた。『吾が日本は種子を生じ、震旦（中国）は枝葉と現れ、天竺（インド）は花実と開いた国である。ゆえに仏教は万法の花実である。儒教は万法の枝葉である。神道は万法の根本である。仏教と儒教は、いずれも神道の分化である。枝葉と花実をもって、その根源が種子にあることが明らかになる。花は散って根に帰るがゆえに、いまこの仏法が日本にもたらされた。それは吾が国が三国の根本の国であることを明らかにせんがためである』」（『唯一神道名法要集』）。これを三教枝葉果実説という。日本を万国の親国とする同説は、近世以降の神道説に多大の影響を及ぼし、明治維新前後の国学の主張を介して戦前まで猛威をふるった。その原初形が聖徳太子に仮託した兼倶の右の説なのである（吉田神道については3で再説する）。

けれども、後世に決定的な影響を与えたものといえば、平安後期の延喜十七年（九一七）に成った『聖徳太子伝暦』（著者未詳、以下『伝暦』）をおいてほかにはない。膨大な数にのぼる太子伝や注釈書は、「江戸時代初期まではその殆どすべてがこの書（『伝暦』）の換骨奪胎か注釈のようなもの[3]」だと小倉豊文氏は断じているが、事実そのとおりであって、太子伝といえば『伝暦』をおいてほかにはないと信じられ、太子にまつわる秘義解釈は、ほぼすべてが『伝暦』の記述をもとになされるようになったのである。[4]

転生をくりかえす菩薩

太子をオカルティックに解釈するという作業の中心地は、いうまでもなく法隆寺と四天王寺であり、真言・天台の両宗でもさかんにおこなわれた。そのうち、現存最古の秘伝書は、四天王寺の東の僧房で書かれたと奥書のある『太子伝古今目録抄（たいしでんこきんもくろくしょう）』（一二二七年）だが、ほぼ同時期、法隆寺でも同様の著作がまとめられた。著者は太子を祭る聖霊院々主（しょうりょういんいんじゅ）の顕真得業（けんじんとくごう）。太子の従者だったとされる調子麿（ちょうしまろ）二十八代目の子孫と名乗った僧侶である。顕真は、それまでに成立していた太子伝や法隆寺などの縁起、師の隆詮（りゅうせん）などから伝えられた太子関連の秘伝を収集し、自らの見解なども加えて『聖徳太子伝私記（古今目録抄）』（上巻は一二三八年、下巻は一二四三年）にまとめたが、[5]その中に、太子の生涯の事跡は、そのことごとくが観音の多様な働きの表示だとする説を記している。

それによると、廐での生誕は馬頭観音の表示、拳に仏舎利（釈迦の遺骨）を握って誕生したのは如意輪観音の表示、二歳のときに東に向かって「南無仏」と唱えたのは聖観音（しょうかんのん）の表示、百済人の日羅（にちら）と面会したとき太子がみずからの額から光を放ったのは十一面観音の表示、物部守屋（もののべのもりや）らとの合戦は千手観音の表示で、十七条憲法の制定は不空羂索観音の表示だというのだ。

太子の本地が観音で、人間としての生涯も観音の働きをこの世に現すための方便だとする解釈が成り立つのであれば、観音である太子と深い因縁で結ばれていた人々にも、秘められた霊的本体（本地）と役割があったのでなければならない。それを端的に表す説が、法隆寺の訓海の『太子伝玉林抄』（一四四八年）に見える。そこでは、父の用明天皇を宝生如来の化身、母の穴太部間人皇后を阿弥陀如来の化身などとする「聖徳太子御部類変化配当の事」が、「行基菩薩の作」として載せられている。これは、太子信仰を用明天皇や穴太部間人皇后らにまで拡大するために唱えられたわけではない。太子を「権者」（神仏の化身）とした場合、太子と特別な因縁で結ばれた縁者も、現世的な役割と同時に、仏の働きとしての役割を担っていなければならず、太子を取り巻くことがらのすべては、俗世間での出来事であると同時に、永遠の仏の世界の〝型〟の地上への移写という二重構造になっていなければならないと考えられたからなのである。

その一例として、仏敵・物部守屋の地蔵菩薩化身説を挙げておこう。広く知られているとおり、物部守屋は仏教の受容を巡って大臣・蘇我馬子と対立し、敏達天皇十四年に天然痘が流行すると、異国の蕃神を祀った祟りだと非難して、馬子の建てた仏塔や仏像・仏殿を焼き払ったと伝えられる（『日本書紀』）。聖徳太子は崇仏派の蘇我氏の血を濃く引いており（父・用明天皇、母・間人皇后ともに蘇我氏系）、崇仏派に属していたから、廃仏派の物部守屋は「仏敵」にほかならない。けれどもそれは表向きのことで、実際には観音の化身である太子と、地蔵菩薩の化身である守屋の間に、秘密の約束事があったというのである。

この説の原型は、太子の未来予言書と信じられた『御手印縁起』（後述）にさかのぼる。それが法隆寺内で「伝来の密語」となって、顕真の『私記』や、顕真の秘伝を甥の俊厳がまとめた『顕真得業口決抄』に記載された。そこにはこうある。「私（太子）と守屋は生々世々の怨敵であるが、生々世々の恩人同士でもある。二人の関係は、影が形に従うようなものである」。太子が日本に転生したとき、その影である守屋もまた、あとを追うように日本に転生した。ではなぜ守屋は、仏敵という姿をとって現れたのか。その理由は、観音である太子と地蔵である守屋の誓約にあるとして、顕真はこう書く。「太子と守屋はともに大権菩薩なのだ。仏法を広めるために、このように（怨敵同士として）示現するのである。ただし、二人は互いにこう誓い合った。すなわち守屋は、『自分は啄木鳥という鳥となって仏法を障害する』といい、太子は『鷹という鳥となって啄木鳥の難を払う』と誓ったのである」。――観音である太子と地蔵である守屋は、このような密約を結んだ。それゆえ、両菩薩は「方便」として崇仏派と排仏派にわかれて化身出生した。しかも両菩薩は、その誓願が果たされるまで、何度でも下生する。つまり、この誓約は、未来においても有効であり、第二、第三の守屋、第二、第三の太子が、様々な姿をとって日本に生まれてくることを意味するのである。

こうした秘説を編み出したのは、何も法隆寺だけではなかった。林幹彌氏は『東大寺要録』から、以下の太子予言を引いている。「廐戸皇子が遊行のおり、左保河の北に足を止め、この地を指してこういわれた。『私の没後、この市岡に精舎を建てて仏法を興隆するのは、私の後身（生まれ変わり）です。私は三度、日本国に誕生しますが、その名や諡にはいずれも〝聖〟の字があります。すなわち、聖徳太子、聖武天皇、聖宝僧正がそれです』と」[6]。ここで名の挙がった聖武天皇や聖宝僧正は、いずれも『伝暦』の予言に基づいて太子の生まれ変わりと信じられた人である。聖武天皇は、東大寺大仏の開眼式で、自ら「三宝の奴」と称したほどの崇仏派の天皇として知られるが（『続日本紀』）、この天皇が太子の生まれ変わりとされたもうひとつの理由は、出家後に「勝満」と号したことによる。勝満は、奇しくも太子の前世のうちの一身である勝鬘夫人と同音なのである。

林氏はこの説を東大寺で唱えられたものと推定し、小倉豊文氏は鎌倉時代の南都諸宗（法相宗、華厳宗などの南都六宗）が唱えたとしているが、真言宗では、聖武天皇後身説がさらに神秘的な説へと発展している。『玉林抄』の訓海が「高野山の恵智房の説」だとして伝えているところによると、聖徳太子は法身の如来の化身、聖武天皇は報身の如来の化身、聖宝（天智天皇六世の孫で醍醐寺開山、小野流開祖）は応身の如来の化身だというのである。

胎内で秘事を説く

このように、太子の前世や来世にまつわる秘説は果てしなく膨らんでいったが、それが外部にまで広く喧伝されることはなかった。というのも、秘説の一部は門外不出の奥秘伝として、とくに許された弟子にのみ伝授されたからである。

法隆寺におけるそうした太子秘伝のひとつに、「胎内説法」がある。『伝暦』によれば、太子は受胎後八ヵ月目に言葉を発し、父母を驚かせたという。そのときの胎内語そのものは『伝暦』には記されていないが、法隆寺では、多数の胎内説法語が「秘事」として師から弟子に伝授されてきた。その際、「太子灌頂」といって、特別の灌頂儀礼をともなったことが史料に見えるが、具体的な儀式内容は伝わっていない。

胎内説法には諸説がある。『目録抄』には、「吽々々、父母の恩の高きこと山のごとし」「阿々々、母の恩の深きことは海にも似たり」などの密語が伝えられているが、顕真より一世紀ほど後の橘寺の僧・法空が記した『上宮太子拾遺記』（十四世紀）は、ほかにも、「われ荒き大日国に出居、津々の麁き人を討ちて御教を弘めん」「生まれて生を救わばや。煩わしきこと無からしめん。法の枢を開き、津々仏の道に入らしめん」など、六種の太子の胎内説法を伝えている。なかでも「秘中の深秘、いまだ灌頂せざる人に授けるべからず」として挙げているのが、「𑖀𑖮𑖳𑖽（阿吽）」の梵語二声で、阿は母＝阿弥陀如来を、吽は父＝薬師如来を表すと注記している。

これが『玉林抄』になると「𑖀𑖮𑖳𑖽𑖪𑖽（阿吽鑁）」の三声となり、「𑖪𑖽（鑁＝金剛界大日如来、大威徳明王）」によって男女・陰陽・父母の合一と止揚が図られるのである。「𑖀𑖮𑖳𑖽𑖪𑖽」の原型となった「阿・

吽」は、顕真の『目録抄』に見える胎内説法を二声に約したもので、「いまだ灌頂せざる人に授けるべからず」というときの「灌頂」は太子と結縁し、その秘密を相伝するための太子灌頂を指したものと思われるが、この説がいつから唱えられだしたかは顕真も不明としている。

興味深いのは、鎌倉新仏教の中でも最も熱烈に太子を信仰した親鸞を開祖とする浄土真宗の異端（秘事法門）の説に、「息の出入りに阿弥陀仏がある。阿は母で吽は父を表す。……出息は阿と出、入息は吽と入る。これが息位成仏のいわれである」[7]として、阿吽の呼吸そのものの中に、極楽浄土への往生の秘訣があるとしていることだ。『玉林抄』を書いた訓海は、右の息位成仏説を唱えた真慧と同時代人だった。その訓海が、「出入りの息、即説法なり」と記している。つまり、太子は胎内にいた時点から阿弥陀の浄土の説法をし、かつ、往生の秘義を実践していたことになるのである。

仏舎利の秘説

法隆寺に伝えられた秘事は、これ以外にも数々あった。たとえば先に記した守屋地蔵説もそのひとつで、法隆寺に異変があるときは、なぜか太子の化身である鷹が塔や金堂の上に現れると訓海は書いている。また、「太子が信州の善光寺如来に出した手紙は、蘇我馬子が黒駒に乗って運んだ」という秘事もあり、法隆寺には善光寺如来からの書状と称されるものも残されている。

太子が誕生時から握っていたとされる仏舎利についても、多数の秘伝があった。『玉林抄』の前に成立していた法隆寺僧・聖誉(しょうよ)の『聖誉鈔』（『伝暦』の注釈書、十五世紀頃）には、以下のようなじつに異様な説が説かれている。

「一説に、波斯匿王(はしのくおう)が（仏舎利を諸国王に）分け与えたとき、左の眼を娘の勝鬘夫人にお伝えになったという。ただし伝記には分明ではない。また一説には、釈迦の荼毘(だび)の庭で観音が右の御眼(ぎょがん)を召されたともいう。天竺(てんじく)でも唐土(もろこし)でもこれを伝えた文は見えない。ある人の推察では、観音が極楽から直(じか)にこの眼舎利を太子の手にもたせて入胎させたのではないか、といっている。……極楽に舎利のあることは、経文にも見えている。……秘密の相承(そうしょう)には……極楽を舎利一粒に縮すとある。この秘密をこれ以上、顕露にあらわすべきではない」

この説では、釈迦の遺骨である舎利のうち、「左眼」の舎利は、観音ないし勝鬘夫人が受け取ったということになっている。眼球の舎利なるものは、右の文にもあるとおりの珍物中の珍物だが、さいたま市岩槻区加倉の浄国寺(じょうこくじ)（浄土宗）には、釈尊の「左眼」の舎利なるものを安置した仏眼(ぶつげん)舎利宝塔が現に存在している。同寺の縁起によれば、玄奘三蔵がインドから持ち来たって太宗皇帝に献じて以来、唐朝歴代の秘宝となってきたが、玄宗皇帝が眼舎利をふくむ七種の宝を熱田神宮に奉献して以降、神宮の所有となった。その後、教蔵(きょうぞう)という名の上人が神宮から奪うようにもらい受けて、明徳(めいとく)元年（一三九〇）正月二日に三俣の龍蔵寺(りゅうぞうじ)に納め、兵乱を経て埼玉郡岩付（岩槻）の浄国寺の寺宝となったというのである（『仏眼山浄国寺仏眼舎利縁起』[8]）。

聖誉の怪説との関連は不明だが、仏眼舎利に対する信仰そのものは、確かにあったことが、この縁起からわずかにうかがえる。「この舎利の御影をうつせる香水（加持した水）を以て目を洗えば忽ち眼病を除き、耳聾たる人、耳をあらえば耳さとく、その外病に随て（香水を）頂戴服用すればそのやまい平癒」と、右の縁起で説かれているからである。聖誉が聞いたという説では、仏眼舎利はもと勝鬘夫人の所有だったという。勝鬘は、先にも述べたとおり太子の前身のひとつに数えられてきた。その縁があればこそ、太子は『勝鬘経義疏』を書いたとも主張されている（ちなみに勝鬘夫人は空海の前身ともされていた。そこから空海を太子の生まれ変わりとする説も出てくる）。

太子と勝鬘夫人のかかわりで思い出されるのは、京都の海住山寺の宝珠台だ。十四世紀・南北朝時代の作と推定される山形の台で、片面中央には『勝鬘経』を講讃する聖徳太子が描かれており、袈裟をまとった太子の周囲には太子の子である山背大兄王子、太子に仏教を教えたとされる高麗僧・恵慈、太子の儒教の師と伝えられる百済五経博士・学呵（覚架）、太子の大叔父にあたる蘇我馬子、太子所蔵の『法華経』を受け継いだとされる小野妹子が配されている（これらの人物がどのように認識されていたかは『秘教Ⅱ』の『聖徳太子伝暦』を参照）。

宝珠とは如意宝珠のことで、空海以来、仏舎利と同体と考えられてきた。その宝珠＝舎利を安置するための台座に『勝鬘経』を講ずる太子を描くのは、太子を勝鬘の生まれ変わりとする当時の太子信仰の表れそのものとみてよい。内藤栄氏は、この宝珠台の制作に西大寺の叡尊が関係していると推定しているが、[9]四天王寺別当も勤め、太子ゆかりの教興寺の復興を成し遂げ、太子礼讃の「皇太子和讃」を遺した叡尊もまた、熱心な太子信仰者の一人だった。したがって、釈迦仏の眼舎利を得たのが観音であれ勝鬘であれ、それは太子に伝わっているはずで、太子が誕生時に握っていた舎利は、仏舎利の中でも最も神秘的な仏眼舎利に違いないというなんとも神秘的な説が、法隆寺内でひそかに伝えられていたのである。[10]

また、当時、神仏の化身である釈迦や太子が遺骨を地上に遺した理由は何かという疑問に対する秘説もあった。道教の尸解仙（しかいせん）のように、遺体を遺さず仏の永遠世界に還るのが本来の形ではないかという考えに基づくものだが、これについて、聖誉は口伝でこう述べている。「舎利は医師（仏）が病人（現世の人々）のもとに置いていく薬と同じものだ。太子は医師の使いなのである」。また、訓海は、空海の「舎利を留むるは如来の身密（しんみつ）」という言葉を引き、『三宝絵詞』の「釈尊（しゃくそん）は隠れたまえども舎利は留まれり。薬を留めて医師の別るるに同じ」という言葉を引いて、この問に答えている。

このように、太子にまつわるオカルティックな秘義解釈は僧侶らの間でさまざまに生み出され、秘義相承の形で伝えられた。こうした作業は、鎌倉時代に最もさかんにおこなわれ、室町時代に引き継がれたが、彼らをこうした秘義解釈にかりたてた最大の要因は、超常的なエピソードに満ちた『伝暦』に対する熱烈な信仰にあった。この『伝暦』が導き出したもうひとつの太子信仰の形に、太子が後世のために書き残したとされる数々の予言書「未来記」がある。次にそれを見ていくことにしよう。

2、中世人を支配した太子未来記

末法の世を語る偽書群

その超人的な神通によって未来を見通した〝聖としての太子〟を描くことは、『伝暦』の作者の大眼目だった。同書の中で太子は、推古天皇の即位、用明天皇の短命、崇峻天皇の横死、平城京や平安京への遷都、自らの後身による寺院建立、上宮一族の滅亡など、多岐にわたる予言をおこなっている。かくもすさまじい予知能力があったのだとすれば、太子は『伝暦』に書かれている未来より、はるか先の未来まで見通していたにちがいない——『伝暦』を太子の実伝とかたく信じていた中世人が、そのように想像したとしても不思議ではない。そしてそれは、太子の予言に名を借りた政治的・経済的な策謀の動機ともなりえたことだろう。太子の予言にこうあるという理由で、たとえば仏法擁護や仏寺への寄進・庇護の慫慂、不都合な政権への批判、政敵の排除、陰謀の正当化などの大義名分が立つからである。

古代末から中世にかけての時代は、事実、過去の聖人などに託した偽書が次から次へと創作された。天下無双の験僧・空海の名を冠した偽書は、仏書から神道書にいたるまで膨大な数にのぼるし、最澄にも『天台座主未来記』などの偽書があった。また、天智天皇や桓武天皇の宸筆と称する偽書もつく

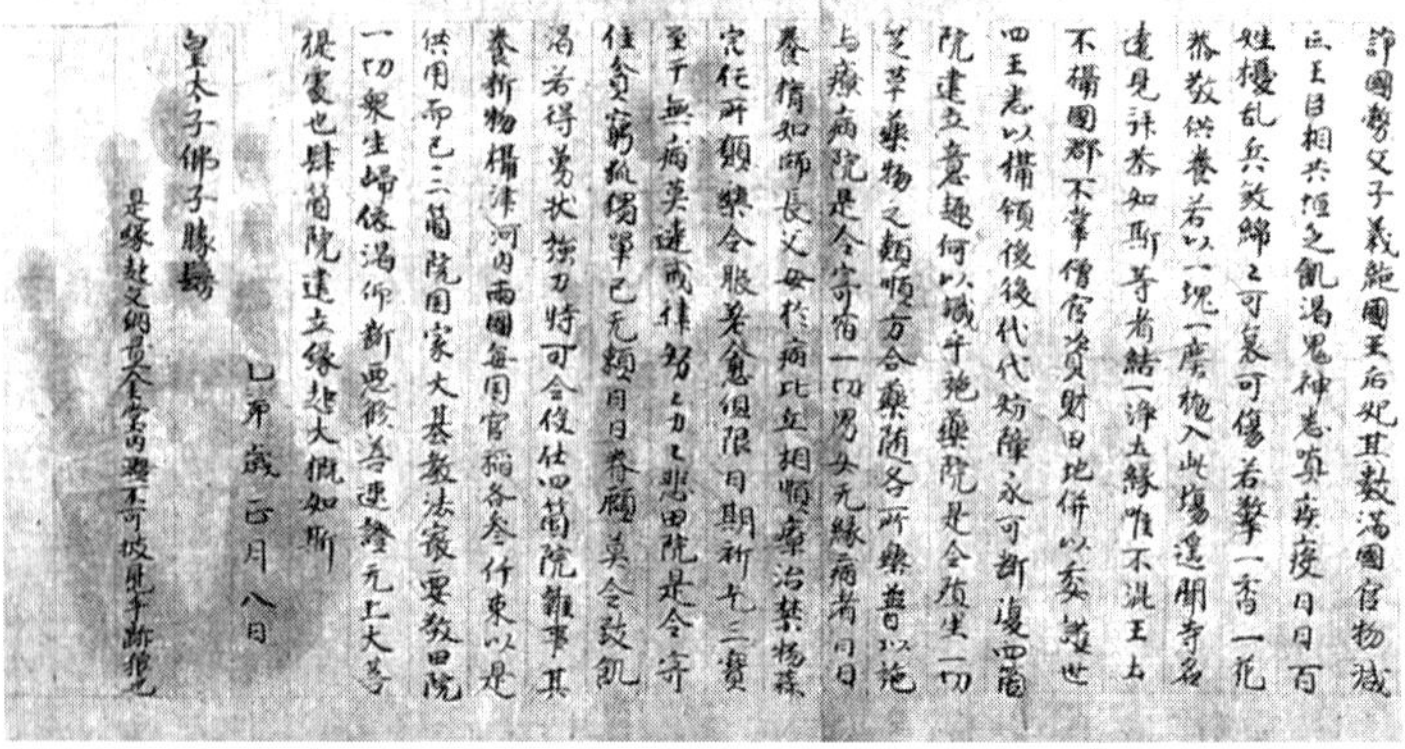

皇太子佛子勝鬘の署名と手形が残る『御手印縁起』。最初に発見された太子未来記である

られた。十世紀以降の偽作とされている「聖武天皇勅書銅板」は、律令国家の解体に直面した東大寺で偽造されたと考えられているが、そこでは「代々の国王をもって、我が寺（東大寺）の檀越とする。もし我が寺が興隆すれば、天下も興隆するだろう。我が寺が衰微すれば、天下も衰微するだろう」という文章を、実在する聖武天皇の「平田寺勅書」に挿入し、仏法をないがしろにすることで仏罰をこうむり、大地獄に堕ちて苦しむ時代が迫っているという危機感を煽ることで、東大寺の「興隆」を図ろうとした[11]。このような時代風潮の中で、空海同様、広く朝野の信仰を集めた太子の未来記が偽作されたのは、ごく自然の流れであったろう[12]。

太子の最初の未来記『本願縁起』が〝発見〟されたのは、寛弘四年（一〇〇七）のことだ。場所は太子ゆかりの四天王寺金堂内の六重塔、発見者は同寺の僧で、名を慈蓮という。太子がみずから書き記して後世に遺したという体裁で書かれており、全巻五十二箇所に赤い手印が捺されていることから、本書は『御手印縁起』とも呼ばれた。そこには、こんな予言が述べられている。

「私が入滅したのちには、あるいは国王や后妃と生まれて、数々の寺や塔を諸国のあちこちに建造し、数多くの仏菩薩の像をそれら寺塔に造り置き、あまたの経論や義疏を書き写して納め、あまたの資財や宝物、田園等を施入するであろう（聖武帝および光明皇后による国分寺・国分尼寺創建の予言）。あるいは比丘・比丘尼・長者・卑賤の者など、さまざまに姿を変えて生まれ変わり、教法を弘興して、一切の生きるものを救済しよう。

……そうはいっても、末代の僧侶や衆生は戒律を破っても恥じることもなく、貪欲は日々に増し、競いあって寺物を奪いあい、地獄・餓鬼・畜生道の三途や八難といった悲惨な境遇に堕落するであろう。たとえ寺に備蓄物がないことがあっても、それだけで仏法が滅亡するということはない。しかし、国司や郡司が邪心をさしはさみ、公家（朝廷の意）にことよせて寺領の田地を奪いとり、それを俗財となしたり、寺の奴婢を私に使役したりしたときには覚悟しなければならない。そのときこそ、仏法が滅尽し果てるときなのである。

そのときには、王位は日々争いの渦に巻きこまれ、君臣の序列は乱れて、政権の奪いあいとなるであろう。父と子は義絶し、各地に国王と后妃があらわれて、その数は国に満ちるであろう。それまで官が収公していた物資はもはや手に入ることはなくなり、王と臣とはともにその地位が長続きせず、飢え渇くであろう。鬼神はことごとく怒りを発して疫病が日々猛威をふるい、百姓は悩み乱れ、戦乱によって兵に殺される者は、綿々として絶えることがないであろう」

この『本願縁起』が発見された一〇〇七年という年は、当時、世界が末法時代に入ると信じられた永承六年（一〇五一）のわずか四十四年前に当たる。末法とは、釈迦仏が滅してのち二千年以後から始まるとされた暗黒時代で、仏教が衰退して、いかに修行を積んでも悟りを得ることができなくなり、世界は次第に破滅に向かって、ついには法の一切が滅びる「法滅尽」の時を迎えると信じられた。そんな暗黒時代の描写が『大方等大集月蔵経』（以下、『月蔵経』）にある。「東西南北の国王が互いに戦争をし、侵略をおこなう。人民や僧侶を殺戮し、女は犯し、町は焼き払い、寺院を壊し、寺宝を盗む」。『月蔵経』が述べる末法の世の悲惨さは、まだ延々と続くが、先に引いた『本願縁起』の予言は、まさにこうした仏典の予言をなぞっていた。刻一刻と末法に向かって突き進んでいるという不安が人々の心に深く根をおろし、阿弥陀浄土への往生が熱烈に求められたこの時代、極楽浄土の主である阿弥陀仏の脇侍で、衆生済度のために無限の神通力を発揮すると信じられた観音菩薩の化身の太子信仰も急激にもりあがっていった。その太子による救済を説いたのが右の『本願縁起』であり、そこに流れるペシミスティックな調子は、末法入りを目前にひかえた時代の空気の反映であるとともに、時代の激変からなんとか自分たちの寺を守ろうとする四天王寺僧らの切実な思いを映しだしている。

この未来記の〝発見〟からほどなく、太子が末法の衆生のために遺した別の未来記が発見される。末法入りの年である永承六年（一〇五一）から三年後の、天喜二年（一〇五四）九月二十日のことである。

『御記文』の出現

この年、法隆寺の僧、忠禅が太子廟の坤（南西）に多宝塔を建立するため土を掘り下げていたところ、長さ一尺五寸、幅五寸の石箱が出てきた。瑪瑙とも大理石とも珊瑚ともいわれる石箱は、蓋と本体からなり、その両方に、針のようなもので彫られた銘文があった。銘文のうち、箱本体に刻まれた部分は太子伝で、蓋の文章は未来記となっていた。これを『御記文』という。その文言および発見の経緯は、『古今目録抄』や『上宮太子拾遺記』など多くの仏教書に記録されているが、最古の記録が『古事談』（十三世紀初頭）に出てくる。その部分を全訳して掲げておく。

古事談・第五巻（神社仏寺）二十五

天喜二年九月二十日、聖徳太子御廟の近辺に石塔を立てるために整地をしていたところ、地中に筥に似た石があった。掘り出してみると、やはり筥であった〈割注＝長さ一尺五寸ばかり、横七寸ばかり〉。身と蓋があり、開いて見てみると御記文（起請文）であった。そこで四天王寺に事の次第を奏聞した。くだんの御記文には、こう書かれていた。

「私は衆生を利生するために、かの衡山（太子前世の修行地である中国天台宗の聖地・南岳衡山）を出て、この日域に入った（慧思の生まれ変わりとして日本に転生したの意）。守屋の邪見を降伏して、ついに仏法の威徳を顕し、処々に四十六箇の伽藍を造立し、一千三百余の僧尼を化度した。また別に法華・勝鬘・維摩等の大乗経の義疏（経典等の解釈書）を記して、断悪修善の道を、ようやく開くことができた〈割注＝以上は下の石の文〉。
今年〈割注＝歳は辛丑に次る〉、河内国石川の郡の磯長の里に、地勢にすぐれた土地を見出した。もっとも美と称えるに足る地であった。そこでその土地を墓所に選定し、すでにその作業も終えた。私が入滅して以後、四百三十余歳を経たとき、この記文が出現するであろう。そのときに国王・大臣は、寺塔の建立を発願し、仏法を願求するであろう〈割注＝以上は上の石の文〉」

この一件が四天王寺別当の桓舜僧都に報告され、桓舜は摂政関白の命を受けて、かの御廟所に出向いたが、その帰路、こう語った。

「その地に所住の僧が、前年、私堂を建立しようとして御記文の出たあたりの地を掃除していたところ、その夜、夢に人が現れて、『この地に堂舎を建ててはいけない。即刻停止せよ。かたわらの地なら私堂を建ててもかまわない』と告げたという。こんな夢を見たので、住持は最初に選んだ土地を使うことはとりやめ、別のところに建て終えた。そうして今年になって、最初に私堂を建てようとした場所を掃除していたところ、石箱が掘り出されたという。件の箱は身と蓋があり、几帳の足台のような形をしていた。色は褐色で、針のようなもので文字が刻まれていた。御記文にあった辛丑の年から今年までは四百三十六年に当たっている」

この『御記文』は、四天王寺で『本願縁起』が発見されて以後、同寺が急激に繁盛したことに刺激されて、太子廟のある叡福寺でも参詣客を集めるために偽作したものと思われるが、その背景には、やはり末法時代の救済という朝野の切実なニーズがあった。

忠禅につづく石記文の記録は、嘉禄三年（一二二七）、歌人として知られた藤原定歌の日記『明月記』に登場してくる。この年、磯長の太子廟のそばで、またしても石記文が出土した。披見した定歌は、一部の文字にすこぶる「古文の体」があったと記しているが、その中に、「人王八十六代の時、東夷来る。王を泥して国を取う」という一節が含まれていた。文中の「人王八十六代」は仲恭天皇、「東夷」は鎌倉幕府（執権・北条義時）を暗示している。承久三年（一二二一）、倒幕を企図した後鳥羽上皇は北条追討の軍を起こして敗れ去り、仲恭天皇は廃位、後鳥羽ら三上皇は流罪となった。世にいう「承久の変」だが、右の石記文は、この変の未来記として〝発見〟されたのである。

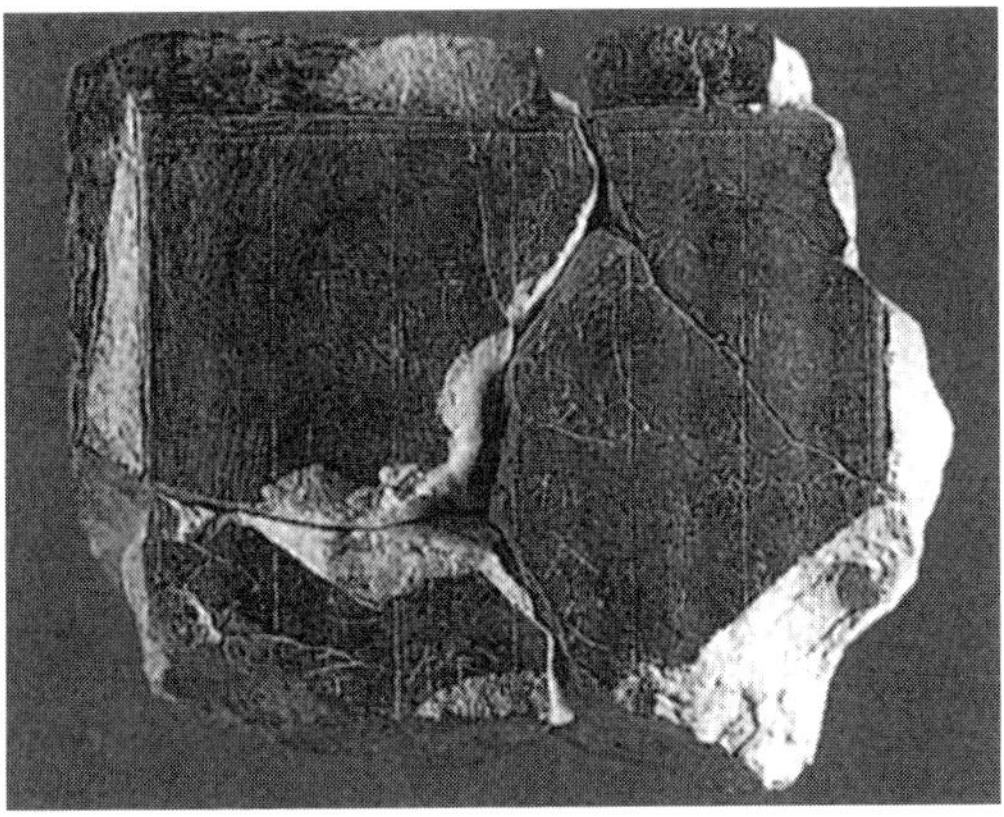

叡福寺境内の太子廟から出土したとされている太子『御記文』。「瑪瑙石未来記」とも呼ばれている。（叡福寺蔵）

天皇・公家・旧仏教ら旧権力サイドから見れば、天皇が王法によって国を治め、仏法がそれを補佐するという王法・仏法の両輪による治世こそが、正しい世の在り方にほかならない。ところが新興の武家政権は、わが国の伝統である王法・仏法両輪体制を破壊したのみならず、上皇の配流という許しがたい暴挙まで犯した。『月蔵経』のいう「東西南北の国王が互いに戦争をし、侵略をおこなう」状態、『本願縁起』のいう「王位は日々争いの渦に巻きこまれ、君臣の序列は乱れて、政権の奪いあいとなる」状態が、まさに現出したのである。これを末法の徴表といわずして何といおう——そうした思いが、右の石記文には色濃く反映している。

神仏の化身であると同時に、日継ぎの皇子でもある聖徳太子は、旧権力の人々にとって、まさに心のよりどころであった。それゆえ、承久の変が起こったその年、天台座主の慈円は、太子と霊的に結ばれていると信じられた寺である四天王寺に参籠し、「謹んで聖徳太子に敬白して言く、冥顕境を隔て、凡意迷い易く、ただ夢をもって未来を知ること、古より先規を存す」と太子に愁訴し、夢告を乞うた。一寸先をも知ることのできない凡俗の身の自分としては、ただ太子の夢のお告げをたのんでここまで生きてきた。太子の夢告は、将軍実朝の殺害、懐成親王の誕生、仲恭天皇の即位など、いずれも正しく未来を言い当ててわが指針となってきた。しかし、承久の変で一切は空しくなった。どうか冥助を——と、晩年の慈円は太子の聖霊に祈念したのである。

『伝暦』に見られる太子の未来予言は、その多くが仏教興隆や太子自身の後身（生まれ変わりによる再誕）に関するもので、政治色はさして強くなかった。しかし、末法後の鎌倉時代になると、右のように、未来記はにわかに政治色を帯び始める。その背景には、保元・平治の乱、平家の没落、律令体制の衰滅、鎌倉幕府による武家政治の始まり、承久の変などとつづく旧権力体制の急激な衰退があった。こうした歴史の流れを、神仏にもとる邪悪な〝末法現象〟と見なし、その非正当性を主張する道具とするために、太子の未来記が利用されたのであり、これが鎌倉以後の未来記の際立った特徴となり、以後の未来記の定形となっていくのである。

南北朝動乱の予言

朝野の評判で味を占めたのか、太子の未来記はその後も叡福寺の廟所近辺からたびたび出土した。叡福寺だけではない。四天王寺からも石記文が出たことが、『明月記』天福元年（一二三三）十一月二十二日の条に記されており、定家の並々ならぬ関心がうかがわれる。ちなみに、この四天王寺の石記文が出た年は、道元が帰朝して曹洞宗を始めた年であり、三年前には、親鸞が浄土真宗を開宗。発掘から二十年後の一二五三年には、日蓮が法華宗を開いている。未来記のたびかさなる出現は、旧仏教を否定する鎌倉新仏教の勃興期にも当たっていたわけで、旧仏教にとっては、そのことも由々しき政治問題だった点も見逃せない。

未来記が承久の変のような旧権力と新権力の激突時に、とくに頻繁に現れるというパターンは、後醍醐天皇の南北朝前後にも踏襲された。同天皇の即位は文保二年（一三一八）。それまでの間にも、たびかさなる天変地異や疫病、二度にわたる元寇など、世情や政情は不穏を極めていた。そこに登場した後醍醐天皇は、政権を武家から奪回すべく行動を起こしてあえなく頓挫し、元弘二年（一三三二）、得宗・北条高時によって隠岐に流された。まさにその年、後醍醐帝の寵臣、楠木正成が四天王寺で閲覧したという一巻本『未来記』のことが『太平記』に書かれている。「人王九十五代（後醍醐天皇）に当たりて天下一乱して、主安からず。この時、東魚（北条高時）来って四海を呑む。日、西空に没すること三百七十余箇日。西の鳥（足利尊氏）来って東魚を食らう。その後、海内一に帰すること三年。猨猴（猿）の如くなる者（尊氏）、天下を掠むること三十余年、大凶変じて一元に帰す」。これは南北朝動乱の予言であった。後醍醐帝は、一三三三年、高氏（後に尊氏）らの力によって倒幕に成功し、建武の中興を成し遂げたが、二年後には尊氏が離反。一三三六年には足利方によって楠木正成も湊川に滅び、後醍醐帝は吉野に逃れて南北朝が始まるのである。

『太平記』は、右の『未来記』を四天王寺秘蔵の一本としている。エピソードそのものは『太平記』作者の創作と考えるのが自然だが、逸話の下敷きとなった偽書は、実際に存在していた可能性がある。というのも、後醍醐帝が隠岐に流され、楠木正成が四天王寺の僧から『未来記』を見せられたという元弘二年（一三三二）、ある貴族が自分の見た後醍醐帝の夢のことを自著に記しているのだが、その中に、当時、実在していた成書の『太子未来記』についての記述が出てくるからである。その貴族を権中納言・吉田隆長という。皇太子時代の後醍醐の東宮亮で、建武新政時には蔵人頭、参議、権中納言と順調に昇進している。その隆長の著『夕郎故実（吉口伝）』によれば、彼は同年二月一日に見た夢の解釈を東宮学士の藤原家倫に依頼した。家倫は二種の夢解きを寄せてきたが、その一つに自分が所蔵していた『太子未来記』を用いた夢解きがあり、同未来記には、「帝王九十五代、春秋を経て在位す。仏法、王法の繁盛は今の秋なり。ただし七百日にして滅尽すべし、云々」として、建武の中興による「仏法王法の繁盛」と、その後の「滅尽」が予言されていたというのである。

同書にはもう一ヵ所、『未来記』からの引用がある。「百代のうちの九十五代（後醍醐帝）の時、東西南北に賊が乱れ出て世間が騒然となる。戦乱が起こり、国は危急に瀕し、人民に多数の死者が出る」（大意）などと述べて、南北両朝の争いを暗示し、これも末法のゆえだから、人は末法という時代をよく認識し、おこないを慎むようにと警告を発している。

注目すべきは、こうした予言の当否ではない。隆長によれば、家倫は奈良朝を代表する験僧の行基菩薩と、平安朝屈指の験者・日蔵が注釈を付けたという五十巻本『太子未来記』を所持していたというのだ。つまりそれだけ大部の『太子未来記』が、すでにこの時代には成立していたと考えられるのである。さらに『夕郎故実』は、「家倫本」以外に鑑真ゆかりの「唐招提寺本」にも触れている。今は失われている『太子勘未来記』がそれだが、和田英松氏は「聖徳太子未来記の研究」（『史学雑誌』）の中で、家倫本と招提寺本は同じものの異本だろうと推定している。とすれば、『太平記』に書かれた『未来記』とよく似た内容の太子未来記が、当時、四天王寺や唐招提寺などの寺院のほか、一部の公卿が家蔵するほどまでに流布していたのである。

だとしたら、『太平記』の描く楠木正成のエピソードも、頭から創作と否定するわけにはいかなくなる。太子未来記が、当時かなりポピュラーな存在だったことは、南朝の重臣・北畠親房の興国三年（一三四二）三月二十八日の書状にも表れている。親房が、「聖徳太子御記文の如くんば……今年凶徒（北朝方）滅亡疑うところなし」（『結城古文書写』）と書いているからだ。親房のいう「御記文」がどの未来記を指すのかは不明だが、「親房らの南朝方の心の、ささえとなったものは、『聖徳太子御記文』であった、と考えてよかろう」[13]という林幹彌氏の説には、筆者もまったく同感なのである。

聖徳太子は、ただ観念的に末法の教主、往生への導き手である観音菩薩と信じられたのではない。太子信仰の背景には、右に見てきたような〝予言者〟としての太子に対する熱烈な信仰が、歴然として存在していた。それゆえ、太子がひそかに隠し置いたという未来記は、その後も石記文や秘文書の形でくりかえし現れ、江戸時代の奇書『未然本紀』へとつながっていくのである。

3、「神儒仏三教の教主」としての聖徳太子

太子に帰依する神

「高野山の丹生明神は、弘法大師に会って、『私はあなたを二万劫ものあいだお待ちしておりました』と語っておられる。この言葉からも推し量れるように、日本国の大小の神祇は、さぞかし首を長くし

て聖徳太子の御出現を待ちわび、御出現後は、こぼれんばかりの笑顔でお喜びになったことだろう」。法隆寺僧の訓海は、先述の『玉林抄』にこう記している。丹生明神や日本国の大小の神祇は、なぜ空海や聖徳太子を待ちわびたのか。それは、たとえ神といえども、仏による救済がなければ、やがては凡夫と同じように死を迎えることになると考えられていたからである。平安朝以降、日本の神々は、仏より一段劣った被救済者とも、衆生済度のために仏菩薩が仮にその姿をとった仏の化身とも見なされた（後者を本地垂迹説という）。その結果、神が徳の高い僧侶に救いを求めたり、三宝の守護者として働くなどの説話が数々生み出され、人々もこれを深く信じるようになっていった。

親鸞五代目の子孫に当たる存覚は、その著『諸神本懐集』（一三二四年）の中で、こんな話を記している。太子が二十七歳のときのことだ。黒駒に乗って諸国を巡察した折り、熊野に立ち寄った太子が、示現した熊野権現とともに一夜を過ごしたことがあった。権現は、衆生を永遠の楽土である極楽に往生させるために、阿弥陀仏の浄土から、この穢れに満ちた国にやってきたと語り、ついでこう述べた。「この国の人々は現世の利益ばかりを祈り求めて、本当の救いの道を求めようとしない。そのため、私も法の施しを受けることができず、ついには熱に身を焼かれ、衣服を剝がれ、金翅鳥に食い荒らされるという三熱の苦を受けて苦しんできた。けれども今、こうして太子とお会いすることができ、無上の法楽を得ることができた。三熱の苦もたちまち止んで、この身は涼しく、心も晴れ晴れとしている」。熊野権現は、太子からありがたい仏法の話を聞かせてもらった。その功徳で三熱の

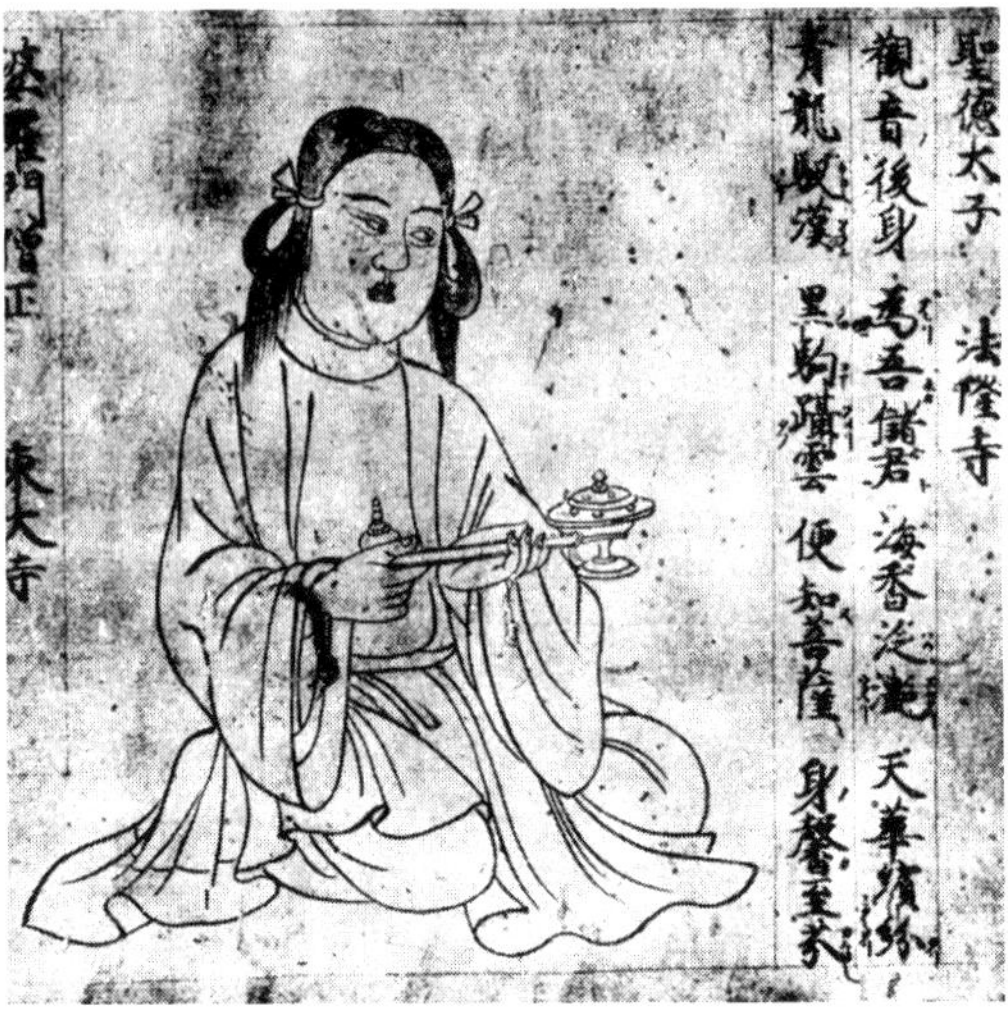

聖徳太子像。父・用明天皇の病気平癒を祈る姿を描いた「孝養太子像」の一種で、手に柄香炉を持つ。観音の生まれ変わりの儲君（皇太子）で、黒駒に乗って空を飛んだなど『伝暦』のエピソードが注記されている。古来非常に好まれたモチーフで、多数の作例が遺されている。（『先徳図像』大正蔵図像部十より）

苦から解放され、今は身も心も晴れやかになったというのだ。

このように、神祇を仏法に従属するものとする発想は、太子関連の縁起の中にも見いだされる。たとえば、太子が父の用明天皇の病気平癒を祈るために、法隆寺の寺地を求めて平群郡を歩いていた十六歳のとき、太子の前に一老人が現れ、彼を斑鳩の地に導いて、「ここに伽藍を建てよ」と教えた。この老人は竜田山の竜田明神（正一位の風神）で、法隆寺創建後は同寺の守護神となったと、『私記』や『本宮八講縁起』は伝える。風神といえば軽く聞こえるが、この竜田明神はイザナギ・イザナミの両尊が国造りの際に用いた「天瓊矛の神霊」が明神となって化現したもので、「大八州の心府」（『私記』）とまで称えられる日本建国にまつわる大神なのである。その大神が、この伝承では仏教伽藍のための土地を提供し、三宝を守護すると宣言している。それによって、神自身も救われるという考え方がおこなわれていたのであり、であればこそ、尊貴の神が仏教の権化ともいうべき太子の前に出現しているのである。

神主仏従説と『先代旧事本紀』

このように、日本の神祇を仏の風下に置く思想に対し、神道側からさかんに反論が出されるようになったのは、鎌倉時代も半ばを過ぎて以降のことだ。その直接のきっかけとなったのは、文永十一年（一二七四）と弘安四年（一二八一）の二度にわたる蒙古軍の襲来——元寇である。この古今未曾有の国難とそれを退けた神風は、日本精神の高揚を人々にもたらした。その結果、『日本書紀』や『古事記』、『先代旧事本紀』（以下『旧事本紀』と略）などの古典研究がさかんになり、伊勢神宮崇拝の機運の高まりとも連動して、さまざまな神道説を生み出すに至った。

この時代の神道説をまず最初にリードしたのは、豊受大神を祀る伊勢神宮外宮の神官、度会氏だった。度会氏は、南北朝以前から南北朝にかけて行忠、常昌、家行と傑出した人材が相次いで現れ、彼らによって、いわゆる伊勢神道（度会神道）が創出された。伊勢神道の思想の中でもとくに注目されるのは、真言・天台の密教を骨格とする仏教神道（両部習合神道）が唱えてきた「本地垂迹説」を、「神本仏迹説」に逆転させたことである。神を仏の化身とし、本体である仏のいわば影のごときものとする本地垂迹説に対し、神本仏迹説は、仏こそが日本の神々の化身であり、菩薩などの諸賢衆も神の化身（応作）にほかならないと主張した。従来の仏主神従説を裏返したのである。

後醍醐天皇即位の翌々年に『類聚神祇本源』（一三二〇年）を著し、伊勢神道を集大成した度会家行が、神宮参詣に訪れた医僧の坂士仏に、この神主仏従説を語っている。神道は「久かたの天より」出でて、国や人倫を定めたものであり、神道こそが仏教に先行する根源の道だった。ところが歳月の経過とともに、人々の心は次第に神道から離れていった。ここにいたって、「聖徳太子が世に現れ、仏法を広めたもうた。太子の仏法は、神道の化現である」――家行は坂士仏にこう説いたというのである（坂士仏『大神宮参詣記』）。

家行は、従来おこなわれてきた転生の菩薩という太子観を一八〇度逆転させた。神道の立場からいえば、率先して神祇を守り敬うべき皇太子の地位にあったにもかかわらず、神道より仏教を重んじた太子は、本末転倒の過ちを犯した人ということになる。実際、江戸時代の国学者たちは、そういって太子を厳しく批判している。しかし伊勢神道の太子観は違う。太子は神道を軽んじたのではなく、仏教のさらに奥にある根源の道、すなわち神道を明らかにするための方便として、仏教を広めたと主張したのである。

家行のいう「神道化現」説は、ほんらい最も神祇を重んじなければならないはずの皇室が、神祇をも救済すると主張する仏教の最大のパトロンでありつづけているという〝よじれ〟を解消するための、有力な理論となった。さらに神道には、どうしても太子を取りこまなければならないもうひとつの重大な理由があった。さきにも述べたように、神道は元寇以来のナショナリズムの発揚と古典考究の潮流の中で急速に理論化を進めたが、その古典の中に太子が蘇我馬子らとともに撰述したとの序文のある『旧事本紀』(九ないし十世紀前半)がふくまれていたからである。鎌倉以降の神道が最も重んじた日本の古典は『日本書紀』、『古事記』、そしてこの『旧事本紀』であった。これらは「三部の本書」「三部の神書」「神書三大部」などと呼ばれ、神道の根本中の根本神典と位置づけられた。であればこそ、家行は『旧事本紀』の神代系紀にしか登場しない「天祖天日譲天狭霧国日禅国狭霧尊」という謎の神を万物万神の根源の神と位置づけ、神典で天地初発の神とされている国常立神(『日本書紀』)や天御中主神(『古事記』)よりもさらに根源の、至尊の神と見なすことまでおこなった。家行はこう記している。

「問う。国常立尊より以前に、天日譲る天狭霧、国日禅る国狭霧尊が存在したという説がある。その神は、どのように位置づけられるのか。

答える。そのことは神祇の奥源、古典の秘訣である。(天日譲る天狭霧、国日禅る国狭霧尊は)神中の神、霊中の霊である。ゆえに(天神七代などの)階梯を立てず、歴代の神々の数の外にこれを置くのである。この神は群霊の大祖、万物の本縁である。麗気はこういっている。『常住の妙義は本より象なし。混じて天日譲る天狭霧、地日禅る地狭霧と為る。……摩訶衍(大乗の無上の教え)これ也』」(『類聚神祇本源』)

文中の「麗気」とは、空海に仮託された『麗気記』と総称される一群の両部神道書を指す。大隅和雄氏は引用文の出典を未詳としており[14]、群書類従所収の『麗気記』各書にもたしかに見当たらないので、あるいは散逸した麗気関係書からの引用かもしれないが、『天地麗気記』では『古事記』が天地初発の神としている「天御中主尊」の前に「法界元初神」として「太元祖神」を立てており、あるいはこの「太元祖神」が「天祖天日譲天狭霧国日禅国狭霧尊」に当たると考えられたのかもしれない。いずれにせよ、家行や『麗気記』作者は、国常立神ないし天御中主神以下の神々のヒエラルキーが定まる以前に、より根源の神が存在したと考え、その神は天神七代などのヒエラルキーを超越した神であるがゆえに「階梯を立てず、員(かず)の外にこれを置」いたと主張したのである。

太子らが撰述したと信じられた『旧事本紀』は、中世神道家たちの間で、これほどまでに重視された。かくして太子は、中世神道体系の中にも取りこまれ、仏教者であると同時に神道の護持者・伝承者という、独自のポジションを獲得していったのである。

神儒仏三教の教主

度会神道の思想は、以後の神道に多大の影響を及ぼし、僧侶の中にも神本仏迹説を唱える者を生み出した。その代表的人物に、天台僧の慈遍(じへん)がいる。慈遍は『徒然草(つれづれぐさ)』で知られる吉田兼好(けんこう)の兄で、古代以来、占い（亀卜・鹿卜）や神祇祭祀を家職としてきた卜部(うらべ)家の人であり、度会常昌とも親交があった。その慈遍が、元弘二年（一三三二）に『旧事本紀玄義(くじほんぎげんぎ)』という神仏習合書をまとめている。同書は『旧事本紀』に基づく神本仏迹説を縦横に論じたものだが、この本が撰述されたのと同じ年に後醍醐帝が隠岐に流され、楠木正成が四天王寺で『未来記』を読み、藤原隆長が藤原家倫本の『上宮未来記』に基づく勘文（かんもん）を読んでいるのは、偶然の一致とはいえ興味深い。

　同書の中で慈遍は、「三部の神書」それぞれで異なっている天地初発の神を、ひとつの体系に綴り合わせる作業をおこなっている。すなわち天祖である国常立神は形を顕さない根源の神、天皇の祖神である「天譲レ日天狭霧」であり、国常立神の「地徳」が「気形（息と形）」となって発現したのが天御中主神で、すなわち人臣の祖の「地禅月（くにつきにゆずる）レ地狭霧（くにのさぎり）」だというのだ。慈遍は「地禅日」の「日」を「月」としている。これは神道書にしばしば見られるもので、「天譲日天狭霧」を「陽神・日彦（ひこ）」とし、「地禅月国狭霧」を「陰神・月姫（ひめ）」として、陰陽・男女一対の神という整合性をもたせたためで、慈遍も『神皇実録』を引いてこの説を取り入れている（国史大系本底本の『先代旧事本紀』の表記は「国禅日」）。この議論は太子から外れるので足を踏み入れることはやめるが、こうした整合作業を必要とするほど、『旧事本紀』は重視された。

　仏教と神道の諸書を引用しながら、慈遍は神本仏迹説にもとづく神代史を展開している。それによると、わが国はもともと神祇の国だった。のちに仏に国を譲ったが、現在の末法時代には僧尼が堕落し、仏法の救済力が失われる。このときにあたり、日本は往古のように本来あるべき神祇の国に回帰するというのである。さらに慈遍は、日本を根種、中国を枝葉、インドを花実にたとえて（太子が推古天皇に右の三教枝葉果実説を奏上したとする兼倶の創作は先に書いた）、日本の神こそが万霊の根源であり、仏は神祇の応迹《おうじゃく》（機に応じて化身したもの）にほかならないと主張した。この思想が、慈遍と出自を同じくする卜部家の流れの吉田家の家伝となり、室町以後、江戸時代まで一貫して神道界を支配することになる吉田神道（唯一神道）へと継承されるのである。

本論の冒頭でも少し触れた吉田神道は、度会神道以来、多くの神官、僧侶らによって蓄積されてきた神道説を集大成するとともに、密教の教義や修法の体系などを露骨に取りこんで、独自の修法・祭祀体系を築きあげている。その作業は、ほぼ一代でおこなわれた。永享七年（一四三五）に生まれ、永正八年（一五一一）に七十七歳で没した吉田兼倶がその人だ。兼倶は、神道に三種の別があるとし、本地垂迹説に基づく「本迹《ほんじゃく》神道」、密教に基づく「両部神道」、それらのいずれにも属さない太古神伝にもとづく「元本宗源《げんぽんそうげん》神道（唯一神道）」に分類している。その繁雑な神道説を説明するいとまはないが、彼の思想の根本は、まさしく神本仏迹説にあった。

高度に発達した仏教の教えが、じつは神道という根種から育った花実であるなら、仏教の教説をもって、根種である神道を語ることに何ら不都合はない。ルーツはあくまで神道にあり、仏教にあるのではないからだ。神儒仏三教の教主としての太子、虚構としての太子は、まさにそのようにして仏教を受容したのだと兼倶は考えた。『麗気記』を遺したとされる虚構としての空海も同じだった。それら聖人と同じように、兼倶自身も、仏教、とりわけ密教のことばと思想を縦横にとりこんで自己の神道説をうち立て、この教えは、ただ卜部（吉田）家のみが継承してきたと主張した。

太子と吉田神道の接続を最も端的に示しているのが、吉田神道の相承の系譜を著した「唯授一流ノ血脈」だ。吉田唯一神道には「顕・密」の二つの教えがある。「顕」の教えは現象面を軸に据えた浅く粗略な教えで、仏を神の本地とする（本地垂迹説）。一方、「密」は、ものごとの本質を軸に据えた深く霊妙な神秘の伝で、神を仏の本地とする（神本仏迹説）。さらにこの顕・密二教を悟った者が受ける「神道灌頂」のレベルというものがある。

天児屋根命の血脈には、この顕教のみの相伝者もいれば、顕・密二教の相伝者も、顕・密・灌頂の「三事の伝」の相伝者もいる。「唯授一流ノ血脈」には、だれがどのレベルの伝まで相承したのかが示されている。顔ぶれは錚々たるもので、初代神武天皇をはじめとする歴代諸天皇が、ずらりと並ぶ。神武ら最初期の天皇は、いずれも三伝の相承者とされているが、反正や履中、顕宗、清寧、武烈などのような一伝（顕露の教）のみの相伝者もいる。それら歴代天皇にまじって、伊勢神宮のために奉祀した倭姫命（三伝）などの斎宮、修験開祖の役小角、日本陰陽道のルーツに位置づけられてきた安倍仲麻呂（原文は中丸）と吉備真備、行基、空海、最澄、円仁、円珍などの高僧も三伝の相承者に名をつらねる。それら三伝の相承者の中には、もちろん聖徳太子の名もある。太子自身は、実際には神本仏迹説を述べてはいない。けれども、この三教枝葉果実説により、太子に新たな位置づけが加わった。観音の化身としての太子から、神道・儒教・仏教「三教一致の教主」という新たな秘義解釈にもとづく位置づけが可能になったのである。

仏教者としての太子の仕事を代表するものとしては、『法華経義疏』『勝鬘経義疏』『維摩経義疏』の「三教義疏」がある。また、儒者・太子としては、摂政時代に制定したと伝えられる「冠位十二階」や「憲法十七条」の条文などがあり、神道者としての仕事には、三部の神書のうちの一書である『旧事本紀』がある――このように位置付けることにより、太子はまさしく「三教一致の教主」となった。日本を万法の根源の国、諸法の発祥の地とする思想は、のちに本居宣長や平田篤胤らの国学者によって一段と深化され、幕末から明治に至る国難期にはなばなしく復活することになるのだが、その鋳型は兼倶の吉田神道が用意した。その中で太子は、日本におけるあらゆるオカルティズムの〝総元締め〟としての地位を、兼倶によって付与されたのである。

中世神道は、さらに神代文字についても、太子との関連を説いている。この主張は、慈遍の思想的後継者で、吉田兼倶より一世代前に活躍した天台僧・良遍の『神代巻見聞』（一四二四年）に見られる。そこで良遍は、日本にはもともと神代文字があったが、応神天皇のときに漢字が伝わり、聖徳太子によって最初の漢字の文献がつくられたのだといい、それこそが『旧事本紀』だと唱えたのである。

良遍による神代文字と太子の因縁、吉田兼倶が主唱した神・儒・仏一致のオカルト説などは、そのまま中世から近世へともちこされる。そして、次節で述べる七十二巻という大部の偽書となって、一気に開花してくるのである。

4、偽書『先代旧事本紀大成経』の登場

仏教による太子の秘義解釈と、神道による秘義解釈は、こうして出そろった。これらさまざまな秘義解釈や『伝暦』を中心とする太子伝、記紀神話、伊勢神宮外宮で偽作された神道五部書などをベースに、忌部神道や禅宗など新たな要素をふんだんに付け加えて江戸時代に生み出された偽書を、『先代旧事本紀大成経』（以下『大成経』）という。

前著の『秘教全書』で、筆者は不充分な調査のままで原稿をまとめていたが、その後、さまざまな史資料や論文にあたり、『大成経』の成立史、および同経の主張とその意味するところの概要を、自分なりにある程度まで摑むことができた。そこでこの項は全面的に稿を改めたため、なかば独立した節になっていることを最初にお断りしておきたい。

※

「神代皇代大成経序」

まず『大成経』自身が、自分の生まれた経緯をどのように説明しているかをみておこう。成立の経緯は、推古天皇みずからが記したとされる冒頭の「神代皇代大成経序」（以下「経序」）に詳述されている。

それによると、神国日本の神道が衰微することを憂えた聖徳太子が、薨去の前年、古代以来の諸記録の収集と編纂の必要性を推古天皇に訴えたことから、「公の紀」すなわち『大成経』著録の事業が始まった。天皇の許しを得た太子は、蘇我馬子に命じて「内録」（朝廷に保存されている記録）、および吾道・物部・忌部・卜部・出雲・三輪の六家の祖神や先人のことを録した書紀」を集めさせるとともに、中臣御食子（中臣鎌足の父）に、馬子と協力して「著録を奉行」するよう命じた。

やがて諸記録が太子のもとに集められてきたが、まだ提出されていない文書があると感じた太子は、豪族たちに隠さずすべてを出すよう促した。すると忌部と卜部は、ほかに祖神の文書を納めた「土笥」があるが、それは自分たちの先祖が「神魂」と崇めて本の祠（平岡宮と泡輪宮）に納めたと答えたので、太子は小野妹子を平岡に、秦河勝を泡輪宮に派遣した。妹子が平岡の祠に行くと祠が鳴動し、神が示現して、「天徹る地徹る人徹る大聖る皇太子の命を畏まり奉る」と告げ、みずから土笥を妹子にさしだした。泡輪（千葉県館山市）までおもむいた河勝もまた、明神の示現を得、「天享る地享る人享る大聖る皇太子の命を畏まり奉る」というお告げとともに土笥を賜って朝廷にもどった。

こうして五十笥の土笥が集まった。太子は蓋を開けるよう群臣に命じたが、開かない。そこで自分が蓋に手をかけると、土笥が自然に開き、中には土簡が入っていた。この土簡に記されていた記録により、神代の事蹟はすべて明らかになった。そこで太子は諸記録をもとに「大録」をつくり、土簡は土笥にもどして本の祠に返した。

以上の経緯を、かりに第一段として（原文には段分けはない）、少し註釈を入れる。

平岡の神と泡輪の神は、太子を「天徹（亨）る地徹（亨）る人徹（亨）る大聖る皇太子」と呼んでいるが、これは天道に通暁し、地道に通暁し、人道に通暁した偉大な聖（ひじり）である皇太子といった意味で、『大成経』における太子観を端的に表現している。「経序」の後段には天照大神の託宣が出てくるが、天照大神の場合はさらにスケールアップして、「神通る天通る地通る人通る法（のり）通る大聖る皇太子」と託宣している。神々の世界に通じ、天地人三才の事柄のいっさいに通暁し、万象を成り立たせている根源的な真理（法）まで体得していた大聖人という意味であり、『伝暦』で強調された神人観が、究極まで押し広げられているのである。

もう一点、とくに注意を要するのが、『大成経』を成立せしめた記録の所有者とされている忌部[15]と卜部の二氏だ。卜部は前節で記したとおり吉田唯一神道の出身氏族で、中臣氏に属すると主張し、中世以降の神祇界を主導した。のちに詳しく書くが、『大成経』は神代以来の神道を宗源道・斉元道・霊宗道の三道とし、「宗源道」は中臣卜部（吉田）氏の祖神の天児屋命が伝えたとして、『大成経』中に取りこんでいる。兼倶自身が、吉田神道の最奥の経典（『天元神変神妙経（てんげんじんぺんしんみょうきょう）』『地元神通神妙経（ちげんじんつうしんみょうきょう）』『人元（じんげん）神力神妙経（じんりき）』の「三部の神経」）は天児屋根命によって説かれ、北斗七星の真君（しんくん）が漢字で書き写して経としたと述べているとおりだ。

けれども、『大成経』が神道の基（もとい）となったとした神伝は、吉田唯一神道の伝える宗源神道ではない。

吉田には伝えられていない「斉元道」というものがあり、それを高天原から地上に持ち伝えたのは、卜部ではなく忌部の祖神の天太玉命（あめのふとだまのみこと）だとして、忌部神道の重要性を強調しているのである。

『大成経』の基礎的な研究を戦前におこなった河野省三は、偽書成立の背景のひとつとして、卜部（吉田）への対抗を企図した忌部の存在を推定し、こう書いている。「大成経が世に弘まってからは、太子流の神道は、或は斉元神道として、或は又物部神道として、吉田家の唯一神道即ち元本宗源神道に対抗しようとするのかと思われる形勢さえ見えるようになった。この斉元神道とか物部神道とかいう太子流神道家の名称は、斎部（忌部）氏の神祇界に於ける勢力を抑えて発達した中臣氏の裔たる卜部氏即ち吉田家の宗源神道の大きな勢力に対して、……或は（忌部氏が）一つの大きな勢力として神道界に乗り出そうという一運動ではなかったろうか⑯」。

神道界における卜部吉田家の権威には絶対的なものがあったが、忌部は早くに零落しており、すでに奈良時代から、中臣の排斥を受けて伊勢神宮の奉幣使（ほうへいし）から除外されるなどの苦汁をなめてきた。彼らは、もはや神道界で重要なポジションを占める祭祀氏族ではなかった。ところが『大成経』は、その忌部の神伝の価値を、随所で強調する。土笥の一件でも、序文は「卜部・忌部」とは書かず「忌部・卜部」と書いている。家格や祭祀における役割の序列に従うなら「卜部・忌部」と書かねばならないところを、あえて「忌部・卜部」としているところに、『大成経』成立の背景のひとつが見え隠れしている。このことは、後にまたじっくり書いていくこととし、「大成経序」にもどることにしよう。

『大成経』刊行の経緯

土簡（はにふだ）を得て大録を製した太子は、つづいて修史に必要な編集方針、神道が重んじられなければならない理由、神代から変わらずにつづく皇統の意義などを諸臣に説く。それらの中で注目されるのは、中国・インドと日本それぞれの教法の違いを述べている部分だ。

「半西（もろこし）」（中国）の論は、理に走りすぎて斉元の法（統治の根本である神祭法、忌部神道）を破り、人倫（人間関係や秩序、倫理道徳）に関してはあまりに細かすぎて、かえって神の人に及ぼす奇霊（くしび）なはたらきを阻害している。また、処世における文飾が巧みすぎて正直さがない。「西極（とおからくに）」（インド）は、修行を重んじすぎることで、かえって人間関係を損ない、悟りの追究に熱心なあまり、社会を成り立たせている人情のこまやかさを失っている。

これに対し、正直を旨とする日本はいずれにも偏しない中道の国というのが神代以来の姿であり、もし後世の天皇がこのことを忘れて神霊や先皇の道に背き、あるいは他国の教法に心奪われるようになれば、皇統の維持は困難になるとして『大成経』編纂の意義を説く。ただし、本書における太子は、儒教や仏教を否定する者ではない。太子は、あくまで神儒仏一致の教主として描かれる。そこでこの「大成経序」でも、太子は「儒と釈を世に通（ひろ）めて」人々を喜ばせたのであり、異国の教えを受容したからといって、日本の神々が怒ることもなかったと述べさせて、仏教と儒教に対する敬意を表している。根本が神道であることは動かない。ただ、儒教や仏教は神道という根から生じた枝葉や花実であり、異質のものではないとする中世以来の思想に加えて、神道の教えを真に理解するためには、枝葉の教えも花実の教えも必要だとするのが、『大成経』の立場なのである。

こうして『大成経』の編纂は進められたが、完成前の推古天皇二十九年春二月、太子が薨去した。薨去の少し前、太子は、この書はまもなく亡失するだろうと予言していた。そこで亡失を恐れた推古天皇は、太子が遺した「案書」に、まだ録されていない事柄や太子伝を増補して、「袋の底に安き秘し」た。これが『大成経』の〝原本〟ということになる。

増補にあたり、推古天皇は中臣御食子を伊勢神宮に派遣して、天照大神の神意を伺った。大神が増補を強く勧めたので、太子が遺した「案書」――神代本紀・先天本紀・陰陽本紀・黄泉本紀・神祇本紀・神事本紀・天神本紀・地祇本紀・皇孫本紀・天孫本紀・神皇本紀・天皇本紀・帝皇本紀・神社本紀・国造本紀・天政本紀・太占本紀・礼綱本紀・詠歌本紀の十九本紀――に、推古天皇による増補分――聖皇本紀（太子伝）・経教本紀・祝言本紀・暦道本紀・医綱本紀・御語本紀・軍旅本紀・未然本紀・憲法本紀の九本紀――を加えて、「先つ代の旧事の本つ紀」を完成させた。それがすなわち『先代旧事本紀大成経』だというのである。

この「大成経序」に説かれているとおり、『大成経』は太子の手になる「正部」と、推古天皇による増補分の「副部」（雑部ともいう）の二部構成になっている。この書が最初に古活字本として世に現れたのは寛文十年（一六七〇）のことで、太子が編述した正部のみの三十三巻（ただし先天・神事・神社・

国造・天政・太占・礼綱・詠歌の八本紀は未刊）が刊行された。これを「鷦鷯本」とも「大成経鷦鷯伝」ともいう。ついで延宝三年（一六七五）、江戸の版元・戸嶋惣兵衛から単著の『憲法本紀』が出版され、以後、『大成経』の各巻が次々と刊行されていくのだが、太子の作として広く知られていた十七条憲法を含む『憲法本紀』（詳細は後述）を最初に出版しているところに、刊行者の意図をうかがうことができる。永く朝野の信仰を集めてきた聖徳太子の権威を借りて、『大成経』を広めようという思惑が透けて見えてくるのだ。

そのことは、翌延宝四年に、「経教本紀」の一部である『神教経』と『宗徳経』を単著として刊行していることからもうかがえる（版元は同じ戸嶋惣兵衛）。『神教経』は太子が最初にまとめた経、『宗徳経』は第二作とされている経で、『大成経』における太子が、どのような思想を抱いていたかを事前にアナウンスする役割を果たしている。こうして下地がつくられた後の延宝七年（一六七九）、戸嶋惣兵衛は、いよいよ全編の刊行に乗り出す。正部・副部の二十八本紀七十巻に、序・伝・目次の二巻を加えた七十二巻本――『先代旧事本紀大成経』の全貌が現れたのである。

潮音の『指月夜話』

これらの偽書が何者によって偽作されたのかは、判然としていない。ただ、近世以降の諸家の論では、偽作の中心人物として、黄檗禅の巨匠として知られた道海潮音、国学者で神道家の長野采女、同じ

刊本の『大成経鷦鷯伝』序巻。（宮東斎臣編『鷦鷯伝先代旧事本紀大成経』より）

く国学者で忌部神道の嫡流と称していた広田（忌部）坦斎、高野山蓮華三昧院の真言僧・按察院光宥らの名が取り沙汰され、とりわけ潮音と長野采女に強い疑いの目が向けられてきた。その最大の理由は、両名が版元の戸嶋惣兵衛とともに偽書制作・頒布の罪で幕府の処分を受けたことによる。けれども、潮音が偽作の当事者だったと考えるのは困難だ。彼がはじめて『大成経』の一部に触れる前に、二重輪郭八行十六字詰の植字（木活字）本『大成経鷦鷯伝』が、すでに刊行されているからである。

潮音がどのような経緯で『大成経』と出会い、心酔していったのかを記した貴重な写本が、国会図書館に所蔵されている。潮音自身による『指月夜話』という随筆集中の「要伝神道」がそれだ。古田紹欽が全文を紹介しているので[17]、以下、主要部分を注釈をまじえながら訳して掲げよう（カッコ内は筆者の注）。

私が紫雲山瑞聖寺の首座寮におった当時の一日、池田氏がやってきて話をしていたところ、池田氏から「最近、師の注された『仮名十七憲法』を拝見しましたが、聖徳太子にはほかに『釈氏憲法』というものがございます。師はご覧になりましたか」という話が出た。「初めて聞く書名です。

見たことはありません」と答えると、池田氏が「ご覧になったとしても、師は必ず偽造本だとおっしゃるでしょうな」というので、「拝見できたら非常に嬉しいことだ」と答えた。

その後、京極氏がやってきて、「吾が国には神道の秘典があります。本日持参しました。これを牛兄禅師から異朝の善知識（潮音の師の木庵性瑫）にお見せいただきたい」というので「拝見したい」といったところ、すぐに懐中から取り出して見せてくれた。何度も読んでみたが、文字は読めても理解することができない。すると京極氏が、「神典は和国に伝わる読み方で読まねばなりません。それを弁えないと文意は通じません」といった。なるほど道理だと思った。

私は京極氏に「聖徳太子の『釈氏憲法』というものはありますか」と尋ねた。「五種の憲法がございます」と彼が答えた。そこで、借覧を頼んだところ、京極氏は帰宅してすぐにその本を使者に持たせて届けてくれた。一読大いに驚き、「今にいたるまで書名も聞かず拝見したこともなかったが、これは天下の珍宝だ。この書を超えるものなどあろうはずがない」と、思わずつぶやいた。そののち、京極氏から、聖徳太子の先代旧事紀（鷦鷯本の大成経と思われる）があることを教えられ、京極氏に頼んで正部を借覧した。この時点では、雑部はまだ未見であった。

一日、長野（采女）氏がやってきた。「師は太子の神書を好んでおられると聞きました。私は原本を所持していますが、もし書写を御希望なら原本をお貸ししましょうか」というので、「それこそ年来の大望。これにまさる幸いはありません」と答えた。かくして正部・雑部七十二巻の書写の功を終えたのである。

長野氏はいった。「近頃の僧侶や儒者を見渡しても、師のように神道を追究し、神典に心を寄せている方に出会ったことはございません。そんな師だからお話しするのですが、神に通じる道に三部の灌伝がございます。もし伝授を望まれるなら、私がお伝えしましょう」と。そこで私は、「私には仏心印（禅宗）の印可（いんか）があるので神伝は要さないが、吾が国の道である神道を伝授せずにおるのでは、国敵とも神敵ともなりましょう。さいわい時間の余裕があるので、伝授を受けさせていただきます」と答えた。長野氏は、吉日良辰を択び、水を瓶から瓶へと移しかえるように、三部の灌伝を私に授けてくれた。これにより、私はわが国の神道が、西天の仏法や、仏法と同じく異国の教えである儒家や道家には及ぶことのできない道だということを初めて知った。（私がかく了知したので）長野氏は私に「新日命（あらひのみこと）」という神号を贈ってくれたのである。

私はわが弟子たちにまず後生のために仏心印を伝え、その後に必ず神道の灌伝を受けさせている。これを伝えないでは、吾が国の神道の奥旨を弁えることができないからである。私は常々、「吾が国の神道は異朝の明眼知識（釈迦や孔子のような聖人）によって真価が明らかになる。千年の暗室も一灯で冥が破れる（千載暗室一灯破冥）という言葉があるが、神道が異朝の明眼知識によって発明されるのはまさにそれだ」と語ってきた。これより以後、世間に広まっていく神道は、この神道（太子流神道）となることだろう。（以上「要伝神道」訳了）

京極内蔵助と『大成経鷦鷯伝』

『指月夜話』の内容の補足説明をしておく。

潮音は寛永五年（一六二八）、肥前小城郡に生まれた。俗姓を楠田という。早くに母を亡くして祖母に育てられ、九歳から諸師について仏教を学び、臨済宗僧になった。道を求める心は熾烈で、肥前を振り出しに、福岡、京都、滋賀、福井など各地を行脚しているが、二十七歳の春、長崎に入った黄檗宗開祖の隠元を訪ねて師事。このときは入門を許されず、三十四歳になってようやく参堂を許され、隠元のもとで修行を重ねて知客の役職を勤めるにいたった。潮音の名も隠元から授かっている。

『指月夜話』に出てくる紫雲山瑞聖寺は、摂津国麻田藩主の青木重兼が寛文十年（一六七〇）に江戸に創建した黄檗宗の寺院で、潮音の師の木庵性瑫が開山に招かれている（潮音は二世住持）。木庵は隠元に招聘されて明国から渡来した帰化人で、来日後、隠元から印可を受け、本山である京都の黄檗山万福寺・二代住持となった。潮音は木庵を補佐して寛文五年七月にともに江戸に出、その後、館林公（後の五代将軍綱吉）の召請により単身群馬の館林に入って、黄檗禅を広めた。その後、ふたたび江戸に出ていた時期の出来事が、ここで語られているのである。

潮音が「京極氏」から五憲法を借覧し、鷦鷯本のことを知らされた年は書かれていないが、『黒滝潮音和尚年譜』により、潮音四十八歳、延宝三年（一六七五）と推定される。京極氏の前に、「池田氏」という人物が太子の「釈氏憲法」に関する情報をもたらしているのは、潮音が瑞聖寺創建の年の寛文十年（一六七〇）に自著『聖徳太子十七憲法注』を刊行していたからだ。潮音は、太子の十七条憲法を「神道・儒道・仏道の内意を悟明して古今不易」と称揚し、太子の撰述とされる十巻本『先代旧事本紀』（平安時代の本来の『旧事本紀』）を「日本神書の始め」と位置づけるなど、『大成経』を知る以前から熱心な太子信者だった。[18] そこで「池田氏」は、太子の作として売り出された「釈氏憲法」は読みましたかと潮音に尋ねたのである。

時系列でいうと、まず一六七〇年に潮音が『聖徳太子十七憲法注（仮名十七憲法）』を出版する。同書は『大成経』に収録されている「憲法本紀」を注釈したものではなく、庶人を啓蒙するために『日本書紀』に載る十七条憲法に注釈をほどこした著作なので、『大成経』の臭味はない。同じ年に『大成経鷦鷯伝』が刊行されているが、潮音はまだその存在を知らない。彼が池田氏や京極氏を介して『大成経』の存在を知ったのは、それから五年後の延宝三年（一六七五）で、池田氏の訪問を受けた時点では、すでに単著の『憲法本紀』が刊行されていた。

長野采女の訪問を受けた年は不明だが、延宝三年よりあとで、みずからが主導して七十二巻本の『大成経』を刊行した延宝七年（一六七九）より前ということになる。長野を介して『大成経』の全貌を知り、『大成経』に説かれる太子流神道の三部の灌伝を授かって以後、潮音の太子信仰が絶対的なものとなった結果、ついに戸嶋惣兵衛から『大成経』を刊行したのである。

右の経緯のなかで気になるのは、潮音に『大成経鷦鷯伝』を提供した京極氏の存在だ。京極氏が何者かは知れないが、『大成経』の熱心な信奉者で、数々の関連書を遺した偏無為居士（依田貞鎮）が、「鷦鷯本は京極内蔵助某印行す。……これは元、江州鷦鷯明神の神物で、巻数は三十巻」（『大経小補』七巻「大成経来由」）と明記しているからだ。戦前、『大成経』の由来を探るべく各地の寺社や大学図書館等を調べて回った鈴木好太郎氏によれば、京極内蔵助は敦実親王（宇多天皇第八皇子）の流れを汲む佐々木源氏の末裔を称した。佐々木源氏一族は氏神として近江の鷦鷯明神（沙々貴神社）を祀っていたが、京極は同社の神庫に納められていた三十巻本の秘本を持ち出して刊行した。それが『大成経鷦鷯伝』で、鈴木氏が借覧した会津の所蔵者の活字本鷦鷯伝には、「寛文庚戌歳季夏上浣　八雲軒住央命源朝臣能門」の後書があって、この源朝臣能門が京極内蔵助のことだという[19]。鷦鷯明神の神庫云々は、後述する『大成経』出現の経緯からみて京極によるフィクションと考えるべきだろうが、注意を引くのは、鷦鷯本刊行者の京極が、潮音にいかなる目的で接近したのかという点だ。

鈴木氏とともに『大成経』を調べていた江戸史家の三田村鳶魚が、鈴木氏の依頼を受けて書写した金沢図書館蔵の『混見摘写』によれば、京極内蔵助は館林公（後の将軍綱吉）夫人の信子（鷹司教平の娘）に付いて館林入りした人物だという。京極はまた、『大成経』の成立に深く関っていたことが確実な伊勢神宮別宮の伊雑宮の事件（後述）とも関係しており、鈴木氏はなかなかの「策士」だと評しているが、その京極が信子の付き人として入った館林は、潮音にとっても特別な因縁の地で、彼が寛文九年（一六六九）に館林城内に創建された黄檗禅道場（万徳山広済寺）の初代住職に就いたのも、前述

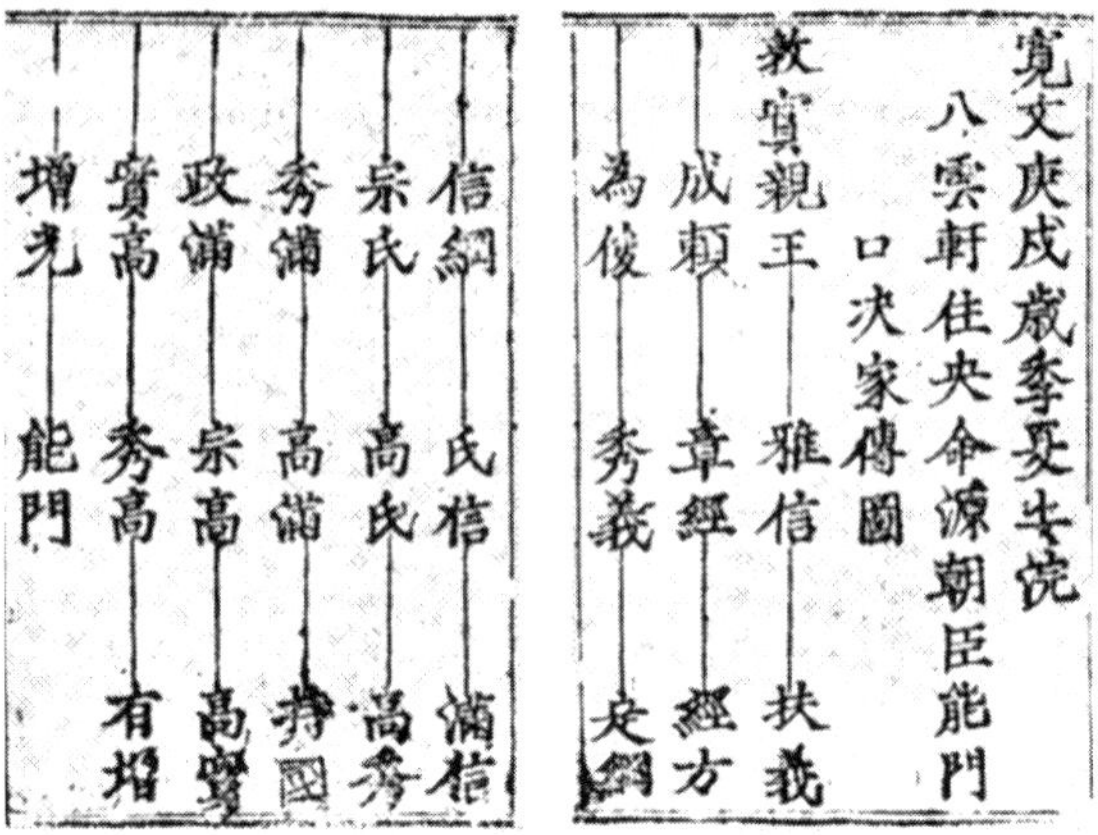

『大成経鷦鷯伝』に収載されている源朝臣能門の「口決家伝図」。鈴木好太郎によれば源能門とは三十巻本鷦鷯伝を刊行した京極内蔵助のことだという。この京極が潮音と『大成経』の接点をつくった。（宮東斎臣編『鷦鷯伝先代旧事本紀大成経』より）

のとおり、館林公綱吉の召請による。

広済寺における潮音は大いに黄檗禅を広め、綱吉の生母の桂昌院など、多くの帰依者を集めた。さらに天和元年（一六八一）に『大成経』が問題視されて関係者が処分されたときには、桂昌院の口添えで流刑を免れて「謹慎五十日」の処分を受け（綱吉の擁護説もある）、その後、館林の黒滝山不動寺を隠棲所として入山し（『黒滝潮音和尚年譜』）、同寺の中興の祖となった。『大成経』の版木の焼却処分が決まったことを潮音に知らせたのも、館林藩の城代・本多甚左衛門だと『年譜』は記している。館林藩と潮音には、これだけ親密な関係が存在したのである。

京極は、その館林に館林公のお付きとして入ったという。『指月夜話』に出る京極と潮音との出会いは、潮音が江戸に移ってからのことだが、以上の経緯を考えると、両者には館林時代から面識があったと考えるのが自然だ。そうであれば、京極内蔵助は潮音が熱心な聖徳太子信者だということを知っていたはずであり、〝伝聖徳太子〟を謳う『大成経』

の宣伝に一役買わせようとして、当時高名だった潮音に接近したという可能性が浮上する。また『大成経』成立に深く関与していた長野采女が、まるで示し合わせたかのように京極のあとに潮音のもとを訪れていることも、偶然ではない何らかの意図があったのではないかと推測したいのである。けれども、そこに踏みこむのは後回しにして、もう少し潮音を追っていくことにしよう。

聖徳太子五憲法と『大成経』成立の下限

『指月夜話』で語られている『大成経』と潮音との出会いは、彼の弟子がまとめた年譜に照らしても事実と見てよい。とすれば、伊勢貞丈(いせさだたけ)や本居宣長らが断定口調で主張していた潮音偽作説を肯定することには無理がある。潮音が偽作者と見なされてきた最大の理由は、彼が『大成経』に心底ほれこんだ結果、延宝七年（一六七九）に『大成経』全編七十二巻本を刊行して幕府から罪せられたからだが、そもそも潮音が池田某から「釈氏憲法」のことをはじめて聞かされたと思われる一六七五年以前に、すでに『大成経鷦鷯伝』は、京極によって売り出されていた。また、池田は「最近、師の注された仮名十七憲法を拝見しました」と語ったと記されているが、鷦鷯伝と同じ年に潮音が出した「仮名十七憲法」（『聖徳太子十七憲法注』）に『大成経』の影は認められず、『書紀』の伝える十七条憲法の忠実な注釈になっている。

もしかりに潮音がその時点で『大成経』を知っていたなら、彼の「仮名十七憲法」は、まったく違った著作になっていたはずだ。というのも、『日本書紀』の十七条憲法が、『大成経』では五種の憲法（通蒙憲法・政家憲法・儒士憲法・神職憲法・釈氏憲法）に増補されており、しかも原典である『日本書紀』の十七条憲法（『大成経』では通蒙憲法と名づけられている）のうちの「篤く三宝を敬え。三宝とは仏法僧なり」という条が、通蒙憲法では「篤く三法を敬え。三法とは儒仏神なり」と書き替えられて、神儒仏一致の教説になっているからである。条文の位置に関しても、綿密な全体計画のもとにおこなわれていたことは、つとに河野省三が指摘している。[20]『日本書紀』は「三宝」の条文を第二条に置いていた。ところが通蒙憲法では、「三法」の条文が末尾の第十七条に移動されている。その意図は、他の憲法の第十七条を見ればただちに了解される。該当部分を列挙しよう。

◎政家憲法・第十七条――「政は学に非れば立たず。学の本は儒仏神なり」

◎儒士憲法・第十七条――「神学は……六合（りくごう）（全宇宙）を摂す……、仏学は……万法を束す……、儒学は……人道を修む」

◎神職憲法・第十七条――「仏典は西説の神道、儒文は段説の神道、（ともに）太神の託宣なり」

◎釈氏憲法・第十七条――「仏の五心は神の五心、儒の五堂は仏の五大、神の五行は儒の五行なり。儒仏神、もと一道」

これら諸憲法末尾の、いわば総括として置かれた条文を読んだ上で、通蒙憲法の第十七条「三法とは儒仏神なり」を読めば、偽作者の意図は明白になる。太子は「儒仏神、もと一道」という理念のもとに憲法を制作したのであり、その理念は、『大成経』を貫く理念そのものだということを明示することに、その意図があったのである。「仮名十七憲法」を出版した時点での潮音には、右に述べたような考え方はまったく認められない。ところが『大成経』と接して以後、潮音は一変する。この理念の熱烈な信奉者となり、『大成経』が禁書とされて関係者ともども処分されて以後も、「儒仏神、もと一道」の理念をくりかえし表明し、断固としておのれの信念を貫くのである。

では、『大成経』は、いつ、何者によって偽作されたのか。この問にはっきり答えてくれる史料は、いまのところ見出されていない。ただ、成立の時期に関しては、重要なヒントがある。太子の予言をまとめた『未然本紀』がそれだ。前に太子の未来記と称する偽書偽文の数々を紹介したが、『大成経』の太子予言集である『未然本紀』は、はるかに分量が多い。予言は太子没年の六二二年から始まる「初百歳」から、後水尾（ごみずのお）天皇の元和（げんな）元年（一六二一）で終わる「第十百歳」まで、百年刻みでおこなわれている。いかにも予言書らしく、人物や事件はすべて象徴的な表現で描写されており、古代史上の大事件である乙巳の変（大化改新）から、奈良時代の道鏡の専横、平安時代の将門・純友の乱、平家滅亡、鎌倉武家政権の成立、元寇、南北朝、戦国乱世、キリスト教の伝来と切支丹（きりしたん）大名の出現などを経て、江戸時代の初期までが〝予言〟されているが、妻子の人質や参勤交代に言及し、天皇を京都御所内に封じ込めた家康を「天君」と称えるなど、明らかに後代の筆とわかる内容が散見される。

歴史上の著名な出来事を後付けで予言に仕立てているので、予言内容そのものを追究することにあまり意味はない。重要なのは、〝予言〟がどの時点の史実までカバーしているかという点にある。偽作者は、すでにわかっている歴史を予言に仕立てた。したがって、偽作時点で未来に属する事柄については書きようがなく、必然的に『未然本紀』の守備範囲から外される。ここから本書の執筆年代が推定される。これについては、小笠原春夫氏の指摘がある。「端的にいって、『未然本紀』の著作は、凡そ一六二一（元和七）年以降と考えられる。少くとも、一六二一年以前に遡ることは考えられない」のである。[21]

『大成経』の三つの伝本

謎に包まれた『大成経』には、古来、三種の伝本があると伝えられてきた。先に引いた『大経小補』中の「大成経来由」は、伝本に関してこう記している。写本原文を引く[22]（ヤマカギカッコは同書の割注、マルカッコは筆者の注）。

「この書、世に伝る所、三家の別あり。曰く鷦鷯本、高野本、長野本なり。〈割注　長野家の説に、高野本は潮音これを得て印行（出版）す。鷦鷯本は、京極内蔵助某、印行す。この本は植字板（木活字本）にして、三十巻許（ばかり）あり。長野本は長野家に伝来して、板行に出さず。この本は伊雑宮より出て神道の神秘 逭（ことごと）く伝来す。潮音も灌伝等に至ては、長野氏に就てその伝を受るが故に、潮音の門人、長野本を得て、刊行すとおもえり……〉」

筆者の依田によれば、『大成経』には鵜鶿本、高野本、長野本の三種の伝本があった。このうち、京極内蔵助による鵜鶿本については先に記した。この三十巻本は、既述のとおり寛文十年に古活字本として刊行されており、真偽は不明だが近江の鵜鶿神社の神宝だったものという。

次の高野本は、高野山の蓮華三昧院の学僧だった按察院光宥が手がけたものと推定されており、按察本とも庵室本とも呼ばれる。光宥の伝記は伝わっていないが、書誌学者の阿部隆一が諸書から資料を拾い集めて概略をまとめている[23]。それによると、姓氏も生年も不明だが、但馬国（兵庫県）の出身で、高野山蓮華谷の蓮華三昧院に住した。密教の玄旨に加えて両部神道、真言神道を深く究め、高野山における学問僧の最高の要職である碩学職（一宗の事務を評決する要職で、とくに勝れた学匠七人が補任された）に選ばれており、高野山編年史の『高野春秋編年輯録』には、この時代、山内の碩学は光宥ただ一人だったと記されているという。その後、高野山を下って江戸に赴き、両部神道を伝授していたが、元和七年（一六二一）、宗門内の争いが原因で伊豆に流され、慶安二年（一六四九）に許されて帰山した。この間の寛永十六年（一六三九）ないしその前年、山鹿素行に神道を伝授していたことが、素行の日記や『配所残筆』に記されている[24]。「神代之巻は申すに及ばず、神道の秘伝残らず伝授せしめ候」とある神道がいかなるものかは記されていないが、両部神道と考えるのが自然だろう。その後、光宥は蓮華三昧院を堯寿院頼仙に譲ってもっぱら修観練行に明け暮れ、晩年ふたたび伊豆山に移住して、承応元年（一六五二）、伊豆走湯山の伊豆権現で示寂した。

『大成経』の中に、光宥が深く究めた両部神道系の思想が混入していることに加え、素行が光宥の次に神道を学んだのが『大成経』への関与がほぼ確実な広田坦斎だということ、『大成経』の三伝のうちの高野本が光宥の蓮華三昧院から出たと伝承されてきたことなどから、光宥に偽作に関与した疑いがかけられているのだが、『大成経』と伊雑宮の関係を詳細に調べあげた神宮徴古館長の岩田貞雄は、「光宥の高野本は、すなわち采女の長野本に、僅かに手を加えただけ」のものと推定し、「積極的な偽作者だったとは云い難い」として、長野の関与を強調している。[25] また、久保田収氏も、「『大成経』成立の当初から采女は重要な地位にあったとみなくてはならず、『大成経』偽作者とみてよいであろう。そして、鷦鷯本から高野本へと補修した中心人物も采女その人ではなかったかと思われる」として、偽作の中心には長野采女がいたと主張したのである。[26]

長野采女が『大成経』と密接不可分の関係にあったことは、先に読んだ潮音の『指月夜話』によっても明らかだ。長野采女とは何者なのか。次にこれを見ていこう。

長野采女の略伝と長野本

長野采女には、弟子の仙嶺（せんれい）がまとめた『長野采女在原吉門先生行業記』（以下『長野采女伝』）があり、おおよその経歴を知ることができる。それによれば、采女は元和二年（一六一六）、上野国沼田（ぬまた）（群馬県北部・現沼田市）に生まれた。上野国箕輪（みのわ）城主・在原（長野）業正（なりまさ）の四代の孫で、在原業平（なりひら）の後裔と称していたようだが[27]、さらに時代を遡って語られた別の経歴もある。長野本人の言葉として、『伊雑宮神人等謀書』は、こう記している。「采女いわく、我が先祖は志摩国で十万石ほどを領した家柄だったが、戦国乱世に逢ってこのような流浪の身となり、信州真田伊豆殿の庇護を受けて三千石を拝領していた。けれども長く真田のもとに留まれば家臣と同様になってしまうと思い、今のような浪人となった。先祖が志摩国に在ったとき、この書（『大成経』）を伊雑宮の宝庫中から取りだして、家内に秘し置いたのである。伊雑宮のほかに、三輪の社（奈良県桜井市の大神神社）と天王寺（太子創建と伝えられる大阪市の四天王寺）にも伝書があったが、それらはみな焼亡した。幸い我が家に残っていたものを取り出して、このように流布せしめたのである[28]」。

別の史料で、采女は「伊勢の国司・高階師尚（たかしなのもろなお）」の子孫とも述べているから[29]、ここでいう「志摩国で十万石ほどを領した家柄」というのは高階師尚のことを意味するのだろうが、師尚は上野国司であって、伊勢国司ではない（ただし師尚の祖父・高階峯緒（みねお）は伊勢権守で国司の経歴がある）。なぜ、高階師尚の名を出したのかについては、采女が自分の先祖としていた在原業正のルーツと密接に関連している。在原業正は、歌人として著名な在原業平の後裔と伝えられるが、この業平の私生児が高階師尚だとする風聞が、古来語り伝えられてきたのである。

『伊勢物語（いせものがたり）』によれば、業平は狩の使いで伊勢を訪れ、伊勢神宮の斎宮（恬子（てんし）内親王）と一夜をともにした。このとき男女の仲になったとまでは書かれていないが、風聞によれば二人は密通し、やがて斎宮に子が生まれた。処女でなければならない斎宮の密通・出産という大不祥事は、絶対に秘さねばならない。そこで、当時伊勢権守で神祇伯でもあった高階峯緒が業平の私生児を引き取り、実子・茂範の養子としたいう風説が、平安後期から朝廷内で広まっていたのである（『続古事談』）。

　ことの真偽はさておき、采女は弟子たちに、自分は在原業平の後裔・在原業正の子孫だと語ってきた。それは高階師尚の後裔という意味にもなる。采女はなぜ自分の出自に業平の血筋をもってきたのか。その理由は、『大成経』と密接不離の関係にある伊勢志摩と自身のルーツとする在原家をつなぎあわせることで、自分が伊雑宮から出た『大成経』を伝承しているというフィクションに説得力をもたせるためだったろう。先述のとおり、『未然本紀』成立の下限は一六二一年であって、それより前ではありえない。したがって采女の先祖に『大成経』の原本なるものが伝わっていたわけはないのだが、『長野采女伝』は、在原家に伝わっていたと称する書について、「七十余巻あり。密授の書、若干巻」として『大成経』副部の書名七点を列挙している。その中に「未然伝」を含めていることで、それが江戸時代の偽作であることを問わず語りに語っているのである。

　采女という人物には、このように深い疑惑の雲がつきまとっているのだが、さらに彼には、偽作を可能とするだけの幅広い学問知識があった。国学・神道のほか仏儒両教にも通じ、和歌道では深旨に通達したと伝えられる。また、若い頃、慈眼大師天海のもとで天台宗の眼目である一心三観の伝授を受け、久しく止観行を修したとも述べられているから、天海の山王一実神道にも通じていたことだろう。門下はすこぶる多く、伝記には「当世の儒者、仏門の老大徳、和学の英才、天文地理・算書・医卜の徒、騒人墨客（風流人）、神官、武士、衆技百芸の徒に至るまで、絶え間なく采女のもとを訪れて戸外に途切れることがなかった」とも書かれている。潮音と同様、采女も各界に幅広い人脈をもつ、江戸前期有数の知識人であり宗教家だったのである。

　采女は意図的に出自を神秘化しただけではなく、自身を神人のように装った形跡もある。伝記には、舎利を感得したとか、その舎利で風浪を鎮めたとか、夢で竜樹（りゅうじゅ）菩薩（真言宗第三祖）に拝謁して「真言密旨を稟（う）け」た結果「密理に通じ、印契に達」したとか、不動明王の示現を得て和歌道を体得したとかいった異様な逸話が並べられている。太子秘伝の書を伝えるにふさわしい人物という自己演出があったと思わざるをえない。

　さらに伝記には、気になる表現が出てくる。在原（長野）家には「世々物部の家伝」が伝えられていたといい、その文脈からいって、『大成経』が「物部の家伝」だとしか読めない書き方になっていることだ。平安本『旧事本紀』には、物部氏独自の伝承がふくまれ、物部氏の系図を収録しているなどの理由から、物部氏に属する誰かの撰述と考えられてきた。采女伝が「世々物部の家伝」を伝えてきたと書いているのは、平安本『旧事本紀』、さらにはその〝原典〟と位置づけている『大成経』の原本を、采女が継承していたと受け取らせるためではないかとみえるのである。

　これら一連の謎を解く鍵は、長野本のルーツと采女自身が語り、『大成経』信奉者を代表する依田（よだ）

貞鎮（偏無為）もそう主張していた志摩国伊雑宮にある。次の節で、われわれは『大成経』偽作の導火線となった伊雑宮神訴事件を掘り下げていくことにしたい。

5、伊雑宮神訴事件と万教根源の神道説

伊雑宮の衰退

伊雑宮は志摩国答志郡伊雑村に鎮座する伊勢神宮の別宮で、九つの郷から成る伊雑村（現・三重県志摩市）によって支えられてきた。古代以来、伊雑村は伊勢神宮に田租を納め、労働奉仕などをおこなう神領（神戸）であり、伊雑宮の財政もこの神戸によって支えられてきた。ところが織豊時代に九鬼氏が鳥羽城主になると、状況が一変した。九鬼は神領を横領して自国領に組み入れ、徳川時代以後も九鬼領として保持したため、財源を失った伊雑宮は荒廃した。もともと戦国時代を通じて伊勢神宮そのものが衰微し、伊雑宮との関係も切れかけていたため、伊雑宮の神人たちは私的に仮遷宮や修繕、恒例の神事祭礼などをおこなって神社を守ってきたが、九鬼の押領以降、それもままならなくなった。そこで神宮にたびたび窮状を訴えたが、九鬼は伊勢との往来路である磯部神路山尾坂に関所を設けて監視し、それでも上訴しようとした神人を神島に流すなど、徹底した弾圧策をとった。

寛永十年（一六三三）、九鬼は跡目相続の争いから丹波綾部（あやべ）に転封となったが、新領主となった内藤忠重（ないとうただしげ）は、租税を八公二民（藩が租税の八割を収奪）とするなど、九鬼に輪をかける苛政（かせい）を敷いた。たまりかねた神人らは、神戸復興の請願運動を再開したのである。

ここでいう神人とは、神主・宮司などの社司（社家）に仕えて神事や神社警備・清掃などの社務を掌った下級の神職をいう。伊雑宮の神人は伊勢神宮に仕える在地の下級神職が本来の立場だったが、先に述べたとおり神宮は伊雑宮に神職を派遣して指揮・管理する力を失っていたため、在地の長官（惣官（そうかん））が神人家を束ねるかたちで伊雑宮の経営をおこなってきた。長官は中家（なか）と世古（せこ）家の二家が勤め、その下に二十余軒の世襲の神人家があり、神人家は伊雑宮のお祓札を各地に頒布する御師（おんし）の活動などを通じて、宮の財政を賄ってきた。こうした状況の中、内藤新城主の時代になると、神人らはふたたび神領の回復を求めて幕府に神訴（神の権威を背景にしておこなわれた強訴（ごうそ））をくりかえした。けれども訴えがとりあげられることはなく、いたずらに時間だけが過ぎ去った。鳥羽藩主の内藤が、幕閣に賄賂を贈って神領回復を阻止していたためである。

業を煮やした神人らは、寛永十三年（一六三六）、ついに直訴という強硬手段に出、日光社参で日光街道の幸手堤（さってつづみ）に滞在していた三代将軍家光（いえみつ）の輿に、訴状をさしだした。幸い神訴は家光の耳にまで達し、神領を旧に復するようにとの下命を得ることに成功した。ところがこのときも、内藤が幕閣に働きかけて神領復帰を阻止した。内藤は直訴の首謀者で神人代表の山口九右衛門を「狂人」だと訴えて直訴の無効性をアピールする一方、九右衛門を鳥羽藩江戸屋敷の詰牢に二年ものあいだ監禁した[30]。

けれども伊雑の神人たちの請願運動は、その後もつづけられた。そこで内藤は、正保（しょうほう）二年（一六四五）、伊雑宮の遷宮を伊勢神宮の遷宮に合わせておこなう正式な遷宮にもどしてほしいという訴えは許すが、神領再興の訴えは認めず、背いた場合は諸国へのお祓札配りを禁止すると神人らに通告した。御師の経済活動を潰すと脅したのである。この頃から、伊雑宮の神人たちは神訴の方針を変えていく。彼らは、伊雑宮の権威はほんらい神宮と同格、もしくはそれ以上に尊貴なものだとする内容の偽文書を作成し、それを朝廷や幕府説得の材料とすべく動いたのである。

伊雑宮の神訴運動

この動きは、正保年間（一六四四～四七）に顕在化した。もともと伊雑村の諸役は、享禄（きょうろく）四年（一五三一）以前は伊雑御浦惣検校（そうけんぎょう）という役職の者が統括しており、同検校職には、代々物部氏の一族である的矢（まとや）氏が就いていた。的矢氏は的矢の地（志摩の的矢湾奥の漁村）に城を構えて居住し、伊雑宮の神事祭礼などのほか、種々の公事を掌っていたが、戦国時代に滅亡し、当主・物部元佳は自刃して果てた。ここに物部氏に属する一族が登場する。当主・物部元佳は自刃したが、このとき子息の一人が、伊雑宮の御神体、祭具、宝器、古文書を携えて安濃（あのう）郡神戸村（現・津市）に落ち延びた。享禄四年以後の伊雑宮は、建物はあるが肝腎の神体などを欠く空宮だったのである。

伊雑宮の神人たちは、これら神体・神宝・古文書の還付を求めて、的矢元佳の子孫（出家して僧となっており、名を宝池房（ほうちぼう）といった）と交渉し、宝池房から返還を受けた。[31] 采女が「物部の家伝」としていたものは、このとき伊雑宮に返還された古文書を暗に指したものと考えられる（ただし、伊雑宮の古文書そのものは『大成経』ではない。それについては後述する）。伊雑宮の神体や、宮の由緒等を記した古文書をとりもどした神人たちは、的矢氏の代官・磯部礒之丞（いそのじょう）の子孫と称していた牢人・松岡有次に報酬を提示して、神訴の指導方を依頼した。このとき松岡のもとに、伊雑宮の古文書類が持ちこまれたものと思われる。

依頼を受けた松岡は、新たな神訴状を作成したが、それは従来のものとはまったく異なっていた。伊勢神宮はもともと伊雑宮・内宮・外宮の三宮から成っていたとする「伊勢三宮」説という怪説を掲げ、伊雑宮を「日本第一の大社」と位置づけた。[32] 伊勢三宮説とは、天照大神の本宮は伊雑宮であり、いま天照大神を祀っている内宮は天孫瓊々杵尊（ににぎのみこと）のお宮、外宮は月読尊（つくよみのみこと）のお宮だとする説をいう。それまでの神訴では、神宮の一別宮にすぎなかった伊雑宮が、古文書の返還後、にわかに天照大神を祀る「日本第一」の「伊雑皇太神宮」へと〝昇格〟したのである。

この三宮説は『大成経』にそっくりとりこまれ、さらに著しい粉飾がほどこされることになるのだが、それは後述するとして、いまは伊雑宮神人らの動きを追っていきたい。神訴状を作成した松岡は、正保四年（一六四七）に死去した。そこで松岡の後を承け継いで訴訟の指導方に就いたのが、下之郷村（現・志摩市磯部町下之郷）に住む大崎（おおさき）（中村（なかむら））兵太夫（へいだゆう）という神人だった。偽書『大成経』の成立に至る過程を丹念に掘り起こした前出の岩田貞雄氏（神宮徴古館長・鳥羽市文化財調査委員長）は、伊雑宮の神人たちが大崎に運動資金として三千両を託した文書（「証拠手形之事」）を紹介し、その後の展開を詳細に描き出している。それによると、長期にわたる運動で資金不足となった大崎は、みずから借金までして運動を続け、一命を賭した末に藩主内藤の意を受けた者に毒殺されているという。

この大崎の活動に関して、非常に興味深い文書も、岩田氏は発掘している。伊雑宮と敵対していた伊勢神宮側の批判文書『伊雑宮沙汰文』（筆者は外宮権禰宜の渡会常基（つねもと））がそれだ。同沙汰文によると、大崎は数年間、神訴をくりかえし、廷臣など要路の者に「色々の賄（まいない）を以て献進」して、神訴が認められるよう働きかけてきた。けれども事態が進展しないので、「手立てを替え、内々隠密の謀計を企て」た。その謀計というのが、先に書いた「伊勢三宮」説や「伊雑宮日本第一之神宮」説なのだが、沙汰文で注目されるのは、右の指摘に続く以下の文章だ。原文を引く。「天下流風の源氏物語、並伊勢物語なんどの抄板行の時、その作者を金銀を以てたのみ、（伊雑宮の祭神こそが）最初の神たる旨をいつわり入れさしめ、また三宮の図なんどと云て、あらゆる偽り事を交えて、これも板行せしめて、天下の万民に伊雑宮をとうとくあおぎたてまつらん偽りの訴訟の便にせんとたくみ、内外宮をば還て何の子細もなくおとしめたる申し事、言語道断の神敵（である……）」。

伊勢二社三宮図絵。飯井宮（飯井高宮）の祭神である猿田彦大神と神武天皇を二社とし、菟道宮（内宮）、五十宮（伊雑宮）、豊食宮（外宮）を三宮として偽作された伊雑宮全景図（部分）。実際には存在しない堂舎霊跡がふんだんに書き込まれている。（西尾市岩瀬文庫蔵）

つまり渡会常基は、三宮説などの奇説は、大崎兵太夫が『源氏物語』や『伊勢物語』の抄本（物語の一部を抄出して注釈や解説等を付した書籍類）の作者に金子を提供して偽作させたものであり、当時にわかに出現した伊勢三宮図もまったくの偽作だと主張したのである。

大崎がさかんに活動しはじめたのは、先にも記したとおり正保年間（一六四四～四七）からだが、伊勢三宮図はそれ以降に刊行されたものらしい。三宮図の原板は神宮司庁儀式課が所蔵しており、刊記がないため正確な刊行年は不明だが、承応から明暦年間（一六五五～五七）の作成と岩田氏は推定している（この三宮図は延宝七年に戸嶋屋惣兵衛が刊行した図以前の古図）。岩田氏の推定どおりであれば、渡会の沙汰文および大崎の活動期間と合致する。そもそも三宮図そのものが「土地不案内の者では到底描けない精緻な偽図[33]」だということも、伊雑宮神人の関与があったことを暗に示している。裏はとれないが、大崎が三宮図の原図のようなものを提供したと考えれば、つじつまが合うのである。

問題は、大崎から金銀によって偽作を依頼されたのは誰かということだが、沙汰文はその名までは記していない。岩田氏は候補として、「広田坦斎、按察院光宥、長野采女、浅井了以」の名を挙げている。四者のうち浅井了以を除く三人は、いずれも江戸時代から『大成経』偽作に関わった人物として取り沙汰されてきた。光宥や采女については先に記した。ここに名の出てきた広田坦斎も見逃せない重要な関係者の一人で、伊雑宮に関連して登場してくる。広田坦斎はみずから「忌部神道の嫡流」と称し、忌部坦斎と名乗っていた。『大成経』において忌部が非常に重大な意味をもっていることは既述したが、そのキーパーソンこそが、ここに登場する忌部坦斎なのである。坦斎とはいかなる人物なのかを追っていこう。

忌部坦斎と伊雑宮

坦斎の名が出てくるのは、寛永十三年（一六三六）の家光への直訴に関してだ。先に書いたとおり直訴の中心人物は神人代表の山口九右衛門と伝えられており、これは事実と思われるが、この直訴を坦斎がおこなったとする説が、関係者のあいだで語りつがれていた。時代は前後するが、家光への直訴まで話をもどそう。

坦斎が直訴したという話は、ほかならぬ潮音が『扶桑護仏神論（ふそうごぶつしんろん）』で述べている。「大猷院殿（だいゆういんでん）（家光）

が日光廟に参詣して栗橋に至ったとき、忌部坦斎という者が、聖徳太子御撰の『先代旧事本紀』を、阿部豊後守を介して殿下（家光）に奉献した。そこで坦斎に、江戸に回るよう命じ、殿下が日光から江戸城にもどられた後、林羅山に坦斎奉献の書を示し（て調べさせ）た。書を一覧した林は、太子の時代には無かった字が使われており、『大学』を読んで書いたと思われるところもあるので偽書だと奏上した。そこで書は坦斎に返却されたが、坦斎はこの処置に憤慨し、ただちに書を焼いた」。同様のことを依田貞鎮も書いている。坦斎が奉献したという『先代旧事本紀』は、平安時代の十巻本ではなく、『大成経』を指している。羅山が指摘した『大学』は、よく知られた儒教の四書のうちの一書だが、もとは『礼記』中の一篇で、独立した一書となったのは太子の時代よりはるかに後の宋代以後とされている。あるいは羅山は、慶長四年（一五九九）に勅版として刊行された『大学』のことをいっているのかもしれない。

坦斎の直訴は史実とは思われない。山口九右衛門らによる直訴が風聞などによって広まっていく過程で誤伝を生じ、それを潮音が記したものかもしれないが、その背景には、当時の『大成経』関係者のあいだに、坦斎と『大成経』のつながりに関する何らかの情報が伝聞されていた可能性が高い。そうでなければ、ここに坦斎の個人名が出てくる理由がみえてこないのだ。もうひとつ、羅山の言葉として出てきた『大学』云々も注意を引く。というのも、『長野采女伝』に、采女は「始めて六歳にしてたまたま『大学』を閲し、恍として旧習の若し」と述べられているからである。采女の六歳は元和七年（一六二二）にあたり、勅版の『大学』はすでに出版されている。しかも短い伝記中に、わざわざ『大学』のことが記されているのは、采女が同書から受けた感化の大きさを弟子に語っていたのでなければ考えにくい。この采女と『大学』との関連が、伝聞のなかで忌部坦斎と混同され、『扶桑護仏神論』の逸話になった可能性もある。

では、なぜ坦斎の名が取り沙汰されたのか。それには理由がある。坦斎の経歴もほとんどわかっていないが、残されたわずかな資料からその足跡をたどってみよう。平尾孤城によれば、坦斎は忌部氏の祖である天太玉命の裔と称して京都で堂上権貴の家に出入りし、吉田神道ならびに忌部神道、国学、歌学を講じていた。ところが慶長年間（一五九六～一六一五）に起こった猪熊事件に連座して京を追われ、江戸に出て剃髪し、坦斎と称してふたたび武家や庶民に神道・国学を授けていたという[34]。

猪熊事件とは、廷臣の猪熊教利（少将）と宮廷女官の密通露見が契機となって、参議の烏丸光広ら多数の公家と女官の密通が明らかとなり、激怒した天皇が幕府に厳罰を求め、猪熊は死罪、公家や女官らも配流などに処された一連の宮中スキャンダルをいう。この事件に坦斎がどのように関係したかは不明だが、京都にいられなくなった坦斎は、前記のとおり江戸に移った。この江戸での住居に関して、藤原忠儀なる人物が気になることを書いている（『志武宇地話』）。坦斎は寛永元年（一六二四）、「伊雑宮太神宮」を江戸日本橋檜物町に分祀し、その旅宿は「磯部」長屋と呼ばれたというのだ[35]。

さらに文章は坦斎による直訴一件へと続くのだが、ここで忠儀は驚くべき〝逸話〟を記す。「（坦斎は）

磯部あたりの地中から聖徳太子の御書を掘出した。伊雑宮太神宮とともにこの書も天下に広めたいと考えていたところ、寛永の始め、聖代の礎が定まり、江戸新将軍（家光）の天下御一統の国政の開始のときにあたっていたので、かの忌部坦斎はこの時を逃してはならないと考え、御神体ならびに御神宝までお守りして江戸に下り、聖徳太子の御書を差し出し、神領復古の願いを奏上した」というのだ。

『志武宇地話』は自序が享和元年（一八〇一）というから、かなり後代の著作で、一件の史料として扱うことはできない。話の内容も事実とは考えられないが、注目されるのは「磯辺の地中より聖徳太子の御書を掘出した」という一節だ。叡福寺や四天王寺で発掘された太子未来記のことは2節に記したとおりで、これに倣ってつくられた虚構だということは容易に想像がつく。そしてこうした伝説がつくられていること自体が、坦斎と『大成経』偽作のつながりの深さを物語っているのである。

坦斎に関しては、もうひとつ見逃せないことがある。三宮説などの奇説は、神訴の指導方だった大崎兵太夫が『源氏物語』や『伊勢物語』の抄本作者に金子を提供して偽作させたものだとする渡会常基の批判文を先に挙げておいたが、坦斎はまさしく『源氏物語』や『伊勢物語』に通達していた。若いころ坦斎に師事した山鹿素行が、一条兼良の『源語秘訣』（源氏物語の秘伝書）をはじめ、『伊勢物語』『大和物語』『枕草子』『万葉集』その他の古典を「広田坦斎より相伝仕り候」と自著の『配所残筆』に明記しているからである。

坦斎の生没年は不明だが、岩田氏は素行との関連などをもとに、寛永の末から正保にかけて没したと推定している。正保年間は、大崎兵太夫が神人仲間から託された三千両を資金として江戸や京都でさかんに運動をおこない、抄本作者に偽作を働きかけた年代と合致している。大崎と接触した坦斎が、伊雑宮の神訴を有利に運ぶために何らかの偽作をおこなった可能性は高いと思われるが、岩田氏の推定どおり寛永から正保にかけて死去したのだとすれば、彼が偽作に費やすことのできたはずの時間は短く、膨大な『大成経』のすべてを偽作できたとは考えられない。そこで岩田氏は、「坦斎の大成経と云えるものは、まだ自己の忌部神道、宗源神道を説いた初期の大成経であり、伊勢二社三宮説を盛り込んだ大成経ではないと思われるのである。伊勢三宮説を網羅した大成経は、故に坦斎の死後、長野采女に受けつがれて完成するのであろう」と推定している。

前出の久保田収氏も、坦斎の忌部神道が采女に吸収されて『大成経』の「一要素」になったと推定しており、鷦鷯本を補修したのも采女で、「潮音はそれを聖徳太子の著作と信じて出版に協力した」のだろうと見ている。このように、岩田・久保田両氏とも偽作の中心人物は長野采女だったとする。采女と坦斎のつながりを証する資料が未発見なので、両氏の意見はあくまで推定に止まるが、采女と坦斎が伊雑宮の神人と関係をもっていたことは史料によって明らかなので、伊雑宮神人が介在して両者をつないだという推定は十分に成立する。坦斎と『大成経』のつながりの鍵は、岩田・久保田両氏が強調している「忌部神道」にある。そこでつぎに忌部神道について見ていきたい。

『神代巻口訣』と『大成経』

坦斎が「嫡流」を称した忌部神道とは、十四世紀（室町時代）の神道家・忌部正通が唱えたとされる神道をいう。ただし、正通の著とされる『神代巻口訣』（一三六七年、以下『口訣』）のほかにこれといった史料はなく、正通についても『口訣』の著者という以外、経歴その他一切が不明のままという、実態不明の神道だ。とはいえ同書には、『大成経』との関連でおおいに注意されなければならない部分がある。神道家の正通が神道を根本の教えとしているのは当然だが、儒教も仏教も否定せず、むしろ「共に異国の善道」として評価している点がそれなのである。

上古、儒仏の二教は日本には伝わっていなかった。だから、神道が儒仏の影響をこうむることはありえない。にもかかわらず、神道の中には儒仏の教えと共通するものがある。その理由は、神道が「天地の通理」――天地を貫く普遍的な法だからだと正通は主張する。その「通理」にもとづいて異国で興された儒教と仏教に神道の教えが反映されているのは、けだし当然だと正通は主張する。この儒仏観は『大成経』における太子の儒仏観（実際には『大成経』創作者の儒仏観）と、ぴたりと合致しており、三教一致の思想が明らかに見てとれる。また、漢字以前に日本に存在したと一部で主張されてきた神代文字についても、『口訣』は、「神代の文字は象形なり。応神天皇の御宇、異域の典経、始めて来朝してより以降、推古天皇に至りて、聖徳太子、漢字を以て和字（神代文字）に付けたまう」と主張している。かつて良遍が述べていた説だが（一八四ページ参照）、これものちに『大成経』が主張したことの先がけとなっている。

『大成経』には二編の序がある。推古天皇の「経序」につづいて置かれた「大成経序伝」がそれで、『伝暦』では太子と密接不可分の関係にあった秦河勝が書いたことになっている。その「大成経序伝」は、太子が神儒仏三教の経典を「神代の字を用て」書写し、神代文字の右側に漢字を当てて「倭訓」を付したと記しているのである。ここでいう日本の経典とは『宗徳経』と『神教経』のことで、七十二巻本の刊行に先立ち戸嶋惣兵衛から単著として刊行された『神教経』と『宗徳経』を指している（本章「『大成経』刊行の経緯」参照）。ここにも、『口訣』と『大成経』の共通性が表れている。忌部神道の嫡流と称した坦斎は、『口訣』思想の嫡流を自任していた。そこに独自に奇矯な説を加上して、『大成経』に盛りこんだ可能性が否定できないのである。

ところでこの『口訣』については、さらに興味深い指摘がなされている。伊藤聡氏が、『口訣』は「近世撰述の偽書」だと断言し、忌部神道を広めるべく動いていた忌部坦斎の関与の可能性もありうるとしているのである。[36]

『口訣』を偽書とする根拠は二点ある。第一は、同書の一巻に載せられている円形天地図だ。この図は地が球体として描かれているところに際だった特徴があるが、地を球体とする説が日本で知られるようになったのは南蛮天文学の移入以後と考えられるから、『口訣』の成立は地球説が日本でも知られるようになった慶長以後だと、人文地理学者の海野一隆氏が結論付けた。これが偽書の根拠のその一。その二は、一三六七年の成立とされている『口訣』が、康正年中（一四五五〜五七）に成立した一条兼良の『日本書紀纂疏』中の文章を引いているという伊藤氏の発見だ。先にできたはずの著作に、それより後の時代に書かれた文章が引かれるというのは、偽書でしばしば指摘されるもので、『大成経』にもこれが随所に認められる。『口訣』もまさにその例であり、ゆえに伊藤氏は「江戸時代以降の述作であることが明らか」だと断ずる。そもそも『口訣』は、「鎌倉・室町時代の神道書の類に引用・言及された例はない」。また、『口訣』の伝本中最古のものは、天理図書館・吉田文庫が蔵する写本だが、伊藤氏によれば、この写本は寛永十七年極月末三日に「坦斎本」を写したと奥書されている。つまり坦斎のもとにあった『口訣』を写しとった本が、現存最古だというのである。

後に詳しく書くが、『大成経』はこの忌部神道を最も高くもちあげている。そしてその忌部神道なるものは、『口訣』以前にはなんら実態がなく、忌部坦斎の出現以後、にわかに世に広められてきたものなのである。

坦斎がなぜ『大成経』と関わったのか、その理由は、これでほぼ想像がつく。偽作された太古の神託・神伝をもとに忌部神道の正統性を宣揚し、神道界に確固とした忌部の地位を築くというのがその動機であり、坦斎はそのために『大成経』を利用した。神道を中心としつつ神儒仏一致を説く思想は、坦斎の忌部神道の思想であり、偽書の可能性が高い『口訣』の思想でもあった。そして『大成経』の原型となったはずの偽書は、太子を神儒仏三教一致の教祖とすることで成り立っていた。坦斎にとって、忌部神道と〝原大成経〟は、まさしく同じ思想圏のうちにあったのである。

神代からつづく何々神道と自称するものは、いずれも後代の創作にかかる。伊勢神道が外宮神官の渡会氏の創作だということは広く知られているとおりだし、吉田唯一神道（卜部中臣神道）が吉田兼倶による純然たる構築物だということは、すでに書いた。真言宗の両部神道、天台宗の天台一実神道や、天皇家の秘伝と称する伯家神道も同じで、『大成経』から生まれた太子流神道も、古伝に擬した〝新神道〟のひとつにほかならない。右に見てきた忌部神道にも、まったく同じことがいえる。それゆえ忌部坦斎による忌部神道を「拵（こしら）え者也、実の忌部に非ず」と否定する多田義俊（ただよしとし）のような江戸の神道家が出たのは当然なのである。

伊雑宮の三部の偽書

話をふたたび伊雑宮神人の運動にもどそう。江戸で提訴を重ねてきた大崎兵太夫は、正保につづく慶安（けいあん）元年（一六四八）、幕府を相手にしていてもラチがあかないと見切りをつけ、京都の朝廷への神訴に方針を切り替えた。このときの訴状も残っており、「伊雑宮は内宮・外宮と共に伊勢三宮と申し、内宮の奥の院で、秘密の道場である」と主張している。その後、神人らは承応・明暦を通じて朝廷への働きかけをつづけたが、幕府同様、朝廷も訴えを採りあげることはなく、黙殺が続いた。事態がようやく動き出したのは、寛文に入ってからのことである。

寛文元年（一六六〇）、大崎はまたしても江戸幕府と京の朝廷に、単身神訴した。このときの訴状の署名は「禰宜荒木田神主信守」となっている。荒木田(あらきだ)氏は古代以来の内宮の神主家のウジ名だ。大崎はその荒木田を称し、しかも神宮から補されたわけでもない権禰宜神主を自称した。根拠は不明だが、天下に隠れもなき「伊雑皇太神宮」の神人であり、ほんらいの天照大神の神主だという自負心が彼を衝き動かしていたのかもしれない。さらに翌年の寛文二年（一六六二）になると、いよいよ『大成経』の種本ともいうべき偽書が、朝廷に提出される。

『伊勢答志郡伊雑宮旧記』（通称『伊雑宮旧記』）
『伊雑宮皇太神宮年中行事・迁宮(せんぐう)記』（通称『伊雑宮年中行事』）
『伊雑宮迁宮儀式 並(ならびに) 諸本社記』（通称『伊雑宮儀式帳』）

の三書だ。これらの偽書をもとに、伊雑宮の神人らは、伊雑宮がまちがいなく天照大神の本宮であり、伊勢三宮説も立証されていると主張したのである。この三書が、鎌倉時代に外宮祠官の度会行忠が偽作した「神道五部書」に倣ったものだということは、すでに先学によって明らかにされている。神道五部書は『伊勢二所皇太神宮御鎮座伝記(いせにしょこうたいじんぐうごちんざでんき)』『天照坐(あまてらします)伊勢二所皇太神宮御鎮座次第記』『豊受(とようけ)皇太神宮御鎮座本紀』『造伊勢二所太神宮宝基本紀(ほうきほんぎ)』『倭姫命世記(やまとひめのみことせいき)』の五書をいうが、伊雑宮の三書は、とりわけ五部書中の『倭姫命世記』および『太田命(おおたのみこと)伝記』（『伊勢二所皇太神宮御鎮座伝記』の別称）から文章を剽窃し、一部を書き替えるなどしてつくられていたからである。

では、伊雑宮の三部書は、どのようにして出現したのか。これについては、江戸時代中期の外宮の神職で国学者でもあった喜早清在（渡会清在）が、大略つぎのように記している。「外宮御師家の大主宗左衛門の家来だった薗田三太夫という者は、自ら『宇治領中村の生まれで、荒木田姓である』と称していた。伊雑宮旧記、離宮院旧記、阿坂旧記等の偽書は、みなこの三太夫の手から出て流布したのである。寛文二年、外宮御師の三日市帯刀が三方（中世に成立した山田〈現伊勢市〉の自治機関）の御年頭礼番として江戸に行き、帰国に際して伊勢奉行の八木宗直に面会した。そのとき八木から『三太夫は伊雑宮旧記を所持し、そのうえ京・江戸でいろいろと訴訟を起こしていると、当地（江戸）で取沙汰されている。そのことを三太夫に聞き質し、三方中から報告を上げるように』と命ぜられた。そこで帯刀は、帰国後の正月晦日と二月一日に三方会合所に出向き、三太夫を呼び出して聞き取りをした上で、調書を江戸に送った。すると二月十日に八木奉行から三方に書状が届き、伊雑宮の一件が落着するまで三太夫は主人の宗左衛門にお預け（監禁）と命ぜられ、寛文三年九月に伊雑宮の件が落着したので、三太夫は追放処分となった」（『毎事問』）。

この記述を裏付ける文書がある。『中兵六文書』がそれだ。同書によると、『伊雑宮旧記』『伊雑宮年中行事』『伊雑宮儀式帳』の三部書は、かの大崎兵太夫が「金二十両」を出して薗田三太夫から借り求めた。しかもこれらの文書を朝廷に差し出して、首尾よく主張が認められたあかつきには、「元米五十石ずつ年々永代子々孫々に至るまで、一粒も相違なく三太夫殿御宿所にきっと納所仕るべく候」という契約書まで交わしていたことが、岩田氏の調査で明らかになったのである。契約書を発給した伊雑宮神人の筆頭は「大崎兵太夫信守」となっており、大崎の次に惣官の中と世古が署名している。さらに、先に引いた渡会経基も、「薗田三太夫は神道の達者であると称して多くの人をたぶらかし、実在しない偽り（伊雑宮三部書）を作り、これこそが神道であると諸人に広めていた」（『伊雑宮沙汰文』）と糾弾している。薗田と大崎らの契約書にあったとおり、伊雑宮の神人らは、事実、寛文二年に神訴状などとともに、この三部書を朝廷に提出したのである。

伊雑宮の敗訴

寛文二年（一六六二）に上洛した伊雑宮の神人らは、「伊雑宮の旧記と云う偽書を以て堂上方に御覧に」供した（『毎事問』）。旧記ならびに勘文（かんもん）（古文書や故実などをもとに意見をまとめた上進書）は、「伊雑宮の正体は天照大神なり、内宮は瓊々杵尊、外宮は月読尊にて、伊勢の二宮、伊勢志摩併せて三宮と称す」と主張するとともに、文禄・慶長・寛永のころに神人らがどこからも指図を受けず私力をもって伊雑宮を造営してきたことで明らかなとおり、「伊雑宮は万事内宮に相い並ぶ事にて、内宮の支配を承る事に非」ずと訴えた。つまり、伊雑宮は神宮支配下の別宮などではなく、神宮の本宮だと、今回は証拠と称する偽書に勘文を添えて訴えたのである。

伊雑宮の主張を朝廷からの連絡で知った神宮側は驚愕し、「正邪を分るの書状を京都に出し、往来数回」を数えた。神宮側の弾劾文のうちの一通は、こう記している。「内宮の別宮である志摩国伊雑宮の神民らは、近年、内宮の御領である伊雑村の神戸が武家領となったことを嘆き、神訴を企ててきた。けれども訴えが聞き届けられないので奇計を巡らせ、『伊雑宮は日本最初の神にて、内宮の本宮なり、奥院なり』と主張し、また『外宮は内宮の別宮にて、伊雑宮よりはその品ひくき神なり』などと主張するのみならず、伊勢三宮図なるものを作って天下に流布し、濫訴を企てて叡慮を驚かせ奉り、神明をないがしろにし、また内外両宮の神書（神道五部書）の文言を盗みとって謀書を作り、それがあたかも伊雑宮のことであるかのように偽装して上奏している。……寛文二年十月　内宮大小神官職掌人等上る[37]」

こうして書状による応酬が重ねられたが、吟味は遅々として進まなかった。そこで朝廷は面談による審理に方針を切り替え、内宮禰宜と伊雑宮神人に参洛を命じた。神宮からは禰宜ら十名、伊雑宮からは神人の大崎兵大夫ら七名が上洛し、大納言の勧修寺経広を筆頭とする役人の差配のもと、京都寺社奉行所で吟味を受けた。先に伊勢奉行の八木宗直が薗田三太夫を主人・宗左衛門のお預けにせよと命じたのは、この期間を指している。吟味の結果、寛文二年（一六六二）十一月には「伊雑宮の旧記は偽書」との審判が下された。伊雑宮は神宮の別宮に相違ないのだから、遷宮は古来からのしきたりどおり神宮の式年遷宮に従って神宮の管理のもとに行うべしとの裁定が下され、内宮禰宜と伊雑宮の神人は「和睦してその勤を致すべし」との後西天皇の綸命を記した一紙が下しおかれた。神宮側にとっては妥当な決着であり、偽書を出した薗田三太夫は伊勢から追放された。けれども伊雑宮側には、この裁定に納得できない神人がいた。『毎事問』の文を引く。

「寛文三年の春、伊雑宮の神人らが江戸に赴き、前年京都に訴え出たときと同趣旨の訴えを起こした。けれども神社奉行の井上河内守殿は『神慮を掠むるの謀略なり』として却下した。そこで神人らは、同年四月、日光社参中の将軍家綱（いえつな）公の道中に直目安（じきめやす）（直訴状）を捧呈した。この咎により、六月二十二日、神人らは追放されたのである」

家光への直訴から三十年後に断行された家綱への直訴は失敗に終わった。勅命に背いて訴訟を蒸し返した罪、虚偽にもとづく訴訟を起こした罪、徒党強訴に及んだ罪など五ヶ条の罪状により、大崎兵太夫ら神人「四十七名」（『閑際随筆（かんさいずいひつ）』）は伊勢・志摩両国から追放となった。

約半世紀にも及ぶ伊雑宮神訴問題は、こうしてケリがつけられたかにみえた。ところが事は、これでは終わらなかった。追放から七年後の寛文十年（一六七〇）、伊雑宮の三宮説の正当性を説く『大成経鷦鷯伝』が突如として刊行され、その後、寛文から延宝年間（一六七三～一六八〇）にかけて、『大成経』の刊本が続々と売り出された。従来の神訴とはまったく異なったアングルから、伊雑宮問題が再燃したのである。

伊勢三宮説と『大成経』

神訴の過程で伊雑宮側が偽作したことが確実なのは、『伊雑宮旧記』『伊雑宮年中行事』『伊雑宮儀式帳』の三部の書、および「伊勢三宮図」（正式には「伊勢二社三宮図」）だ。これらは『大成経』を構成する重要な要素になったが、『大成経』そのものではない。先に引いた『毎事問』の著者の渡会清在は、「（『大成経』の）文章をみると、儒教・仏教の学を兼ねた多少なりとも文才のある者の作であり、前年伊雑宮から京都に出した偽書（『伊雑宮旧記』）のような文盲の者による作ではない。……つらつら考えてみるに、『大成経』を生みだした源は、伊雑宮から追放された者が逃げ隠れた先で学者に依頼してつくりあげたものではなかろうか」と指摘し、同じく『大成経』を弾劾した渡会延佳（のぶよし）は、『大成経破文要略』で偽作者について「追放の神人らが、悪逆の企てなお止まず、同気相求めて、悪智恵ある学士とかたらい、この謀書を造ったもの」と推測している。

長野采女のもとに『伊雑宮旧記』が持ちこまれていたことは、采女が兵太夫に宛てた書状（岩田氏は『大成経』が幕府や神宮で問題としてとりあげられた天和元年〈一六八一〉と推定）で確認できる。采女は前節で書いたとおり、みずから「伊勢の国司・高階師尚」の子孫を称し、『長野采女伝』では「七十余巻」の家伝書および「詠歌伝、軍旅伝、未然伝、医綱伝、太占伝、天政伝、暦道伝」などの「密授の書」の継承者だと称していた。また、これらの書物も采女が所持していたということは、采女に会った潮音が、采女から『大成経』の「原本」を借りて正副七十二巻の写本をつくったと『指月夜話』に

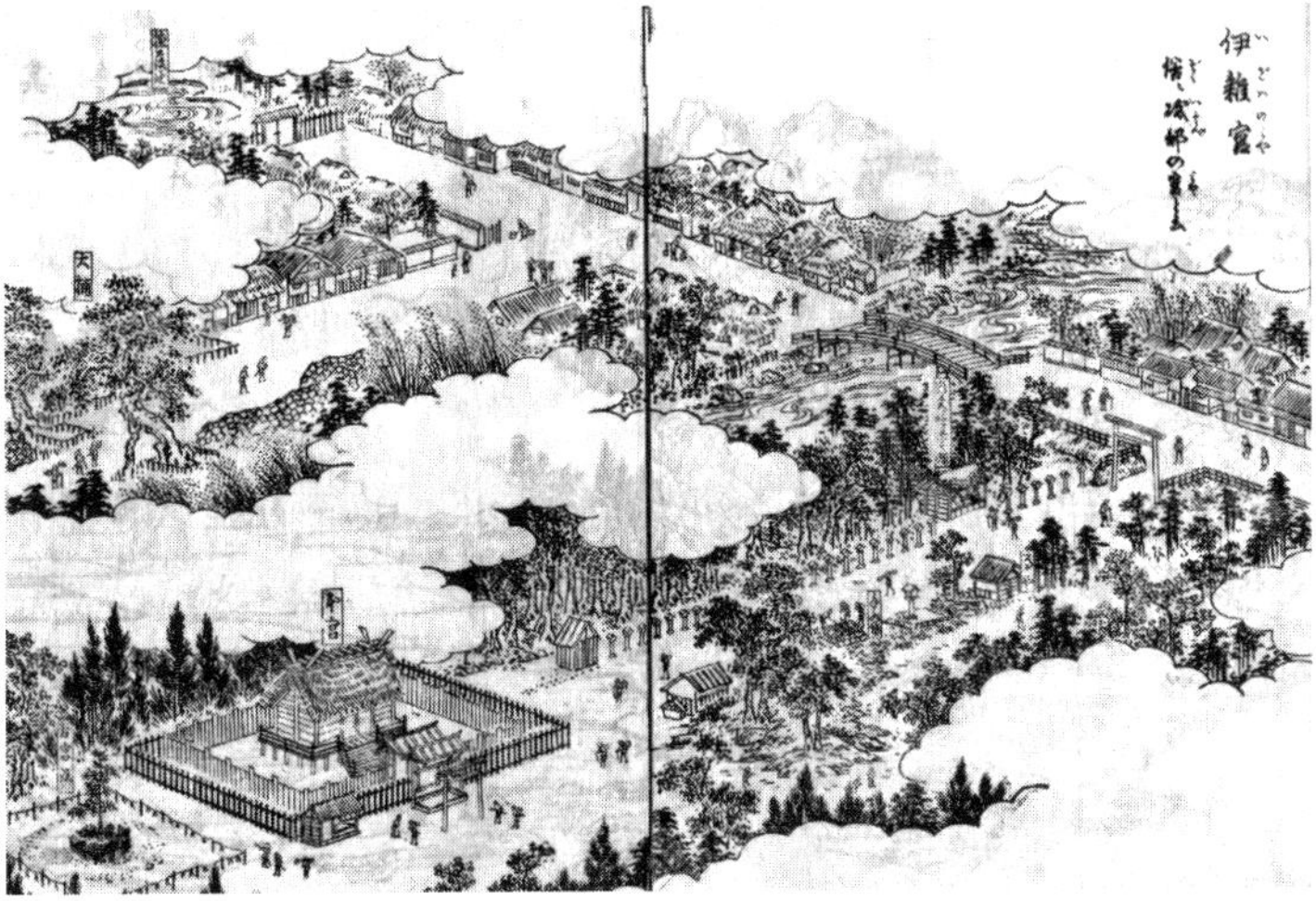

実在の伊雑宮全景図。「俗に磯部の宮と云」とある。213ページの二所三宮図と比べると規模の違いは一目瞭然である。寛政９年（1797）刊『伊勢参宮名所図会』第５巻。（国立国会図書館蔵）

書いていることから知れる。おそらく采女のもとには、伊勢三宮図関係や坦斎の忌部神道もふくめた『大成経』関連のさまざまな資料が、寛文から延宝年間にかけて集められており、岩田氏や久保田氏が推定しているように、采女のもとで最終的な完成をみたのだろう。先に略伝で記したとおり、采女には、この仕事を成し遂げうるだけの幅広い学識があったからである。

伊勢神宮が神経をとがらせた「伊勢三宮図」は、伊雑宮を天照大神の本宮である五十宮（磯部宮とも礒宮とも称される）とし、本来の本宮である内宮を莵道宮（宇治の宮）、外宮を豊受宮とした。神宮側は、伊雑宮が三宮図を作って天下に流布したと訴えているが、実際この絵図は広く売り出されたらしく、皇学館大学のほかにも、西尾市岩瀬文庫や岡山大学図書館の池田文庫などに所蔵されており、岩瀬文庫蔵の三宮図はネットでも公開されている。[38] 非常に詳細な図で、境内には記紀に登場する神々の社が多数配置され、聖徳太子のお堂である太子堂もぬかりなく描かれているほか、この地には流れていない五十鈴川（いすずがわ）、高天原（たかまのはら）、天神籬（あまつひもろぎ）、日本（やまと）姫命（倭姫命）窟殿、日月星魂木など神話世界からとりこんだ霊域・霊物などがふんだんに描き込まれて、実に広大な一大神域に仕立てられている。この図と、たとえば『伊勢参宮名所図会』に描かれる実際の伊雑宮を比較すると、規模のあまりの落差に驚く。しかも現実に存在しない神社には「今無社」の注記があり、苦情対策もしっかりできあがっているのである。

筆者の知るかぎり、伊雑宮を天照大神の本宮とするような説が、過去に存在したことはない。これは伊雑宮が近世になってにわかに主張しはじめた虚説と思（おぼ）しいが、注目しなければならないのは、三宮説そのものが『大成経』の所説だということである。

『大成経』は、実際の神宮内宮（ないくう）を、天照大神ではなくニニギ尊を祀る内宮（うちつみや）すなわち菟道宮、外宮を月神である豊受月誦（つきよみ）大神の豊受宮とし、中心神格である天照大神の本宮（もとつみや）は五十宮、すなわち伊雑宮だとする神代史を創作した。さらに、この三宮を日月星の「三光（みつひかり）」に充て、日神である天照大神を五十宮（伊雑宮）の主祭神、月神すなわち「月の遍照（ふとてらす）太神」である月誦大神を豊受宮（外宮）の主祭神とし、残る「星太照（ほしのあまてらす）神」を高天原から降臨した天孫ニニギ尊に配当して、菟道宮（内宮）の主祭神に充てた。つまり神宮三宮を天照大神のいわば三身とし、それはすなわち日月星の三光だとしたのである（日月星の三光信仰については本書の立川流および玄旨帰命壇の章参照）。
この異形の説は、『大成経』の説く天孫の名に端的に表されている。天照大神の子で、最初に皇太子に立てられたオシホミミ尊は、『大成経』では「正弥吾勝々速日天忍星盈水尊」と表記される。「星」の字が使われているところに、偽作者の作為が端的に表れている。忍星盈水尊は、天照大神から葦原中津国を授かって地上に降臨する予定だった（『神祇本紀』上）。けれどもその前に子が生まれるなどのことがあり、父の忍星盈水尊に替わって、彼の子が降臨することとなった。それが記紀のいうニニギ尊で、『大成経』では「天日子光殊星亜肖気尊」と表記され、やはり名の中に「星」の字が不自然に射し込まれている（『天神本紀』下）。この星亜肖気尊が、ほんらいの内宮の祭神だと伊雑宮は訴えたのである。五十宮という呼称が、内宮の別称として用いられるイスズノミヤ（五十鈴宮）を踏まえているのは明らかだが、『大成経』は、イスズノミヤではなくイソノミヤ（五十宮、礒宮）と読むのが正しい伝えだと説く。イソノミヤとは、すなわちイソベ（礒部）の地に祀られた伊雑宮（礒宮、俗称磯部宮）だといわんがためである。

前章で書いたように、伊雑宮神人の当初の主張は、この宮が天照大神の本宮だという素朴なものだった。兵太夫から采女に渡されていた『伊雑宮旧記』などの主張も、それと大差のないものだったらしい。ところが一六七九年の『大成経』に至って、右に記したような複雑で手のこんだ内容をもつ『大成経』が出現した。按察院光有は刊行年の約半世紀前に没しているし、忌部坦斎も岩田氏の推定に従うなら『大成経』刊行の三十年以上前に死去している。また、潮音は長野采女に会って写本をつくったのが延宝年間なので、とてもあれだけ大部の偽書はつくりえない。とすると、やはり偽作の中心人物は長野采女以外に残らない。

天太玉命と天物梁命

采女がなぜこのような偽作をおこなったのかは謎で、動機解明につながる資料は、今のところ見当たらない。わかっているのは、『大成経』に説かれる宗源道・斉元道・霊宗道の「三部の灌伝」を采女が実際に弟子らに伝授し、采女没後もひそかに伝授が続けられていたということだ。『大成経』擁護者として数々の文書を残した偏無為も、伝授者の一人に数えられる。『指月夜話』で読んだとおり、潮音は長野采女から灌伝があることを知らされ、直接伝授を受けた。熱心な太子信者だった潮音は、三部の灌伝が聖徳太子によって伝えられた最も根源の神道説だと信じこんだ。

宗源・斉元・霊宗について、「大成経序伝」はこう述べている。「宗源は神道の理極にして王道はその中に在り。これ天物梁命（天児屋）の所伝なり。斉元は王道の事極にして、神道はその中に在り。これ天太魂命の所伝なり。霊宗は神道と王道の束の法にして、万典の憑拠なり。これ天思兼命の所伝なり。この三伝は鼎の足、神の乗らせられる天の台なり。漢家の教経は皆人智の考えし所にして、更に神授の霊伝に非ず」。三伝は、天照大神をはじめとする至高神から、天孫降臨に従って地に降った伴神に託されたものだと『大成経』は述べている。三伝のうちの霊宗道の系譜については明確さを欠くが（天思兼命がルーツとされているが、所伝に混乱が見られる）、斉元道が天太玉命、宗源道が天物梁命に託されたということに関しては主張が一貫している。

忌部の祖神の天太玉命に下ったと説かれている神命はこうだ。「天太魂（玉）命に詔して曰く。汝命は、斉元道を司れ。弱肩に太襷を被け、御手に代て祭祀の忌事を執て事え奉れ。それ、斉元道とは、天の吾が最も尊き、三（日月星）の光を得て遍く照らす（道）なり」（『天神本紀』下）。文中の「弱肩に太襷を被け」は、肩に襷をかけるという祭祀の際の身なりをいったもので、『日本書紀』に天鈿女命や天太玉命が襷がけで祭祀に臨んだことが記されている。天太玉命の後裔である忌部の役割は、襷がけで幣帛などの神具を謹製し、また祭祀の場を清めることにあったらしく、『延喜式』の「祈年祭」の祝詞にも「忌部の弱肩に太手繦取りかけて、持ち斎わり仕えまつれる幣帛」という記述がみえる。これが「祭祀の忌事」の本来の意味なのだが、『大成経』では内容が大幅に拡大されており、天太玉命の司る祭祀の道（斉元道）は、日＝天照大神、月＝月誦大神、星＝星亜肖気尊の「三光」を全宇宙に遍照させるための神業と位置づけられているのである。

次に、中臣卜部（吉田）の祖神である天物梁命に下った神命を見ると、忌部と比べあまりにも軽く扱われていることに気づく。「天物梁命（天児屋命）に詔して曰く。汝命は、宗源道を司り太占の事を以て事え奉れ」（『天神本紀』下）。神道の理を説く宗源道を司ること、および神意をうかがう太占（鹿骨や亀甲を焼いて神意を伺う占い）を司ることが天物梁命の職掌だとしてあるが、この記述はきわめて不自然だ。というのも、天物梁命の最も重要な職掌は祝詞の奏上だからである。

天照大神が天岩屋戸に籠もったときに「布刀詔戸言」を奏上し、天照大神を岩屋戸から引き出した後に岩屋戸籠もりの原因をつくった素盞嗚尊に向けて「解除の太諄辞」を宣りあげたのは、いずれも天児屋命にほかならない。また、古代天皇の即位式や大嘗祭で奏上された寿詞（祝福の呪言）は中臣寿詞と呼ばれ、天児屋命の子孫である中臣氏が担当する決まりだったし、毎年六月および十二月の晦日に朝廷でおこなわれた国家による穢れ祓い（大祓）の祝詞も中臣氏が読みあげ、同氏が祭事全体を司った。大祓の祝詞を中臣祓詞と通称するのはそのためだ。ところが『天神本紀』のこの一節では、肝腎の祝詞のことにはいっさい触れず、卜部の職掌である「太占」のみを挙げている。

それだけではない。『神祇本紀』下では、「忌部の祖、天太玉命をして斎忌の則を調え、三種宝（三種の神器）を捧げ持たしめ、祠に謂辞を白し奉らしめ玉う。是れ、祭の詞をおこなう其の法の元なり」として、祭祀における祝詞奏上の起源も天太玉命に帰し、そのあとで、申しわけ程度に天児屋命の祝詞に触れている。すなわち、「卜部の祖、天物梁命をして祈禱の祝詞を之に啓し行わしむ。是れ、太祝をおこなう其の法の元なり」というのだが、「祈禱の祝詞」とは一般的な願い事の奏上にすぎず、三種の神器を捧じて神祠の前で奏上する天太玉命の祝詞と比べると、明らかに格落ちなのである。

卜部は卜兆による占いを専門とした氏族で、伊豆・壱岐・対馬を本拠とした。それが中央に進出して神祇官を束ねる中臣の下で太占などを司るようになり、遅くとも平安時代初期までには中臣と祖神を同じくすると称するにいたった。『新撰姓氏録』に、卜部は「天児屋命九世孫・雷大臣の後也」とあるのがそれを示している。前の節でたびたびとりあげてきた吉田唯一神道の吉田はこの卜部の後裔で、吉田兼倶の頃には神道界における権勢は中臣をはるかに凌駕して、「神祇長上」や「神道長上」を名乗るまでになっている。ところが『大成経』では、忌部がその中臣卜部よりはるかに格上の神祇職掌氏族と位置づけられているのである。

『大成経』は、天太玉命＝忌部と、天児屋命＝中臣卜部の地位を逆転させた。しかも、天太玉命の斉元道を、他国にはない皇国の教え、神道そのものと位置づけており（「神事は皆く茲（斉元道）に在り」『神祇本紀』下）、中世以来の根種枝葉果実説の中心である神道は、天太玉＝忌部の斉元道にこそ体現されており、日本の教主である聖徳太子が、それを後世のために遺したという筋立てになるよう組み立てられている。忌部神道の嫡流と称し、ひょっとしたら忌部神道そのものを偽作した可能性まである忌部坦斎の野心は、このように『大成経』に明らかに注ぎこまれている。けれども先に述べたとおり、忌部坦斎は七十二巻本『大成経』が刊行される三十余年前には死去しており、坦斎の死から十数年後に薗田三太夫によって偽作されて『大成経』の重要な構成要素となったと思われる『伊雑宮旧記』などの偽書を利用することもできなかった。

それゆえ『大成経』に忌部神道を注ぎこむ仕事は、坦斎がやったとは考えられない。考えられるのは、采女が坦斎の思想を受け継いで偽書にもりこんだという可能性だ。坦斎と采女の関係を告げる史料は、現時点では何もない。したがって、偽書制作の過程は種々の状況証拠から推測するほかないのだが、私はまちがいなく両者につながりがあったものと考える。『大成経』には、中軸の忌部神道のほかにも、両部神道や山王一実神道、また吉田唯一神道から取りこまれたと思われる要素が多分にある。これらさまざまな神道説をひとつにまとめあげ、仏教も加味して、すべてを網羅する三部の灌伝にしたのが采女だったのだろう。だとすると、采女がこの偽書で企図したのは、当時おこなわれていた諸神道、とりわけ神道界で絶対的な権力を握っていた吉田神道を凌駕する一大神道大系をつくりあげ、三部灌伝をもって自らその宗主となることにあったと見てよいように思われる。

中世、吉田兼倶が密教や儒教を総動員して成し遂げた吉田唯一神道の創設――吉田自身は太古神伝の復活を装った――と同じ仕事を、采女は『大成経』によって実現しようとした。そしてその権威付けに最大限利用されたのが、神儒仏三教一致の教主とされた聖徳太子であり、潮音が引きこまれたのは、まさに彼自身の聖徳太子信仰のゆえだったのである。

霊宗道と神道

最後に、三部灌伝のうちの霊宗道について見ておこう。霊宗道の扱いは、先にも書いたとおり明瞭さを欠いている。それはこの霊宗道が、他の二道と比べ、仏教寄りの特殊なポジションに置かれているからである。潮音は霊宗道を最も重視した。三部灌伝について、彼はこう説明している。

「宗源とは万国共通の道、天地の母、万物の祖である。斉元とは我が国にのみ伝えられてきた道で、異国にはない大いなる正道である。霊宗は諸国で伝えられてきた教えである。霊宗の教えは宗源と斉元に通じるもので、ほんらい万人が具えている心の本性に帰する道である。この三部を仏教に配するなら、いわゆる宗源は顕教にあたり、斉元は密教にあたり、霊宗は禅宗にあたる。国が異なるといっても道に異同はない。言語は異なるといえども、理はみな等しい」(『指月夜話』「神仏一致」)

ここで潮音は、三つの道を仏教にたとえて説明している。まず「万国共通の道」である宗源道は、釈尊が万人のために方便をもって説いた顕露の教え(顕教)にたとえられる。顕教はインターナショナルな教えであり、どんな世界においても通用する真理だが、仏教には顕教では隠されたままになっている秘奥の教えがある。その教えとは、釈尊が説かずに入滅し、宇宙の根源真理体(法身)である大日如来が初めて説いたとされる秘密の教え(密教)であり、その世界に入った者だけに開悟の鍵が与えられる。密教のこの在り方は、神儒仏の三道はいずれも共通の真理から展開してはいるが、「理」の根源である神道は、日本以外には伝えられていないこととパラレルな関係になっている。

なぜ日本にだけ、神の道が伝えられたのか。そのわけは、三道の根本教主であり、大日如来とも同体とされてきた天照大神の直系子孫である天皇を戴き、開国以来、一系を貫いてきた国が日本のみだからだ。世界から見れば、神道の本質は秘されている。それゆえ、斉元道(忌部神道)が密教にたとえられたのである。

潮音のいう顕教＝宗源道は、すでに見てきたとおり、天物梁・中臣卜部の教えであり、密教＝斉元道は天太玉・忌部の教えだ。けれども三部灌伝には、もうひとつ、霊宗道というものがある。霊宗道は宗源と斉元をかねて束ねる教えの道であり、仏教にたとえるなら、禅宗に相当すると潮音は主張した。なぜ禅宗なのか。それはこの道が、顕教や密教のように経論などの知識学問によらず（「不立文字」）、ただ座り、あるいはただひたすらに日常の精進を積み重ねることで、ダイレクトに仏の教え（それは神の世界の真理でもある）を摑み、以心伝心で仏そのものになる教えだからである。潮音が霊宗を「心の本性に帰する道」（原文は「心性に帰する也」）といっているのは、このことを指しているだろう。

潮音はこうもいっている。「師道である神儒仏の三道に優劣はないが、神儒二道の大半は、煩悩を抱えて生まれ、煩悩を抱えて生活する倶生人（くしょうじん）（夫婦など俗世で生きる社会人全般）のための教えであり、仏の一道は独り悟りを開く独化人（すべてを捨てた出世間の人）のための教えである。倶生人は世俗の欲に染まって道を明らかにすることが難しい。独化人は無欲清浄であり、道を覚えることは易い。このゆえに、昔、伝教大師（最澄）は神道を伝えて宗源道を広めるにあたり、顕教を用いた。弘法大師（空海）は神道を伝えて斉元道を興すに際して密教を用いた。私は神道を伝えて霊宗道を立てるに際しては、わが禅宗をもってこれに充てたのである」（『指月夜話』「神道秘要」）。

潮音が霊宗道にたとえた禅宗も、太子と特別な因縁があると信じられてきた。太子が唐国で慧思として生きた第六生（六回目の生まれ変わり）のとき、中国に禅をもたらした禅宗初祖の達磨大師と、衡州衡山道場で問答したと伝えられているからである。その後、慧思は「必ず東海の国に生まれて仏法を流通せん」と発願し、日本に転生して聖徳太子となった。そして四十二歳のとき、片岡山で一人の飢人と出会い、数十言、言葉をかわした。この飢人は太子と会うためにやってきた達磨大師の化身で、太子と出会ったあと、忽然と姿を消して遷化したという（『秘教Ⅱ』の『聖徳太子伝暦』を参照）。

太子を熱烈に讃仰していた潮音は、もちろん『伝暦』の説話には通暁していただろう。そもそも天照大神の神命によって『大成経』に付け加えられたとされる聖徳太子の一代記（『聖皇本紀（せいこうほんぎ）』）は、まさにこの『伝暦』を下敷きとしてまとめあげられた一巻なのである。潮音はまた、熱烈な観音信仰者でもあったが、日本に化現した観音といえば、太子がその筆頭であり代表だった。平安時代から、潮音の生きた江戸時代まで、太子は観音の化身そのものとして信仰された。そうした背景があってはじめて、『大成経』の出版は成立し、立て続けに刊行されるほどの成功をみたのである。

おそらく出版に至るまでの間に、伊雑宮などの神人や神道家・学者などさまざまな関係者が関与して偽書の資料群のようなものが形成され、長野采女のもとに集まった。それらの資料をもとに、神儒仏に通じた学者である采女が、さまざまな古史古伝や内典外典を斟酌しつつ、独自の見解や解釈をさしはさんで編述したのが七十二巻本だったのだろう。采女単独の偽書ではない。多くの人間が関わってきたことは確実だ。この作業がおこなわれたのは近世初期と思われ、客観的には明らかに後世の偽書と認められるが、成立の背景には、古代から連綿と続く太子信仰があった。太子を観音の化身、権化の聖と崇め、過去・現在・未来の三世に通じる超人とみなす思いが、法隆寺などの秘事伝授や太子灌頂を生み、未来記を生み、吉田神道の三教一致の教主説から、ついには『大成経』まで生み出すにいたった。三部灌伝の神道が「太子流神道」と呼ばれるのはそのためだ。

この流れは今日までつづいており、一部秘教家の間では、平安末期成立の本来の『旧事本紀』こそが『大成経』をもとにつくられた偽書であり、『古事記』や『日本書紀』もルーツは『大成経』にあるとする奇矯な説までおこなわれている。聖徳太子は、それら隠秘学（いんぴがく）の世界で、なお秘教の教主として生きつづけ、神馬（しんめ）の驪駒（くろこま）に乗って異界を駆け巡っているのである。

【注】

①『三夢記』の真贋については議論があり、おおむね偽作説が有力視されているが、古田武彦氏に代表される真作説もあり（『親鸞思想その史料批判』冨山房）決着はついていない。ただし、親鸞が六角堂に参籠して太子の霊現を得たこと自体は恵信尼の書状などから疑いえない。

②『聖徳太子伝私記』（『大日本仏教全書』一一二巻）。西口順子氏によれば『百練抄』建仁三年五月二十八日条および『猪隈関白記』同年六月十九日条にも事件の記載があるという（「磯長太子廟とその周辺」・蒲池勢至編『太子信仰』雄山閣所収）。

③小倉豊文『聖徳太子と聖徳太子信仰』綜芸社

④太子伝については田中嗣人『聖徳太子信仰の成立』吉川弘文館参照。

⑤以下に引く『聖徳太子伝私記』『太子伝古今目録抄』『顕真得業口決抄』『聖徳太子平氏伝雑勘文』『上宮太子拾遺記』『聖誉鈔』は『大日本仏教全書』一一二巻、『太子伝玉林抄』は『日本思想家史伝全集』一巻を用いた。
⑥林幹彌『太子信仰その発生と発展』評論社
⑦速水侑『呪術宗教の世界』塙新書所収「十箇の秘事」（真慧）
⑧「仏眼山浄国寺仏眼舎利縁起」（『埼玉叢書 第6』国書刊行会）
⑨内藤榮「宝珠台」解説（図録『仏舎利と宝珠釈迦を慕う心』奈良国立博物館）
⑩眼舎利は太子ゆかりの四天王寺にも伝えられていたという話が戦国時代の公卿・三条西公条の『吉野詣記』に記されている。この眼舎利は釈迦ではなく過去七仏中の毘婆戸仏のそれとされている（藤巻一保『厩戸皇子読本』原書房参照）。
⑪佐藤弘夫『偽書の精神史』講談社
⑫太子未来記に関しては赤松俊秀『鎌倉仏教の研究』「慈円と未来記」（平楽寺書店）参照。
⑬林幹彌『太子信仰の研究』吉川弘文館
⑭岩波日本思想体系『中世神道論』「類聚神祇本源」頭注
⑮忌部氏は中臣氏とともに朝廷の祭祀を担当した古代氏族で、延暦二十二年（八〇三）に忌部から斎部と文字を改めているが、本稿では引用を除き忌部の表記で統一した。
⑯河野省三『神道史の研究』中央公論社
⑰古田紹欽「潮音道海の神道思想」（『神道教学論攷小野祖教博士古稀記念号』所収）
⑱小笠原春夫「黒滝潮音の年譜を廻る一考察」（『神道宗教』一四七号）
⑲鈴木好太郎「大成経探究記の十二鵜鶘伝余話」（『日本及日本人』昭和十八年九月号）
⑳河野前掲書
㉑小笠原春夫「未来記と未然本紀」（『神道宗教』一六八・一六九合併号）
㉒『大経小補』は国文学研究資料館所蔵の写本画像ファイルがネットで公開されている。（著作 URL：http://dbrec.nijl.ac.jp/KTG_W_357391）
㉓阿部隆一「山鹿素行の青年時代に於ける和学の修養」（『帝國學士院紀事』四）

㉔山本信哉「山鹿素行子の聖教に就いて」（『明治聖徳記念学会紀要』八巻）
㉕岩田貞夫「伊雑宮謀計事件の真相偽書成立の原由について」（『國學院大學日本文化研究所紀要』三十三輯）。この論文は大成経事件に関して最も目配りの行き届いた論文であり、本稿を書くに際して最も多くの教示をいただいた。
㉖久保田収「旧事大成経成立に関する一考察」（『皇学館大学紀要』六）
㉗『長野采女伝』（長野采女在原吉門先生行業記）。河野省三『旧事大成経に関する研究』芸苑社に全文収録。その末尾に「三浦軍記長連本姓長野氏系譜家伝」が付されており、「（長野氏は）人皇五十一代平城天皇第三ノ皇子阿保親王ノ五男、在原業平之末孫ト云ウ、仍在原姓、並業ノ字代々用来ル」と記されている。
㉘岩田前掲論文
㉙「磯部中平六文書」（岩田前掲書）
㉚岩田前掲論文
㉛「三国地誌」（『三重県郷土資料叢書 第2集』三重県郷土資料刊行会）
㉜伊雑宮神人らが宝池坊から神宝の返還を受けるに際し、仲介の労をとったのが神訴の指導方となった松岡有次で、岩田氏は「正保元年頃から、既に伊雑宮のために立ち働いていた」と推定している（岩田前掲論文）。
㉝岩田前掲論文
㉞平尾孤城『山鹿素行先生実伝』立川書店
㉟磯部神人家の末裔という南正昭氏によれば、日本橋の伊雑宮太神宮は後に塗師町代地と町屋の間に遷座して伊雑太神宮と称し、今は天祖神社と改称して葛飾区にあるものがそれであるという（『地の暦　伊勢三宮説と寛文事件の真相究明と考証』文芸社）。
㊱伊藤聡「忌部正通『神代巻口訣』と忌部神道」（論文集『日本書紀1300年史を問う』思文閣出版）。
㊲河野省三『旧事大成経に関する研究』芸苑社
㊳伊勢二社三宮図絵　ADEAC　https://trc-adeac.trc.co.jp/Html/ImageView/2321315100/2321315100100010/901-027-00-01/

第四章　「仏国土」の天皇と密教呪法

はじめに

古い神が新しい神にとって代わられたとき、古い神々を中心につくられていた神話も書き替えられる。たとえば、ユダヤの一地方神だったヤハウエが唯一神として信仰されるようになると、各地で崇められていた古い神々は抹消されるか、邪悪で汚らわしい悪魔の類に堕とされるか、あるいはヤハウエの眷属天使に姿を変えることによってのみ、存続を許されるようになり、古い神話はヤハウエを中心とした新たな神話へと改編されていくのである。

同じことが、日本の古代後期から中世にかけての時代に起こった。それまで絶対的な権威をもっていた天皇王権が著しく弱体化すると、天皇家の祖神である天照大神を頂点とする神々の多くも、かつての求心力を失った。それにとって替わったのが仏教、とりわけ密教の仏菩薩たちであり、神々は仏菩薩の化身として密教流に再解釈され、新たな役割を付与された。

天照大神は大日如来や観音菩薩の化身と信じられ、『古事記』が天地初発の神とした天御中主神はインド神話の違紐（ヴィシュヌ）の臍の蓮華中に生じた梵天王の子、イザナギ・イザナミ両尊は大自在天（シヴァ）だとするなど、異形の神話が生み出された。王権のシンボルである三種の神器も密教流に再解釈され、宝剣は金剛界大日如来、神璽は胎蔵界大日如来、神鏡は両界の統一体としての大日如来だとする説も唱えられ、その後の日本オカルティズムの源流となる秘説が増殖していった。

この章では、こうして再解釈された中世神話および多様な神秘説を、天皇を軸にながめていく。まず前半（1〜4）では、古代王権の変質を天皇の堕地獄譚や奇怪な中世神話をとおして概観し、密教を中心的な拠り所とする新たな王権の創出を企図した人物の代表として、後醍醐天皇をとりあげる。また後半（5〜7）では、皇太子が大日如来の真言を唱え、手印を結んで天皇の位に就くという異形の即位儀礼（即位灌頂）をみていく。この儀礼の本尊は、実際には大日如来の化身である鬼神・吒枳尼天と観念されており、伊勢神宮においてまでこの説が秘伝されていた。その背景には、天照大神を吒枳尼天＝辰狐とする中世神話があったのである。

1、古代王権の揺らぎ

律令体制下の仏教

この節では、まず古代王権が中世にいたってどのように変質していったかを、①天皇の堕地獄や怨霊化、②仏教に基づく新たな天皇神話の創出、③後醍醐政権とその帰趨、という三つの角度から見ていくことにしたい。

中世王権の精神的支柱は、まぎれもなく黒田俊雄氏のいうところの「顕密仏教」——古代以来の大官寺、および平安初期に成立した天台宗の延暦寺・三井寺、真言宗の東寺・金剛峰寺などの有力大寺の仏教だった。[1] 律令体制下の古代にあっては、天皇・国家という絶対的な主人に奉仕することを公務とする従者のポジションにあった仏教が、中世にいたると、ほとんど王権と同格の権威を獲得し、場合によっては王権を凌駕した。なぜ、こうした状態が出来したのか。その流れを、まず最初に概観する。

※

天皇が天皇である理由を、『日本書紀』の欽明紀は「恒に天地社稷の百八十神を以て、春夏秋冬、祭拝たまうことを事と」してるからだと記している。天照大神直系の子孫と位置付けられた天皇は、この国のすべての神々の祭祀権を掌握する祭祀王、かつ一切の俗権を握る世俗の王として万民の上に君臨した。この王が掌握する権力の内に仏教が正式にとりこまれたのは、乙巳の変（大化改新）が起こった六四五年のことだ。

乙巳の変以前、宮中で仏事が催されたことはなかった。けれども中大兄皇子（後の天智天皇）らのクーデター以降、宮中での仏事が神祇祭祀と並んでさかんになった。時の天皇・孝徳（在位六四五〜六五四年）は、「造る所の寺、営ること能わずは、朕みな助け作らん」と詔し、すべての仏教寺院を天皇の庇護のもと、すなわち国家の管理下に置くと宣言した。以後、日本固有の神祇と、海彼の西国からきた「今来」の蕃神である仏は、ともに天皇＝国家の支配統制下に入った。

歴代天皇は、いずれも仏教を重んじた。天武天皇の時代には、全国規模での護国法会がくりかえし催された。奈良の都を興し、絢爛たる天平文化を現出した聖武天皇は、全国に国分寺・国分尼寺の創建を命じ、また、奈良の都に天下の富を集めて、『華厳経』にもとづく宇宙の根本仏たる法身(ほっしん)の釈迦如来――毘盧遮那(びるしゃな)大仏（大日如来）を造らしめた。

律令と二官八省からなる整備された官僚機構を用いて、中央集権的に国家が運営された七世紀後半から九世紀にかけての時代を律令時代と呼ぶが、天皇はその頂点に「現人神(あらひとがみ)」として君臨した。古代からつづく神祇の祭祀権に加えて、仏という呪力・験力(げんりき)にすぐれた外来神を統治下に組みこんだことで、天皇の権威は絶頂に達した。

この当時の寺院経済は、ほぼ全面的に国家の庇護に頼っていた。僧侶や尼そのものが、律令体制に編入されてはじめて僧の資格を得ることのできる官僧であり、出家するにも国家の認証が必要なら、僧階を授かるのも国家からだった。仏教は国家＝天皇に奉仕するところにこそ、その存在意義があった。古代仏教は人民ではなく鎮護国家のための仏教、護国の仏教であり、ひと言でいうなら、天皇のための仏教だったのである。

仏神の王国

けれども、こうした古代律令体制は、平安中期の十世紀ころから顕著になる班田収授(はんでんしゅうじゅ)の法の破綻、摂関家など有力貴族による政治と富の私物化などと並行して、徐々に解体に向かう。その過程で、有力大寺院も寺領荘園を拡大して独自の経済的基盤をかため、それを守るための自前の武力を蓄え、不輸不入権を手にして寺領の治外法権化を進めていった。こうして〝小さな仏神の王国〟が、各地に出現するようになった。[2]

律令体制下にあっては、この国は辺土の草木にいたるまで、すべてが天皇のものだという理念がまだ生きており、「国の中にあるものはすべて国皇のものであり、国皇から離れて私のものであるものは何ひとつない」（『今昔物語集』）と考えられていた。けれども律令体制の解体、荘園の果てしない増加は、右の理念をじわじわと蝕んでいく。そうして登場してくるのが、「仏土」の論理——寺領を、その寺社の本尊・祭神の領地として聖域化し、他者からの侵犯・干渉を封じようとする論理だった。

仏土の論理は十一世紀ころから旧仏教史料に現れ、十一世紀後半から頻出するようになる。[3]かつては天皇のために国界を護るものと信じられた仏神が、ここにおいて、自己の「仏土」を主張しはじめ、結果として天皇の王権を侵しはじめたのである。こうした仏土の論理が広まっていく過程で、天皇の俗権はいちじるしく後退し、天孫としての聖性も希薄化していった。その実例を、われわれは天皇に祟る仏神や天皇が地獄に落ちるという中世説話などに見い出すことができる。その具体例は後述する。

仏土論は、ストレートに考えれば、そのまま古代的な王権（王法）の否定に結びつく。けれども現実の歴史はそうした方向には向かわず、王法と仏法はあたかも「車の両輪」や「鳥の両翼」のようにたがいに支えあうものと理解され、中世的な枠組みの中で保持された。「承久の乱で後鳥羽院が失脚したように天皇や院個人の没落は公然と主張されながらも、神孫としての天皇の君臨や、彼を頂点とする支配秩序自体に疑問が投げかけられたりそれが否定されたりしたことは、顕密仏教においてはついになかった」④。顕密仏教サイド、とりわけ真言・天台密教を中心とした天皇神話の再解釈、たとえば「天皇＝大日如来説」などが創出されたのも、この時代だった。これについては3で記す。

後醍醐天皇の賭け

王権の解体がさらに一段と進んだ十二世紀以後、王家では年端もいかない「幼童天皇」の即位が常態化した。この実務とはかけはなれた名目上の天皇に代わって政務をとりしきったのが「治天の君」と呼ばれた院（上皇）で、国の中には、公家政権の実質的なトップである院、王権のシンボルとしての天皇、実質的な為政者としての武家（幕府）、仏神の権威を後ろ盾とした宗教的権威の体現者としての大寺院という、複雑にからみあう権力構造ができあがった。

こうした状況は、必然的に天皇の権威を相対化した。天皇は、もはや臣民の上に超絶して君臨する王ではなく、新たな権力構造を支える構成要素の一つに変質していった。天皇という地位そのものは、中世の支配体制の維持のためには依然として必要だったが、天皇〝個人〟の指導力は、まったく必要ではなかった。こうした時代背景の中に、後醍醐天皇が登場してくる。

後醍醐は、即位後ただちに院政を停止した。また、網野善彦氏のいう「悪党」や非農業民などの「異類異形」を動員して討幕に立ち上がり[5]、中世権力構造の主翼である武家政権に対抗した。これは、十一世紀から慢性の悪疾のようにつづいてきた王権の退縮に、一気に歯止めをかけ、世の中を力まかせに天皇専制時代に引きもどそうとする、壮大きわまりない賭けであった。

その際、後醍醐が大きな頼みとしたものに、顕密仏教があった。「もし仏法の護持にあらずば、いかでか皇朝の安全をえんや」。後醍醐は綸旨（りんじ）の中でこう述べ、中世世界の中に、新たな天皇専制国家――網野氏のいわゆる「異形の王権」を創造しようと試みた。彼が、古代律令時代の復活を夢見ていたのではないことが、この綸旨からもうかがえる。けれども、後醍醐の賭けは、わずか二年で破綻した。その過程は4で詳述したい。

後醍醐以後、王権は長期にわたる凋落時代に入り、長い低迷を経た後、明治にいたって天照大神とともに、はなばなしい復活を遂げる。天皇が、「天孫」だった古代、および天皇が「現人神」として復活した明治から昭和初期の間にはさまれた時代の天皇は、どのような存在だったのか――それを、以下の各節で検証していきたい。

2、愛染明王の秘法

日輪を握らせる秘事

天照大神の子孫というだけでは、もはやその神聖性も王権も保てなくなった平安末期の天皇の立場をよく表す話が、そのころから大いに信仰を集めるようになった愛染明王にまつわるエピソードの中に記録されている。大日如来もしくは金剛薩埵を本地とする三目六臂のこの異形の明王の修法は、院政期の後三条天皇から白河天皇の時代（十一世紀中期～後期）に、まず東密（真言密教）の中で秘修され、やがて台密（天台密教）にも広がった。愛染明王はもろもろの願いの成就一切を司る明王として、天皇・公家の間で重宝されたが、その修法の特異な目的を、山本ひろ子氏が『変成譜』の中で紹介している[6]。

愛染明王図。左最上部の手だけが何も持たない空手になっている。（『図像抄』高野山真別所円通寺蔵本・大正蔵図像部三より）

まずは別掲の愛染明王図を参照していただきたい。明王の六本の手のうちの五本は、鈴・杵・弓・矢・蓮華をもっているが、向かって右上の手だけは、何も持たない空手になっている。この空になった手に、愛染明王法の秘密がある。修法をおこなう僧は、祈禱の依頼者の願いの筋に沿った象徴物を、瞑想を通じて本尊明王の空手に握らせ、それによって願いの成就を果たそうとしたのである。

たとえば敬愛法と呼ばれる修法を用いて、依頼者である男性に特定の女性の愛情を得させようとした場合、行者は右の空手に「雌」の字を握らせた。逆なら「雄」の字になるわけだが、こうしたほほえましい修法とは別の、よりおどろおどろしい使われ方が、愛染法にはあった。空手に「三足烏の日輪（赤烏）」を握らせて観想する秘法がそれである。三本足の烏は太陽に住むと信じられた霊鳥で、日本では天皇を象徴する。その赤烏を愛染明王の空手に握らせることにはどんな意味があり、いかなる目的があったのだろうか。天台穴太流の『瑜祇経聴聞抄』には、こう記されている。「穴太の秘伝にいう。……愛染明王に関白の地位を請い願うときは、（空手に）赤烏を持たせる。関白は国王の後見であり、国王を手に握って天下を執りおこなうべきものであるがゆえに、日輪（赤烏のこと）を持たせるのである。これは秘事である」[7]。

関白という臣下の最高位に就くことができるのは、この時代、藤原一門以外にない。つまりこの秘法は、藤原氏が「赤烏」によって象徴される天皇を自らの手中におさめ、背後から操りながら天下の政務を執りおこなうための秘密修法にほかならなかったのである（『瑜祇経聴聞抄』の著者・澄豪も藤原一門に属する天台僧だった）。

平安末期という時代、天皇はこうした摂関家ら有力貴族や、仏神という超越者の力と自前の武力・経済力を後ろ盾にした大寺院、また、日増しに力をつけている武家との微妙な力のバランスのただなかに置かれていた。そこには、昔日の「現人神」としてのおもかげはなかった。力のバランスが左右いずれかに片寄れば、その地位は砂の城のようにもろくも崩れ去った。ただ、力のバランスの焦点、ヤジロベエの中心に、天照大神直系の天皇という位が存在するだけであり、その地位は、すでに仏神の風下に置かれていた。

こうした状況の中、人々の神仏観にも大きな変化が生まれていた。佐藤弘夫氏は、古代と中世の神仏の違いを「命ずる神」と「応える神」という表現で説明している。古代の「命ずる神」は、シャーマンに神懸かりする神霊のように「一方的な託宣を下す神秘的な存在」だったが、中世の「応える神」は、「あらかじめ人間のなすべき行為を明示し、それに応じて厳格な応報を下す」存在だと信じられた。たんに「命ずる」だけではなく、人間の行為の善悪をはかったうえで、善には善報、悪には悪報（治罰）で「応える」、より支配力の強い神に変貌したというのである。[8]

実際、仏神の機嫌を損ねると、冥府魔道に落とされることは、高貴な天皇も名もない衆庶も同じだった。地獄に落ちたと信じられた天皇や、死して怨霊と化した天皇は少なくなかった。そうした天皇の姿を通して、院政から始まる中世という時代の天皇像を見ていくことにしよう。

王権を揺るがす仏神

　先に関白職獲得のために、藤原一門が愛染法を修せしめたことを書いたが、天皇位獲得のために愛染法がおこなわれたという秘史が、台密の『阿娑縛抄』に出てくる。この禁断の修法を、護持僧（院・天皇・東宮専属の加持祈禱僧）で法友でもあった小野僧都・成尊（一〇一一〜七四年）に命じたのは、後冷泉天皇（在位一〇四五〜六八年）の治世下、二十四年の長きにわたって東宮（次期王位継承予定の皇子）の地位に留めおかれた後冷泉の皇太弟・尊仁親王――後の後三条天皇（在位一〇六八〜七二年）である（ちなみにこの後冷泉の代の一〇五二年に世界が末法に入ったと信じられた）。

　尊仁が皇太子のまま東宮に潜居しなければならなかったのは、彼の生母が藤原氏の出身ではなかったからだ。一門以外の血を引く皇子が天皇となることを嫌った関白・藤原頼通の意向で、尊仁は東宮に据え置かれた。そんな状態がつづいた二十四年目の一〇六八年、後三条は自らの白髪を成尊に示しながら、「おまえはいったい私のためにどんな祈禱をしているのか。この白髪を見よ」と嘆きをぶつけた。成尊は、かの雨僧正・仁海がとくに目をかけた愛弟子で、仁海から八祖伝来の如意宝珠を譲られ、大阿闍梨位を授かった練達の高僧だ。その成尊を前に、尊仁ははらはらと落涙した。頭に白いものが目立ちはじめたいま、天子の位につけぬまま人生の幕を閉じるのではないかという寂寞とした思いが、尊仁の脳裏をよぎったのである。

　それを見た成尊は、ただちに七日間の愛染修法にとりかかった。具体的な作法は『阿娑縛抄』には記されていないが、『覚禅鈔』によれば、愛染明王の例の空手に後冷泉から天皇位を奪い取りたいという尊仁の祈念（「後三条院の心性」）と、「調伏親仁」（調伏の二字は梵字、親仁は後冷泉の名）と書いた紙を握らせ、その紙を愛染明王が蓮華を持っている右手で打つ様子を観想したというのである。これは明らかな調伏呪術にほかならない。修法の験はたちどころに現れ、ほどなく後冷泉院が病没した。呪殺である。

　こうして尊仁は即位にこぎつけたが、その後三条天皇も、専横をきわめた三井寺の恨みを買い、その呪詛によって崩御したと天台文書は伝える。仏神の力によって天皇の位も左右される――当時の人々はそう信じた。これは、律令時代の仏教が王家に隷属し、王家のために鎮護国家を祈る護国仏教だったのに対し、中世の仏教が、王家からなかば独立した宗教的権威を獲得したことを示している。寺院が国家に依存しない治外法権の荘園を多数支配し、さらには金融業や商工業まで支配したこと、つまり経済的な自立を達成したことと、荘園をはじめとするさまざまな既得権益を守るための僧兵・大衆といった自前の武力を備えたことが、その背景にはあった[9]。

　一方、天皇には、僧侶の階級や座主など僧官の任免権者という重要な俗権があった。また、国王と国家のために祭祀・祈禱を命じ、場合によっては軍隊を動かすという俗権もあった。王家と仏門は、こうした力のバランスの上に成り立っていたが、いずれにせよ、霊的権威は個々の仏神の上に移っていたのである。

後三条の次に即位し、のちに院政を敷いて絶大な力を誇った白河天皇（在位一〇七二～八六年）も、そうした超越的な力と相対化された王権のはざまに生きた。そのことを端的に示すのが、白河の皇子にまつわるエピソードだ。

天台座主・慈円（一一五五～一二二五年）の『愚管抄』によると、白河は法験で聞こえた三井寺の阿闍梨・頼豪（一〇〇四～八四年）に「褒美は申し出のとおりに授けよう」と約束したうえで、男児誕生のための祈禱を依頼した。祈禱のかいあって、第一皇子の敦文親王が誕生した。そこで頼豪は、天台宗では山門派の延暦寺だけに設けられている戒壇（正式に僧になるための授戒を執りおこなう道場）を、寺門派の拠点である園城寺（三井寺）にも建てさせていただきたいと願い出た。山門と寺門には、宗門の覇権をめぐる抗争と憎しみ合いの長い歴史がある。そんな状況下で、山門のみに許されている戒壇を園城寺にも認めれば、またぞろ血で血を洗う抗争が勃発する。それを危惧した白河は、頼豪の願いを却下した。約束を破られた頼豪は激怒し、「いまはもう恨み死にするまででございますが、私が死にましたなら、わが祈禱で生み出し申しあげた皇子の命も頂戴いたします」といって三井寺にもどり、持仏堂に籠もって憤死した。するとほどなく、皇子もみまかったというのである。

敦文は、実際には承保四年（一〇七七）に四歳で亡くなり、頼豪の死はそれから七年後なので、怨霊化した頼豪が親王を祟り殺したという話は時系列が合わず、創作と考えてまちがいない。ただし、同時代に左大臣だった源俊房によれば、敦文が痘瘡にかかって生死の境をさまよっていた時点で、邪気を払うために『法華経』や『般若心経』の読誦、陰陽道の鬼気祭、土公祭などが集中的におこなわれており、祇園の神（疫神の牛頭天王（ごずてんのう）と思われる）や貴船明神などの祟りと見なされていた（『水左記（すいさき）』）。こうした疫神への恐怖が、のちに頼豪に集約されていくのである。

この話には、続きがある。長男を失った白河天皇は、こんどは寺門ではなく山門の良真（りょうしん）座主に、もう一度、皇子を得るための祈り出しの祈禱を依頼した。「叡山の仏法と山王権現の御力が、どうして天皇の御願を助けずにおかれましょう」といって引き受けた良真が法を修したところ、承暦（じょうりゃく）三年（一〇七九）、はたして無事皇子が誕生した。かくして生まれたのが、七十三代の堀河（ほりかわ）天皇だというのである。この霊験は、『阿娑縛抄』にも詳しく記されており、『平家物語』の「頼豪」の巻でも、良真が「やすい程の御事に候」――皇子の祈り出しは、たやすい事だといって引き受け、百日の修法の間に中宮が懐妊し、堀河天皇が生まれたと述べている。このとき良真がおこなった法を、烏枢沙摩変（うすさまへん）成男子法（じょうなんしのほう）という。烏枢沙摩明王は天台密教が五大明王中の一尊として祀ってきた明王で、真言宗の五大明王には含まれない。烏枢沙摩変成男子法も台密の秘伝で、天暦（てんりゃく）四年（九五〇）、元三（がんさん）大師として知られる良源（りょうげん）が、藤原師輔（もろすけ）の請いを受けて修したのが初例と伝えられる（『諸法要略抄』）。

この説話には、当時の山門と寺門の激烈な覇権争いが反映されているが、注目したいのは、跡継ぎを生ませるも殺すも、仏法サイドの胸先三寸で決まると信じられた点だ。「このことは少しも修飾しない事実であるから、比叡山の法師（ほっし）がかならず王法をお守りしようと思うその心は実に深いもの」（『愚管抄』）だと慈円は書いている。たしかに良真は、祈禱によって「王法」を護った。しかし、護ることができるのなら、同じように破滅させることもできる。それだけの力が、彼らの奉じる仏神にはあると信じたからこそ、慈円はこのおどろおどろしい事件を、「少しも修飾しない事実」と書いたのである。

皇子をめぐる仏神を介した争いは、堀河天皇の誕生では終わらなかった。良真の祈禱によって敗れ去ったかに見えた怨霊・頼豪が、こんどは白河の最愛の娘・郁芳門院（媞子内親王）に憑依した（『愚管抄』）。三井寺の高僧が郁芳門院のために祈禱したが、験は現れなかった。そこで白河は、山門から良真を呼んだ。良真は比叡山の根本中堂で十二年間の参籠修行を終えた験力の高い久住者二十人を率いて参上し、みごと頼豪の怨霊をとり鎮めたかにみえた。けれども、これもぬか喜びに終わった。じきに郁芳門院の容態が急変して死去し、この怨霊事件をきっかけに上皇は出家した。天照大神の皇孫は、またしても仏法の軍門に下ったのである。

地獄に堕ちた天皇

天皇の聖性の下落を最も露骨に物語るのは、中世、広く人口に膾炙した天皇の堕地獄譚だろう。その初期の例が、今日「天神様」の名で親しまれている右大臣・菅原道真（八四五〜九〇三年）を太宰府に流して憤死させた醍醐天皇（在位八九七〜九三〇年）の説話に見られる。醍醐天皇と同時代の東寺に、日蔵（九〇五～九八五）という験力のすぐれた修験僧がいた。この日蔵が、金峯山の笙ノ窟で二十一日間の断食と無言の行をしていて仮死状態に陥り、金剛蔵王に導かれて金峯山浄土を遍歴するという神秘体験をした。その中に、地獄のビジョンの幻視がある。

地獄の一つである鉄窟で、日蔵は四人の男を見た。ひとりは衣をかぶっていたが、ほかの三人は丸裸で、真っ赤に燃える灰の上にうずくまっていた。地獄の獄卒が、「あれはお前の国の国王とその従臣だ」と告げた。すると、衣をかぶった男――延喜天皇（醍醐）が、日蔵に声をかけた。その内容は、本によって多少異なる。

『扶桑略記』では、「菅公を無実の罪で流したため、太政天神（菅公）の怨み心のために、この苦しみを受けている。主上（朱雀天皇）に報告して、救ってくれるよう伝えてほしい」とし、『元亨釈書』では、「私は日本の天皇だ。この鉄窟の苦しみを受けているのは、かの太政天神が怨み心をもって仏寺を焼き、有情を害したことによる罪の報いを、私がみな受けているからだ」と語ったことになっている。いずれにせよ、日の御子である天皇ですら、悪因をつくれば悪果はまぬがれえないと信じられたことが、この話からわかる。

このほか、怨念のかたまりとなって自ら魔界に入り、魔族の王になったと信じられた天皇も、中世初期には相次いだ。その代表に崇徳天皇（在位一一二三～四一年）がいる。この天皇は、誕生の時点から呪われていた。名目上は白河天皇の次に即位した鳥羽天皇（在位一一〇七～二三年）の第一皇子となっているが、実際には白河が鳥羽の中宮の待賢門院と密通して産ませた子だということは、当時の宮中では公然の秘密だった。鳥羽は、崇徳を終生「叔父子」と呼んで忌避し、自分が閉眼（死去）したのちも「新院（崇徳）には見せるな」と遺言し、臨終のきわまで身辺に寄せつけなかったと伝えられる（『古事談』）。

この崇徳が、鳥羽天皇の後を受けて皇位についたのは、わずか五歳のときだ。幼帝の後ろ盾は、院政を敷いて絶大な権力をふるう実父の白河上皇だったが、六年後に白河が崩じてのち、名目上の父である鳥羽院との確執が深まった。白河という重石がとれた鳥羽は、崇徳を排除するために、第九皇子だった三歳の体仁親王（近衛天皇・在位一一四一〜五五年）を皇位につかせて、崇徳を退けた。ところが新帝の近衛が病弱の質だったためにわずか十七歳で崩御した。そのため宮中には、崇徳上皇と藤原頼長が手を組んで近衛を呪殺したにちがいないとの風評がたった。

鳥羽派と崇徳派の激突は、鳥羽上皇の死後ただちに勃発した。保元の乱（一一五六年）である。戦いに敗れた崇徳は、異母弟に当たる後白河天皇（在位一一五五〜五八年）により、はるか海の彼方の讃岐国に流された。流刑地で、崇徳は亡き父の菩提を弔うために華厳経・大集経・般若経・法華経・涅槃経の五部の大乗経を写経した。このとき崇徳は、自らの指を切り、その血で経を写したと伝えられる。三年の歳月をかけて完成した血書五部大乗経を、崇徳は京の寺に納めたいと申し出たが、朝廷は拒絶した。「我、生きても無益なり」。そうつぶやいて絶望の淵に沈んだ崇徳は、このときから怨念のかたまりとなった。『保元物語』は「生きながら天狗の姿になった」崇徳の呪詛を、こう記している。「自らの罪が救われるようにと思って積んできた莫大な行業（五部大乗経の写経）を、そっくりそのまま地獄・餓鬼・畜生の三悪道に投げこみ、その力をもって日本国の大魔縁となり、天皇を取りつかまえて民となし、民を引き上げて天皇にしてくれん」。

新たな天皇神話の創出

天皇を民とし、民を天皇とする――これ以上露骨な天皇の血の聖性を否定する言葉はない。血書五部大乗経の真偽は不明だが、こうした言葉を、元天皇その人に吐き出させたところに、揺れる中世王権の深刻きわまりない苦悩があった。この血文字の経は、ひそかに京の崇徳の第五皇子のもとに送られ、長寛二年（一一六四）、崇徳が崩じてから十九年後に朝廷人の知るところとなる。血書経の奥書には、写経の趣旨が「天下滅亡」にあると注記されていたと、藤原経房が『吉記』に記している。以後、崇徳の怨霊は、人々の想像力の中で魔界の王となった。

崇徳に対する恐怖心が、いかに執拗かつ強烈なものであったかを示す宣命がある。院の神霊は、崩御から七百年ものちの慶応四年（一八六八）、ようやく京都に還御する。その際、讃岐に勅使を派遣しておこなった祭祀次第の宣命がそれだ。その詔で、明治天皇は崇徳をこう慰撫している。

「去し保元の年頃、忌々しき御事起りて其の終には海路遙けき此国（讃岐国）にさえ行幸て、御鬱憤の中に崩御坐つるは何なる禍神の禍事にや有けむ。最も畏く悲き事の極みぞと（明治天皇は）常に歎き思食す。此（京都還御）はもと先帝（孝明天皇）の叡慮なりしに、果し賜わず此の現世を神去給いき。故今度其大御心を継して尊霊を迎え奉り、其の御積憤を和め奉り賜わむと思食て、皇居に最近き飛鳥井町に清けき新宮（白峯神宮）造り設、官位姓名（讃岐に派遣した勅使の官位姓名）を差使て尊霊を迎え奉り賜う。故此由を平けく安く聞食て速に多年の宸憂を散し、御迎人と共に皇都に還坐て天皇朝廷を常磐に堅磐に夜守日守に護り幸え給い、此頃皇軍に射向い奉る陸奥出羽の賊徒をば速に鎮定めて天下安穏に護助賜えと恐み恐みも申給わくと白す

慶応四年八月[10]」

明治維新の成否を握る戦闘が東北を舞台にくりひろげられていたこの時期、「鬱憤」「積憤」を溜めこんでいるはずの崇徳院を讃岐から迎えて慰霊し、「天皇朝廷を常磐に堅磐に夜守日守に護」ってほしいと祈る背景には、「天皇を取りつかまえて民となし、民を引き上げて天皇にしてくれん」と朝廷を呪詛し、「天下滅亡」を血書した崇徳の怒りを鎮めなければ皇国は危ういという思いがあったものと、筆者は想像する。中世に生み出された悪鬼魔王としての崇徳は、かくもおぞましい存在として人々の心に住みつづけてきたのである。

同じように、自ら魔界に踏みこんだ天皇として名高いのが、源氏と平家が争った時代に生まれ、平安朝最後、鎌倉時代最初の天皇になった後鳥羽天皇（在位一一八三～九八年）だ。鎌倉幕府を倒すた

めに承久の乱を起こし、敗れて隠岐に流され、十八年もの島暮らしの末に崩じた後鳥羽院については、民部卿・平経高（たいらのつねたか）（一一八〇〜一二五五年）の日記『平戸記（へいこき）』に、非常におもしろい逸話が載せられている。それによると、高野山の奥院（おくのいん）の智行上人（ちぎょうしょうにん）（智行は固有名詞か形容詞か不明）が、後鳥羽崩御の翌仁治（にんじ）元年（一二四〇）に夢を見た。その夢に、後鳥羽院が天照大神に行った直訴のことが出てくる。その直訴の大意が以下だ。「私が隠岐に流されたのは前世からの因縁だから仕方がない。しかし、そのまま許されずに隠岐で死んだことは、大変に恨めしい。その恨みから、自分は天下を滅ぼしてしまおうと考えている。そこで事前に天照大神にご報告に来た」。まず天照大神に報告しなければ、という部分に、かろうじて天皇としてのアイデンティティが保たれているが、それ以外は、すべてが天皇という位の否定に直結する言辞でつらぬかれている。

そもそも日嗣（ひつぎ）の御子が、前世からの悪因を積むということは、古代の天皇観にあっては、ありうべからざることだ。そのありうべからざることが、ここでは当たり前のように語られている。しかも、この〝天孫〟は、皇祖神・天照大神から未来永劫にわたって統治せよと命じられたはずの日本を滅ぼそうと考えていたというのだから、これ以上の自己否定はない。日本を滅ぼすということは、自らのアイデンティティを滅ぼすことにほかならないからである。

同じことは、説話世界の崇徳にもいえる。であればこそ、中世は新たな天皇神話の創出を必要とした。皇祖神の血筋のもつ神聖さ、王権の不可侵性は相対化され、かぎりなくあいまいなものになったとはいえ、仏門にとっても、有力貴族からなる権門や武門にとっても、自分たちの地位や権益の正統性を保証し、力のみで既得権を脅かしてくる異端を排除する支配者サイドの論理を守るためには、その象徴ともいうべき天皇の利用価値は依然として高かった。かつて律令時代、豪族たちを天皇一元の中央集権体制にとりまとめるために記紀神話が編まれたように、かくして中世を支配した仏教世界観にすりあわせる形で、新たな天皇神話が編み出されていくのである。

3、密教による三種神器の読み替え

三種神器とは何か

天皇が天皇になるために不可欠の呪宝（じゅほう）とされてきたものに、高天原（たかまのはら）からくだってきた初代天孫・瓊々杵尊（ににぎのみこと）が、降臨に際して天照大神から授かったとされる三種の神器——八咫鏡（やたのかがみ）・天叢雲剣（あめのむらくものつるぎ）・八尺瓊勾玉（やさかにのまがたま）がある。今日、多くの人は、三種の神器をはるか古代から連綿と王家に受け継がれてきた王権を証しする神聖な呪宝（レガリア）だろうと漠然と考えている。しかし、それは事実ではない。

そもそも『日本書紀』（七二〇年。以下『書紀』）が編纂された時点で、瓊々杵尊が三種の神器を天照大神から授かったという神話は、朝廷の公的な見解ではない。『書紀』が国家の歴史としてまとめている文章は「本文」と呼ばれ、それ以外の異伝については「一書（あるふみ）」にいわくとして併記する形式をとっている。つまり当時認識されていた国史の正文はあくまで「本文」なのだが、その本文で瓊々杵尊に降臨を命じているのは高皇産霊神（高木神）であって、天照大神ではない。天照大神を単独の司命神としているのは、中臣（藤原）氏が関与して最終的に成立したことがほぼ定説化している「第一の一書」のみであって、天照大神から瓊々杵尊に三種の神器の授与がおこなわれたとする記述も、『書紀』では「第一の一書」にしか出てこない。本文には神器授与の神話そのものがないのである。他の異伝も同様で、「第二の一書」は「鏡」の授与のみを伝え、「第四の一書」と「第六の一書」は、本文と同じく神器授与の神話そのものがない。

神器授与の神話自体が、『書紀』編纂の時点でまだ後世信じられるような形で確定していなかったことがうかがわれるのだが、皇位継承に際しては必ず三種神器が受け継がれなければならないとする〝皇国の伝統〟にも、大きな疑問がある。というのも、天皇即位に関する『書紀』の記述が、三種ではなく鏡・剣の二種になっているからだ。たとえば継体（けいたい）天皇（在位五〇七～三二）の即位記事では、大伴金村大連（おおとものかなむらおおむらじ）が跪いて「鏡・剣の璽符（みしるし）」を渡したとなっている。ここでいう「璽符」は、中国の皇帝即位で用いられる伝国の璽（じ）・璽符（じふ）・璽印（じいん）・璽授（じじゅ）などの表現をまねて踏襲したものと考えられており、三種の神器のひとつである八尺瓊勾玉をさしているのではない。璽符の古訓も「みしるし」となっている。また、宣化（せんか）天皇（在位五三五？～三九年）の即位記事でも、天皇に渡されたのは「鏡・剣」の二種であり、その後も同様の形式が踏襲されたらしいことは、持統天皇（在位六九〇〜九七）の即位においてなお「神璽の剣・鏡」を奉ったと記されている記事に明瞭に表れている。

さらに、斎部広成の『古語拾遺』（八〇七年）は、八咫鏡と草薙剣が皇孫に伝授される「二種の神宝」だと明記し、「大宝令」を受けついだ「養老令」の注釈書である『令義解』（八二六年）が引く神祇令践祚の条にも、「およそ践祚の日には、中臣が天神の寿詞を奏し、忌部が神璽の鏡剣を上れ」（凡践祚之日、中臣奏天神之寿詞、忌部上神璽之鏡剣）と規定している。さらに『令義解』も「鏡剣を以て璽と称う」と、あきらかに注記しているのである。これは、即位の礼に際しては、祭祀氏族のひとつである忌部（斎部）氏が〝神聖なみしるし（神璽）〟の鏡と剣を皇位継承者に奉ることが、宮中の伝統となっていたことを示している。

では、王権の象徴である神器は鏡と剣の二種だけなのかというと、そうと断定することもできない。黛弘道氏は、古代の各地の豪族が天皇への服属を表明する儀式において、彼らの王権のシンボルである鏡・剣・玉を献上したとする『書紀』の記事を挙げ、鏡と剣と玉は倭朝廷成立の前から各地の王がレガリアとしていた宝物と考えられ、天皇家の三種の神器も同様の宝物として存在していただろうと推定したうえで、践祚という公的儀式で伝えられるのは鏡・剣の二種のみであり、その前段に後宮で祖霊の継承を意味する玉（勾玉）の継承がおこなわれたのではないかと推定している。[11] ただし、それを証明する史料はない。

即位の儀礼で王権のレガリアと位置づけられてきたのは、天皇が天照大神の直系であることを示す鏡と、天皇が武力によってこの国の統治権を把持していることの象徴である剣の二種だった。そこに玉が加えられて三種となったのは、剣璽（けんじ）渡御（とぎょ）を司ってきた忌部の力を殺（そ）ぐべく動いた中臣の政治力によると黛氏は推測しており、この説には説得力がある。ただし、金属製の鏡と剣はともに金属器時代のレガリアであり、玉はそれよりはるかに古い石器時代の信仰に淵源するレガリアだ。各地に盤踞していた地方の王が、金属器時代のレガリアを神宝とする天皇家に鏡・剣に玉を加えた三種の宝を差し出したという『書紀』の記述は、土着の王たちの祖霊が籠もる玉（タマは玉であり魂の象徴）を差し出し、祖霊ごと服属を誓ったという意味とも受け取ることができる。三種の神器の由来は、依然として不明瞭なのである。

ともあれ、天皇家の支配が確立し、諸制度が整えられて国家の運営が安定してくると、二種の神器説にかわって三種の神器説が定着した。それは神器のうちの鏡が宮中温明殿（うんめいでん）の内侍所（ないしどころ）に安置されるようになった平安以降で、黛氏はほぼ九世紀ごろと推定している。けれどもこの三種の神器の位置づけも、中世以降、大きく変貌していく。王権の衰微とともに、王権のシンボルである神器がまとっていた古代神話的・神祇信仰的な意味合いが後退ないし改編を余儀なくされ、いちじるしく仏教化された新解釈が登場してくるのである。

宝剣と神璽の交わり

その典型として、建仁三年（一二〇三）六月に天台座主の慈円が見たという有名な霊夢（『夢想記』）と、その解釈が挙げられる。[12] 夢の中で慈円は、「宝剣と神璽が交わる」という神秘的なビジョンを見た。この場合の神璽は、あきらかに八尺瓊勾玉を意味している。宝剣は典型的な男根の象徴であり、穴があけられている勾玉は、説明の要がない女陰（玉門）の象徴だからである。慈円はこの交わりを、王と妻后のセックスと解釈し、「宝剣＝王」は「一字金輪」、「神璽＝妻后」は「仏眼仏母」の象徴でもあると解釈した。さらにそこから進んで、この宝剣と神璽の交わったところに生まれるのが「神鏡＝天照大神＝大日如来」であり、かつ「金輪聖王としての天皇」だと考えるに至ったのである。

一字金輪は天台宗が最も重んじてきた如来で、仏菩薩の功徳の一切はこの一尊に帰着すると信じられたところから「一字」といい、世界を支配する金・銀・銅・鉄の四輪王の中で最も勝れているのが金輪王なので「金輪」と呼ばれる。その姿は金剛界の大日如来と同じだ。次の仏眼仏母は仏眼尊ともいい、大日如来の変化身とも、釈迦仏の母ともいわれる。また、金剛界の大日如来が胎蔵界に入って月輪三昧の瞑想状態にあるのを一字金輪といい、胎蔵界の大日如来が金剛界に入って月輪三昧の瞑想状態にあるのを仏眼仏母というとする説もあり、台密で調伏や息災のために修する一字金輪法の本尊「金輪曼陀羅」では、一字金輪とともに仏眼仏母が描かれている。その理由は、「一字金輪法の力は諸法中、最強無比といわれ、五百由旬四方で行われる（一字金輪法以外の）一切の修法は、この法を修すればことごとく功徳を失うとされているが、仏眼尊は断壊されたものを救う尊とされているからである。つまり、金輪法の威力から守るべきものを守るための仏眼尊なのである」[13]。

さらに、右の一字金輪法の本尊は、熾盛光仏頂という仏を祭って諸天や星宿などを折伏する熾盛光法の本尊と同じと考えられてきたが（第二章5参照）、この熾盛光法で用いられる曼陀羅にも仏眼尊が描かれている。また、熾盛光仏頂は北極星によって象徴される仏で、祭星関連の尊として崇敬されたが、仏眼尊にも仏眼法という祭星関連の修法があり、日月木火土金水の七曜星が、本尊である仏眼尊の使者となって働き、願主の願いを成就すると信じられた。

このように、台密では一字金輪と仏眼仏母はしばしばセットで考えられた。そうした背景があって慈円は両者の霊的な交わりを夢想し、さらに進んで、そこから神鏡としての天皇が生まれると夢想したのだが、このときおそらく慈円の中には、

◎宝剣＝王（父）＝一字金輪＝金剛界の大日如来
◎神璽＝后（母）＝仏眼仏母＝胎蔵界の大日如来
◎神鏡＝天照大神（子）＝統一体と

大仏頂曼荼羅。上に釈迦金輪、下に大日金輪が描かれる。慈円は大日金輪（一字金輪）と仏眼仏母の交歓の夢から三種の神器の密教式解釈を導き出した。（『醍醐本図像』大正蔵図像部四より）

仏眼仏母。定印を組んで蓮華座に座す。（『大悲胎蔵大曼荼羅』仁和寺版・大正蔵図像部一より）

しての大日如来という、すべてが大日如来に集約していく密教家としてのイメージが働いていたのである。大日如来を天照大神の本地（ほんじ）とする説は、すでにこの時代、いたるところで唱えられていた。大日と天照が一体であるなら、天照の子孫である天皇と大日も一体ということになる。かくして天皇および三種神器は、仏教の中にすっぽりと収納されることになる。

ここで慈円が、まず宝剣と神璽のイメージから語りおこしているのは、剣・璽の二宝が男女二根のイメージと通いあうからだけではあるまい。中世、天皇の寝所である夜御殿（よるのおとど）の枕元には、三種神器のうち剣と神璽が置かれていた。これは天皇が、霊的な父である剣と、霊的な母である神璽とともに眠る形にほかならない。一方、神鏡は、すでに述べたとおり内裏の内侍所（その南側の賢所（かしこどころ））に別に祀られていたが、神鏡の本地に当たる仏像は、夜御殿に接する「二間（ふたま）」と呼ばれる部屋に安置されていた。天台の秘説を網羅する『渓嵐拾葉集（けいらんしゅうようしゅう）』に、「内裏の内侍所に安置し奉るところのものは二間なり。これをまた貴所（かしこどころ）と号（なづ）く。……その本尊は如意輪観音（にょいりんかんのん）なり。最極秘事なり。口外すべからず」とあるとおり、その仏像は「如意輪観音」であり、この仏は大日如来の化身であった。[14] この「二間」で、天皇の護持僧は就寝中の天皇の霊的守護につとめたが、その際、護持僧の祈りは、天皇そのものにではなく、如意輪観音に向けられた。つまり直接的には、この神鏡の本地である如意輪観音こそが、宝剣と神璽の〝聖婚〟によって成就した聖なる子＝天皇の象徴的な身体として機能したのであり、天皇の息災延命や宝祚長久は、それに向かって祈り加持する護持僧の法験の力によって守られ、同時に支配されていたのである。

慈円の夢は、中世の天皇が、高天原の天神に選ばれて降臨し、守護されてきた存在というより、仏に選ばれ、守護されてきた存在と見なされたことを示している。ここに伊勢太神宮より強力な後ろ盾としての仏が登場してきているのであり、仏の保証がなければ、天皇位の聖性や不可侵性を維持することが困難な状況が、中世全般を覆っていたのである。

記紀神話の再解釈

慈円の夢に明らかなように、三種の神器は、天皇が天皇である理由を説明する秘密の象徴として再解釈された。『渓嵐拾葉集』には、神璽を仏の尊形、宝剣を仏を象徴する持物（三摩耶形）、神鏡を仏の種字とする説も出てくる。神祇信仰にかかわる事物の著しい仏教化は、寺院サイドが王権に一方的におしつけたものではなかった。それは、天皇・寺社双方ともにそうしなければならない理由があって、編み出されたのである。

皇祖神を祀る伊勢太神宮の守護だけでは心もとないという天皇の思いを最も赤裸々に表明している例に、堀河天皇（在位一〇八六～一一〇七）の臨終の際のふるまいがある。そのとき天皇は、危篤の床に伏す状態だったにもかかわらず、天皇礼冠をつけ威儀を正して『法華経』を誦み、阿弥陀如来と結縁するための念仏を唱えた。そしてその後、「ただ今、死なんずるなり。太神宮、助けさせたまえ。南無平等大会講法華」と叫んで、皇祖神たる天照大神と釈迦如来に後世を頼んだのである（『讃岐典侍日記』）。

天皇および三種神器を、大日如来を中心とする台密・東密の世界に引きこむということは、一方では、天皇を記紀神話的なローカルな日本の王から解き放ち、仏と特別な因縁で結ばれた「神国」に君臨する世界王（転輪聖王）として位置付け直すことをも意味した。そうした動きは、仏教内部でも、密教の影響下にあった神道でも、さかんにおこなわれた。日本というローカルな粟散国を、世界の中心としてとらえなおすことを目的におこなわれた記紀神話の再解釈がそれだ。ここでは、数ある再解釈の中から、伊勢神宮神官の度会氏の間で最も重要な神典と考えられていた『大和葛城宝山記』（『宝山記』）を見ていくことにしよう。同書は初期両部神道の代表的な著作で、成立は鎌倉後期とされる。

同書はこう述べる。「水上に神聖が化生して、千の頭、二千の手足が生じた。この神を常住慈悲神王といい、違細となす。この人神の臍の中に千葉金色の妙法蓮華が生じた。……花の中に人神がおり、結跏趺坐に足を組んで座っていた。……名付けて梵天王という。この梵天王の心から八人の子が生じ、彼らが天地人民を生み出した。これら八人の子を天神（てんじん）という。また、天帝の祖神（おやがみ）ともいう。天神の上首は天御中主尊（あめのみなかぬしのみこと）。無宗無上であり、他によらず、独りでよく化生した」。

一読おわかりのとおり、これはヒンドゥー教でおなじみのヴィシュヌ神話そのものだ（違細はビシュヌの漢訳語）。鎌倉時代の両部神道に、仏教を介してヒンドゥー神話が取り込まれ、それが日本神話に接ぎ木されているのである。

ついで『宝山記』は、天御中主尊を筆頭とする天神が創造した天についての秘説を述べる。天の中の最高天は「極天（きょくてん）」と呼ばれているが、そこにも記紀の神が登場する。「極天の祖神は高皇産霊（たかみむすび）の皇帝である。これを上帝と名づく。この高皇産霊尊は極天の祖皇帝であらせられるがゆえに、皇王（こうおう）（天皇）の祖師に当たるのである」。極天は、仏教宇宙論でいう無色界（むしきかい）（精神界）に広がる諸天（禅天（ぜんてん））の中の最高天に相当し、その下に、色界（物質界）の諸天が層をなして重なっている。色界の最高天は、仏教では「第六天（だいろくてん）」と呼ばれるが、『宝山記』もそれをそっくり踏襲する。

「イザナギ、イザナミ二柱（ふたはしら）の尊は、第六天宮の主で、大自在天王（シヴァ）であらせられる。両尊は皇天のおおせのままに天（あめ）の瓊戈（ぬほこ）を受け、呪術の力をもって山川草木を加持し、さまざまな驚くべき仕事を現出した。はるか昔からの大悲願のゆえに日神・月神を創造し、全世界を照らした。ナギ・ナミ両尊は、昔は中天（ちゅうてん）にいて衆生を救済し、今は日本の金剛山に鎮座なさっている」。

このナギ・ナミから生み出されるのが、かの天照大神だ。「大日孁貴尊（おおひるめむちのみこと）（天照大神）を日神と名づける。日とは、つまり大毘盧遮那如来（大日如来）、知恵を象徴する月光の応変である」。ここで天照大神と大日如来が接続する。以下、天照大神の神勅を受けた天孫が日本に降臨し、葦原中津国の主となるのだが、日本の神典に登場する天津神は、このようにグローバルな世界神として再解釈され、その結果、天津神の直系子孫と位置づけられてきた天皇も、渡会氏や両部神道家ら秘教家たちの観念世界の中では、粟散国のローカルな地方王から、グローバルな世界王へと立ち位置が変わっていったのである。

「天皇＝大日如来」説

中世、さまざまに唱えられた「天皇＝釈迦化身説」や「天皇＝大日如来説」は、こうした文脈の中から生まれてきた。天照大神の子孫というだけでは、もはや天皇家の神聖王権を理念的に支えることができなくなったがゆえに、寺社サイドは、こうした神話の再創造をおこない、旧時代の現世支配の枠組みを、中世という新時代にスライドさせようとした。天皇＝大日如来説の最も端的な例として、後三条天皇の代から始まったとされる「即位灌頂」を挙げることができる。これについては、6節以下で述べるので、詳しくはそちらを参照していただきたいが、元来、仏教とはまったく無関係だった日本古俗の即位の儀で、天皇が大日如来の真言を唱え、大日如来の印を結ぶという仏教様式にもとづく異形の即位儀礼が、中世以降、定着した。

即位とセットでおこなわれる大嘗祭（だいじょうさい）は、後土御門（ごつちみかど）天皇（在位一四六四～一五〇〇）の代の十五世紀なかばから中断し、不完全ながらもようやく再興されたのは十七世紀末であり、それ以外の数々の重要な朝儀（ちょうぎ）も中絶を余儀なくされていた。即位後、初めて天照大神をはじめとする天神地祇（てんじんちぎ）に新穀（しんこく）を供え、この国の神々および天皇霊と一体になるためにおこなわれる大嘗祭は、事実上、天皇の霊威獲得に不可欠なものではなくなっていた。けれども即位灌頂のほうは、実に明治天皇の父の孝明（こうめい）天皇の代になるまで踏襲されてきたのである。

即位灌頂についてもう一点だけ述べておくなら、灌頂に用いる真言と印を家伝として継承し、天皇に伝授する役目は、江戸末期まで、藤原北家系列の特定の摂家の家職だった。[15] この「印明（いんみょう）伝授」（明は真言のこと）によって、摂関家は「天皇＝大日如来説」に基づく秩序の中にしっかりと根をおろし、東密・台密の伝統仏教も、大日如来の秩序世界の中に天皇をとりこんで離さない体制を維持することができた。天皇を大日如来と接続することは、単に天皇の聖性を守ることを意味したのではない。天皇を中核とした支配構造をまるごと維持することに、その真の目的、政治的目的があった点を見逃してはならない。

けれども、天皇を仏の化身とするこの解釈は、ある意味ではもろ刃の刃（やいば）であった。というのも、仏になるための条件の中には「血統」はいっさい含まれておらず、実際、釈迦その人が、王族の身分を捨てて出家修行に入り、ブッダになっていたからである。これは裏をかえすと、天照大神の子孫であるなしにかかわらず、だれもが天皇になりうるということを意味する。事実中世には、過去世において不殺生・不偸盗・不邪婬・不妄語・不悪口・不両舌・不綺語・無貪・無瞋・正見の十善戒を受け、それを固く守った功徳により、今生で帝王に生まれたのが天皇だとする説が横行した。これを「十善帝王説」という。

天皇観の変化

中世の天皇の中には、実際、「十善帝王説」にもとづいて理解された天皇もいた。花山天皇（在位九八四～八六）がその人だ。十三世紀初頭にまとめられた説話集の『古事談』には、花山天皇の前世譚が記されている。それによると天皇の前世は大峰で修行中に亡くなった名も定かでない修験者であり、生前の「修行の徳」によって王家に転生し、天皇の地位についたというのだ。天照大神の血筋という条件は、ここでは少しもかえりみられていない。

かと思うと、人間ならぬ竜王の娘が天皇になったと語っているものもある。源平合戦で壇ノ浦に沈んだ悲劇の天皇・安徳（在位一一八〇～八五）がその人だ。慈円の『愚管抄』に、こんなくだりがある。

「この天皇（安徳）は平相国（清盛）が祈願をかけ、安芸国厳島の明神のお恵みによってお生まれになった天皇であった。厳島の神は竜王の娘と言い伝えられており、……この神が自ら天皇となってこの世にお生まれになったのであった。それで最後には海に帰っていかれたのである」。一方、『平家物語』は、安徳天皇についてこう述べている。場面は幼帝入水の段。安徳帝に語りかけるのは二位尼（安徳の祖母で平清盛の妻の時子）だ。切々たる名調子なので、そのまま引用する。

「君は未だしらしめされ候わずや、先世の十善戒行の御力によって、今、万乗の主とは生まれさせたまえども、悪縁に引かれて、御運既に尽きさせ候いぬ。まず東に向かわせたまいて、伊勢大神宮に御暇申させおわしまして、その後、西に向かわせたまいて、西方極楽浄土の来迎に預からむと誓わせおわしまして、御念仏候べし。この国は粟散辺土と申して、ものうき境にて候。あの波の下にこそ、極楽浄土とてめでたき都の候。それへ具し参らせ候ぞ」

ここには、中世天皇の地位のはかなさが、みごとに活写されている。天皇という位が本来そなえていたはずの〝神聖な神の血筋〟という観念は微塵も認められない。彼が王位についたのは、ただ前世の「十善戒行の御力」による。しかしその力も、「悪縁」の前にはまったくの無力なのである。

天皇という血統上、伊勢大神宮に一応の暇乞いはするが、二位尼には、伊勢の天照大神に助力を請う気持ちはない。後生を頼むのはただただ西方極楽浄土であり、阿弥陀仏だ。さらに二位尼は、無上の王土であるはずの日本を、海のそこかしこに粟粒のように散らばるちっぽけな島国のひとつ――「粟散辺土」だといい、「もの憂き境」だと幼帝に因果を含める。そして、真実の「めでたき都」はこれから自分たちが入っていく「波の下」にあると、幼き帝王に切々と語りかけるのである。

壇ノ浦では、三種神器も海に沈んだ。幸い、神璽と神鏡は回収されて都にもどったと伝えられるが、宝剣だけは沈んだまま、ついに見いだすことができなかった。これについても、慈円は興味深い解釈をしている。

「宝剣は天皇の武の面の御守りである。……この御守りに皇室の祖先の神が乗り移って守護し奉るのである。そのうえ今は、武士の大将軍がしっかりと政治の権を握って、武士の大将軍の心にそむくようでは天皇も位についておいでになれないような時のめぐり合わせがはっきりと表にあらわれ出てきた世である。そして、そのことを伊勢太神宮も八幡大菩薩もお認めになったのであるから、こうなっては宝剣はもう役に立たなくなったのである。高倉天皇は平家がお立てした天皇であった。天皇の武の方面の御守りである宝剣がこの天皇の時代になってついになくなってしまったことは、考えてみるとよく理解できることであり、世の移り行く姿がしみじみと物悲しく思われるのである」（『愚管抄』）

天皇を霊的に守護してきた宝剣は、武家の世になって役に立たなくなった。こうした世になることを「伊勢太神宮も八幡大菩薩もお認めになった」のであり、であればこそ、三種神器のうちの宝剣だけが失われたのだろうと慈円は解釈したのである。このように、中世における王権は、それが始まる平安末期から、すでに随所でほころびはじめていた。即位灌頂も、新たな王権神話も、現実の権力をともなわない世界では、一種の観念遊戯の域を出ることはなかった。そんな中に、王権の完全復活を夢見た「異形の天皇」、第九十六代天皇後醍醐が登場してくる。

4、後醍醐天皇の呪法

法服をまとった天皇

後醍醐天皇が伯耆国船上山から発した朝敵滅亡の宣旨に呼応して、各地の武士・悪党（反幕府、反荘園体制的行動をとった在地領主・新興商人・有力農民らの集団）が一斉に討幕の軍を起こしたのは、元弘三年（一三三三）のことだ。新田義貞軍が鎌倉を攻めて北条高時ら幕府勢数百人を自刃に追いこみ、ここに鎌倉幕府は滅んだ。幕府方の光厳天皇（在位一三三一〜三三）を廃した後醍醐は、同年六月、京に還幸した。武家からの政権奪回の感激を、天皇側近の一人の北畠親房はこう記している。

「平氏が天下を専横して二十六年、文治のはじめに源頼朝が権力を握ってから父子あいついで三十七年、承久の乱後、北条義時が政権を担当してから百十三年、合わせて百七十数年の間、公家が天下を一統したことは絶えてなかった。けれども今、この天皇の御代にいたって、掌をかえすよりもたやすく公家一統の偉業の成就するのをまのあたりにして、神意のはからいも、時節の到来を待ってはじめて実現できるものであることを天下こぞって思い知らされたのであった」（『神皇正統記』）

翌一三三四年、後醍醐は元号を建武と改元、かねてからの夢であった天皇による親政を勢いにまか

日本を代表する三神の威光を背に、日輪の王冠を被り、法衣にて密教法具を持った姿で描かれる後醍醐天皇像。（藤沢市・清浄光寺蔵）

せて押しすすめた。世にいう「建武の新政」である。ここにいたるまでの道のりは、けっして平坦ではなかった。文保二年（一三一八）の即位後、父の後宇多法皇に迫って院政を停止し、天皇への政務の返還を勝ちとったのが三十四歳のとき。その後、実権のある天皇親政を目指して討幕計画をかためたが、正中元年（一三二四）の第一次討幕は事前に計画が漏れて失敗した。後醍醐は無関係を主張してことなきを得たが、多くの手駒を自殺や流罪で失った。

　にもかかわらず、後醍醐の討幕にかける執念が衰えることはなかった。有力寺院に、ひそかに鎌倉幕府調伏の祈禱を命じるとともに、さかんに宣旨を飛ばして天皇派の武士らを召集。第二次討幕を企図して畿内を転々としたが捕らえられ、元弘二年（一三三二）にはついに隠岐にまで流された。この配流で、後醍醐の執心はさらに燃えあがった。隠岐の行在所（仮の御所）では、夜を徹して密教による調伏修法に心魂をかたむけ、翌年閏二月、ひそかに隠岐から脱出して船上山に遷ったのちも、後醍醐はみずから法服をまとって護摩壇に向かった。そのときの様子を、『太平記』はこう描く。「後醍醐帝は天下の安否はこののちどうなろうかと御心痛になり、船上山の皇居に仏壇を設けられて、おんみずから金輪の修法をおこなわれた。その七日目にあたる夜、日月星（星は金星のこと）の三光天子が光り輝いて壇上に並び現れたので、これは御願がただちに成就する徴だと、帝は頼もしく思し召された」。この三光天子の応験か、それからほどなく高時らは自害し、ついに後醍醐の討幕は成就した。まさに鬼神の執念で手にした「公家一統」だったのである。

それにしても、討幕にいたるまでの後醍醐の行動は、常軌を逸していた。「後醍醐自身の行動の中で……天皇史上、例を見ない異様さは、現職の天皇でありながら、自ら法服を着けて、真言密教の祈禱を行った点にある」[16]。網野善彦氏がこう書いているように、過去、天子の位にある者が、在位中にみずから僧侶の資格をもって仏神を祀り、密教の法を修した例はなかった。中世王権が仏教に骨がらみになっていたのは事実だが、理念の上では、天皇は依然として寺社の上に立つ宗教上の主権者であり、僧侶ら祈禱者は、天皇＝国家という公に対する奉仕者だった。にもかかわらず、後醍醐はそうした旧い理念をあっさりと捨て去り、みずから法服（僧尼の衣服の総称、法衣）をまとった。そして、密教修法の中でも、最も危険とされる鬼神の修法に手を染めたのである。

密教に対する後醍醐の執着は、彼が皇太子だった時代から一貫して並はずれていた。「（後醍醐は）とくに真言密教に帰依していた。初めは父法皇に師事していたが、後には前大僧正禅助の門に入って、その許可を受けるまでに至った。一国の天子が灌頂を受けた例は中国にもある。わが国では清和天皇が宮中に慈覚大師を請じ、……この儀を受けた例があるが、その場合は（入門段階の）結縁灌頂だったようである。後醍醐天皇はまことの授職（伝法灌頂）をと志された」（『神皇正統記』）。

後醍醐が最初に師事した「父法皇」とは、後宇多天皇（在位一二七四〜八七）を指す⑰。後宇多は幼少時から学を好み、内外の典籍を修したことで知られる。とりわけ真言密教および祖師の空海を熱烈に信仰し、徳治二年（一三〇七）には先の大僧正で東寺長者だった仁和寺の禅助を戒師として落飾・出家し、翌年には東寺の灌頂院で禅助から伝法灌頂を受けて三宝院流の正統な血脈者となった。

伝法灌頂というのは、修行を重ねて一定の要件を満たした者が、いよいよ教わる側から教え導く側の阿闍梨の位を授かるためにおこなわれる密教で最も重要な儀式で、その次第は、「三昧耶戒道場にて弟子（受者）に仏性三昧耶戒・四重禁戒・十無尽戒等を授けて教誡する。歯木・金剛線・誓水等の所作があり、次に大阿（大阿闍梨）は大曼陀羅壇にて供養法を修し、大阿か教授師が受者を（灌頂の場に）引入して大壇に投華得仏させ、有縁の尊を定める。次に大阿は正覚壇で受者に五智の瓶水を灌頂し（受者の頭上に水を灌ぐ儀礼）、得仏の尊の印明を伝授し（受者が華を投げることで得た有縁の尊の印と真言を授けること）、宝冠・臂釧・白払・宝扇・塗香・五鈷杵・金篦・法輪・法螺・明鏡を授与する」のである⑱（『秘教Ⅱ』の『神祇灌頂私式次第』参照）。

後醍醐は、まずこの「父法皇」から密教の手ほどきを受け、ついで父に伝法灌頂を授けた禅助の門に入って修学し、父と同様、自身も伝法灌頂まで進んで授職した。つまり後醍醐の密教は、信仰者の域をはるかに超えた、本格のものだったと考えてよい。そんな後醍醐だけに、討幕を志して以後、何度も幕府調伏祈禱をおこなったことはまったく不思議ではない。彼が諸寺に命じて秘修させた幕府調伏祈禱は、嘉暦（かりゃく）元年（一三二六）から、少なくとも四年以上にわたっている。この祈禱について、後醍醐は「懐妊した中宮の安産を祈るため」だと幕府に説明している。けれども内実は、討幕の呪法そのものだった。中でも、元徳（げんとく）元年（一三二九）に後醍醐みずからがおこなったとされる注目すべき修法があった。「聖天供（しょうてんく）」がそれである。

最極秘の呪法

「禁裏（きんり）（後醍醐）、聖天供とて御自ら御祈禱候」——幕府方の重鎮・金沢貞顕（かねさわさだあき）が、息子の六波羅南方探題（ろくはらみなみかたたんだい）・金沢貞将（さだまさ）に宛てた書状の一節だ[19]。聖天供で供養される聖天は、除障者とも常随魔とも呼ばれる鬼神ビナーヤカ（毘那夜迦）のことで、大聖歓喜天（だいしょうかんぎてん）、歓喜自在天（かんぎじざいてん）とも呼ばれる。象頭人身の鬼神で、世界の破壊を司る大神として信仰されてきたシヴァ神と烏摩妃（うまひ）の子とされ、さまざまな説話が伝えられている。

そのひとつによると、聖天（毘那夜迦（びなやか））は、かつては牛肉と大根のみを食らう猛悪の王として地上に君臨していた。そのため国中に牛が乏しくなったので、国民は死人の肉を王に供（きょう）したが、死人も乏しくなると、今度は生きた者の人肉で代用するようになった。このままでは国が滅びると憂いた大臣らが王を倒すために挙兵すると、王は鬼神の毘那夜迦に化身して空に飛び去り、その後、国中に疫病が蔓延した。そこで大臣らが十一面観音に祈ったところ、観音は毘那夜迦の婦女身に化身して王の欲心をあおり、自分の体に触れたいのならわが教えに従えと諭して、毘那夜迦を仏教守護神に改心させたという。聖天には数々の形像があるが、象頭の男天・女天が抱きあう姿の双身歓喜天は、右の男女の毘那夜迦の結合を象徴している。

さて、その聖天を、なぜ後醍醐は供養したのか。それはこの神が、「行者の所願に従いて……どのような非法悪行といえども成就せしめたまう」（『渓嵐拾葉集』）と信じられてきた強烈な呪法神だったからで、中でも後醍醐が修したと目される「大聖歓喜天浴油供（浴油供）」は、浴油供・酒供・花水供の三種の聖天供のうちでも、もっとも扱いのむずかしい最極秘の法とされていた。これは今日でも変わらない。なぜ最極秘なのか。効験はまことに迅速で確実だが、手落ちがあると行者自身が聖天に攻め滅ぼされてしまうと伝えられてきた秘法だからである。聖天供は絶対に人に見られぬように隠密に修するものと定められており、聖天の好物とされる酒・大根・歓喜団（米粉に実を入れて油で炒った菓子）などを供えて祈る。その際、浴油供によって供養する場合は、熱した油を入れた銅器の中に聖天像を安置し、その油を聖天に灌いで、隠密裏に所願成就を祈るのである。

この危険な法を用いて、後醍醐は幕府への呪詛をおこなった。『渓嵐拾葉集』は、「怨讐の降伏のとき、結縛の印を結び、真言を唱えて本尊の聖天を加持すれば、本尊は行者に印明で罰せられることを悲しみ、行って敵を治罰したまう」として、聖天供に怨敵治罰の験があることを述べている。また聖天供には、法を修する者を「国王」にするという秘密の功験もあると伝えられた。『渓嵐拾葉集』はこう書く。「この聖天は皇后である。これを世俗の事がらになぞらえて考えれば、皇后を配偶にできるほどの人物は、国王以外には存在しない。そのゆえに、聖天に奉仕する行者は、現生に凡身を転じて国王となるのである」。

後醍醐がこの法を修した一三二九年という年は、第一次討幕計画が失敗に終わり、ひそかに第二次討幕のための布石を打っていたさなかにあたる。この時期の後醍醐が、王権奪回の一念に凝りかたまっていたであろうことは、容易に想像がつく。そんな状況下で、この聖天供が秘修されたのである。

帝に寄り添った呪法僧

後醍醐には特別に寵愛した特異な呪術僧がいた。その寵があまりに度外れていたことから「天子の婿」（『続伝灯広録』）とまで揶揄された文観弘真である。『宝鏡鈔』によれば、文観は弘安元年（一二七八）に生まれ、西大寺末寺の播磨国北条寺で仏門に入った。文観の弟子の宝蓮は「左大臣（源）雅信公十三代後胤・大野原大夫重真の孫」で、播州生まれとしているが（『瑜伽伝燈鈔』[20]）、後の史料は姓氏・郷国とも不明としており、真偽は知れない。北条寺を振り出しに諸寺で法相や律を学んだのち、二十四歳で初めて真言宗に入った文観は、まず慈心和尚から両部灌頂を受け、さらに醍醐寺報恩院の阿闍梨・道順の門に進んで、正和五年（一三一六）、道順から伝法灌頂を授かり、正式に真言阿闍梨となった。ちなみに道順は後醍醐の父の後宇多天皇から信任された阿闍梨であり、皇太子だった後醍醐とも通じていた。文観と後醍醐の接点は、このころに生まれたものと思われる。

授職した文観は、ほどなく後醍醐の野望実現のために働くようになり、天皇が幕府調伏の祈祷を始めた元亨四年（一三二四）には、「金輪聖主（後醍醐）御願成就」を期して「八字文殊菩薩像」を造像している。『瑜伽伝燈鈔』によれば、翌正中二年（一三二五）には「金輪聖皇（後醍醐）に印可並びに仁王経秘法を授け」て天皇の内供奉となり、二年後の嘉暦二年（一三二七）には「重ねて両部伝法灌頂職位を授け」た。「重ねて」とあるから、後醍醐はそれ以前、すでに両部の伝法灌頂を受けていたことになるが、それがいつで、師の阿闍梨がだれだったかは記されていない。ともあれ、後醍醐が倒幕に腐心してさまざまな祈祷をおこなっていた一三二〇年代中頃以降、後醍醐は天皇かつ阿闍梨というまさしく「異形」の立場で倒幕祈祷をみずからも修していたのである。

さらに文観は、元徳二年（一三三〇）に東密究極の灌頂である瑜祇灌頂を後醍醐に授けた。灌頂に際し、後醍醐は神武天皇の御冠と仲哀天皇の雷服（天子の礼服である袞衣）を着し、文観は「東寺相承の袈裟」を着用したと宝蓮は述べているが、この袈裟は空海が唐国で師の恵果から授かって持ち帰った東密至宝のひとつである犍陀穀糸の袈裟を指している（この灌頂時の後醍醐の姿を写したのが、神奈川県藤沢の清浄光寺に伝わる南北朝時代作の「絹本著色後醍醐天皇御像」（二八〇ページ図）で、制作監修ならびに開眼供養は文観その人がおこなったとされている[21]）。

後醍醐から特別に重んじられた文観は、栄耀栄華の階段を駆け上がる。倒幕が成って後醍醐が京都に還幸した元弘三年（一三三三）、四天王寺の別当に復するとともに、東寺の百十五代長者に任ぜられ、空海が開いた密教根本道場のトップの座についた。「文観上人は播州の片田舎に生を受け、氏素性も判明しない人物であって、出家してから歩いてきた経歴も始め律僧であり、天台を学び、更に密家に入ったという常途に異なった彼が、風雲に乗じたとはいえ一宗の最高位に昇ったということは、正に破天荒の出世[22]」だと守山聖真氏が書いているとおりの、破格の栄達を遂げるのである。

この「破天荒の出世」が「毛並みのよいもの」たちのやっかみや批判の対象となったのは自然の流れで、文観が東寺長者になって二年後の建武二年（一三三五）、高野山衆徒（しゅうと）による文観弾劾文（だんがいぶん）が上（じょう）奏（そう）された。以下、『宝鏡鈔』から、その文を引いておこう（『宝鏡鈔』の現代語訳は『秘教Ⅱ』に収録）。

「（文観は）兼ねて算道（さんどう）を学び、卜筮（ぼくぜい）を好み、専（もっぱ）ら呪術（じゅじゅつ）を習い、修験を立つ。貪欲心（とんよくのこころ）切（せつ）にして、驕慢（おごりたかぶり）の思い甚（はなは）だし。洛陽（みやこ）に入りて朝廷（みかど）を伺（うかが）い、証道（しょうどう）上人の職を掠（かす）め賜（たま）いて、ついに東寺大勧進（だいかんじん）の聖（ひじり）と為（な）り、苟（いやしく）も陰陽黒衣の身をもって謬（あやま）って綱維崇班（こういすうはん）の席に列（つら）なる」「この文観、吒枳尼（だきに）を祭り、竜顔（りゅうがん）を謁（えっ）して事を奏す」

これらの批判をそのまま信じることはできないが、文観がここに述べられているような種々の占術をおこなったことや、「専ら呪術を習い、修験を立」てたことは事実だろう。呪術や占術は密教僧の生命線であって、これをおこなえない密教僧に価値は認められない。ただし、わざわざ弾劾文中に「専ら呪術を習い」と明記したのは、この呪術が一般的に修されている密教の修法から逸脱した、おそらく外法寄りのものだったことを示すものにちがいない。そしてそれを暗示するのが「吒枳尼を祭り」の部分なのである。

先に筆者は、聖天は生きた人間の肉を供されていたという説話を引いた。吒枳尼天も同様で、この鬼神は人の肝を食らう夜叉の大将格として恐れられた。異端の邪法・真言立川流の本尊でもある。

立川流については章を改めて述べるのでここでは深く立ち入らないが、文観を立川流の嗣法者の一人とする見方は、中世以来、一貫しておこなわれてきた。立川流は、真言小野流の一派である醍醐三宝院流に淵源するとされている。セックスを秘義化した立川流に深く関係すると見なされるのは三宝院開祖の勝覚（一〇五七～一一二九）で、付法の弟子に実の弟にあたる仁寛がいる。伊豆の大仁に流され、そこで武蔵立川の陰陽師に立川流を伝えたとされる人物だ。この仁寛のほかにも、勝覚は二十余人に法を伝えた。そのうちの一人に三宝院流を受けた定海（一〇七四～一一四九）がおり、この定海からつながる系譜に、すでに見てきた後宇多も、文観も、そしておそらくは後醍醐もつながっているのである。系譜を示せば次のようになる。

勝覚
├ **仁寛**
└ 定海――元海…（略）…成賢――憲深――実深
　…（略）――憲淳――**道順**――**文観**――神弘
　後宇多院――**禅助**――聖尊……（略）

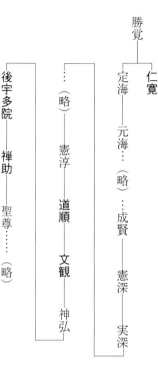

帝と外法

おそらく文観には立川流とも連関する術法が入っていたのだろう（ただしそれは、より広範な広がりをもつ吒枳尼天・辰狐王信仰の一部として受容した[23]のであって、立川流から吒枳尼天信仰に入ったとは思われないことは拙著『真言立川流』で詳述した）。その文観のパトロンである後醍醐にも立川流の秘伝書が伝わっていた可能性があることは、すでに櫛田良洪氏の指摘がある。[24]少々横道にそれるが、その概略を述べておきたい。

平安末に生まれ、鎌倉中期ごろに没したと推定されている真慶（しんぎょう）という真言僧がいる。諸師の法脈を受けて四天王寺の別当となり、「天王寺阿闍梨」と称したというが、この真慶が、正統密教から外

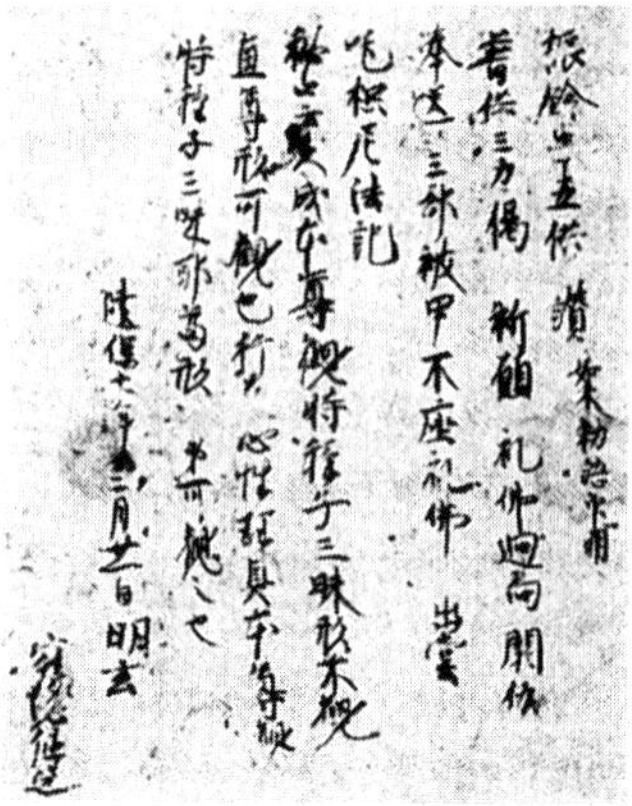

明玄から寂澄に与えられた秘伝書『吒枳尼法』の奥書。建保７年（1219）の伝と記されている。（称名寺蔵、金沢文庫保管）

れる邪義を弟子の増瑜に伝えた。その唱えるところは、「赤白二渧を両部と為し、二渧和合して身を生ず。説いて即身成仏と為す（女の赤い経血と男の白い精液の二渧を、胎蔵界・金剛界の両部とする。この二渧が和合して人身が生じる。この和合の境地がすなわち即身成仏の境地である）」（『伝灯広録』）であったというが、これはまぎれもない立川流の教説だ。

真慶は異端をもって小野流から排斥されたが、その邪法は弟子の増瑜に伝えられた。櫛田氏によれば、増瑜は京都で小野流を習得したのち鎌倉の浄光明寺に移り、「健治、弘安、正応（一二七五～九二年）と引き続いて鎌倉方面で活動」して弟子に法を伝授した。そうした附法の弟子の一人に、鎌倉称名寺の開山・審海がおり、審海が直接増瑜から受法した立川流の印信が、今に残されているという（事実、金沢文庫が保管している「称名寺聖教」には、多数の立川流関係文書が残されている。今回の新版のために、称名寺聖教中の『辰菩薩口伝』『智証大師口決』『大師口決』三編の現代語訳を『秘教Ⅱ』に収めた。いずれも立川流関連の聖教で、辰菩薩とは辰狐王菩薩＝吒枳尼天天のことである）。

さらに櫛田氏によれば、この称名寺には『勧修寺増瑜秘決』なる秘伝書八通が残されており、その懸紙に、「此の八枚の秘決は増瑜相伝トテ明厳（明玄か）□の由申され候。而して或いは太守禅門に授け、或いは太上天皇に授け奉るの由、申され候。未だ真□（偽カ）を見ざる也」と、称名寺四代長老の実真の筆蹟をもって書かれているというのである。

右の文章中の明厳とは、増瑜の実子の明玄のことではないかと櫛田氏は推定している。その明玄が、父の増瑜から相伝した秘決というのがこの『勧修寺増瑜秘決』で、この文書は「太守禅門」すなわち北条高時や、「太上天皇」すなわち後醍醐帝に献じられたと伝えられていると、懸紙には記されているというのである。立川流弾劾書として知られる宥快の『立河聖教目録』は、「正法邪流と成る事」の段で真慶─増瑜─明玄という立川流附法の系譜を挙げ、明玄については、「（増瑜の）受法の弟子は明玄法印という。増瑜の実子なり」と記している。その明玄には、ほかにも安房国清澄山の寂澄という天台系の僧に与えた『吒枳尼法　秘』があり、この書も現存している。

関東立川流は、右に述べた真慶─増瑜─明玄のラインで広まったと思われるが、増瑜の『秘決』が後醍醐に献じられていたというのが事実なら、後醍醐には文観以外にも、立川流に属する性の秘義や吒枳尼天信仰を伝える者がいたことになる。そして、後醍醐の行跡や嗜好からいって、彼はそうした外法的なもの、正統から逸脱したものを、否定的にではなく、おそらく好意的に受け入れていたにちがいない。後醍醐は過去や形式にとらわれなかった。その破天荒な気性からくる型破りのふるまいは、いくつも数え上げることができる。みずから法衣をまとって呪法を修したこともその例だし、氏素姓の知れない文観を重用したのもそのひとつだ。また、有名な無礼講もその中に数えることができる。

父の後宇多法王が崩御した元亨四年（一三二四）、後醍醐の命を受けた日野資朝・俊基が「無礼講（破礼講）」を開いた。『太平記』によれば、「盃の順は身分の上下にかかわらず、男どもは烏帽子をぬぎ髻を切って乱れ髪となり、法師は墨衣をまとわずに白い下着姿になり、十七、八歳の容姿美しく肌の特に清らかな女ども二十人あまりに、軽く薄い絹の単衣を着せて酌に侍らせた。……宴席には山海の珍味をそろえ、美酒は泉の湧くごとくで、一同遊び戯れ舞い歌った。じつはそのあいだ、ただただ朝敵・関東武士を亡ぼす企てが練られていた」というのだ。

酌婦に着せたという軽くて薄い絹の単衣は、肉身が透けてみえる。裸同然といってよい。そんな姿の十七、八の娘たちと、遊び戯れ舞い歌ったというこの乱交もどきの饗宴に、影の主催者である後醍醐が加わっていたかどうかは定かではない。ただし『花園天皇日記』は、「この内にある高貴の人あり」として、臨席を暗示している。網野氏も加わっていただろうとし、『帝王後醍醐』の著者の村松剛氏も後醍醐が出席したと見ている。筆者もそう考える。後醍醐とは、こんな破格を平然とおこなうことのできる人物だった。それゆえ彼は、宗門から激しく批判されている文観を、平気で重用した。それは正統にも異端にも通じた文観の呪術の力を彼が是とし、必要としたからにほかなるまい。また、後醍醐自身に、そうした外法寄りの呪法に対する強いシンパシーがあったのではないかと想像するのである。

5、金剛薩埵としての天皇

仏舎利への執着

数々の秘法を駆使し、いわば密教系の仏神・鬼神に身も心もあずけて、後醍醐はついに王権を引き寄せた。ただし彼は、世の中を、武家政権以前の天皇が真の国王だった時代に引きもどそうとしたわけではない。「今の例は古の新儀なり、朕が新儀は未来の先例たるべし」（『梅松論』）――建武の新政を開くにあたり、後醍醐はこう宣言した。旧例に復古するのではない。自分が新儀を創造して、未来の先例となるというのだ。その際、後醍醐が最大限に活用しようとしていたのは、やはり密教であった。王権奪回後も、彼の密教に対する異様なまでの傾倒ぶりは衰えることがなかった。

「（後醍醐の）仏教への傾倒は決して個人的な好みや信仰にとどまるものではなかった。それはつねに『朝家』あるいは『王道』と結びついていた[25]」。こう記す黒田俊雄氏は、その具体例として、後醍醐が東寺に伝わる空海伝来の仏舎利を「国家鎮護の本尊、朝廷安全の秘術」として異様なまでに崇敬したこと、聖徳太子の未来記（太子の予言書とされる偽書＝第三章2参照）の一種である『太子御手印縁起』を自ら書写して「寺院再興と朝家再興の一致をのべ」たこと（後醍醐は熱心な聖徳太子信仰者でもあった）、空海作の不動明王像など諸寺の宝物に「異常な関心あるいは執着」を示し、それらを宮中に運ばせたり模本をつくらせたことなどを挙げている。なかでも舎利という仏教随一の呪物に対する後醍醐の執着は、建武の新政以前からとだえることなくつづいていた。

正中元年（一三二四）、後醍醐は東寺の舎利三十七粒をもらいうけているが、このとき、舎利を納めている甲と乙の二つの壺のうち、甲壺から分け与えることを禁止し、かつ粒数は三粒を越えてはならないと命じる文書を出している[26]（『後醍醐天皇仏舎利奉請誡文』東寺文書）。また、中宮禧子が懐妊したとの名目で幕府調伏の祈禱を始めた嘉暦元年（一三二六）以後も、目的は不明ながらたびたび東寺の舎利を譲り受け、元徳二年（一三三〇）三月十一日には、極秘に三十二粒という大量の舎利を奉請して、分与を受けているのである。

その理由を、『東寺仏舎利勘計記』はこう記している。「元徳二年三月十一日、勝軍破敵（の修法の）御本尊として用いるために、（後醍醐帝が）三十二粒を御奉請なさった。ただしこの御奉請のとき、『これは御隠密の儀である』とのことであったので、（毎年、舎利の数をかぞえて）記録しておく文書（仏舎利勘計記）には記載しなかった。そこで後日、このように（記録しなかった理由を）注を付しておく」。

注記から明らかなように、後醍醐は「勝軍破敵」すなわち鎌倉幕府調伏の修法の「本尊」に用いる目的で、「隠密」に舎利を奉請した。元徳二年の奉請で得た舎利を、後醍醐がどのような修法に用いたか記すものはないが、あるいはのちに彼が船上山で修したと『太平記』の書く一字金輪法に用いたのかもしれない。一字金輪法が、他のいかなる修法も無効にするほどの力があるということは、阿闍梨でもある後醍醐は知悉していただろう。またこの法が、もともとは東寺の長者のみが修することを許された最深秘の法であることも、知らなかったわけがない。

『一字頂輪王経』では、この法は止雨・除病・延寿等のために修すとされているが、実際には調伏にも用いられた。また、この法は四壇法といって、本尊壇・護摩壇・十二天壇・聖天壇の四壇をしつらえて修するが、そのうちの聖天壇の本尊である聖天は、後醍醐がみずから怨敵調伏を祈った天部にほかならない。さらに、「真言宗では、舎利は宝生如来の三昧耶（象徴）であるが、天台宗では一字金輪の三昧耶とし、天部の修法で効果がないときに道場に舎利を置けば、その威光で法が成就する」[27]との秘説もあったからである。

それが何の修法だったにせよ、後醍醐は元徳二年に舎利三十二粒を東寺からもらい受け、それを「勝軍破敵御本尊」として用いた。もってその舎利信仰の深さを知るべきだろう。後醍醐の舎利信仰は、幕府滅亡後、京都に還幸してわずか三ヵ月で、また仏舎利の奉請を禁じる文書を出したことにもよく表れている。このとき後醍醐は、大願のため奉請する場合でも三粒を限度とすると条件をつけ、さらに「舎利を手にする資格のないものがこの宝を得るということは、赤ん坊に霊剣を持たせるようなものだ（非其人而得此宝之条、不異令赤子持霊剱者歟[28]）」とまで述べている。自分のような特別な人間以外、世界の至宝である舎利は、原則として所持すべきでないという強烈な自負心が、その背景に見え隠れしている。さらに二年後の建武二年（一三三五）にも、後醍醐は自分が任じた東寺長者の文観に命じて、舎利壺を宮中の二間(ふたま)——前節で述べた如意輪観音の間——に運ばせ、その中から十七粒をもらい受けている。異様なまでの執心というほかはない。

幻想の崩壊

こうして、後醍醐は、仏神の力をみずからの王権に集約しようと動いた。森茂暁氏は、後醍醐が「祈禱修法によって得られる法験(ほうげん)の力に大きな期待をかけ、これをあやつることによって、そのエネルギーを現実社会に引き出そうと考えた㉙」と述べているが、そのとおりであったろう。しかしそれは、まさに幻想だった。後醍醐がおのれの観念世界の中で思い描くようには、現実社会が動くはずもなかった。

後醍醐の手兵となった悪党や非差別民らは、我がもの顔で宮中に踏み入って汚し回り、王都の旧来の秩序や風俗を紊乱(びんらん)した。一方、後醍醐のために戦った多くの地方武士は、ろくな恩賞にもありつけず、新政への不満を急速につのらせた。都は「異類異形」のちまたと化し、法は乱れた。綸旨は朝令暮改(ちょうれいぼかい)どころか朝令朝改のありさまであり、天皇の名をかたる偽綸旨(にせりんじ)も飛びかった。かつてない混乱が、日本を覆った。にもかかわらず、公家には、今という時代を読むことができなかった。

「そもそも天皇の国土であるこの国に生まれて、忠を励み命を捨てるのは臣下として当然の義務であり、それを我が身の名誉と誇り、恩賞など望むべきでない。……天皇は天下万民の主人であるから、その万民がこぞって恩賞を望むなら、この限られた国土を無数の人々に配分しなければならなくなる」

（『神皇正統記』）――北畠親房はこう憤り、武士の強欲を批判した。けれども、こんな論理が通用する時代ではもはやなかった。

一三三五年、足利尊氏が反旗を翻した。一三三六年、尊氏の入京で内裏は炎上した。その後、足利軍は敗走したが、光厳上皇の院宣を得て錦の御旗を手に反攻。湊川で楠木正成を討つなど天皇方を圧倒して着々と京に攻めのぼり、六月十四日、光厳上皇らを奉じて入京し、光明天皇（北朝二代・在位一三三六～四八）を即位させた。後醍醐の幻想の王権は、わずか二年で瓦解したのである。

後醍醐は、一時は尊氏と和睦の形をとった。尊氏も後醍醐が属する大覚寺統の皇系と、光厳・光明が属する持明院統の皇系を交互に天皇に立てることでこの分裂を回避しようとしたが、後醍醐はあくまで自分の系列から天皇を出すことに固執し、尊氏・室町幕府との対立を決定的なものにした。同年十二月二十一日、後醍醐は三種の神器をたずさえて、ひそかに吉野に潜幸した。ここに、以後、五十七年も続く南北両朝並立時代が始まる。

見果てぬ夢

右の一連の流れの中で、後醍醐は、いったい何を考えていたのだろう。網野氏はこう書く。「後醍醐はまさしく『大乱』への道に自らを賭けた。可能な限りでのあらゆる権威と権力――密教の呪法、『異類』の律僧、『異形』の悪党・非人までを動員し、後醍醐は新たな『直系』の創出、天皇専制体制

金剛薩埵。右手は五股杵を不縦不横に握り、左手は金剛鈴を持って腰にあてる。後醍醐天皇の瑜祇灌頂図はこの形をそっくり踏襲している。「禁中御修法図」と注されているので宮中の後七日御修法の際に祀られた尊像か。(『金剛界九会大曼荼羅』仁和寺版・大正蔵図像部一より)

の樹立に向かって突き進んだのである[30]」。

　先述した藤沢・清浄光寺の「絹本著色後醍醐天皇像」で、後醍醐は神武の御冠と、仲哀天皇の雷服を着し、『瑜伽伝燈鈔』では文観が着したとされる犍陀穀糸袈裟をまとい、手には五鈷杵(ごこしょ)と五鈷(ごこ)鈴(れい)を握った姿で描かれている(ただし御冠と雷服は実在物とは考えられず、犍陀穀糸袈裟も実物とは異なることが研究者によって指摘されている)。画像を分析した黒田日出男氏は、後醍醐のこの姿は東密の付法第二祖で大日如来の化身とされる「金剛薩埵(こんごうさった)」だと絵解きする。そのうえで、上部の短冊に記された三社のうち、とくに天照大神との関連に注目し、この画像は皇祖神天照皇大神と正統の天皇たる後醍醐、真言密教の教主大日如来と第二祖金剛薩埵を「ダブルイメージ」で描いたものではないかと推定した[31]。けれども筆者は、これは聖なる女神と後醍醐との、いわば霊的な結合という密意をこめた肖像画だろうと考え、前掲の拙著で詳しく論じたことがある。

　黒田氏は、天照大神の本地を大日如来としており、一般的にはそのとおりなのだが、文観が天照大神の本地を「十一面観音」としているように、天照大神の本地とされた仏は大日如来だけではない。

筆者はこの天照大神の本地を、十一面観音にして女尊としての愛染明王だと考える。中世、大いに流行した愛染法では、金剛薩埵である行者が、金剛薩埵の女性形としての愛染明王と一体化することで、金剛界と胎蔵界が統合された「瑜祇（ゆが）」の境地に入るとされるが、「絹本著色後醍醐天皇像」は、まさに後醍醐が金剛薩埵となって「瑜祇灌頂」を受けたときの姿を描いたものだからである。

後醍醐は、なぜ金剛薩埵の姿をとったのか。その理由は黒田説からは見えてこない。しかし、後醍醐が女天と一体化することで超越的な力を獲得しようとしたと考えるなら、この装いの理由もよく見えてくる。至高の女天と瑜祇の境地で合一した行者は、いかなる所願も成就するという中世信仰のもと、それを実践に移したと考えることができるからである。

われわれは先に、後醍醐の聖天供を見た。あの聖天供でも、行者は女天の聖天（この女天もまた十一面観音の化身とされている）と一体化することで、所願成就の秘力を得ると考えられてきた。こうした男女合一による変容の思想は、立川流固有のものではなく、密教そのものの底流にある根源的な思想といってよい。真言密教の常用経典で、立川流も根本経典の一つとした『理趣経』は、「男女の二根交会（にこんこうえ）による完全な恍惚境が菩薩の境地」だと説いている。もちろんこれは実際の男女の交わりを意味せず、修法中におこなわれる瞑想裏の交会と、そこから開かれてくる法悦境の比喩なのだが、行者にとっては瞑想裏の交会も、確かな実感をともなったまぎれもない二根交会なのである。

同じく根本経典の『金剛頂経』は、大日如来の心から生まれた四人の性愛の女神の徳を賛嘆している。

五秘密曼荼羅。月輪を背に蓮台に座す金剛薩埵を中尊に、向かって左から欲金剛、触金剛、愛金剛、慢金剛の四明妃が取り囲んでいる。(『曼荼羅集』巻中・大正蔵図像部四より)

性愛の女神とは、金剛性戯・金剛鬘・金剛歌・金剛舞の四女神で、金剛界曼陀羅の成身会に座しているが、同経のなかで金剛性戯は「金剛薩埵の愛人である偉大な女神」と呼ばれる。さらに同経には金剛香という女神も出てくるが、彼女は、「ああ、妾は偉大な供養をする清浄な女、妾を抱いて愉悦があり、衆生が妾と交わることから、まことに速やかに『さとり』が得られる」と述べている[32]。

金剛薩埵自身もまた、煩悩即菩提を具象化した四人の菩薩を率いている。金剛薩埵を主尊とする理趣会で金剛薩埵を取り巻く欲金剛・触金剛・愛金剛・慢金剛の四尊がそれだ。欲金剛は愛欲の発動、触金剛は発動された愛欲による抱合、愛金剛は愛縛や愛楽とも呼ばれる激しい愛の交わり、慢金剛は愛欲を成就したのちの深い満足を象徴する。女天の姿で描かれるこの四菩薩と中尊の金剛薩埵を合わせて五秘密と呼び、煩悩即菩提の最も端的な象徴としているのが、この理趣会なのである。

金剛薩埵と女神のこの交わりによって真実の解脱が成就するという思想は、「大楽」という一語に集約される。ところで、この「大楽」が金剛薩埵の「秘号」だと『注理趣経』で説いたのは、ほかならぬ文観その人だった。しかも文観は、勅命によって後醍醐に『理趣経』の「深趣」を説いたとも伝えられている㉝。つまりこの思想は、後醍醐にも入っていたはずなのである。

清浄光寺の肖像画で、後醍醐は俗形のうえに袈裟をまとい、右手に五鈷杵、左手に五鈷鈴という密教法具を握っている。これは、金剛薩埵の化身たる仏教王としての顔と、俗権を支配する国王との二つの顔を一身に体現しようとした後醍醐の意志を明瞭に示している。それは後醍醐の見果てぬ夢であった。そしてそれは、見果てぬ夢のままに終わった。一三三九年、三種神器を義良親王に伝え、後醍醐はその年のうちに崩御した。宝算五十二歳。『太平記』によれば左手に『法華経』の五巻、右手に剣を持ちながらの病没であった。

> 「ただ生々世々の妄念ともなるべきは、朝敵を悉く亡して、四海を泰平せしめんと思うばかりなり。朕すなわち早世の後には、第七の宮を天子の位につけ奉りて、賢子忠臣、事を謀り、……天下を鎮むべし。これを思うゆえに、王骨（後醍醐帝の身骨）は、たとえ南山（吉野）の苔に埋もるとも、魂魄は常に北闕の天（北方京都の空）を望まんと思う」

これが後醍醐帝が最後に残した言葉だと、『太平記』は伝えている。

国王・足利義満

　南北朝時代を通じて、密教を核とする旧仏教の力は衰えた。けれども、天皇の権威の失墜は、その比ではなかった。一三八七年、北朝の元号が「嘉慶（かきょう）」と改元された。元号は諸卿評議の上、天皇が決定するというのが古来の形式であり、南北朝期にあっても、この名目だけは保たれていた。ところが嘉慶改元においては、元号の文字を足利義満（よしみつ）が選んだ。王の専権である改元が、武家の棟梁（とうりょう）に奪われたのである。

　南北両朝が統一されるのは将軍・足利義満の明徳三年（一三九二）だが、そこにいたるまでの間に、王権の最後の砦である京都の警察権や裁判権、課税権など、かろうじて保持されてきた天皇の俗権のほぼすべてが、幕府に移管された。大納言以上の官位にかかわる廷臣人事は、幕府の意向に左右され、皇族や摂家が占めるべき宮門跡（みやもんぜき）には、足利一門が強引に割り込んだ。異例のことであった。

　天皇の無力さが最も端的に現れているのは王室祭祀だ。その衰亡ぶりは、ほとんど絶望的なレベルに達している。西宮秀紀氏と今谷明氏の研究をもとに、王室祭祀の廃絶のさまを見ておこう。[34]神祇（じんぎ）令（りょう）の律令祭祀には、一年を通して王家がおこなうべき十三の恒例祭祀が定められている。ところが、応永（おうえい）十年（一四〇三）の時点でおこなわれていたのは祈年祭（きねんさい）・月次祭（つきなみさい）・鎮魂祭（ちんこんさい）・新嘗祭（にいなめさい）のわずか四祭にすぎない。天照大神に神衣（かんみそ）を奉る神衣祭、新穀（しんこく）を伊勢神宮に献じる神嘗祭（かんなめさい）、疫鬼（えっき）を鎮めるための道（みち）饗祭（あえのまつり）、罪穢（つみけが）れを祓うための大祓（おおはらえ）など、古代から連綿と続けられてきた重要祭祀はことごとく廃絶しており、かろうじて継続された先の四祭にしても、「その財源を幕府に全面的に依存せねば……執行できない状況に追い込まれていた」[35]。

天皇のアイデンティティにかかわる皇室神事にしてこの状況であったとするなら、平安朝以来の仏教による国家的修法が、天皇の手から離れたのも当然といわねばならない。すでに室町初期の段階で、王家に維持されていたのはわずかに正月の「後七日御修法」と「大元帥法」のみであり、それも幕府の援助なしには執行できなかった。国家安泰・怨敵退散を祈るそれ以外の国家的修法の興行は、あげて幕府に移っていた。応永十一年（一四〇四）、実質的な政庁として、また国家の祭祀場として機能していた義満の北山第でおこなわれた修法を、今谷明氏が列挙している。一月から十二月までひと月も欠かさずおこなわれた修法は、「尊星王法、金剛童子法、如法大般若法、八字文殊法、仁王法、五壇法、一字金輪法、大六字法、尊勝法、法華懺法、如法不動法、金剛宝珠法」。かつては天皇＝国家のためにおこなわれた名だたる大法が、ずらりと並んでいる。

しかも修法に列席したのは、義満を除けば全員が公卿だった。つまりこれらの修法は、武家の私的な祈禱ではなく、まさに「治天（国家元首＝天皇もしくは上皇）の祈禱の代行」[36]であり、実質的には、新〝国王〟義満による国家祭祀にほかならなかった。公卿らの幕府への秋波は露骨だった。たとえば正月の拝賀では、彼らはまず義満のもとに出向き、宮中は後回しになった。のみならず、装束が調達できなかったなどの理由で王室神事を欠席する公卿も少なくなかった。天皇家の秘祭「御体御卜」

で、占いを担当する亀卜伝授の人の手当ができず、祭そのものが中止になったという記事は痛々しい。

封印された天皇

義満の死後、王権は部分的に天皇に返される。以後、天皇の権威・権力は、武家との間で天秤の錘のように揺れ動いた。武家王権の力が強まれば、反対側に乗っている天皇の比重は軽くなり、武家王権が弱まれば、相対的に天皇という存在のもつ重みが増した。天皇独自の、自立した権力など、ほぼ無いに等しかった。室町から戦国・織豊期を通じて天皇の権威は完全に相対化され、徳川幕府の『禁中並公家諸法度』（一六一五年）によって止めを刺された。それまで、法の枠外にあった天皇が、これによって初めて法的な規制の対象となった。幕府が制定した法により、天皇の行動が縛られるという古今未曾有の事態が、ここに現出したのである。

「天子諸芸能の事、第一御学問也」――『禁中並公家諸法度』は、その第一条でこう規定し、天皇のなすべきことの筆頭は「学問」だと規定した。ここにいたって、天皇という地位は、法に従属する世襲の〝家職〟となった。以後、江戸時代を通じて、天皇は身体ごと京都御所に封印される。同じように、仏教各宗派も「諸宗寺院法度」によって幕府の支配秩序の中にがっちりと組み込まれた。幕府による本寺・末寺の体制化や檀家制度は、大寺院の地位・経済の安泰をもたらしたが、同時に宗教生命の形骸化をももたらした。

強大な支配体制を築きあげ、実質的な国王となった江戸将軍にとって、天皇という〝カード〟は、もはや必要なものではなかった。けれども、それを捨て去らねばならない理由もなければ、名分もなかった。天皇という、使い方によっては毒にも薬にもなる特殊なカードは、以後、幕末までの長い眠りに入る。尊攘派が再びこのカードの利用を思いつき、後醍醐の夢が、形を変えて復活するのはそのときである。

6、浸透していく霊狐・吒枳尼天

天皇のイニシエーション

欧米やロシアなどの外国船が日本近海を脅かし始めた幕末の弘化三年（一八五六）正月、仁孝天皇が崩御した。後を受けたのは皇太子統仁。先帝崩御の翌弘化四年九月二十三日、統仁は紫宸殿で即位の礼をおこなって、第百二十一代の孝明天皇となった。この即位礼の際、紫宸殿中央にしつらえられた高御座の帝座につくまでの間に、孝明天皇が密かに大日如来の手印を結び、心のうちで密教の明呪（真言）を唱えたことはあまり知られていない。

天皇を神道の至高の祭司長だとする宣伝が行き届いている現代では、天皇が即位礼で仏教の秘儀を実践していたということは、にわかには信じがたいにちがいない。けれどもこれは、実は孝明天皇にかぎったことではなかった。十四世紀の後小松(ごこまつ)天皇（在位一三八二〜一四一二）のころから、即位に臨む天皇が印を結び明呪を唱えること——これを「即位灌頂(そくいかんじょう)」という——は、ほぼ恒例化していた。しかも驚くべきことに、その明呪とは死者の心臓や霊魂を食らう夜叉神(やしゃじん)として恐れられた霊狐の異類神、「吒枳尼(だきに)（荼枳尼）天」の真言だったのである。

　これがいかに異様なことかを理解していただくためには、まず灌頂とは何かを知っておく必要がある。灌頂とは、インドの王家の即位儀礼が密教にとりこまれたもので、王位継承者の頭頂に四海の水を注いで、四海すなわち全世界を領掌(りょうしょう)することを表す儀式をいう。密教の場合、灌頂を受ける受者の修行の程度や資質などに応じて、その人にかなう段階の灌頂を授けることになっており、通常、以下の四種が挙げられる。

①結縁灌頂(けちえんかんじょう)　密教と結縁するための灌頂で、出家・在家を問わずに入壇して灌頂を受けることが許される。いわゆる入門灌頂である。

②受明灌頂(じゅみょうかんじょう)（学法(がくほう)灌頂・弟子(でし)位灌頂）　密教を修学するに足ると認められた者が、師の阿闍梨(あじゃり)に許されて受ける灌頂をいう。この灌頂を受けると、秘密の教学および秘密の修法を学ぶことが許されるので学法灌頂ともいい、またこの灌頂によって弟子として認められるので弟子位灌頂ともいう。

③伝法灌頂(でんぽうかんじょう)（阿闍梨位灌頂）　最も重要な灌頂で、これにより、受者は弟子の位から阿闍梨の位にのぼっ

たことが公認される。その条件は以下のようになっている。「密教の一切教学を修得し、諸種の真言陀羅尼・印契等四度加行を円満に学習し、大日如来の位に入り、五智の宝冠を頂く一阿闍梨となり、人天等のために灌頂及び秘密教学を伝授し得ることを許可せらるる灌頂である故に伝法灌頂をまた阿闍梨位灌頂とも云う。されば結縁灌頂はもとより受明灌頂とも異なって、僧侶と雖もその資格者にあらざればこれを伝えざるもので、阿闍梨の意楽に依ってその資格者たるや否やを洞察して始めてこれを許可するのである」㊲。

④秘密灌頂　①から③までは「事業灌頂」といって、儀式をおこなうための地を選び、法を修するための壇を築き、灌頂施設となる道場には種々の荘厳がなされ、定まった式次第にのっとって投花得仏などの儀礼（これを「事業作法」という）がおこなわれるが、④の秘密灌頂はまったく無形式・無作業の灌頂で、すでに高い悟りの域に達している弟子（得瑜伽已達者）を対象に、師が弟子と向かい合って、秘密（印明）を心から心へと移し伝える。そこで以心灌頂ともいう。

このように、灌頂には何段階もの深浅のレベルがあるが、即位予定者である天皇を対象とした即位灌頂は、ただ印と真言を授けるだけの灌頂なので、④の秘密灌頂に相当する。天皇は、密教における最究竟の灌頂によって即位したということになるのである。

灌頂という儀礼そのもののもつ窮極的な意義は「即身成仏」にある。師から伝えられた印を組み、真言を唱え、己の心と仏の心を重ね合わせることで、受者は天地宇宙の根本仏である大日如来とひとつ身となり、観念上は大日如来そのものへと変容する。そのための儀礼が灌頂なのだが、先に述べたとおり、即位灌頂では、皇位継承者は大日の印を結びつつ、吒枳尼天の真言を唱えた。これは、彼が吒枳尼天と一体となり、吒枳尼天そのものに変容することを意味する。これから国の王になろうという皇太子が、なぜ吒枳尼天のようなおどろおどろしい異形の鬼神との一体化をはからねばならなかったのか。その源をたずねて、謎に満ちた即位灌頂の世界に分け入っていくことにしよう。

天照大神と霊狐

これまでも何度か引用してきた『渓嵐拾葉集』（十四世紀）は、中世天台宗の学僧・光宗が編述したもので、台密の口伝法門や事相（実践修法面）、教相（教義面）、怪奇な説話などを網羅した日本屈指のオカルト百科ともいうべき怪著だが、その中に、天皇の祖神である天照大神と霊狐を結びつけた以下のような怪説がある。

記紀神話の天の岩戸の場所に関する秘説を述べたあとで、光宗は、「相伝にいわく、天照太神が天下りなされてのち、天の岩戸に籠もられたというのは、〝辰狐〟の形で籠もられたのである。諸々の畜獣の中でも、辰狐はその身から光明を放つ神なので、辰狐の形を現されたのである」と記している。天照大神は、なんと天に住まう霊狐である辰狐の姿で天の岩戸に籠もったというのだ。

辰狐の辰は日月星の三光の総称であり、また北辰（北極星ないし北斗七星）でもある。そこで辰狐は〝星のキツネ〟、〝星のように光り輝くキツネ〟の意味をふくむが、これはおそらく、齢三百歳を経たキツネは北斗を拝して人に化身するという『抱朴子』の説に由来する。この辰狐は、密教では吒枳尼天を意味した。とすれば、天台の口伝世界における一説では、天照大神は、驚くべきことに吒枳尼天に化身したとされていたのである。

ついで光宗は、「なぜ辰狐は光明を放つのか」という問にこう答える。「辰狐とは如意輪観音の化現である。如意宝珠をその体とするがゆえに、辰陀摩尼王（如意輪観音の梵名）と名付けられたのである。宝珠は必ず夜に光を放つ。ゆえに諸真言供養のときも、摩尼（＝宝珠）をもって灯となす、というのである」。ここに登場する如意宝珠とは、人々の願いのままに、「一切万宝を雨ふらす」とされた呪宝、「あらゆる宝の中の王」（『大日経疏』）のことを指す。如意輪観音はこの宝珠をもって衆生の願いをかなえると信じられてきた仏だが、その如意輪観音の化現が辰狐とされるのは、「辰狐の尾には密教法具の三股杵があり、その上に夜光を放つ宝珠が載っている」からなのである。

ここには、「光り輝く神」という観念と、キツネに由来する呪的パワーで人々に恵みを垂れ、よろずの願望を成就する「王」という観念が重ねられている。辰狐は如意輪観音の化身だが、手にする如意宝珠は密教における絶対神である大日如来の現世利益方面の象徴にほかならない。東寺の秘伝では、如意宝珠はすなわち仏舎利だと見なす。つまり釈迦の遺骨だ。ところで、釈迦仏の本体は永遠なる法身の如来であって、『華厳経』では宇宙の各所・各時代に現れて働く小さな釈迦仏（「千と百億の釈迦」）

の総体である宇宙本体の釈迦仏、毘盧遮那仏(びるしゃなぶつ)とした。毘盧遮那仏は、すなわち密教の大日如来だ。とすれば、如意宝珠は大日如来の分身である仏が現世に残した舎利ともいえる。つまり、吒枳尼天はまさしく大日如来（毘盧遮那仏）の化身なのである。

一方、大日如来と皇祖神の天照大神を同体とする考え方は、中世には、秘教家の間で一般化していた。たとえば、空海に仮託された秘教神道書のひとつである『両宮形文深釈』(りょうぐうぎょうもんしんしゃく)では、天神七代(あまつかみななよ)の最後に登場したイザナギ・イザナミから日月神が化生(けしょう)したが、この神が「大毘盧遮那」であり、「大日霎尊(おおひるめのみこと)」すなわち「天照大神」だと説いている。また、僧侶の通海(つうかい)による『大神宮参詣記』（一二八六年）には「天照大神は神道の主にして大日如来」とあるし、室町時代末期の神道家・吉田兼倶の『唯一神道名法要集(ゆいいっしんとうみょうほうようしゅう)』には、右大臣　橘　諸兄(たちばなのもろえ)の夢に天照大神が現れて、「この国は神国である。はなだ神明(かみ)を尊び仰ぎ奉り給うべきである。そして日輪は大日如来である。天照太神の本地は盧舎那仏である。衆生はこの　理(ことわり)　を悟り、諒解(りょうかい)して、仏法に帰依しなければならない」と託宣したということが述べられている。

こうした言説は、中世史料には枚挙にいとまがない。光のなかの光の神である大日如来と、同じく光の神である天照大神は同体の超越者と見なされたわけだが、その天照大神の御正体(みしょうたい)である八咫鏡(やたのかがみ)の本地は如意宝珠の化身である如意輪観音と考えられており、天皇の寝所の隣の二間(ふたま)に、八咫鏡の替わりに祭られていたことは先に書いた。ところで〈辰狐＝吒枳尼天〉の本地は、『渓嵐拾葉集』などによれば如意輪観音なのだから、ここでも〈辰狐＝吒枳尼天＝如意輪観音＝天照大神＝大日如来〉というイメージの連環が形成されているのである。

　それにしても、天照大神と大日如来の媒（なかだち）として、なぜ吒枳尼天が登場しなければならないのか。その理由を解く鍵は、おそらく「和光同塵（わこうどうじん）」にある。中世には、『老子（ろうし）』に由来する和光同塵という思想が広く流布していた。この言葉は、日本では、仏菩薩が人々を救済するために、その本来の姿や在り方を変えて、人々と同じレベルの世界に神となって現れることの意味で用いられた。仏の放つ光は強烈無比で、とても俗人は目をあけて見ることができない。直視すれば目が潰れる。そこで光をぐっと和らげ（和光）、煩悩の穢垢（くえ）にまみれた俗人の眼でも見られる程度にまで光量を落としたうえで、身を塵芥（じんかい）の世界でも活動できる姿に変えて（同塵）現れたのが、垂迹神（すいじゃくしん）だというのである。

　このように、仏菩薩がその衆生済度の大願のゆえに和光同塵の働きをしてくれるおかげで、人は神仏と縁（えにし）を結び、その救済にあずかることができる。まさしく「和光同塵は結縁（けちえん）の始め」（『摩訶止観（まかしかん）』）であり、この娑婆（しゃば）世界には、そのようにして現れた数かぎりない仏の化身の神霊が活動していると考えられた。そしてそれら神霊の中でも、特別に福力・呪力の大きな神霊と中世信じられていたのが、大日如来が衆生を救済・教化（きょうげ）するために天人や人間、獣などの姿をとって現れる等流身（とうるしん）のひとつである吒枳尼天だったのである。[38]

　大日如来が、いわば表の力、昼の太陽の力、瞑想による超越意識の力だとすれば、夜に光を放ち、俗世間を支配する力、無意識の力、大日如来の闇のパワーは吒枳尼天に集約された。吒枳尼天が大日如来の等流身であるなら、大日を本地とする天照大神が吒枳尼天（辰狐）の姿をとるのは必然の成り行きといわねばならない。かくして天照大神は、その吒枳尼天＝辰狐の姿で天の岩戸に籠もった。この因縁が、即位灌頂の由来のひとつになっているのである。

即位灌頂の起源

ふたたび『渓嵐拾葉集』を引こう。「吒枳尼天に付き即位灌頂を習う事」という節に、こんな文章がある。「『未曾有経（みぞうきょう）』では、帝釈天（たいしゃくてん）が野干（やかん）（狐）を礼して師と為したと述べられている。『涅槃経（ねはんぎょう）』には、天帝が獣を敬して師としたとある。また、狐を敬って国王となるという経文（きょうもん）もある。即位灌頂は、これらの文によるか」。

右の経文には、キツネを師としたり、キツネを敬って国王になったという話が出てくる。この経文を典拠に即位灌頂が編み出されたのではないかと光宗は推測しているのだが、そもそも右のキツネ（野干）は吒枳尼天のことを意味してはいない。インドにおける吒枳尼天というのは血塗られた魔の眷属（けんぞく）である夜叉神であって、キツネの神と考えられていたわけではなかった。吒枳尼天とキツネを結びつけて稲荷神と習合（しゅうごう）させたのは日本であり、日本における特殊な信仰なのだが、ここでは『未曾有経』に出る「野干」も、天帝が敬して師としたという『涅槃経』に出る「獣」も、キツネ＝吒枳尼天と解釈されている。

また、光宗は「即位灌頂のとき吒天の法をもって国王に授け奉ることは、鎌足大臣の因縁から起こった」とも述べている。中世に流布していた伝承によれば、中臣鎌足は幼少のころ、キツネ（野干）から鎌と呪文を授かった。この鎌で蘇我入鹿を誅したことで、中臣氏は大織冠と大臣の地位、および藤原姓を賜り、後の摂関の栄位を引き寄せたといわれ（『稲荷記』など）、また「吒天の法」をもっておこなう即位灌頂は、神武天皇以来、代々人王の間で受け継がれていたが、吒枳尼天の化身である鎌足のときから、摂政が即位者に秘密の印明（印と真言）を授けるという摂籙伝授に変わった（『神代秘決』）ともいわれてきた。光宗のいう「鎌足大臣の因縁」とは、これらの中世伝承を指している。[39]

そもそも即位灌頂がどういう経緯で人間界に伝えられたのかについては、中世、実にさまざまな秘説が立てられていた。右に述べた説は、天照大神から人王に伝わり、鎌足の代から摂籙伝授になったとする東寺の所説だが、ほかにも空海が出雲でスサノオの神託を受けて相承した即位灌頂（神道灌頂）と、歴代王家が伝えてきた宮中の即位灌頂を、嵯峨天皇（在位八〇九～二三）の代にひとつに編み直してできあがったとする御流神道の説（後述）、平安末期から鎌倉初期にかけて活動した三輪慶円上人が龍女神から相承したという三輪神道説など、オカルティックな説が、数多く立てられてきた。三輪慶円上人の説というのは、かなり面妖な説で、あるとき上人が善女龍王（空海が神泉苑で請雨法を修したときに出現したとされる龍王）とかわしたという以下の問答が、即位灌頂のルーツとされる。

上人「あなたは大昔から生きつづけておられるが、神代（かみよ）のことはご存じか」
龍王「知っている。神代の神と同時に出生したのだ」
上人「ならば日月とはいかなる神か」
龍王「わが子どもたちである」

かくして龍王は上人に「龍王印信（いんしん）」を授けたが、これが三輪流の即位灌頂の始まりだというのである[40]。

このように、即位灌頂のルーツについては諸説がおこなわれていたが、最も広くおこなわれたのは、大日如来と同体と信じられた天照大神から、じかに人王に伝えられたとする東寺や伊勢神道の説だった。天照大神が即位灌頂に用いられる印明のルーツだということは、『渓嵐拾葉集』にもそれとなく記されている。「真言がいまだ日本に渡ってくる以前、わが国に流布する印明があった。……余人はこれを知らない」という一文がそれだ。ここでいう印明は、おそらく伊勢神宮に伝わる天照大神直伝とされた一印一明のことを指している。天台・真言の影響のもと、中世神道は著しく密教色を強め、その理論を取りこんだ。そうした密教系神道書の一つで、先の鎌足伝承も伝えている『天照太神口決（くけつ）』は、「太神の秘法とは吒天の法也」と明記している。先に見た〈辰狐＝吒枳尼天＝大日如来＝天照太神〉という図式が、ここでも踏襲されているのである。

異形の秘儀の背景にあるもの

即位にあたって大日如来の印を組み、吒枳尼天の真言を唱える即位灌頂は、実際のところ、いつからおこなわれていたのだろうか。史料上の初見は先にも少しふれた治暦四年（一〇六八）七月の後三条天皇の即位で、このとき天皇は「手を結び、大日如来のごとし。即ち拳印を持」していた、と大江匡房の『後三条院御即位記』にある。通常、即位天皇は両手で笏を持って王座を象徴する高御座に向かう。その姿は、平成・令和の即位礼で日本中に放送されたので、ごらんになった方も多いだろう。けれどもあのスタイルが、古代から連綿とつづいてきた即位礼時の天皇のスタイルだったわけではない。『後三条院御即位記』によれば、このとき天皇は笏をもたず、拳印（智拳印）を組んで高御座に上ったとあるからだ（真言については記載がない）。

即位灌頂がこの後三条のときから始まったとすれば、天皇は平安末期から密教儀礼をとりこんで即位してきたということになるのだが、上川通夫氏は、後三条以後、天皇が即位灌頂をおこなったことを証するに足る史料が見えず、信頼しうる初めての史料は、伏見天皇が即位日である正応元年（一二八八）三月十五日の二日前に「関白（二条師忠）に即位のときの秘印等のことを言上させ、くわしく伝授させた」という『伏見天皇日記』の同年三月十三日の条だと指摘している。[41] その後、南北朝時代には、北朝の天皇が即位灌頂の印明伝授を受けた可能性があり、とくに南北朝が合一したときの天皇である後小松は、確実に即位灌頂を実修した。このように、即位灌頂は室町時代の北朝天皇に

金剛界大日如来。胸前に組んでいるのが智拳印。(『金剛界九会大曼荼羅』仁和寺版・大正蔵図像部一より)

よって定着し、後小松天皇即位の時から、ほぼ恒例化したと考えられる。

即位灌頂の歴史的背景について、上川氏は「鎌倉後期から南北朝期と言えば、天皇の皇統が二分、さらには四分五裂の可能性さえ含んでいた時期である。この時期、天皇家の政治力を、いわば惣領としての院に譲っている天皇の帝徳は、『三種の神器』などの宗教的器物の神秘的効力によって保証される、という状況であった。実際即位灌頂は、宝剣沈海や剣璽の実態究明の意図と絡んで意識されており、自身では政治力をもたない天皇の、帝徳を保証する効力を期待されて、実修にいたったのだと考えてよかろう[42]」と推定している。

右で述べられた時代の天皇がどのような政治的・社会的状況におかれていたかは、すでに後醍醐天皇の節で見てきた。天皇の神聖性が重度のインフレに陥っていたこの時期、王家およびそれをとりまく平安旧仏教と公家というひとかたまりの権力は、失われつつある政治力を、観念の上で、あるいは霊的な世界の中でとりもどそうと企図した。

ところでこの時代、王権を観念的・呪術的に支えるだけの力をもっていると信じられていたのは、まさしく密教だった。密教は神道も含めて日本の古い文化のすみずみにまで浸透していた。そこで密教教主の大日如来が即位灌頂にとりこまれたが、現実に必要なのは、和光同塵で現世に威力をふるう天部・異類の力であった。こうした意識的・無意識的な欲求が、大日如来の等流身のなかでも、最も現世利益の呪力が強く、また、立川流によって日本の津々浦々にまで信仰圏を広めていた吒枳尼天を秘儀中に呼びこみ、天照大神の皇孫への吒天秘法伝授となって結実した。それこそが即位灌頂だったのであり、天皇が吒枳尼天と一体化しなければならない理由だったのである。

では、歴代天皇は、具体的にはどのようにして吒枳尼天との一体化を実践したのだろうか。以下、その典型例を見ていくことにしたい。

7、即位灌頂の秘儀

天台流の灌頂次第

即位灌頂には、真言密教系のものと天台密教系のものがある。真言密教と両部神道が習合（しゅうごう）して生まれた御流（ごりゅう）神道（しんとう）による即位灌頂（神祇灌頂）については、『秘教Ⅱ』で原典を紹介し、そこで詳しく解説する。ここではまず、シンプルな次第で構成されている天台流の即位灌頂から見ていくことにしよう。[43]

天台宗の即位灌頂は、密教と顕教を組み合わせた顕密一如の立場で構成されており、①五種印の奉授、②智拳印と明（真言）の奉授、③四海領掌印の奉授、④十善戒の奉授、⑤『法華経』四要品と印・明の奉授、という次第に沿って、即位礼より前に、皇太子に奉授されることになっている（ただし実際の即位灌頂はこのように複雑なものではなく、はるかに簡略な一印一明の形でおこなわれたらしい）。

右の次第のうち、①〜③の密教部分は真言宗のそれと大差ないが、『法華経』を軸にすえた顕教部分の⑤は天台宗独自の灌頂次第で、「法華（花）御即位」とも呼ばれている。『天子即位灌頂』（十五世紀）に従って、その次第を順に見ていこう。

五種印の奉授

五種印は五古印とも呼ばれ、智拳印、無所不至印、塔婆印、引導印、仏眼印の五種の秘印から成っている。『天子即位灌頂』における即位灌頂では、智拳印から引導印までの四印によって、順に北・西・南・東の四州の領掌が象徴され、仏眼印はそれら四州を一身にたばねる王権の象徴になると意義づけられている（これはあくまで『天子即位灌頂』による伝であり、天台の即位灌頂のすべてで共通しているというわけではない）。

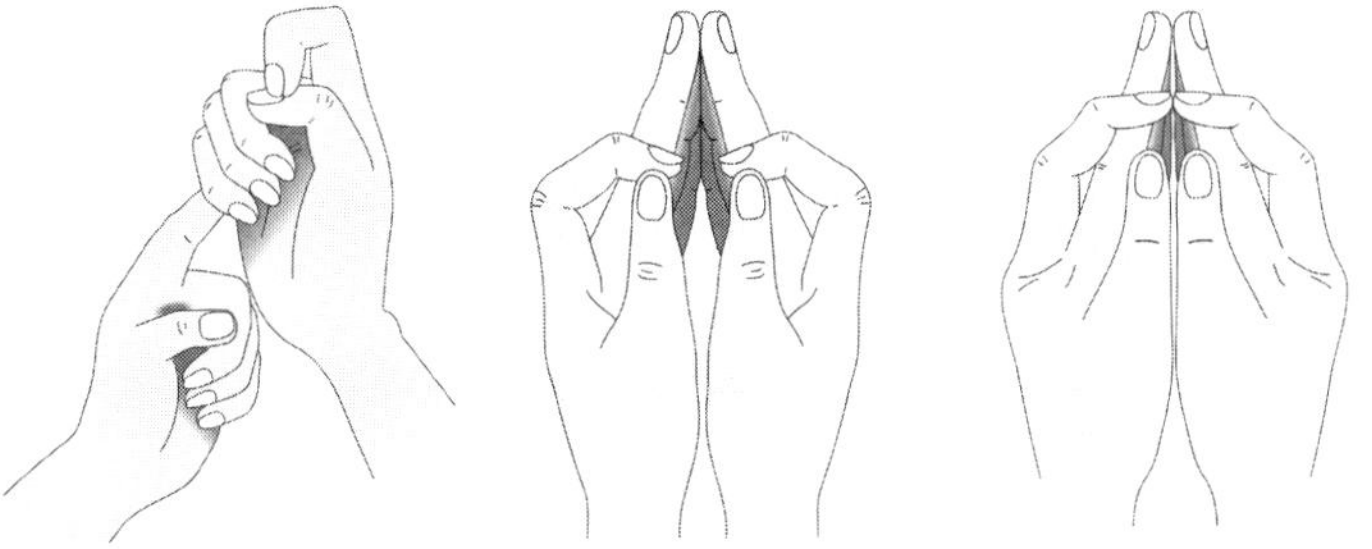

▲智拳印　▲開塔印　▲閉塔印

五種印の例。右の二点は即位灌頂に用いられた無所不至印の一種。大卒塔婆印、諸仏総印、三弁宝珠印など異名が多い。印を塔に見立て、親指をつけた形を閉塔印（右）、親指を離した形を開塔印（中）と呼ぶが、流派によって諸説諸伝がある。智拳印は衆生界を象徴する左手の人差し指を仏界を象徴する右手で握りこむ形につくる。（藤巻一保『密教仏神印明・象徴大全』より）

これらの印は、密教でいう金剛界曼荼羅の五仏とその智慧を表しており、東が阿閦如来、西が阿弥陀如来、南が宝生如来、北が不空成就如来で、中央に密教教主の大日如来が座る。また、五種印は五眼の象徴でもある。五眼とは、通常の肉眼とそれ以外の四眼――天眼（衆生の未来を見通す天部の眼）、慧眼（諸法皆空を観る声聞・縁覚の眼）、法眼（一切の法門を見通す菩薩の眼）、仏眼（前記四眼のすべてを兼ね備えた仏の眼）を指す。これらの秘印を授かることにより、即位天子は五智・五仏と一体となり、肉身の眼のほかに、霊的な眼を開いた如来の化身となることが象徴的に表されるのである。

まとめると次のようになる。

◎智拳印……北州…不空成就…肉眼
◎無所不至印…西州…阿弥陀……天眼
◎塔婆印……南州…宝生………恵眼
◎引導印……東州…阿閦………法眼
◎仏眼印……中央…大日………仏眼

最後の仏眼印の段の所作には秘伝がある。印を組み終えたのち、①左手で右肩を押さえて金剛界大日の真言「バザラダドバン」を唱え、②右手で左肩を押さえて胎蔵界大日の真言「アビラウンケン」を唱え、③次に宝珠の形の印をつくるのである。これとまったく同じ所作をおこないながら、吒枳尼天の真言を唱えるという作法が、伊勢神宮にも、東密や両部神道にも、また東密本山の東寺の守護神である稲荷(いなり)神を祀る伏見稲荷社（愛染寺(あいぜんじ)）にも伝わっていた。

山本ひろ子氏によれば、伊勢神宮の祓集(はらえしゅう)である『諸祓集(しょばつしゅう)』の「四海領掌法」（即位灌頂の一種、後述）には、こう書かれているという。

「(オン)吒枳尼　(アビラウンケン)　外五古印(げごこいん)
(オン)吒枳尼　(バザラダトバン)　智剱印(ちけんいん)（智拳印）
左ノ肩　(アビラウンケン)
右ノ肩　(バザラダトバン)」

受者が真言を唱える際に、交互に左右の肩に手をやるのは、「天照大神の重く深い『恩徳』を、肩に担うことで帰依の志を表明するという一種の身振り言語[44]」であり、これも密教の印の一種なのだが（密教における印契は手で組むものと限ったわけではなく、他の部位を使っておこなうものもある）、この場合の天照大神は、現代人が想像するような神宮に鎮まる女神としての天照大神ではない。「吒枳尼」の真言からもわかるとおり、それは辰狐であり吒枳尼天でもある異形の天照大神なのである。

両部神道系の御流神道に伝わる『父母代灌頂　御即位の大事㊺』ではこう説明している。「オン　右の手をもって左の肩の上に置く。吒枳尼　左手をもって右の肩の上に置く。ギャテイ　右をもって上となし、下に向けて合掌。ギャカ　塔婆印。ネイソワカ」。

こちらは真言が「オン・吒枳尼・ギャテイ・ギャカ・ネイソワカ」で『諸祓集』の「四海領掌法」とは異なっているが、所作はまったく同じだ（天台流では最後に宝珠の形の印をつくるが、これは御流の塔婆印の類似印である）。つまりこの五種印伝授の段階で、すでに吒枳尼天の影がはっきりとさしているのだが、天台流における印明伝授の眼目は、次の智拳印および明呪の伝授にある。

智拳印と明呪（真言）の伝授

金剛界大日の秘印である智拳印を皇太子に伝授すると同時に、印を結ぶ際に唱える明呪を伝える（実際は心中で唱え、発声しないという）。智拳印は①の五種印にも含まれているが、①と②では意義が異なる。①は五眼のうちの肉眼の象徴だが、ここでの智拳印は即位者が大日如来と一体化する義で結ばれる。大日如来が天照太神と同体であるという説は先に書いたが、台密では、この大日如来も久遠実成の釈迦如来にほかならないとし、世界の神仏は、すべてが法身釈迦如来の変容・仮現だと見なす。

そこで、智拳印の奉授は、大日如来＝釈迦如来＝天照太神の秘印を即位天子に授ける意味になるのだが、ここにあの霊狐・吒枳尼天が、明呪となって明瞭に姿を現してくる。伝授される明呪は、

「荼枳尼　縛日羅駄都鑁（吒枳尼・バザラダドバン）」
「荼枳尼　阿卑羅吽欠（吒枳尼・アビラウンケン）」

の二種。金剛界と胎蔵界の大日如来の真言の上に「荼枳尼（吒枳尼）」が冠せられているところに、秘められた呪術性がある。この真言によって、即位灌頂の本尊が天照大神の本地である大日如来であるとともに、その等流身である吒枳尼天であることが示されるからだ。

実際の即位灌頂は、皇太子が即位前に時の摂政から一印一明の伝授を受け（摂籙伝授）、即位式で高御座に向かう際に印を結び、明を唱えるという形でおこなわれたらしい。その一印が何であったかは必ずしもさだかではないが、先に引いた『後三条院御即位記』の記録を即位灌頂の記録と見るのであれば、その印は智拳印ということになる。

何度もいうように、智拳印は大日如来の表示だから、この印を結ぶということは、自分（即位者）が大日と一体になることを意味する。そのうえで吒枳尼天を冠した真言を唱えた理由は、一にも二にも現世を支配する呪力の獲得にあったと見ていい。吒枳尼天は、敵に回すと人の命を奪う猛悪の鬼神となるが、味方につけると、一切の障碍を除き、地上一切の財宝と無上の栄華をもたらす最強の福神として働くものと信じられた。その力を端的に象徴するのが吒枳尼天の尾にあると信じられた如意宝珠で、即位者は、この真言を唱えることにより、如意宝珠を象徴的に継承したのである。それは世界の王である転輪聖王の宝を得ることであり、〝霊狐〟としての天照大神の大いなる霊威の力をその身に帯びることでもあっただろう。つまりこの明呪によって、即位者はまさに俗界最高位の〝辰狐王〟に変容することが期されたのである。

四海領掌印の伝授

先の智拳印と吒枳尼真言で、即位者は大日如来＝吒枳尼天と一体となった。ついで、この灌頂次第では、即位者が実際に世界の支配権を握ることを表す印の伝授にうつる。それがこの四海領掌印だ。この印は五畿七道印とも呼ばれ、京を囲む山城・大和・河内・和泉・摂津の五畿と、西海道・東山道・南海道・東海道・北陸道・山陽道・山陰道の七道、つまり日本全土を象徴する。『渓嵐拾葉集』は日本の国そのものが「三部曼陀羅」だとして、こう述べる。

「わが国を三部曼陀羅と唱える。すなわち帝都の皇城が九重につくられているのは金剛界の九会曼陀羅の表示である。都の近隣国である五畿内は、胎蔵界曼陀羅の（五大法性の）表示である。諸国に七道があるのは蘇悉地の曼陀羅を示すものである。ゆえに神明灌頂（即位灌頂）の秘法中に、この三部曼陀羅をもって三衣の秘法と名付けた口伝がある」

ここで光宗は、帝都全体を金剛界曼荼羅、五畿を胎蔵界曼荼羅、帝都と五畿の金胎両部が展開してひとつの国家を成していることの象徴である七道を蘇悉地曼荼羅に見立てている。蘇悉地は妙成就と訳される梵語の音写で、金剛界と胎蔵界の両部が不二であり、両部を総合したものこそが蘇悉地だとする天台流の思想をいう。この思想にもとづく曼荼羅が蘇悉地曼荼羅なのだが、光宗はさらにこの説を敷衍（ふえん）する。それが「三衣の秘法」の口伝だ。三衣とは僧侶が必ず護持すべき三種の僧衣、九条衣（え）・七条衣・五条衣を指す。灌頂を受ける受者が三衣をもっていない場合、阿闍梨は紙にそれぞれの衣を象徴する種字（しゅじ）（梵字）を書いて包み、袋に入れて受者に持たせることで三衣護持に代えた。種字は、九条衣が「帰命ア」（アは胎蔵界大日の種字）、七条衣が「帰命バン」（バンは金剛界大日の種字）、五条衣が「帰命ウン」（ウンは金胎両部の不二を象徴する種字）。受者がこの三衣を護持するということは、胎蔵界・金剛界・蘇悉地の教法を護持することの象徴なのである。

一方、天皇は、日本国のすべてを護持するよう神定めされた存在だが、彼が護持すべき「大日本国」とは「大日（如来）の本国」という意味にほかならない。だからこそこの灌頂において大日＝吒枳尼天と一体化した天皇は、金剛界（宮城）・胎蔵界（五畿）・蘇悉地（七道）の全体を領掌するための四海領掌印（五畿七道印）を授かるのである。まとめると以下になる。

◎金剛界……九重の皇城……七条衣……バン
◎胎蔵界……五　　　畿……九条衣……ア
◎蘇悉地……七　　　道……五条衣……ウン
（以上三つ合わせて）四海領掌印

四海領掌印についてはまだ述べなければならないことが多々あるが、この印と関連する重要な秘印（無所不至印など）がほかにもあるので、それについては『秘教Ⅱ』の現代語訳『神祇灌頂私式次第』

でまとめて考察する。中世の伊勢神道では、この四海領掌印こそが天照大神から皇孫に直授された秘印だと伝承してきた。しかも、この印を用いた即位法のことを、「御即位辰狐法」とまで呼んできたのである。[46] 天照大神＝辰狐（吒枳尼天）という観念が、いかに深く中世オカルティズムの世界に浸透していたかが、この法名からもうかがえる。

十善戒の伝授

ついで灌頂儀礼は、十善戒の伝授に移る。十善戒とは、受者が必ず守らなければならないと定められている十種の仏戒で、①不殺生、②不盗、③不邪婬、④不妄語（嘘をつかず）、⑤不綺語（言を飾らず）、⑥不悪口、⑦不両舌（二枚舌を用いず）、⑧不貪（貪らず）、⑨不瞋（怒らず）、⑩不癡（不邪見）をいう。前世で十善戒を守った者が今生で王位に就くという思想があるところから付け加えられた次第だろうが、天皇が即位式で実際に受戒したとは思われない。儀式次第を天台流に整えるために、のちに付加されたものだろう。

『法華経』四要品と印明の伝授

天台の即位灌頂が「法華御即位」と呼ばれるのは、密教の印明伝授と並んでこの次第があるからだ。四要品とは、『法華経』の中でも最も重要な四つの章――方便品、安楽品、如来寿量品、観世音菩薩普門品を指す。これを即位天子に授ける具体的な次第は、四要品のエッセンスである八句の偈文（詩）と、それに付随した印明の奉授によってなされる（ただし、四要品の表示である四印は①の五種印と重複している）。

この次第で重要なのは、地上の王権が釈迦から人王に伝わったものだということを明らかにする点にある。それについては、天台独自の伝説がある。釈迦が霊鷲山で説いたとされる『法華経』は、天台宗では釈迦の究極の教えと位置づけられているが、その説法の座には、転輪聖王をはじめ、全世界の王がこぞって参集した。このとき、周の天子の穆王（前十世紀頃）が、八頭の神馬を駆って霊鷲山の法会に加わったという伝説が、日本で生み出されているのである。

天台宗関係の中世文献には、この穆王伝説が散見される。また、中世の説話集や『太平記』にも穆王伝説は登場する。ここでは『太平記』から、そのあらましを紹介しておく。それによると、穆王は西空十万里の山川を一気に越えて舎衛国に至り、霊鷲山の聴衆に加わった。中国からはるばる天竺までやってきた穆王に、釈迦が「治国の法を欲するや否や」とたずねた。そこで穆王が、「信受奉行して理民安国の功徳を施したい」と所望すると、釈迦は『法華経』の四要品の中の八句の偈を授けた。国にもどった後、穆王は秘文を心底に秘してだれにも伝えなかったが、あるとき寵愛していた慈童という童子が、ふとした過ちを犯した。穆王は、やむなく慈童を流罪に処したが、その際、釈迦直伝の秘文の中から普門品の二句を慈童に授け、「毎朝、十方に一礼してこの文を唱えよ」と教えた。

やがて慈童は、生きてはもどれぬという深山に流されたが、穆王の言いつけどおりに秘句を唱え、備忘のためにと身近の菊の葉に秘文を書きつけた。すると菊の露が谷川にしたたり落ちて、川の水がすべて天の霊薬となった。そのため、川下の民家はみな病気が消えて不老不死の上寿を保った。また、天人が花を捧げて訪れ、鬼神が慈童の配下となって奉仕をしてくれたので、山中の虎や狼などに襲われることもなく、ついに彭祖という名の神仙になった。この彭祖が、釈迦直伝の秘文を魏の文帝に伝え、文帝の代から皇太子の即位の際に、この秘文を授けることになった。

『太平記』に記載はないが、天台宗の口伝法門では、この秘文が彭祖から中国天台宗の祖に当たる南岳大師慧思（聖徳太子の前身＝第三章および『秘教Ⅱ』の『聖徳太子伝暦』参照）に継承され、以来嫡々相承されて空海の師である恵果大師、最澄の前身とされた天台大師智顗へと受け継がれ、ついに日本天台宗の秘法となったと伝えられる。天台即位法の縁起説話としての穆王・慈童説話の作り手について、阿部泰郎氏は、「古くは院政期に発し、印と真言だけであった即位法に、その意義を物語表現のうえで説きあかそうという口決が加えられるのは、それが秘事口伝という形で相承されていた鎌倉時代のことと思われる。初期に天台の高僧（たとえば慈円）によって伝えられていた印明が、口決を伴う形に移りかわるのは、秘事口伝を法の伝授の前面に押しだす中世天台宗の僧侶たち（口伝法門と呼ばれる法華教学の学派）の一群、とくに恵心流の学僧たちが関与していたらしい[47]」と述べている。

冒頭から引用してきた『溪嵐拾葉集』は、右の口伝法門を大成した代表的な著作で、著者の光宗はこの分野の大家だった。彼らは日本を代表する隠秘学者として、密教および法華教学にもとづく古代神話の再解釈をおこない、その再生をはかった。それはすなわち、失われつつある天皇神話の再生であり、王権を補佐する宗門の霊的権威の再生でもあったのである。

『太平記』は『法華経』四要品のことを、「理民安国の治略、除災与楽の要術」だと述べている。しかも慈童伝説で語られているとおり、この秘文は、不老不死をもたらし、天人を招き、鬼神を使役する呪力を持つ。これは先に見てきた如意宝珠のパワーにほかならない。

こうして天皇は、密教の印明と『法華経』から、聖俗ともにかねそなえた力を受け取るものと観念された。その力をただひとつの象徴で表したとき、それは辰狐＝吒枳尼天となった。山本ひろ子氏はこう書いている。「(『鼻帰書』には)辰狐法が宮中で伝授される時には、本尊の辰狐を金と銀で二つ作り、壇の左右に立て、天皇は四海の水を浴して位に即くとある。『天照太神口決』にも『王ハ南ニ向キ、摂籙ハ北ニ向キテ、左右ニ金銀ヲ以テ吒天ヲ造テ置タリ』と見える」[48]。事実、これがおこなわれたのであれば、中世の天皇は金と銀の辰狐像に見守られて王位に即いたわけで、まさに異形の密儀という以外ない。天皇という存在を守ることが、天皇の藩屏としての自分たちの権威と利権を守ることに直結した公家や仏門は、こうして衰退する王権神話の再生をはかった。

かくして即位灌頂を取り巻く秘伝は、キマラのような奇怪な観念の融合体となって、中世の宗教世界全般に密かに根をおろしながら、近世にまで持ち越される。皇族とは無関係の受者にも、密教および神道の秘密を伝授し、それのみか三種の神器まで授けるというオカルティックな密儀が整備され、寺院の奥深くで実践されたのである。

【注】

①顕密仏教については黒田俊雄著作集二巻『顕密体制論』、三巻『顕密仏教と寺社勢力』(法蔵館)参照。

②中世の寺社それ自体が独立した「境内都市」であり、膨大な商工業技術者の活動拠点として、あるいは金融業(高利貸)のセンターとして、また軍需産業のセンターとして機能していたということについては、伊藤正敏氏の詳細な研究がある(『中世の寺社勢力と境内都市』吉川弘文館)。寺社というと宗教的方面にのみ注目が集まりがちだが、伊藤氏は、中世城郭を最初に創造したのが武家ではなく比叡山だったこと、寺社は今日の高利貸も顔負けの金融業者であったこと、武器を製造したり、自前の軍事力を蓄えてその力は戦国大名にも匹敵するものがあったことなどを論証している。中世が始まる十一世紀から戦国の十六世紀までの間、寺社は「朝廷からも幕府からも独立した巨大な勢力」として独自の〝王国〟を保ちつづけた。

③佐藤弘夫『神・仏・王権の中世』法蔵館

④佐藤前掲書

⑤網野善彦『異形の王権』平凡社

⑥山本ひろ子『変成譜』春秋社

⑦澄豪『瑜祇経聴聞抄』(『続天台宗全書』密教三)

⑧佐藤前掲書

⑨伊藤正敏『中世の寺社勢力と境内都市』吉川弘文館

⑩「崇徳天皇神霊御還遷著御次第」宮内庁書陵部蔵新日本古典籍総合データベースで公開 https://kotenseki.nijl.ac.jp/biblio/100244073/viewer/11

⑪黛弘道『律令国家成立史の研究』吉川弘文館
⑫『夢想記』は『続天台宗全書』密教三のほか、赤松俊秀『鎌倉仏教の研究』平楽寺書店に校訂全文収録。赤松氏による緻密な慈鎮研究も併せて収載されている（「慈鎮と未来記」）。
⑬羽田守快「天台秘法大全」（『天台の本』学研）
⑭慈円が宝剣と神璽の交わりの夢で宝剣に見立てたのは、自身の庇護者である後鳥羽院だが、夢想はその後さらにエスカレートし、ついに〈宝剣＝後鳥羽院〉と〈神璽＝慈円〉、すなわち上皇と自分自身との交わりの夢にまで発展した（阿部泰郎「慈円と王権」別冊文藝『天皇制歴史・王権・大嘗祭』）。以下、阿部氏の文章を引く。「承元四年の二月のこと、台密における最極の蘇悉地経典とされ三種悉地成就の儀軌たる『毘盧遮那仏別行経』の私記（注釈）を慈円は著した。その奥書によれば、書き了って寝についたところ、その夜の夢に、上皇と仏子（すなわち慈円）とが、互いに『夫婦之儀』を成し奉った。その寵は頗る過分の趣きであった、と言う。彼はそれを、この記がもしくは正意に叶う徴しであるかと思い、また夢中での巨細は委しく記すことは能わぬが、併ら皆成就の相であり、すべてが符合する由を覚悟して驚き、ふかく欣んだ、と特に付け加えている」。これは神秘主義的な夢想空間における王法（上皇）と仏法（慈円）の結婚（性的交わり）の夢にほかならない。仏法と交わることによってのみ、新たな王法（神鏡）が誕生すると観念されたのである。
⑮印明伝授は中世期に相次いで関白・摂政を排出した二条家の「秘伝」とされるが、ほかにも一条家が印明伝授を相伝し、近世には近衛家もこれを行った。上川通夫氏は「印明伝授の役は、実際は二条家が果たしていたが、職務上は摂関の任として固定したと考えてよかろう」としている（「中世の即位儀礼と仏教」『天皇代替り儀式の歴史的展開』柏書房）
⑯網野善彦『異形の王権』平凡社
⑰後宇多・後醍醐父子の密教傾斜については拙著『天皇の仏教信仰』学習研究社参照。
⑱佐和隆研『密教辞典』法藏館
⑲「金沢貞顕書状」（『神奈川県史』資料編）
⑳文観はまず西大寺の信空（叡尊から西大寺を受け継いだ長老〈住職〉）に師事して金胎両部の灌頂を受け、ついで小野流の源流に位置する醍醐寺に移り、報恩院の道順に師事して伝法灌頂を授かった。信空・道順ともに後宇多院の帰依を受けた高僧で、信空は後宇多院から諸国国分寺を西大寺の子院として付与されている。

㉑一三一八年の即位から三年後の元亨元年（一三二一）、後醍醐は院政を廃して天皇親政を開始するが、この年、さっそく文観に参内を命じている（『瑜伽伝燈鈔』）。さらにその二年後には文観を内供奉（宮中の内道場に奉仕する天皇側近の祈祷僧）に据えるとともに、倒幕の祈禱を始めている。文観が内供奉に任ぜられたのは後醍醐に「印可を並びに仁王経秘法を授け」た褒賞であり、嘉暦二年（一三二七）には仁寿殿において文観が後醍醐に金胎両部の伝法灌頂の職位を授けたと『瑜伽伝燈鈔』は伝えており、両者の親密な関係がうかがわれる。なお、『瑜伽伝燈鈔』は辻村泰善「『瑜伽伝灯鈔』にみる文観伝」所収（『元興寺文化財研究』69号）。

㉒守山聖真『立川邪教とその社会的背景の研究』国書刊行会

㉓宥快によって定着された文観の立川流行者説がありえないことは、古くは守山聖真氏が論証し、近年では内田啓一氏も明確に否定している（『文観房弘真と美術』法藏館）。

㉔櫛田良洪『真言密教成立過程の研究』山喜房仏書林

㉕黒田俊雄『日本中世の社会と宗教』岩波書店

㉖「後醍醐天皇仏舎利奏請誡文」東寺文書（橋本初子『仏舎利勘計記』解題」・景山春樹『舎利信仰』東京美術所収）

㉗羽田前掲論文

㉘「後醍醐天皇宸筆置文」東寺文書（橋本初子前掲解題）

㉙森茂暁『後醍醐天皇』中公新書

㉚網野前掲書

㉛黒田日出男『王の身体王の肖像』平凡社

㉜『金剛頂経』に説かれる「金剛性戯」は漢訳経典では「金剛嬉戯」ないし「金剛嬉」と訳されているが、ここではサンスクリット原典による岩本裕氏の訳（『密教経典』仏教聖典選七巻・読売新聞社）に従った。この菩薩は「愛楽適悦の三摩地に住して流出せる尊」（『密教大辞典』法藏館）だからである。

㉝守山前掲書

㉞今谷明「義満政権と天皇」（『講座 前近代の天皇』第二巻・青木書店）、および同論文所載の西宮秀紀「律令国家の祭祀構造とその歴史的特質」（『日本史研究』二八三）

㉟今谷前掲論文
㊱今谷前掲論文
㊲田中海応『秘密事相の解説』鹿野園
㊳「吒枳尼王と呼ばれている天は、大日覚王（大日如来）がその大慈悲のゆえに衆生を利益し、救済するために化生したものにほかならない。この天は諸仏能生の父母である。そこで吒枳尼王が三世諸仏慈悲父母だということを顕わさんがために、天女形を示すのである」（「大師口決」、『秘教II』収録の『辰菩薩口伝』参照）
㊴山本前提書
㊵大山公淳『神仏交渉史』臨川書店
㊶上川通夫「中世の即位儀礼と仏教」『天皇代替り儀式の歴史的展開』柏書房
㊷上川前掲論文
㊸天台の即位灌頂の印信全文は上川前掲論文所収。
㊹山本前掲書
㊺稲谷祐宣編著『真言神道集成東密事相口決集成3』青山社
㊻山本前掲書
㊼阿部泰郎『湯屋の皇后』名古屋大学出版会
㊽山本前掲書

第五章　真言立川流の底を流れるもの

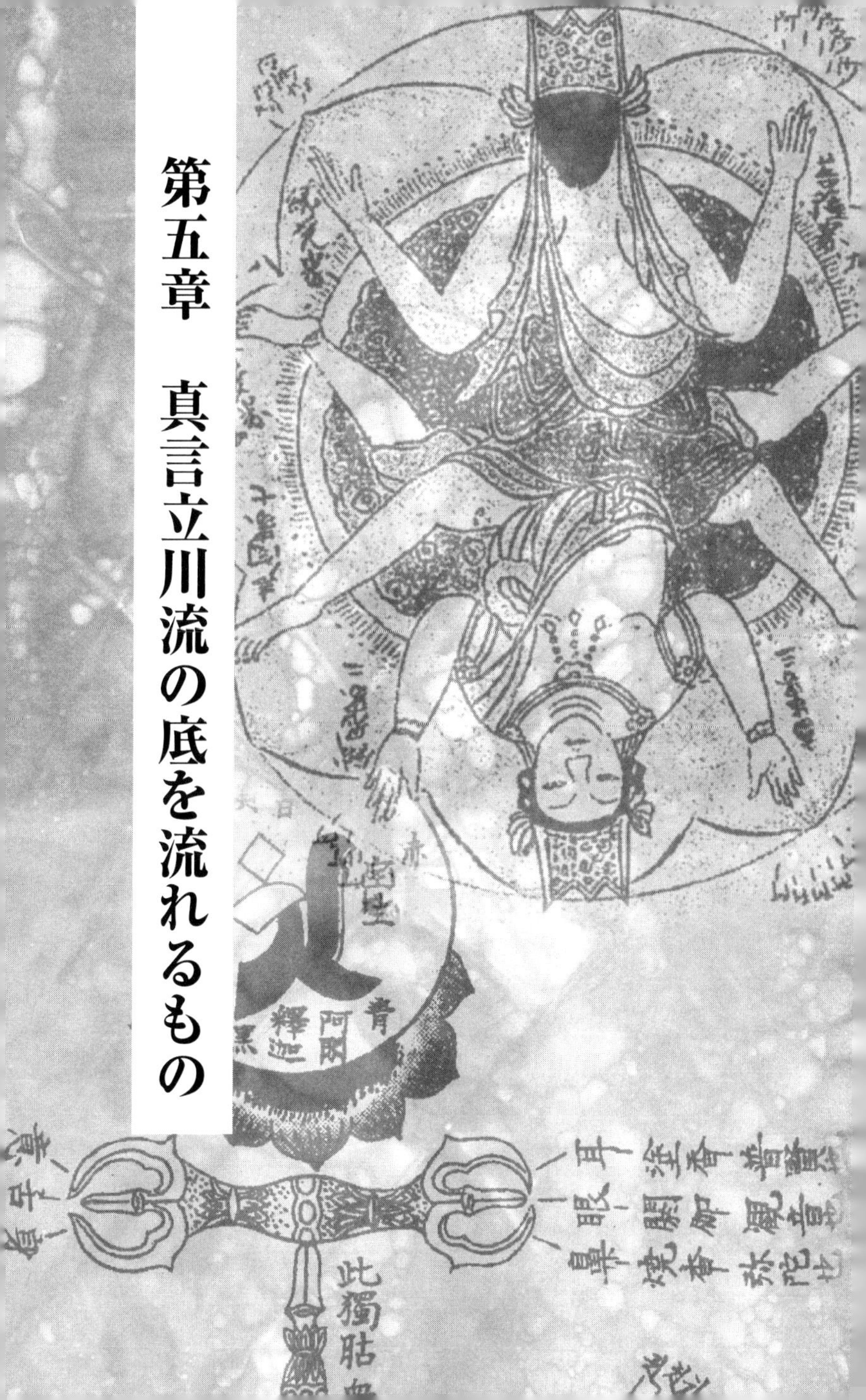

はじめに

即身成仏の肝腎を、男女二根の交会（セックス）に求めたとされる真言宗の異端・立川流。その立川流が本尊として斎き祀っていたと伝えられる奇怪な髑髏本尊に焦点をあてつつ、この異形の信仰の底に流れていた中世人の心性と信仰を探るのが本章の狙いである。

本書は、本文の論説と深く関連している原典資料の現代語訳を付けるという構成をとっている。そこで『秘教Ⅱ』に、立川流を知るための「必読の書」と評価される誓願房心定の『受法用心集』および『宝鏡鈔』を収録したので、できればまずこれらを一読した上で、本文をお読みいただきたい。立川流の宗旨、経典、本尊・吒枳尼天の性格や働き、吒枳尼天を入住させる依代としての髑髏の意味と機能、性交をふくむ髑髏本尊の建立法とその功徳など、立川流の秘儀は『受法用心集』にほぼ網羅されており、同書を受ける形で、本文では立川流髑髏法の背景を探っているからである。

立川流が朝野に広まったのは中世だが、法の中核をなす髑髏信仰は平安時代にさかのぼる。1、2節では、主に『法華経』信仰にもとづく舎利信仰と、平安密教に多大な影響を及ぼした道教の三魂七魄説が、立川流髑髏信仰の背景になったことを明らかにしていきたい。なお2節では、前著でほとんど触れることのできなかった秘密本尊「天地人盤」の記述を、神奈川県横浜市金沢の称名寺資料をもとに大幅に増補改訂している。

天地人盤は、吒枳尼信仰と陰陽道式法を具体的につなぎあわせる呪具の一種で、髑髏本尊の代替物ともみなされる。これにかかわる『辰菩薩口伝』（辰は辰狐王＝吒枳尼天）も『秘教Ⅱ』に収録したので、併せてお読みいただきたい。密教の中で、吒枳尼天がどのように位置づけられてきたのかを如実に示す貴重な資料である。

続く3節では、髑髏本尊の建立法の背景にある信仰を分析し、それが立川流に限定された異端信仰ではなく、正統密教そのものから派生してきた信仰だということを明らかにしたい。

髑髏本尊は一種の顔面復元術であり、膨大な手間暇と緻密な加工技術を駆使してつくられた。立川流髑髏本尊そのものの遺例はないが、髑髏本尊の加工法と共通する加工がほどこされた髑髏盃（髑髏製の酒盃）を織田信長や水戸光圀がつくらせた史実があり、伴蒿蹊の『閑田次筆』にも金箔塗りの髑髏盃の記述が出てくる。さらに山梨県都留市朝日馬場の石船神社に秘祭される「護良親王のミイラ首」は、髑髏本尊と同じ製法と推定してよく、立川流髑髏本尊の実在をうかがわせるに足る貴重な遺物と考えられる。それについても、最終節で述べておきたい。

1、舎利と如意宝珠と髑髏

舎利＝如意宝珠の密意

中世、猖獗（しょうけつ）をきわめた真言宗の異端に、真言立川流（しんごんたちかわりゅう）がある。鬼神・吒枳尼天（だきにてん）を本尊として祀り、人間や狐の髑髏（どくろ）を「養い育てる」ことによって命を吹きこみ、その髑髏を使い魔に用いて種々の呪法をおこなうことにより、現世利益を引き寄せようとしたと伝えられる異端中の異端の背景には、いったいどんな信仰や思想があったのだろうか。

この謎を解く鍵を、誓願坊心定（せいがんぼうしんじょう）が『受法用心集（じゅほうようじんしゅう）』のなかで漏らしている。[1]「竜女の応迹身（おうじゃくしん）は吒枳尼天と同体である。かの竜女は八歳にして真実の悟りを開いた」という一節がそれだ。この竜女とは、『法華経（ほけきょう）』提婆達多品（だいばだったぼん）の「竜女成仏」説話に出る南海の娑竭羅竜王（しゃがらりゅうおう）の娘を指す。同説話によると、釈迦の高弟の智積菩薩（ちしゃくぼさつ）や舎利弗（しゃりほつ）は、竜女がわずか八歳で成道（じょうどう）して仏になったということを「ありえぬことだ」と否定した。それに対し、竜女は自分が所持している「如意宝珠（にょいほうじゅ）」を釈迦（しゃか）に手渡すという奇妙な行動をもって応えた。

如意宝珠は、他の章でもたびたび書いてきた「宝を雨ふらし、衆生（しゅじょう）を益（やく）する」（『心地観経（しんじかんぎょう）』）とされる仏教至極の呪宝だ。『法華摂釈』によれば、①夜間に月光のような大光明を放つ、②八味や功徳水を湧出する、③宝を涌き出させる、④八楞（八角形）の相があり、角楞から放光する、⑤病苦を除き、定心を得さしめ、善報をもたらす、⑥悪龍・雷・風・悪雨の難を除く、⑦山川渓谷など自然界一切の水を豊かにもたらす、⑧疾病・諸毒・横死の害を除く、という八種の徳があるという。福徳の中心は現世的・物質的な現世利益だが、開悟成道といった無上の仏果を与える働きがあるとも信じられた。

「摩尼宝珠曼荼羅」。下方に雲を伴って宝珠殿に昇らんとする双竜、中央に三弁火焔宝珠を描く。『如意宝珠経』の所依経典としてつくられた『如意宝珠転輪秘密現身成仏金輪呪王経』にもとづいて描かれたもの。（京都市立芸術大学芸術資料館蔵）

竜女成仏のシーンでは、如意宝珠は竜女の成道という無上果の象徴として用いられており、釈迦がそれをすみやかに受け取ったという設定によって、竜女の成道を釈迦が承認したことが表されているのだが、この有名な説話は、角度を変えると、たとえ八歳の、しかも当時の社会では成仏できない性と信じられていた女人であっても、これさえ手にすれば仏になることができるという如意宝珠の恐るべき功徳譚としても読むことができる。

ところで、如意宝珠とは、仏の舎利（遺骨）にほかならない。「釈迦舎利、変じて如意宝珠と成る」（『心地観経』）、「諸の過去久遠の仏舎利法すでに滅尽して、舎利変じてこの珠（如意宝珠）と成る」（『大論』）など、諸経典には仏舎利イコール如意宝珠という説が、多数説かれている。仏舎利の功徳はこの宝珠の功徳と変わらない。そこで『法華経』では、「舎利を供養する者、是のごとき諸人等はみなすでに仏道を成ず」として、舎利供養が人を成道・成仏に導くと明言している。また、舎利を安置した舎利塔の前で七夜の供養法を修し、法が無事に成就すれば、七日目の夜、「塔内に光を放ち、種々の声を出だす。この相を得た者は、求めるところの諸法みなことごとく円満す」（『不空羂索経』）とも説かれている。

竜女は、そうした舎利＝如意宝珠を釈迦に捧げた。彼女がそれを所持していたのは、竜宮に如意宝珠が秘蔵されていたからで、これもまた諸経典に説かれている。たとえば『菩薩処胎経』によれば、釈迦は竜族のために竜宮で法を説き、「無数億千の竜子等」を得道させたうえで、自らの「全身舎利」――つまり全身の遺骨を「竜宮に留めた」。『華厳経』や『法華経』の説くところに従うなら、釈迦としてあらゆる世界に現れた仏は、無数に存在する。そうであるなら、舎利は宇宙のいたるところにあっておかしくない。しかもその仏舎利は、人間の遺骨とはそもそもの意味がちがう。

「仏は（他の有情のような）血肉身ではない。どうして舎利があるのか。（そのわけは）諸々の衆生を（舎利の霊力によって）益するために、方便として身骨を留めるのである」（『金光明最勝王経』）。仏という存在は、ほんらいは肉体をもたない非血肉身の超越者なのだが、衆生済度のために、かりに血肉身としてこの世に生まれ出てくる。そうして衆生教化と救済を果たしたのち、入滅して仏界の浄土に帰還する際も、さまざまな境涯の衆生を利益しつづけるために、種々の霊験を顕す舎利＝如意宝珠をわざと（「方便として」）あちこちに留める——というのがこの文の意味で、そうした留身舎利のひとつが、竜宮の全身舎利なのである。

髑髏本尊の淵源

この舎利＝如意宝珠の霊験によって、竜女は仏となった。ところで吒枳尼天は、その竜女が化身して現れた応迹身（垂迹身）だと『受法用心集』はいう。吒枳尼天は日本では狐の姿の神と考えられ、辰狐王とも呼ばれたが、その辰狐の尾には如意宝珠があるとの秘説があった（『渓嵐拾葉集』）。辰狐（吒枳尼天）が人々のいかなる欲望や願望にも応える力があると信じられた最大の理由はこの如意宝珠にあるのだが、右に見たとおり、如意宝珠が舎利であるなら、吒枳尼天は舎利すなわち遺骨の力によって、現世利益をもたらすと言い換えることもできる。実際、年経た狐は人間に変身する術を使うために、その頭に髑髏を載せて北斗を拝するという説が、『抱朴子』に出ている。[2] 狐自身も舎利の一部である髑髏を用いて魔法を使うと信じられたわけで、ここに舎利＝如意宝珠と、立川流髑髏本尊というまがまがしい呪法との接点が見いだされる。つまり、髑髏本尊は、それに先行する舎利信仰が、一種奇形的に発展したものではなかったかと私は考えるのである。

立川流が日本中に広まったのは鎌倉以降の中世だが、それより先に、日本ではすでに髑髏信仰がおこなわれていた。平安時代の説話集『日本霊異記』には、こんな話がおさめられている。

孝謙天皇（在位七四九〜五八）の御代というから、まだ都が奈良にあった時代、ある禅師が死を賭した修行のために熊野河上の山中に入った。その後、その山から『法華経』を誦する声が聞こえてくるようになったが、奇妙なことに、いくら探しても僧の姿が見えない。そこで熊野の村人が、その次第を永興禅師に話した。不思議に思った永興が山に入ると、確かに読経の声が聞こえてきた。

「尋ね求めて見れば、ひとつの屍骨あり。麻の縄をもてふたつの足を繋ぎ、巌に懸かり身を投げて死せり。……永興また往きて、その骨を取らむとして、髑髏を見れば、三年に至るもその舌腐ちず。むせかに生かにしてありき」。禅師の髑髏は『法華経』の功徳で舌も腐らずに生きていたわけで、功徳の主体はもちろん『法華経』にある。ただし、その功徳が、本来なら朽ち果てるはずの髑髏に命を与え、死後も『法華経』を誦す——これは『法華経』の功徳を説きつづけることにほかならない——という神秘的な力を与えている点に、われわれは大いに注目しなければならない。

奈良時代から厚く信仰された陀羅尼（呪文）に「宝篋印陀羅尼」がある。『一切如来心秘密全身舎利宝篋印陀羅尼経』という雑密経典に説かれる陀羅尼で、経は如来の全身舎利からつくられた仏塔を礼讃するものだが、この経のよりどころとなったのが『法華経』の見宝塔品(けんほうとうぼん)だ。見宝塔品というのは、釈迦が霊鷲山(りょうじゅせん)で説法していたとき、地から巨大な宝塔が涌き出て虚空(こくう)に浮かび、中から多宝如来(たほうにょらい)という如来が現れて釈迦を礼讃したというドラマチックな場面を描いた章で、『法華経』のなかでも、古来とくに人気が高かった。同品のなかで、多宝如来は、仏が法華の教えを説くときには、それが世界のどこであれ必ず涌現(ゆげん)し、その説法が真理であることを証明するという誓いを立てた如来として描かれている。

興味深いのはこの多宝如来の姿だ。法華曼陀羅などでは通常の如来の姿で描かれるが、経文(きょうもん)に従うなら、同如来は全身舎利の仏——つまり、骸骨ないしミイラ状の仏なのである。坂内龍雄氏はこう書いている。「多宝仏は全身が舎利の仏で、みずみずしいミイラ仏であるが、生身(しょうじん)の仏と同じく大仏音を発する[3]」。ここでいう「大仏音」とは、法華を称え、仏を称える言葉のことだが、全身舎利の多宝如来が大仏音を発することと、法華行者の髑髏が死後も『法華経』を誦して朽ちないということとの間には、信仰上の脈絡がある。『法華経』を誦しつづける髑髏とは、姿を変えた多宝仏であり、なおかつ「諸々の衆生を益するめに、方便として身骨を留め」た釈迦仏とのダブルイメージになっているのである。

『法華経』によれば、多宝仏は宝塔に釈迦を招き入れ、釈迦は多宝仏と並んで塔内に座した。そうして、周囲をとりかこむ十方世界の諸仏（釈迦の分身）に向けて虚空での法華説法をおこなった。それと同じように、髑髏になった『日本霊異記』の法華行者は、「『法華経』を誦す」ことで法華の教えを礼讃し（＝多宝仏の相）、かつ法華の教えを誦しつづけることで、その教えを世間に広めている（＝釈迦仏の相）のである。行者が山中で『法華経』を誦しているのは、釈迦が霊鷲山という霊山で法華の説法をおこなった因縁を踏襲している。また、髑髏の声を聞いて人々が引き寄せられるのは、それが多宝如来の誓願だからである。

『日本霊異記』には、もうひとつ、同工異曲の話がおさめられている。山林修行の禅師が、吉野金峯山の山中で『法華経』や『金剛般若経』を誦する声を聞いた。不思議に思い、草を押し分けて探していくとひとつの髑髏に行き逢った。見ると、舌は生前と変わりなく付着している。その髑髏を浄所に祀ると、口を開き、「因縁をもてのゆゑに、汝われに値へり」と語った。そこで禅師はその場に庵を結び、髑髏とともに住んで、日に六回誦経しながら勤行した。すると、髑髏も唱和したが、そのとき髑髏の舌を見ると、確かにヒクヒクと動いて経を誦していたという。

経を誦す髑髏の話を伝えるのは、説話集だけではない。延暦寺の由来や、高僧伝などをまとめた摘要記録の『叡岳要記』によれば、弘仁元年（八一〇）の春、比叡山の根本中堂で三部長講が始まったとき、堂中で宿直した者が、谷のあたりで『法華経』を誦する幽かな音を聞いた。だれが誦しているのかと探したが、人影は見当たらない。翌日の夜、灯火を手に探したところ、朽ちた髑髏が見つかった。とりあげたところ、なお経を誦していたという。この記事について、村山修一氏は「天台ではすでに九世紀初頭、髑髏法の信仰があったのではないかと推測される[4]」と述べている。このように、髑髏信仰は『法華経』の功徳と抱き合わせの形で、すでに平安時代から伝承されていた。

『法華経』見宝塔品が下敷きになった「宝篋印陀羅尼」の最後の部分を、前出の坂内氏はこう訳している。「一切の如来の加持の舎利胎蔵尊よ。成就あれかし。……一切の如来の心要舎利の印契（塔身）よ。成就あれかし。美しく建立されたる塔よ。如来の加持せられたものよ。抜済したまえ。抜済したまえ。円満したまえ。成就あれかし。おお、一切如来仏頂たる舎利の印契（塔身）よ。一切如来と舎利によって荘厳され加持せられたる尊よ。円満したまえ。円満したまえ。成就あれかし」[5]。

このように、宝篋印陀羅尼は仏舎利の功徳を執拗なまでにくりかえし礼賛している。説話に登場する法華行者の舎利は、もちろん仏舎利ではない。けれども彼が『法華経』の功徳によって真に成道したのなら、その舎利、とりわけ精神の座である髑髏には、仏舎利と通いあう現世利益の呪力が宿っていたとしても不思議ではない。ここに、のちの立川流につながっていく髑髏信仰の動機のひとつが発生する。なぜそう考えるかというと、『受法用心集』が本尊に使用する髑髏の選定法のなかで、第一に智者（仏教に精通し悟りを得た高僧）の髑髏、第二に行者の髑髏を挙げているからなのである。

2、三魂七魄説と盤法の秘説

髑髏に宿る魂魄

髑髏信仰には、この舎利信仰とは別に、もうひとつの系列があった。それは髑髏に宿っていると信じられた鬼神に対する信仰である。

宝亀(ほうき)九年（七七八）の冬、備後国葦田郡(びんごのくにあしだのこおり)の牧人(ぼくじん)が、正月用品の買い出しのために市に出かけた。途中で日が暮れたので、葦田の竹原で一夜を過ごすことにした。するとどこからともなく「目が痛い」という呻(うめ)き声が聞こえてきた。その声が気になってまんじりともせず夜を過ごし、朝になってあたりを見てみると、目の穴が筍(たけのこ)で貫かれた髑髏があった。そこで、筍を抜いてやり、「われに福を得さしめよ」と祈りながら、自分の弁当を供えて髑髏を供養した。その後、市で買い物をしたが、すべて思うがままの買い物ができた。おそらく髑髏が恩に報いたのだろうと『日本霊異記』は述べている。

この説話は、髑髏には魂が残っているという信仰が平安時代からおこなわれていたことを物語っている。この漠然とした髑髏魂信仰を、道教の思想を用いてより精緻(せいち)なものにしたのが三魂七魄説(さんこんしちはくせつ)だ。

古代中国では、人間は精神的な要素である「魂」と、物質的・肉体的な要素である「魄」が結合したものと考えられた。魂は霊魂だから、死後は本来の住処(すみか)である天界に還る。一方、魄は「形魄(けいはく)」とも呼ばれるように、形（肉体）に連れ添うものだから、死後は形骸、すなわち遺骸とともに地に還ると信じられた。この魂魄説をより分析的にしたのが道教で、

①魂＝陽気＝胎光・爽霊・幽清

②魄＝陰気＝尸狗・伏矢・雀陰・呑賊・非毒・陰穢・臭肺

の三魂七魄説を編み出した。

肉体身として生きているというのは、陽魂が身体の濁鬼である陰魄を制御している状態のことを指す[6]。魂が身体から抜け出て六十日以内に身体にもどらなければ、統御者である魂を失った魄は、本来の濁鬼としての活動を再開し、ついには肉体を滅ぼしてしまう。そこで道教では、魂を身体にとどめるための鎮魂法を修したのであり、日本の鎮魂法もこの思想を受けて編み出された。

鎮魂の意味を、『令義解』は、「鎮は安なり。人の陽気を魂と云う。魂は運なり。云うこころは、離遊の運魂を招き、身体中府に鎮むるがゆえに鎮魂と云う」と説明しているが、これは道教説のまったくの引き写しといってよい。魂は、ともすると身体外に脱け出す。「魂は運」とはこのことをいっている。睡眠中に抜けだすほか、思いが凝って抜け出たり、ショックで抜け出すこともある。統御者である魂が不在になると、意識は朦朧とし、さまざまな不祥に対して無防備になる。場合によっては死にいたる。そこで離遊の運魂をきちんと肉体内に呼びもどし、濁鬼である魄の活動を抑えるための法術が鎮魂だといっているのである。

話をもどそう。人は死ねば魂が完全に抜け、魄だけが遺骸に残って鬼神（死霊）となる。『日本霊異記』の備後国葦田郡の牧人に助けを求めたのは、この魄の鬼神なのである。さらに興味深いのは、この魄の鬼神が、髑髏の眼窩を笋で貫かれたために救いを求めたという記述だ。これは当時、魄が遺骸のなかでも髑髏部分に宿っていると考えられたことを表している。そこで牧人は、笋を抜いてやり、髑髏供養をおこなった。すると、市で思うがままの買い物ができたというのは、笋によって動きを封じられていた魄が行動の自由をとりもどし、牧人のために働いたということであり、つまりは魄の使役によって、現世利益の霊験が得られたということを、この説話は語っているのである。

外法の根拠

以上が髑髏信仰のもうひとつの系譜で、立川流は先の仏舎利信仰とあわせて、この髑髏に宿る鬼神信仰もとりこんだ。『受法用心集』は、なぜ本尊として髑髏を用いるのかという問に、こう答えている。

「衆生の身中には三魂七魄といって、十種の神心がある。衆生が死すれば三魂は肉体を離れて六道に生をうけ、七魄はそのまま娑婆にとどまって、かつての住処である遺骸を守る鬼神となる。人が夢に（死者を）見たり、死霊憑きになるのは、みなこの七魄がなしていることである。人がこの髑髏をとってよくよく養い祭れば、（かつてそこに住んでいた）七魄は喜び、行者の所望にしたがって煩悩の欲望にかなう福徳を与える」。

このように、髑髏信仰には、最初に述べた仏教の仏舎利信仰に由来するものと、道教の三魂七魄説に由来するものがあったが、日本では両者が混淆して髑髏法という外法を生み出した。その髑髏法で吒枳尼天が本尊に据えられた理由は、まったく『大日経疏』によっている。吒枳尼天は大日如来の化身である大黒天から食人を許された。ただし大黒天も吒枳尼天もその本体は大日如来だから、両者は同じ神と見ていい。その大黒天が、人の死にどのように関与しているかについて、『大日経疏』はこう説いている。

「世間にこの法術（荼吉尼天法）を造す者あり、また呪術を自在とす。よく人の命終せんとするを知り、六月すなわちこれを知る（死の六ヵ月前に知る）。知ればすなわち法を作し、その心（心臓）を取って、これを食う。爾るゆえんは、人身中に黄あり、いわゆる人黄はなお牛の黄のあるがごとし。もし食するを得ば、よく極大の成就を得る。日に四域を周遊し、意に随って為すところ皆得る。また、よく種々に人を治め、嫌ある者は術をもってこれを治めて、極めて病苦せしむ。

しかるにかの法は人を殺すことを得ず。要は自計の方

大黒天神。（『別尊雑記』巻 51・大正蔵図像部三より）

荼枳尼三位。死を司る荼枳尼たちが血を飲み、人間の手足を食べている。インドにおける荼枳尼は狐ではなく、このような女鬼とされていた。（『大悲胎蔵大曼荼羅』外金剛部院・大正蔵図像部一より）

術に依り、人の死せんとするを、六月を去ってすなわちこれを知る。知りおわれば術をもってその心を取る。その心を取るといえども、しかし法術あれば、余物（人黄の代替の心臓）をもってこれに代えるを要す。この人の命、また終わらず、死に合する時（寿命が尽きた時）に至りて、まさに壊する也。およそこれ夜叉大自在なり。世人、説くところの大極は摩訶迦羅に属す。いわゆる大黒神也」

大黒天＝吒枳尼天は人の死を六ヵ月前に察知し、「人身中の黄」を食らうと説かれているが、この「黄」（人黄）は、おそらく仏教ではなく道教に由来する。道教では心臓の上に黄室という神秘的な部屋（器官）があり、そこに黄色の衣装をきた黄寧とも黄精とも呼ばれる神が住んでいると考えた。三魂七魄は、この黄精の指図によって動くのであり、黄精は人間の生命の鍵を握る神の一柱として信仰されたのである。[7]『大日経疏』の「黄」は、右の黄精ほど限定されたものではなく、生命の中枢というほどの意味で用いられているが、経文では「黄」を取ることを「心（心臓）を取る」といっていることから、道教でいう黄室内の黄精がイメージされていることはまちがいない。吒枳尼天＝大黒天は、この黄を取って代替の「余物」を人間の心臓部――インド流にいえば心臓部のチャクラである不打輪、道教流にいえば中丹田に入れる。すると六ヵ月間は、この余物が心臓の替わりを務めて生命を維持させるが、六ヵ月を過ぎると「まさに壊する」。そこで心臓が止まり、臨終となるのである。

同じ『大日経疏』のなかで、吒枳尼天が「汝に死人の心を食するを聴す」と大黒天から印可を受けていることからもわかるように、吒枳尼天＝大黒天は「黄」を食らう神、奪精鬼（奪一切衆生精気[8]）であり、人の死を支配する神だった。金沢称名寺蔵の『大師口決』（『秘教Ⅱ』に収録）は、「奪一切衆生精気女を如意宝珠菩薩と名づく。または辰狐王菩薩と呼び、吒枳尼王菩薩ともいう。これらの羅刹女は、つねには死体置き場である逝多林（正しくは尸陀林）で気ままに暮らしており、そこから人間世界に遊行して、大小諸国を守護し、一切の衆生に利益を与えている。……その深い意味は、一切衆生の無明の血を舐め尽くして、本有の三宝と顕すことこそが、吒枳尼王の仕事だということである」と説いている。

こうした吒枳尼天の奪精鬼としての属性は、必然的に遺骸に宿っていると信じられていた魄と結びつく。そのイメージは、いわば魄の総元締めであり、であればこそ、髑髏法は吒枳尼法（吒天法）とも呼ばれるようになったのである。ここでとくに注意しておきたいのは、吒天法がイコール真言立川流ということではないという点だ。吒天法はより広義の鬼神使役法であって、立川流に先行する。立川流は、この吒天法にふくまれる髑髏法と、密教における性愛説を組み合わせたところに成立した。

それについては後述するとして、いまはもう少し髑髏法を追っていきたい。

福徳和合の〝愛法〟

阿部泰郎氏が、保延五年（一一三九）書写の奥書をもつ、興味深い偽経を紹介している。『多聞吒枳尼経』（内題『吒枳尼変現諸躰経』）という和製の偽経[9]がそれで、真言宗の名刹・仁和寺に伝わったものという。この偽経には、いままで述べてきた髑髏信仰が、平安後期以前にすでにひとつの外法として確立していたことを示す驚くべき記述がある。阿部氏の要約を引用する。

「健陀羅国の十八人の貧窮者、仏に己が貧窮の因縁を問う。仏は、汝らが前生に福の種子を殖えざるゆえだという。かれらは皆泣いて地に臥し、狐と化して福報を生じた。つまり、仏が、長者と生じて出家し、財宝をかれらに譲ったのである。これによりかれらは慈悲心を生じ『頓成福徳愛敬法』を説いたという。加えて呪と印明が説かれる。さらに、この法を修すには、人の臂の骨を以て杵を作り壇におき、また有験の比丘の頭を取って盤において勤め供養すれば、三七日の内に形躰を現じ、行者の前に一切の悉地を示す。あるいは夢中にその相を示し、あるいは自然に声によって聞かせ、一切の吉き事を成さしむる、という。最後に『盤法（辰狐王法）』が説かれる。天盤には、二人の眷属を従えた多聞吒枳尼。地盤には、天女・赤女・黒女と帝釈。次の重は十二神。次の重は二十八宿。次の重は三十六禽である。もし悉地を成ずるためには、行者は、この形像を百二十度打てば三日の

後に成就する、という」（傍点は引用者）

ここに出てくる吒枳尼天の「頓成福徳愛敬法」とは、福徳および愛敬をすみやかに成就するための法の意味で、愛敬は敬愛ともいい、二人の人間を和合させる法、つまりあの姫を手に入れたいとか、あのやんごとなき方を婿にしたいといったときなどに密かに修される密教の〝愛法〟だ。こうした現世利益は如意宝珠の化身たる吒枳尼天の職分だから、この偽経の狐が頓成福徳愛敬法を説くことに何ら不思議はないのだが、謎めいているのはその次だ。この修法にあたり、壇に「人の臂の骨」でつくった「杵」を置き、「また有験の比丘の頭を取って盤において勤め供養す」るとは、いったいどういうことなのか。

まず前者の臂骨（ひこつ）の杵だが、この意味はわからない。ただ、先に引いた『多聞吒枳尼経』中に、行者が法を成就するために行う呪術作法として、盤に勧請した天部を「百二十度打つ」という次第が見えるので、杵は、あるいはこの打擲（ちょうちゃく）に用いたものかもしれない（実際に打つのではなく打つ所作）。打擲は、天部を行者の命令に従わせて使役するためにおこなうからである。杵を「臂骨」と限定していることも謎だが、『覚禅鈔（かくぜんしょう）』が引く『祇洹図経（ぎおんずきょう）』は、「過去の諸仏の散身（さんじん）の舎利は、余類は総じて砕けてしまうが、臂骨は壊れない」として、臂骨の不壊性を説いている。わざわざ臂の骨と指定するのは、この不壊性と関係しているのかもしれない。後述する吒枳尼の盤法では、本尊盤の中に頭骨と「手足の骨」を入れるという秘伝もあった（本章注⑬参照）。吒枳尼天法では、いまは失われている骨にまつわる呪法がおこなわれていた可能性が高い。

次の「有験の比丘の頭」はすでに説明した『法華経』を誦す行者の髑髏と同じもので、『受法用心集』でいう智者や行者の髑髏に相当する。『受法用心集』は文永五年（一二六八）に近いころの著作だから[10]、それより少なくとも百三十年も前から「有験の比丘の頭」を使っておこなう吒天法が東密内に存在していたことが、この『多聞吒枳尼経』から推測される。

同経では、この比丘の髑髏を「盤」に置いて供養すると述べている。盤の意味は後述するとして、その結果、得られる霊験にまず注目しておきたい。「有験の比丘の頭を取って盤において勤め供養すれば、三七日の内に形躰を現じ、行者の前に一切の悉地を示す。あるいは夢中にその相を示し、あるいは自然に声によって聞かせ、一切の吉き事を成さしむる」と阿部氏は書いている。つまり、二十一日（三七日は七日を三回の意）以内に多聞吒枳尼が姿を現し、行者の望みをことごとく成就させ、あるいは夢に現れ、あるいは霊聴に訴えて「一切の吉き事を成さしむる」というのである。

多聞吒枳尼の多聞は、過去・現在・未来の世間の消息を多く聞く、つまり知悉しているという意味で、だからこそ多聞吒枳尼は行者にさまざまなことを告げ知らせることができるのだが、この経の内容は、完全に百三十年後の『受法用心集』の原型になっている。同書は、髑髏本尊法が成就したときの験を、こう説明しているからである。

「本尊を供養すること七年を満了し、八年目にいたると、本尊は行者に悉地を与えてくれるであろう。最上の成就を果たした者には、この本尊は言葉を発して語りかけてくる。過去・現在・未来の三世（さんぜ）のことを行者に告げ知らせてくれるがゆえに、その言葉を聞いてふるまえば、行者はあたかも神通を得た者のようになる。中程度の成就を果たした者に対しては、本尊は夢を通して一切のことを告げる。最も低い成就者の場合は、夢うつつのお告げというものはないが、一切の願い事は意のままに成就するであろう」

一読明らかなとおり、心定（しんじょう）の述べる立川流髑髏法の悉地は、『多聞吒枳尼経』の説く悉地にほかならない。つまりこの仁和寺伝承の偽経は、まさしく立川流髑髏法のルーツなのである。

秘伝書『頓成悉地盤法次第』

『多聞吒枳尼経』は、「有験の比丘の頭を取って盤に置いて勤め供養」することを説いているが、この「盤」がいかなるものかは、旧著を書いた時点（平成十四年）では、まったくわからなかった。けれども平成十九年に金沢文庫によって翻刻・公刊された称名寺聖教中[11]に、立川流関連の複数の盤法関連の次第書がふくまれており、それによって盤法のおおまかな内容を知ることができた。それら盤法関連の次第書中の一書『頓成悉地盤法次第（とんじょうしっちばんぽうしだい）』（以下『盤法次第』）に従って、この秘密修法のあらましを書いていくことにしたい。

盤法の盤は、修法の本尊として用いた呪具の一種で、陰陽道の式盤（ちょくばん）から密教にとりこまれたもの

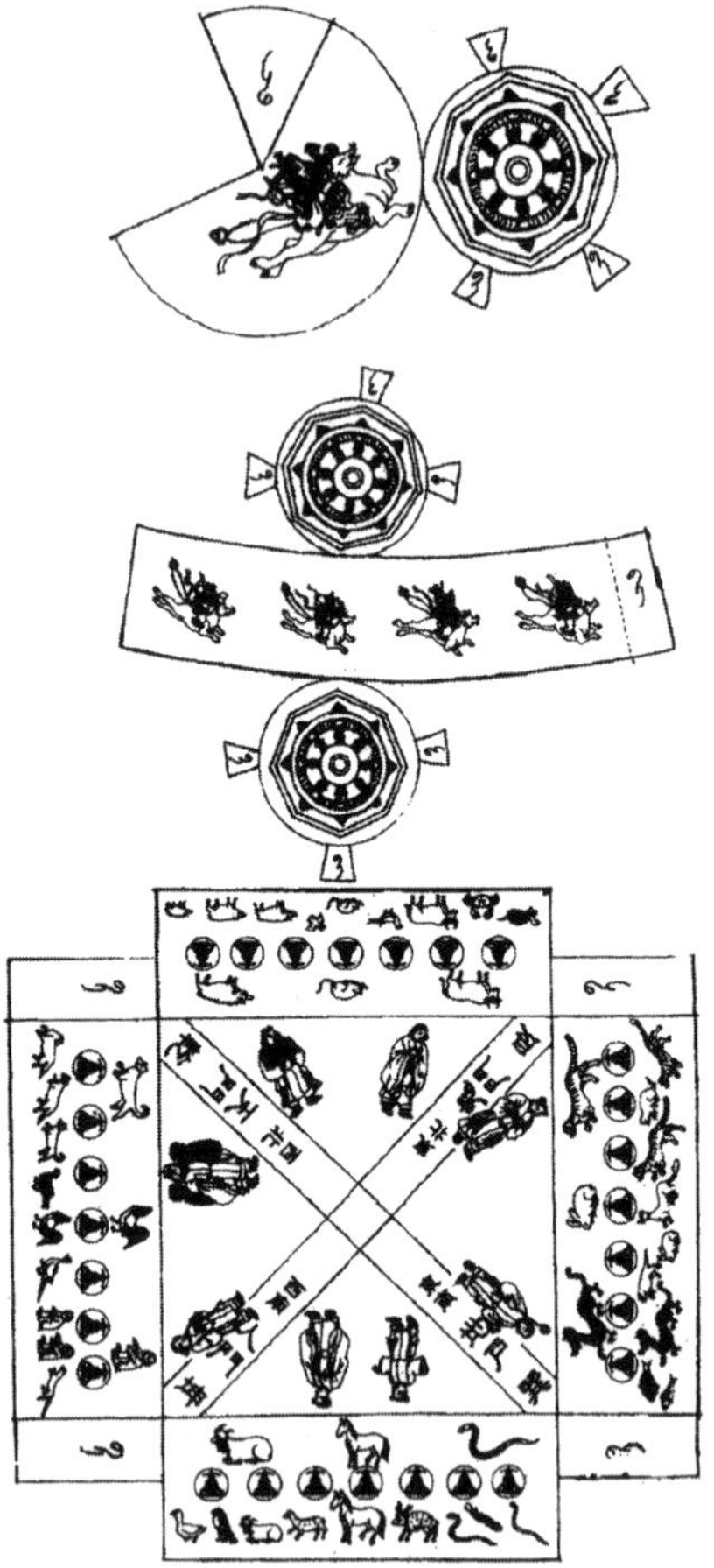

「ダキニ天とその一族　式盤展開図」。神奈川県立金沢文庫が企画展「陰陽道×密教」に合わせて作成・配布した天地人盤の紙型展開図。上から天盤・人盤・地盤。天盤には白狐に乗った辰狐王菩薩（吒枳尼）、人盤には辰狐王の四使者（右から黒女子・赤女子・天女子・帝釈使者）が描かれ、地盤の上面は八大王子（守宅・稲荷・米持・愛敬・破呪咀・奪魂魄・駈使・護人の八神）、側面は十二支・二十八宿・三十六禽が配されている。

と思われる。天盤・地盤・人盤の三重の構造になっており、金沢文庫による復元展開図は右のようになっている。これを組み立てて、一個の盤をつくるのである。

盤法が極秘の呪法だったことは、『盤法次第』の冒頭に「この尊（吒枳尼天）の行法は仏教内にも仏教外にも数多く流布・伝来しているが、人々が最も稀としているのは盤法である。この法を習うことのできる場所は絶えている」（大意）とあることからもうかがえる。立川流の種子は遅くとも平安時代後期には播かれており、鎌倉時代には広く各地に流布していた。多数の偽書が生み出されていたことも、宥快の『立河聖教目録』に明らかだ。ところが盤法については、称名寺に残された聖教を除けば、情報は皆無に近い。『盤法次第』の奥書には、建仁三年（一二〇三）の伝授とあるから、これは立川流が日本中に広まって猛威をふるっていたさなかに書かれた次第書と考えてよい。にもかかわらず、その時点でも盤法は厳重に秘匿され、ごく一部で極秘裏に伝授される秘められた法だったようなのである。

以下、『盤法次第』に沿って修法の次第を見ていこう。修法は常の普礼（真言を唱えて諸仏等を礼拝する）から始まる。ついで陰陽道に由来する玉女⑫の方位と鬼門の方位を拝し、護身法をおこなって「呑月建」の作法に移る。呑月建とは耳慣れない法だが、月建の方位の神を身内に取りこむ作法らしい。月建は陰暦の各月ごとに北斗七星の柄の先（破軍星）がさす方位を十二支にあてはめたもので、旧暦一月は寅、二月は卯、三月は辰、四月は巳、五月は午、六月は未、七月は申、八月は酉、九月は戌、十月は亥、十一月は子、十二月は丑と配当が定まっている。この月建の十二方位神を呑むのが呑月建らしく、具体的には右手の五指を伸べて胸前に仰向けに置き、手掌に月建を受けると観じるのである。このとき以下のように観想するという。不明なところの多い文章だが、試訳を掲げておく。

「想え、北斗七星、七曜、九執、二十八宿、三十六類等が自分の周囲に連なり並び、三十六獅子が四方を囲繞している。手掌の上にア（अ）字がある。अは変じて清浄地と成る。清浄地の上にラ（र）字がある。रが変じて月建となる。月建は即ち式王である。月建を呑み、心月輪（心臓）に置く。身の内には十二大骨がある。十二大骨は、すなわち十二の月建である。法界の一切はわが身体と混じりあっている。月建は子（胎児）、我が身は母房（母胎）のごときものである。子である月建が身中に住して、善事にも悪事にもなる。これがすなわち一切諸法の本源である。この子が活動して、さまざまな欲求を発動させ、諸法の善悪を生み出す。それをおこなわせているのが月建なのである。オン・シャチラ・ソワカ（真言）」

ついで魔界を追破し（蓮華合掌の両親指の背を外側に向けて東西南北の四方を打ち、「諸悪神結縛ウン・ハッタ」の真言）、常のように加持香水、加持供具、加持飲食、施甘露などの諸作法を印明によりおこなって、以下の発願の詞を唱える。「至心発願　唯願文殊　為利所現　吒枳尼王　天地人盤　王子眷属　還念本誓　不捨悲願　降臨壇上　清浄供具　哀愍納受　受用飽満　随喜悦与　護持仏子　増長福寿　无辺所願　決定円満　及以法界　平等利益」。願文にあるとおり、ここで吒枳尼天および眷属の降臨と施福を祈る。冒頭、文殊に発願しているのは、文殊が吒枳尼天の本地と見なされているからだ。願文中の「天地人盤」とあるのが盤法に用いる盤[13]で、天盤・地盤・人盤からなるため、天地人盤ともいう。天地人の各盤に、所定の眷属神や星神などを配するのである。

その配置法は、次におこなう道場観に述べられている。

「観想せよ。壇上にア字（𑖀）があり、変じて四角宝台となる。台上にキリク字（𑖮𑖿𑖨𑖱𑖾）がある。変じて四葉の蓮華となる。その蓮華上にロ字（𑖨𑖺）がある。変じて如意宝珠となる。如意宝珠は変じて天地人盤となる。天盤には辰狐王菩薩が座し、人盤には四方の天女子・赤女子・黒女子・天帝釈使者が座し、地盤には上は八大童子・四方十二神・二十八宿・三十六禽、下には五帝龍王・堅牢地神が座す。観ぜよ、我が身は即ち天地人盤である。頭を天盤とし、胸より下は人盤、腰より下は地盤である。ゆえにかの諸天等、我が身に布列す、と」

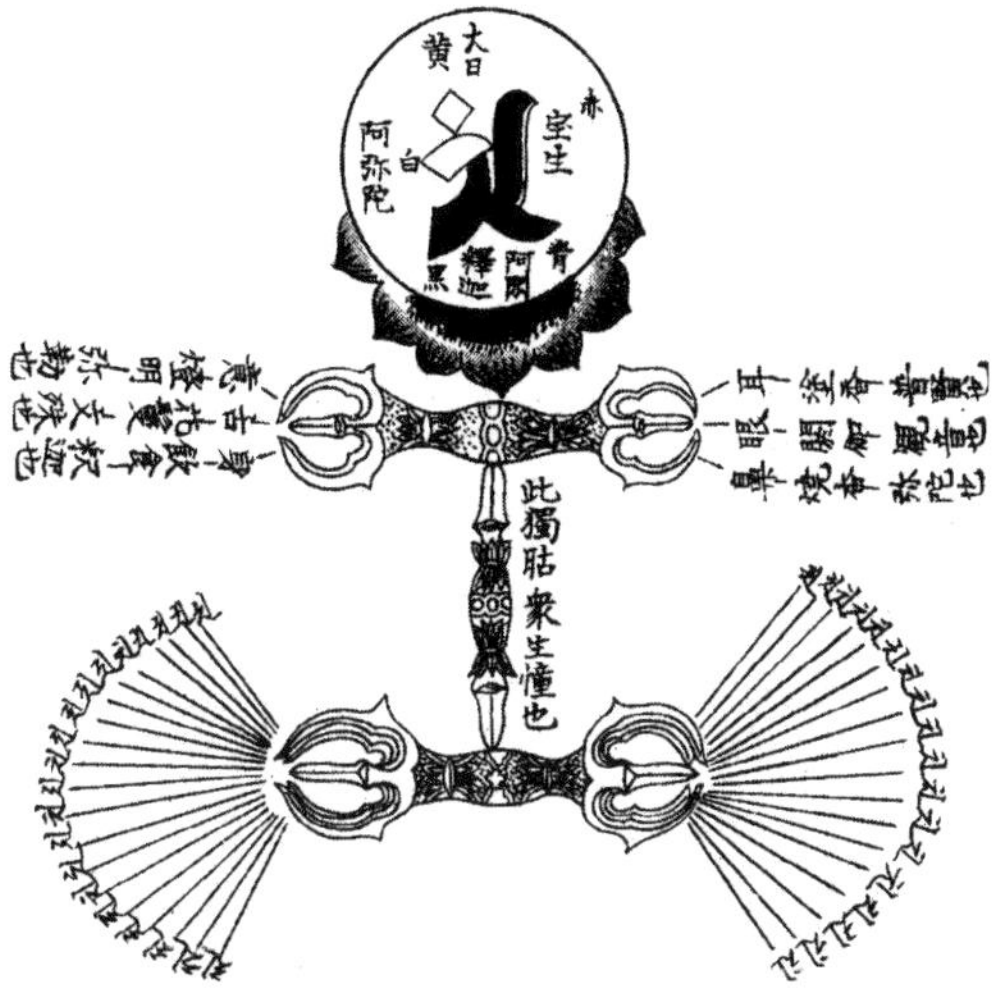

立川流本尊。水原堯栄によれば、髑髏本尊のほかに384ページの敷曼荼羅や本図のような本尊も用いられたという。下の九鈷杵は女性、その上の独鈷杵は男性を表し、その上に男女交合を象徴する人形杵（図は五股杵で描かれている）を置き、天辺に蓮華上円輪内の「ア字」（𑖀）が置かれる。九鈷杵は日本ではほとんど用いられることのない金剛杵で、チベット密教が重用する。水原はこれを「蓮華杵」と呼んでいるが、この呼称については未詳。阿字については本文および立川流敷曼荼羅のキャプション参照。（水原堯栄『邪教立川流の研究』より）

天地人盤が如意宝珠の化現と位置づけられていることは注目される。如意宝珠信仰と髑髏信仰が立川流の中核になったということは、本章の冒頭から書いてきた。その如意宝珠が、ここでは盤そのものと見立てられているのである。道場観には、さまざまな神が登場している。これらの諸神が盤法における吒枳尼天＝辰狐王菩薩の眷属神で、中でも人盤の天女子・赤女子・

黒女子は「三大王子」と呼ばれて重視される（女神が王子と呼ばれる理由は未詳）。称名寺聖教中の『大師口決』（『秘教Ⅱ』に収載）によると、天女子は胎蔵界曼荼羅を構成する仏尊三部族（仏部・蓮華部・金剛部）のうちの仏部の聖衆（しょうじゅ）、赤女子は蓮華部の聖衆、黒女子は金剛部の聖衆とされる（詳細は『秘教Ⅱ』参照）。つまり吒枳尼天は、胎蔵界のすべての仏菩薩の化身である神を引きつれて盤に降臨すると観念されているのである。

三女子以外の諸神もすべて吒枳尼天の部類眷属神とされており、北斗七星などの星神は天に現れた吒天の化身の天魔、十二神と三十六禽は星神が地に現れるときの姿で、常随魔（じょうずいま）とされる。これ以外の諸天も吒天の化身とされるほか、「自在天子、大自在天子、梵天王、帝釈天王、三光天子（日天子・月天子・明星天子）、四大天王、夜叉王、羅刹（らせつ）王、焔摩（えんま）王、大山府君（たいざんふくん）王等は、いずれも方便のために肉身をとって示現した吒枳尼王の化身」（『大師口決』）だと説かれており、世界で活動している一切の神々は、すべて吒枳尼天に包摂されている。

道場観で吒枳尼天をふくむ部類眷属が、残らず行者の全身に居並んでいると観じたうえで、次に我が身を浄土と化すために七所加持をおこなう。如来拳印を結び、真言を唱えながら、左膝・修法壇・右膝・心臓・額・喉・頭頂の七所を加持するのである。こうして行者と盤をひとつにしたうえで、本尊と諸神を盤に勧請する。召請する天部の真言は以下のように説かれている。

◎オン・チラチラ・ソワカ――吒枳尼天（三女子・天帝使者・八大童子が随従して降臨）

◎諸曜総呪――十二神
◎二十八宿総呪――二十八宿
◎オン・チニ・アキニ・ソワカ――三十六禽
◎オン・ヒリチ・ビエイ・ソワカ――五帝龍王

封盤と入我我入観

印明によって諸神の召請を終えたら、いよいよ「封盤」に移る。ここから先の次第が通常の修法とは異なる盤法独特のもので、降臨した諸神を盤に鎮めて封じるのである。具体的な作法は「口伝」となっていて詳細は知れないが、おおまかな次第を記すと、まず本尊である吒枳尼天（辰狐王菩薩）と眷属神を、盤を回転させて組み合わせていく。組み合わせは修する内容によって決まっていたようで、増益(ぞうやく)法では本尊と天女子・米持神、息災(そくさい)法では本尊と帝釈天・護人太神、敬愛(けいあい)法では本尊と赤女子・敬愛神、調伏法では本尊と黒女子・奪魂魄神を「引き合わす」とある。具体的な所作は明らかではないが、盤に記載されている各方位の神と本尊の位置を、盤を回すことによって合わせたもののようで、陰陽師が占いのために式盤の天盤を回転させる作法を取りこんだものと推測される。ただし、陰陽道で盤を動かすのは、あくまで実際に占うためだが、盤法には占いの要素はなく、呪的操作としておこなわれている。

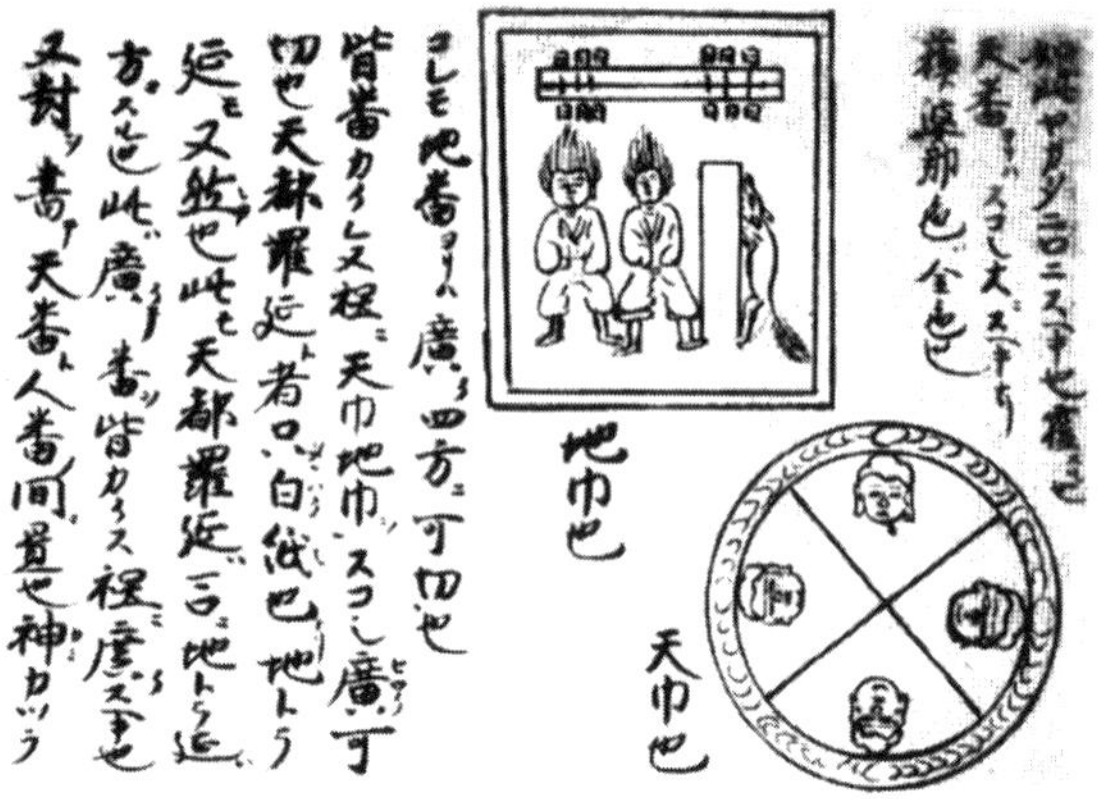

天巾と地巾。式盤に挟んで用いた咒符。天巾は菩薩の頭部が描かれ、地巾は忿怒形の天部と狐などが描かれているが、図像の意味は不明。（『陰陽道×密教』神奈川県立金沢文庫より）

吒枳尼天と眷属神を「引き合わせ」たら、次に行者は、天地人の三盤に呪符を重ねて挿し入れたり、地盤の下に敷くなどの呪法を、所定のルールに従って盤にほどこしていく。呪符を記した紙は、天巾（てんきん）・地巾などと呼ばれている[14]。盤中の諸神に願い事の迅速な成就（頓成）を祈願するのが頓成悉地盤法の眼目なので、呪符とともに所求の内容を書いた紙を天盤と人盤との間に挿し入れるとも記されている。

次いで、七尺ほどの長さの五色線（糸）を用いて盤を縛っていく。五色線で縛るのは、盤を結界するためであり、また、そこに封じている吒枳尼天および眷属神を盤に留める意味もあったと想像される。これが狭義の「封盤」にあたるのだろう。縛り方にも厳密な決まりがあったようで、次第書には、その作法や縛っていく際の真言等が記されている。

以上で盤のしつらえを終え、供養の法を修したら、次に行者は密教修法の中核である念誦（ねんじゅ）法をおこなう。念誦法は、本尊の三密（身密（しんみつ）・口密（くみつ）・意密（いみつ））と行者の三密を一体化させるために修するもので、

「入我我入」によって本尊と自分の身体を一体化させ（身密）、「正念誦」によって両者の言葉を一体化させ（口密）、「字輪観」によって両者の心を一体化させる（意密）のである。ただしこの次第書では、入我我入観と正念誦はあるが、字輪観の記載はない。とくに重んじられたのは入我我入観だったようで、「最極秘密の入我我入なり」として、その瞑想次第が以下のように記されている。印は阿弥陀定印を用いる。

「観ぜよ、我が心蓮台（心臓部）に口字（）がある。その口字が光を放ち、我が身内を照らす。身内を照らすがゆえに、業障は消除する。業障が消除するがゆえに、我が身は清浄な法の器となる。諸々の種字（各尊の種字）の功能には不可得の義（感覚や概念による把握を超えた超越的な働きがあるという義）がある。不可得というほかに言いようのない不思議な働きである。その働きのゆえに、悪業重障はみなことごとく滅除する。今、この口字が如意宝珠となる。我が身は全身が如意宝珠である。この如意宝珠が変じて、三重の盤（天地人の三重の盤）となる。本尊はじめ部類眷属は、みな所定の場所、所定の方位に羅列している。この三重の盤法は本尊の功徳であるがゆえに、或いは一体に帰入して大日如来の智である法界智の徳を顕し、或いは三重の天地人盤の諸神に化作して大日如来の利益を施す。このゆえに、三重の盤は即ちこれ我が身である。本尊と行者と一体無二なるがゆえに、本尊は我に入り、我は本尊に入る。本尊が盤に座したまえば、我も盤に坐す――と観ずるのである」

念誦法では、本尊加持と修法を交互におこなう。その際に用いられる印明のうち、本尊である吒枳尼天の真言は、「オン・ダキニ・キャチキャカネイエイ・ソワカ」と記されており、真言を唱えながら組む印は、まず五股印、次に宝珠印（宝珠の形の合掌印）、次に盤総印となっている。五股印と宝珠印は常のものだが、最後の盤総印がいかなる印かは記されておらず、「最秘印」の口伝となっている。その後、正念誦、ふたたび本尊加持をおこなったのち、本尊をふくむ諸尊の真言を唱えてあまねく供養する散念誦を修し、一連の後供養をおこなって「解盤」する。解盤とは、それまで封じていた盤を解くという意味だろう。五色線をほどくなどの作法がおこなわれたと想像されるが、解盤に関する具体的な記載はない。こうしてすべての法を修し終えたら、盤に封じていた神々を奉送し、行者の道場退出をもって盤法を終えるのである。

この次第書には髑髏のことは出てこないが、同じ称名寺聖教中の『盤建立最極秘々中書』には盤中に髑髏杯や仏舎利等を容れることが明らかに説かれているし、先に見た『多聞吒枳尼経』にも「有験の比丘の頭」を盤に置くとあり、『受法用心集』では髑髏本尊そのものが詳しく説かれているので、吒枳尼関連の法に髑髏を用いる外法が存在していたことは、まず疑い得ない。

陰陽道は式盤の操作によって過去・現在・未来の三世を推知するが、密教の盤法は同じことを盤中に封じた天部によっておこなおうとしたのであり、盤中あるいは修法壇に安置した髑髏は三世を語らせるための呪物（天部の乗り物、依代）だったと考えてまちがいないだろう。その際、本尊として吒枳尼が勧請されるのは、中世、吒枳尼が「過去・現在・未来のことを行者に告げ知らせる神」と信じられていたからだ。この盤法と髑髏の組み合わせから、密教の修行と知識が必要な盤法をはぶき、もっぱら髑髏を供養することで命をふきこみ予知予言させようとした俗流の呪法、それが『受法用心集』のいう立川流の髑髏法だったのではないかと筆者は考えるのである。

髑髏法の繁昌

平安後期には、すでにさまざまな形の髑髏祭祀がひそかにおこなわれていたが、その傾向は鎌倉時代にはいっそう顕著になった。村山修一氏によれば、鎌倉後期の天台座主道玄に『髑髏法邪正記』という本があり、文永五年（一二六八）六月中旬、道玄の庵をたずねてきた人が、「このごろ髑髏法が繁盛して人々に人気がある」と語ったことが記されているという。[15] 繁盛している髑髏法が、いわゆる吒天法の髑髏法か立川流のそれかはわからないが、ともかく髑髏を祭って頓成福徳愛敬を祈る行者が、当時多数いたことが知れる。そうした髑髏法の流行を、村山氏がとりまとめて紹介しているので、以下に引用する。

「この年（一二六八）の前年十月十二日、太政大臣西園寺公相が死に、葬式の夜、その首が盗み取られ、血が多く流れたことがあった。何分髑髏法をおこなう上人が天下に満ちている折りだけに、この葬礼を主宰した実相上人に疑いがかけられたと、藤原経光の日記『民経記』に記され、『増鏡』には公相が特異な顔つきで、中程に目があったので、左様な面貌の生頭が外法を修するのに必要とされ盗まれたのだとある。この外法とは髑髏法を指すものにちがいない。『沙石集』には髑髏を壇に安置し、これに霊託させる外法僧の話があり、『白宝口抄』には髑髏を香水に浴せしめ、銀で舌をつけ壇の側に安置し、繒をかぶせ、歓喜天の前で一千八十遍加持すれば自ら髑髏が姓名を名のり、その身を現じ、使役されると述べている。

公相の首盗難事件以後にも永仁元年（一二九三）、天武天皇陵が発かれ、賊は首を盗んで法勝寺阿弥陀堂に置いた。賊の僧行広は河原で逮捕されたが、天皇の首は大頭で常のサイズではなかったと大納言藤原実躬の日記にある。室町期の七福神の一つ、寿老人を『ゲホーサン』と呼ぶのは、髑髏法なる外法に用いられる頭蓋が大頭やさいづち頭であったところから来ていることを考えても、吒枳尼天法・天狗法など一連の外法中、髑髏法が最も有名であったことを首肯しえられよう」

西園寺公相の遺体から首を切りとった犯人や、天武天皇陵を発いて首を盗んだ犯人が、髑髏法のために犯行におよんだのかどうかはわからない。けれども、こうした事件が起こったとき、ただちに髑髏法が連想されるほど、髑髏法が広く知られていたことはわかる。西園寺公相の事件は、心定の『受法用心集』とほぼ同時期、天武天皇陵が発かれた事件は二十数年後に起きている。つまり、この二つの首盗み事件は『受法用心集』とまったく同時代の事件なのである。

この当時、立川流はすでに日本全国にくまなく広まっており、心定の言葉を借りるなら、「辺土田舎において真言師と聞ゆる輩の中に十人が九人は皆是れ（立川流）を密教の肝心と信じあへり」という状況が出来（しゅったい）していた。しかもその立川流では、髑髏本尊を建立（こんりゅう）するための御衣木（みそぎ）として、第一に智者、第二に行者、第三に国王、第四に将軍、第五に大臣を挙げていた。天武天皇の首は第三の国王に、公相の首は第五の大臣に合致する。事件を聞いた人々が、ただちに外法の髑髏法を連想した背景には、まさにこうした「髑髏法の繁盛」があったのである。

3、髑髏本尊の建立

秘法成就の三条件

いよいよ立川流の髑髏本尊建立法そのものを見ていくことにしたい。この法は、これまでも諸書で部分的に紹介されているが、それは「大頭」の建立法で、「小頭」と「月輪形（がちりんぎょう）」についてはほとんど記されることがなかった。今回、それらの建立法もすべて訳出しておいたので、詳細は『秘教Ⅱ』をみていただきたい。

建立のポイントは三つある。まず第一は、法を成就するために不可欠な「吉相（きっそう）」の女人を用意すること。第二は、本尊にふさわしい髑髏を用意すること。第三は、建立のために人目につかない場所を用意することである。以下、順に注目すべき点を見ていこう。

〈女人と和合水〉　女人は、行者のセックスのパートナーであり、交わって得られた和合水は本尊髑髏にくりかえし塗りこめられる。なぜ和合水が必要なのかというと、精液（白渧）と経血（赤渧）に含まれる三魂を髑髏に植えつけるためで、和合水の三魂と髑髏に宿る七魄を結合させることにより、髑髏に命を吹きこもうというのである。仏教の伝統的な受胎説では、父母の「赤白二渧」と、生と死の中間世界（中有）にある「識」の結合によって、受胎が起こると考える（『阿毘達磨大毘婆沙論』など）。識は記憶や積み重ねてきた業をプールしている意識体のことで、俗に霊魂といわれるものに相当する（ただし、仏教ほんらいの教えでは、霊魂を不変不滅の実体とは見なさない）。立川流は、この仏教の受胎説と道教の三魂七魄説を組み合わせているのだが、こうした魂魄観は立川流のオリジナルだったわけではなく、本家である正統密教のなかにあった。

たとえば冥府の王である閻魔天の供養法を修する際に用いられる「閻魔天星供曼陀羅」（高野山・大明王院）には、「三魂童子」と「七魄童子」が描かれる。『覚禅鈔』は三魂童子を「福神」、七魄童子を「心神」と呼んでいる。心神の意味は不明だが、三魂の福神が外からやってきて福をもたらす外来魂なのに対し（三魂の本来の住処は天であって肉体ではない。そこでこれを運魂とも呼ぶ）、七魄はその人の肉体に所属して人を動かしているので心神とし、あるいは道教説を踏まえて心臓に宿る神の意で心神と呼んだものと推定される。

三魂七魄は唐本の「終南山曼陀羅」（香川県多度津町・道隆寺）にも、北斗七星などの星神とともに描かれている。この曼陀羅は中国道教に原型があり、それを密教がとりこんだとされるが、書かれたのは鎌倉後期といわれているので、やはり立川流と同時代と見ていい。三魂七魄の像が、星神祭祀と密接不離の関係にある閻魔天供の本尊曼荼羅や終南山曼陀羅に描かれるというのは、われわれの命（魂）が北斗七星からやってくるという道教・陰陽道系の信仰と、三魂の本来の住処が天界だという信仰の習合によるものと思われる（北斗信仰については第二章および第六章を参照）。

　こうした考え方は、仏教というより道教的な傾向が著しい。閻魔天は人の生死を司る仏教神だが、中国密教では、この天を北斗七星と同じ神とし、また陰陽道の主神である泰山府君と同じ神とも見なした。この閻魔天＝北斗七星の精が地にくだると人間が生まれると考えられたのだが、それは三魂が地に下るということとひとしいのである。

　では、地に属するとされる七魄のほうはどうなのか。これについては、密教はじつに興味深い説を立てている。暗黒の鬼女神カーリー（訶利帝母＝鬼子母神）に物質的要素のほうを担当させて、「北斗七星の精霊が天から下るとき、訶利大神は地から涌出する」（『七星如意輪秘密要経』）と説いているのである。訶利帝母が魄の支配神と見なされたことは、密教の訶梨帝母法に端的に表れている。怨家調伏のこの修法では、まず護摩加持によって怨家を呪うが、より強烈かつ確実な験を得るための秘法として、「髑髏」の使用を挙げている。「髑髏」を百八遍加持したうえで、それをひそかに呪いをかける人物の家にひそませよというのだ（『大薬叉歓喜母并愛子成就法』）。つまり、髑髏に付着している魄＝鬼神を使役して、怨家を調伏するのである。

十世紀以降の密教が、著しく道教色を帯びた星神祭祀をとりこむことによって発展したことは第二章で述べた。三魂七魄説も、おそらくその過程で密教修法にとりこまれたものだろうが、その密教のなかで生まれた立川流でも三魂七魄説をとりこみ、そこに髑髏信仰および密教に内在する性にまつわる秘義を組みあわせて本尊建立法を立てたのである。

髑髏に生命を吹きこむ場合、七魄はすでに髑髏に付着しているから、あとは赤白二渧の三魂だけが必要ということになる。その三魂を観念的な北斗七星の精に求めず、きわめて即物的な男女の和合水に求めたところに、立川流の顕著な異端性がある。行者が吉相の女人とまじわるのは、あくまで和合水に含まれるところの三魂の収集に目的があるわけだから、女人が妊娠してしまったら、もはや彼女は用済みだと『受法用心集』は述べる。彼女が妊娠した時点で、せっかくの三魂が母胎の胎児に入ってしまうと観念されているのである（ちなみに、閻魔天・訶利帝母とも、吒枳尼天とは深い因縁がある。閻魔供では吒枳尼天もともに供養されるが、そこで結ばれる吒枳尼天の印は、『阿娑縛抄（あさばしょう）』によれば、腕を上げて片方の拳（こぶし）を口に当て、舌でその拳をなめる形に作る。この所作は、吒枳尼天が「人血を吸う」形を表している。また、吒枳尼天は訶利帝母につかえる侍女でもある）。

〈本尊髑髏の選定〉　これについてはすでに述べたとおりだが、参考までにチベットにおける髑髏の選定法を紹介しておく。チベットでは、「寺院内の仏像に捧げる酒やその他の液体を盛る器」として髑髏を用いたという。この風習は、梵語のKapalaに頭蓋骨と盃の二つの意味があるところから生まれたものというのが金城朝永氏の説で、[16]すでにインド古代の戒律書『毘奈耶』中に「僧侶は施物を受ける盆に頭蓋骨を使用する事を禁ずる」旨の戒があるほど古い習俗であるという。[17]この髑髏杯が、チベットでは「これを献ずる者には仏は恩恵と慈悲を垂れたまう」という信仰に発展し、信者が髑髏を寺院に奉納するまでになった。そこからさらに発展して、以下のような選定法まで案出されるようになったという。

「ラマ教徒（チベット密教徒）の間には、仏像に捧げる適当な頭蓋骨を選定する目的から、骨相学の一体系さへ創案せられていて、これによると、仏への献納物たる資格のある頭蓋骨と云ふのは、原則として信心深かった人、或は他の高尚な特質を持った人士、例へば高位、高官、賢人または知者のものでなければならぬ。婦人や結婚してから生まれた子供の頭蓋骨はこの神聖な目的には不適当とされている。そして最上の頭蓋骨と称するものは、次の様な特質を備へたものでなければならぬ。キラキラ光る貝の如く澄んだ白色のもの、金の様に輝かしい黄色のもの、滑めらかな宝玉に似たもの、同等の緻密さや小さな六面体の容積を持ったもの、或は鳥の嘴や虎の爪の様な鋭い隆起物が内部にあるもの、または石の様に固くて重いもの、手触りのすべすべして磨きのかかったもの、明瞭な境界線（頭蓋骨の縫合線）の外には一つの條も持たないもの等々である。……これらの教條の中からもまた印度伝来の思想の感化と影響を見出すことは、甚だ容易なわざであって、ここに一々これを論証するのは差控（さしひか）へるが、一例を挙げると、印度においては、世襲的階級（せしゅうてきかいきゅう）（四姓（カースト））の中、刹帝利（クシャトリア）、婆羅門（バラモン）、吠舎（バイシャ）階級の者の頭蓋骨は良いが、平民即ち首陀羅（スードラ）のものは悪いと云ふ俗信が行はれていた」[18]

　チベット密教における髑髏の選定法は、大筋では立川流のそれとなんら変わらないことがわかる。「明瞭な境界線の外には一つの條も持たないもの」というのは、立川流で「最上」としている「骨と骨との縫合線のない髑髏」と同じものだろう。頭蓋骨形成のメカニズム上、縫合線が皆無の髑髏は存在しないから、立川流が最上とした髑髏は、実際にはチベット密教のいう「明瞭な境界線の外には一つの條も持たないもの」をさしたものと思われる。

　インドやチベットでおこなわれた髑髏選定法が、日本に移入されて立川流に流用されたものか、日本独自に考案されたものかは明らかではない。けれども、インドやチベットの密教における髑髏で身を飾った種々の神仏像や、髑髏・骨・死衣などを用いた呪法を説く雑密経典類は、膨大量が日本にもたらされていた。かつ呪法としての髑髏祭祀も、インドやチベットと同様におこなわれていたのだから、髑髏選定法も大陸から移入されていたと考えるべきだろう。

〈秘密道場の建立〉　髑髏本尊の制作が、完全に人目から遠ざけられねばならないのは当然だが、人に気づかれることさえ許されなかった。もし気づかれたら、そこで験（げん）が失われると考えられたからである。これは密教の呪法も同様であって、いずれも秘密裏におこなわれる。たとえば呪力において最も傑出していると信じられた聖天供（しょうてんく）の場合、修法を人に知られると験がないばかりでなく、法を修している行者は治罰さえこうむるとされた。『受法用心集』にはこうある。「本尊を建立している間は、人が近寄らない場所に道場をかまえ、種々の美味や美酒を用意しておき、細工人と行者と女人のほかは道場内に入れず、何の憂い心もなく楽しみ遊んで正月三ヵ日のように日々を祝い、そうした祝いの言葉やふるまいを決して絶やさないようにせよ」。正月三ヵ日のように、遊び暮らす心持ちで建立作業をつづけるのは、吒枳尼天がそれを喜ぶと信じられたからだ。また、本尊建立は子育てにも擬せられている。祝い愛でる気持ちで、本尊の三魂七魄をたいせつに養い育てなければ、きちんとした生身の本尊に育たないという類推が働いている。

この段落で興味深いのは、本尊建立に携わる者の一人として、行者・女人のほかに「細工人」が挙げられていることだ。髑髏本尊の製作にあたっては、人工の顎や舌などをつくったり、義眼をはめたり、何重にも金箔・銀箔を押すなど、美術工芸品にひとしい非常に精緻な細工が要求される。こうした作業は、もちろん一般行者の手にあまる。そこで職人を雇って本尊の細工に従事させたものだろうが、裏をかえすと、こうした本尊製作に通じた職人が、当時存在したということである。

『受法用心集』は、また、こうも述べる。「吒枳尼天法を成就して種々の神験をほどこしたいと思う行者は、袈裟をかけたり、銅を鳴らしたり、剃りあげた比丘形の頭をあらわにしてはならない。……袈裟をかけ比丘の頭をあらわにして金を鳴らせば、諸仏・諸菩薩が（修法壇に）影向し、（仏教を守護する）天神たちや地神たちも集まってこられるため、小夜叉神は遠くに逃げ去って、室内にはやってこない。また、不浄の道場に来集した諸天善神が、行者が福田（福をもたらす仏神や僧や親など）を汚すという過ちを犯していることをお責めになる。ゆえに、吒天法成就の功徳を授けず、吒枳尼天ら冥界の鬼神らがお怒りになるからである」。このように、外法の行者は僧衣や僧形を顕わにすることが禁じられた。「袈裟には五尺の布を結んで隠すようにせよ。鳴り物には金属製のものは用いず、石磬を打つようにせよ。頭には烏帽子をかぶるべし」と指示されている。

吒枳尼天が袈裟を嫌うという例に、時代はあとのものになるが、『譚海』（十八世紀末）のエピソードがある。ある僧が吒天法を修したが、法が成就すると顕れるとされる白狐の示現がない。その理由を知識の人にたずねたところ、修法のある部分で袈裟を脱がなかったからだと教えられた。そこで僧が、教えられたとおりに袈裟を脱いで陀羅尼を唱えたところ、二十一日目の結願の日、みごとに白狐が現れたというのだ。『譚海』の僧が修したという吒天法は、あるいは先に述べた『多聞吒枳尼経』の法かもしれない。同経も「三七日」すなわち二十一日をもって結願としており、「形躰を現じ、行者の前に一切の悉地を示す」と説いている。かりにそうだとすれば、この僧は修法にあたって髑髏を用いたのである。

このように、髑髏本尊建立という外法をおこなう場合は、人目から隠すのみならず、諸仏・諸菩薩からも隠す必要があると考えられていた。立川流が正統密教から外れた淫祀邪教、外道の法とされたのは当然で、密教の場合はいかに恐ろしい呪法をおこなう場合でも、諸仏・諸菩薩の目をかすめておこなうという発想はなかったからである。

以上で建立にあたっての三つのポイントを見たので、次に実際の髑髏の細工について見ていこう。

髑髏細工の実際

細工は、髑髏に顎・舌・歯を付け、ていねいに下地を塗ったうえで、男女の二渧をくりかえし塗り重ねることから始められる。その理由は、すでに何度も書いたように、髑髏の魄と和合水の魂の結合にある。『受法用心集』は、魂を「をたましい（雄魂）」、魄を「めたましい（雌魂）」とも呼んでいる。雄魂は陽魂、雌魂は陰魄の意で、魂魄を陽陰に見立てる道教説を和風に改めたのである。

ほんらい子宮の中でおこなわれる受胎を、立川流の行者は髑髏に和合水を塗り、印明等で加持することによって成就しようとした。この発想は、西洋の錬金術師が、母胎の代替物である蒸留器に精液と人血を入れて温めつづけて人造人間（ホムンクルス）を創造しようとしたことと軌を一にしている。

こうして所定の作業を終えたら、次に髑髏内に種々の相応物と秘符を納め（盤法の盤に対しても同様の次第がおこなわれたことは先に述べた）、金・銀箔と曼陀羅を交互に頭蓋上に押し重ねていく。最後に、舌と唇に朱をさし、歯には銀箔を押し、眼は絵の具で良家の子弟のように美しく彩色し、面貌にはおしろいを塗り、紅をつけて見目麗しい美女の顔のようにつくるというのだから、最終的にはもとの髑髏の面影など完全に失せた、いわば人造の生首のようなものができあがったはずである。

以上は「大頭」と呼ばれる最も本格の本尊建立法だが、これは大きすぎて持ち運びに難がある。そこで、頭蓋骨の頂上部分の八割ほどを切りとって加工して面貌とし、別に霊木でつくった頭蓋部分と組み合わせて、右の大頭と同じ工程を踏んでつくるのが「小頭」で、サイズはかなり小さくなる。行者はこれを「昼夜首にかけて養い供養する」のである。

もうひとつの髑髏本尊である「月輪形」は不明な点が多いが、小頭と同じように大頭の頂上骨、もしくは眉間（みけん）の部分の骨を切り取って円形に加工し、種々の相応物や秘符を「脳の袋（脳膜）をよく洗って干し」たものに詰め、両者を貼り合わせて加工したものらしい。この月輪形の記述から、髑髏本尊の髑髏は風雨にさらされて白骨化した曝れ頭（されこうべ）、いわゆる野晒（のざらし）ではなく、まだ頭蓋内の脳が残っている「生頭（なまこうべ）」を用いたことがわかる。実におどろおどろしい加工で、外法の面目躍如といった趣がある。また、こうしてつくりあげた月輪形本尊を包むための絹の袈裟を「女人の月水（げっすい）（経血＝赤滞（しゃくたい））」で染めるよう指示しているのも異形である。右の小頭・月輪形とも、金・銀箔および曼陀羅を交互に重ねていくのは大頭とまったく同じであるという。

こうして細工の一切を終えた本尊は、行者によって七年の間、極秘で「養い祭」られる。この七年という歳月は、母胎内で子どもが育っていく期間とイメージされている。本尊は「七重の錦（にしき）の袋」や「絹の九条の袈裟」に大切にくるまれるが、それはあたかも羊膜（ようまく）にくるまれた胎児のようである。行者は、この本尊に、あたかも栄養を供給するかのように、山海の珍物・魚鳥兎鹿の肉などを供え、また夜は肌身に抱いて温める。「養い祭る」というのは、観念的な表現ではなく、文字どおりの即物的な表現なのである。

こうして無事に三魂七魄が本尊に宿り育てば、八年目にその実証が現れる。吒枳尼天が「七鬼の女形」に変現して現れたり、「七匹の野干」や「七仏の形像」となって現れ、行者に種々の現報をあたえてくれるというのである。

護良親王のミイラ首

それにしても、髑髏本尊の建立法は、あまりに手間暇がかかりすぎる。ほんとうにこれほどの手間暇をかけて髑髏本尊がつくられたのだろうか。現実に髑髏が盗まれる事件が起こっているし、髑髏法の流行に関する史料も残っているから、これに類することがおこなわれたことは疑いえない。しかし、美術工芸品にも匹敵するほどの髑髏本尊を、誓願房心定のいう「田舎真言師」がつくりだし、それをみずからの本尊として祭祀していたというのは、かなり誇張された話ではないかと、筆者は疑っていた。けれども、山梨県都留市朝日馬場の石船神社に秘祭される「護良親王のミイラ首」と称する髑髏を見るにおよんで、この疑問は払拭された。このミイラ首は、髑髏といっても頭蓋骨そのままではなく、義眼をほどこし、作り鼻を埋めこみ、顎を補強し、唇までつけた精巧な加工品なのである。昭和五十二年にこの髑髏の学術調査がおこなわれており、その結果、頭蓋骨に「黒漆」を塗り、粘土

山梨県の石船神社に伝わる、護良親王の頭蓋骨とされている金箔の髑髏。（写真提供：都留市観光協会）

で覆って形を整え、その表面に「金箔」を貼ったものだということがわかった。しかも驚くべきことに、剝げ落ちた漆の下には「梵字」が刻まれていることまで確認されたのである。

由来も製作年代も定かでないこの髑髏を、立川流の髑髏本尊だというつもりはないが、加工の状況そのものは立川流とほとんど違いがない。立川流の行者が使ったような「細工人」の実際の仕事が、このミイラ首を通して見えてくるのである。漆の下の梵字は、おそらく仏菩薩を一字で表した種子だろう。立川流では金・銀箔と曼陀羅を交互に重ねるが、頭蓋というごく狭い範囲に、具体的な仏菩薩像から成る曼陀羅を何重にもわたって描いたとは思われない。立川流のいう曼陀羅は、梵字のみで構成された種子曼陀羅と考えるのが自然だろう。それはまさに護良親王のミイラ首と同じものだったと推定されるのである。

昭和五十二年当時の新聞は、このミイラ首を「日本最古の復顔術」とし、能面作りの技術を応用したものだろうと報道しているが、それをいうなら立川流の髑髏本尊そのものが、日本最古の復顔術ということになる。『受法用心集』では、髑髏整形の初段として「ムキ漆（うるし）」を使うことを述べている。ムキ漆は麦漆のことで、小麦粉と姫糊（ひめのり）（柔らかく炊いた米に水を加えてすりつぶしてつくった糊）に生漆をまぜてつくる。用途は漆器や木工品などの補修や接着だが、髑髏本尊では骨の継ぎ目を埋めこんだり、表面のでこぼこをならすための木屎（こくそ）と併用したらしい。この作業により滑らかになった髑髏の表面に、細工人は金・銀箔を貼り、おそらく行者自身が曼陀羅を書いたのである。

護良親王のミイラ首は、そうした仕事が現実におこなわれていたこと、またそのための細工人が存在したことを実証している。したがって、このミイラ首と同様の髑髏の御神体（ごしんたい）や本尊が、ほかにも日本各地の寺社の奥深くに秘蔵され、あるいは人知れず長い眠りについている可能性は大いにあるはずなのである。

新時代の〝神話の創造〟

江戸後期の随筆集『嬉遊笑覧（きゆうしょうらん）』には、髑髏を用いて製作した「一寸五分ほどの仏像」の力によって、卓越した未来予知力を保持した巫女（みこ）の話が出てくる。同書の中で、巫女はこう語る。

「こうした仏像は、今のように太平の世では、つくることのできないものでございます。この尊像も私まで六代持ちきたったものでございます。その作り方を申しますれば、まず、私のように巫術をおこなおうという者なら何人でもかまいませんから言い合わせて、ふだんから異相の人を見立てておきます。そして、これはという異相の人が見つかりましたら、その人と、生前からある約束をいたします。それは、死ぬ直前に首を切り落とさせていただくという約束でございます。こうして首尾よく異相の生首が手に入りましたら、それを往来の激しい場所に埋め、十二日目に取り出します。次に、取り出した髑髏にこびりついた土をかき集めて人数分の仏像をこしらえ、髑髏はよくよく手厚く弔うのでございます。こうしてつくりました仏像は、かの異相の人の神霊でございます。これを懐中にしのばせておきますれば、いかようなことでも、知れないということはございません」

　巫女の話では、埋めた生首にこびりついた土によって呪物の仏像を作るということになっているが、これは明らかに中世に大流行した髑髏法の零落形といっていい。巫女は泥で像をつくるというが、生首で本尊をつくるという秘事を隠したものとも疑うこともできる。[19]

　中世、日本各地に広まって猖獗をきわめた立川流の髑髏法は、近世には『嬉遊笑覧』に描かれたような民間巫覡の道具立てのひとつにまで落ちぶれた。けれども、立川流というと必ず登場してくる髑髏法そのものは、実は立川流全体から見れば末節の話題の一つにすぎない。それよりはるかに重大な意義が、立川流には隠されていた。すでに拙著『真言立川流』で詳論したとおり、それは密教が最も重んじる諸尊――弁才天・聖天・大黒天・愛染明王などや、天照大神など日本を代表する諸神をひとつ鍋にたたき入れて融合させ、古代からの神祇思想や王権思想などもすべて解体して、日本に新たな生＝性のエネルギーを呼びもどし、中世という新時代の神話を創造するという一大ムーブメントの〝先兵〟の役割を、立川流が担っていたということなのである。

立川流の教義は、同流を語る場合にしばしば掲載される「立川流敷曼陀羅」に、端的に表されている。敷曼陀羅は別掲図のごときもので、八葉蓮華の上に草座とおぼしき座が敷かれ、そこで男女が交合している。男女がともに冠をかぶっているのは、彼らが立川流の灌頂を受けて、すでに即身成仏していることを表している。また、女が上向きなのは、陰（女・裏・下）の本性が、上にある陽（男・表・上）に向かって男を受け入れるものだからであり、男が俯せなのは、陽の本性が陰に向かって女に覆いかぶさるものと考えられたからだろう。陰陽が逆の配置になれば、陽は上に昇り、陰は下に沈んで両者が離反し、陰陽和合が成り立たなくな

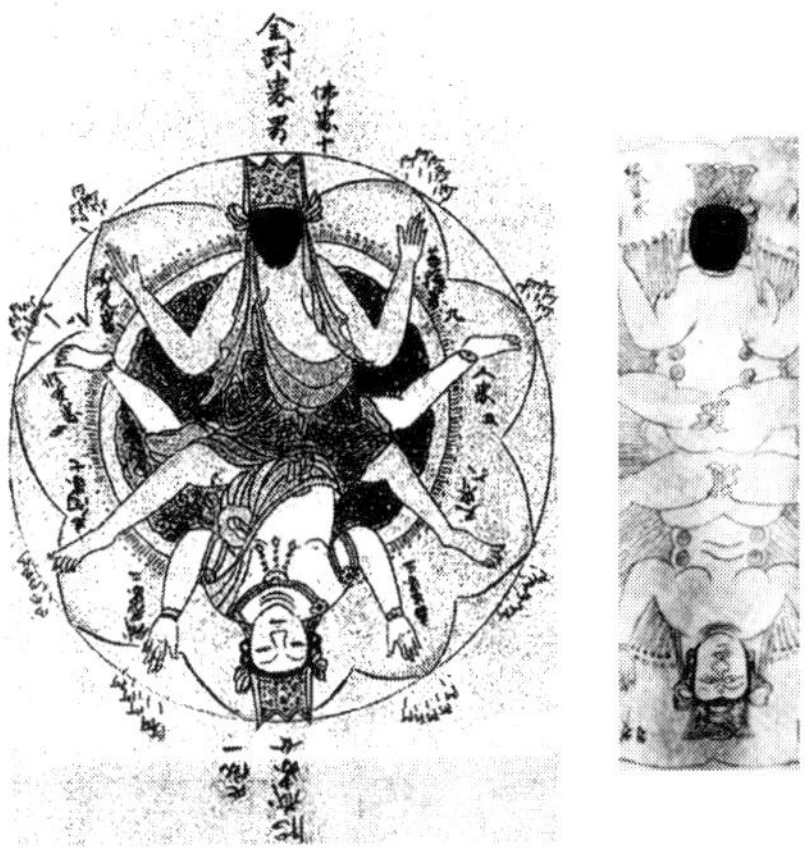

立川流敷曼陀羅。左右ともに同じ意匠だが、右は男女の結合部に「ア字（𑖀）」を置く。立川流は五画からなるア字を大日・阿弥陀・釈迦・宝生・阿閦の五如来、五智、五蘊、五輪などの表象とし、万法の根源と位置づける。右は万法の根源である𑖀が男女合一・赤白和合の交わりの一点にあることを如実に示している。

る。上に向かう性の陽男が俯せ、下に沈む性の陰女が仰向けになってはじめて二根が交会し、和合水が得られるのである。

次に二人の八本の手足および二つの頭によって、仏教の考える全世界である十界と金胎両部の曼陀羅が表される。女は正面向きで、頭部は慈悲をあらわす胎蔵界および地獄とつながっている。男は俯せで、頭部は智恵をあらわす金剛界および仏界とつながっている。この両者は、図の中央で性的に結合している（絵では秘されている）。この結合により、金胎両部の不二、また地獄界と仏界の不二、すなわち迷悟不二・煩悩即菩提が示される。これこそが立川流の教義の眼目だから、結合部が八葉蓮華の中央にくるように構図されるのである。

男女の手足にも密意がある。女の手足は、左手＝餓鬼界、右手＝畜生界、左足＝修羅界、右足＝人間界とつながっているが、これは女という性の属性を、三悪道および闘争の巷の修羅界と人間界に結びつけて考える古典的な仏教の女性観を受けている。ネガティブなもの、死にまつわるもの、本能的・衝動的・非理性的なものの一切を、女という性と引き結んでいるのである。

一方、男の手足は、左手＝縁覚界、右手＝菩薩界、左足＝声聞界、右足＝天界と結びつけている。つまりポジティブなもの、生にまつわるもの、覚醒的・智的・理性的なものの一切を男という性と引き結んでいるのだが、この男女が実は和合の境地においては一如無差別であり、本来ひとつのものだというのが立川流の根本立脚点であり、であればこそ「男女二根は即ちこれ菩提（悟り）と涅槃（解脱）

の真処」(『大仏頂首楞厳経』)と、〝字義どおりに〟理会するのである。

こうして過剰なまでに生＝性の意義を強調した立川流は、生＝性の力を引き出す源泉として、髑髏や吒枳尼天といった死のメタファーを最大限に活用した。男女交会の妙境の一点で「死ぬ」と声を発する一刹那こそが、彼らにとっての即身成仏の悉地であった。

この、きわめて即物的な感覚を土台に据えた立川流には、したがって、教義と呼べるほどの確固たる思想的背景はなかった。先に筆者は、立川流のことを、日本に新たな生＝性のエネルギーを呼びもどし、新時代の神話を創造するという一大ムーブメントの先兵だと書いたが、そもそもこのムーブメントは、何らかの思想によって引き起こされたものではなく、新たに生まれ変わろうとしていた時代の要求が引き起こした、無意識的・衝動的な運動だった。それゆえ立川流は、組織だった宗派となることもなく、安定した社会が実現された江戸時代以後、一部は民間巫覡の呪術に吸収され、一部は密教伽藍の奥処のひそかな観念遊戯の具に成り果てて消えていった。けれども、立川流を衝き動かしていたものが、人間に内在するエロスとタナトスの盲目的な力である以上、この流派はいつの時代にでも再生しうる普遍性をもっているのである。

【注】

①守山聖真『立川邪教とその社会的背景の研究』国書刊行会

②『抱朴子』にはこうある。「狐寿八百歳なり。三百歳の後、変化して人形となる。夜、尾をもたげて火を出し、髑髏

を載せて北斗を拝す。落ちざればすなわち人に変化す」

③坂内龍雄『真言陀羅尼』平河出版社

④村山修一『変貌する神と仏たち』人文書院

⑤坂内前掲書

⑥道教には体内の陰気を練り消し、純陽の身体につくりかえるための内丹と呼ばれる瞑想法があるが、これも身体のうちの物質的要素である魄を陰気とし、身体の濁鬼と見なしたことと深く関連している。また、道教修行の第一課ともいうべき辟穀（穀断ちの修行）も、大地の精すなわち陰気の精である穀物が寿命を損なうという俗信からきている。

⑦アンリ・マスペロ『道教』東洋文庫

⑧奪精鬼については『秘教Ⅱ』の『辰菩薩口伝』参照

⑨阿部泰郎『湯屋の皇后』名古屋大学出版会

⑩『受法用心集』の著作年は不明だが、守山聖真氏所蔵の写本の別本に文永五年（一二六八）十月七日に書写し終えた旨の後書がある。また著者心定の生年は水原堯栄氏によれば建保三年（一二一五）であり、上巻に「今五十四歳」の記載があるから、本書は文永五年に書かれた可能性が高い。

⑪『陰陽道×密教』神奈川県立金沢文庫

⑫玉女は陰陽道の反閇（道教でいう「玉女反閇局法」）で主要な役割を勤める女神の一種で、道教においては「天神の母」と呼ばれて尊崇され、行者と天をつなぐ働きを持つ神使として祭祀の場に勧請された。仏教でも玉女はさまざまな局面に登場している（拙著『秘説陰陽道』戎光祥出版参照）。

⑬盤法は番法とも書かれる。盤の用材（御衣木）には桂、もしくは建築されてから千年を経た古堂や卒塔婆を用い、天盤と人盤を貫かせる柱材には「野干（狐）の骨を削りて用いる」とされる（『頓成悉地口伝集』）。ただしこれ以外の用材も用いられたようで、『盤建立最極秘々中書』では、四種法（息災・増益・愛敬・調伏）ごとに異なった用材を挙げている。また、同書は盤中に納める本尊の相応物として、「劫ハラ坏或仏舎利霊骨等」を挙げている。髑髏坏（劫ハラ坏）、仏舎利、人骨（霊骨）のことであり、立川流の髑髏本尊との関連が想定される。人骨のうち、「天盤ニハ頂（登頂骨）ヲ入レ地盤ニハ手足ノ骨ヲ可入ル」とある。頭蓋骨だけではなく、手足の骨も用いたのである。

⑭『頓成悉地口伝集』に天巾・地巾の図がある。それによると、天巾は円を描いて四等分し、四区画に仏面を描く。地巾は方形を描き、その中に符咒・怒髪天二体・狐を描く。

⑮村山前掲書

⑯金城朝永『異態習俗考』六文館

⑰小宮卓『性現象事典』（光風出版）「頭骨」の項に、以下のような種々の髑髏崇拝が列挙されている。「フレイザーは『金枝篇』のなかで、多くの民族が頭部を神聖なものとみなす信仰があると述べ、人の手が触れたら非常な侮蔑を感じるともいう。スキュタイ人は、さらに憎い敵の首級の眉から下を鋸で挽き落とし、残りの部分で髑髏杯をつくって、来客に披露して酒をくみかわす。……M・エリアーデは、ラマ教とタントラ仏教における頭骨の役割、チベットや蒙古にける骸骨踊りをシャーマニズムのなかで論じている。そして、シャーマン自身が死ぬと、その頭骨が崇拝され、神を呼びおろす具として使われていたという。……西インドのヒッダで高僧の髑髏杯が見られたというのは五世紀ごろのことで、金箔と七個の宝石で飾られ、八人の貴族が守護にあたっていた。また、インドの烏婆完派（アゴリ、またはオーガーといわれる）や托鉢僧は、髑髏を飲食器がわりに使っていた。これは自身の行の一つで、この鉢をカパラといい、彼らは仏教の異端者としてうとまれていた」

⑱金城前掲書

⑲『嬉遊笑覧』の巫女が所有していたような本尊は、一般には「外法箱」と呼ばれる箱に納められており、巫覡が常に肌身離さず持ち歩くものとされた。中身は厳重に秘匿されたのでほとんど知れないが、わずかに外部に漏れた情報から、本尊は「一種の人形か、呪的象徴物」で、「人形の種類はクノチ神と呼ぶ五寸程の木の弓を持った案山子とも、揀物のキボコと称へる男女抱合像とも、一寸五分程の仏像と猫頭の干物の如きものとも、或は白犬の頭蓋骨とも、或は雛人形、藁人形だとも云はれている」（堀一郎『我が国民間信仰史の研究』下・東京創元社）。立川流本尊に、持ち運び用の本尊として略式で製せられたと思われる小頭や月輪形があった。これらもこうした秘密本尊の一部を形成していたと想像される。立川流行者のなりわいは民間巫覡と重なっており、江戸時代には巫女と夫婦となって呪術をなりわいとした修験山伏とも大いに重なっていたからである。

第六章　玄旨帰命壇と摩多羅神の秘儀

はじめに

中世真言宗に立川流という異端が出現したように、天台宗には玄旨帰命壇と呼ばれる異端の秘密法門が現れた。この二つの異端法門は、多くの点で似かよっていた。両者はともに愛欲などの煩悩と死を司る異形神を本尊とした。立川流が血塗られた神・吒枳尼天を本尊としたように、玄旨帰命壇では、その吒枳尼天と同体の神とも、血肉を食らう摩訶迦羅天（大黒天）と同体の神ともされる摩多羅神を本尊としたのである。

また、立川流が「男女二根は菩提涅槃の真処」と見なして性愛を積極的に肯定し、本尊建立に際しては男女の性液まで用いたように、玄旨帰命壇でも「煩悩即菩提」（煩悩がそのまま悟りの縁となること）を説き、摩多羅神の歌舞に際して唱えられたとおぼしき囃し言葉には、男女の性器を意味する隠語が歌いこめられていた。さらにこの両法門は、ともに宗門から淫祠邪教と批判され、江戸時代には歴史の表舞台から消し去られていった歴史を持っている。

このように多くの共通点のある立川流と玄旨帰命壇だが、両者には大きなちがいもあった。立川流の眼目があくまで現世利益の呪法に置かれていたのに対し、玄旨帰命壇では、人を即時に成仏に導くとされる〝秘められた知識〟の伝授に置かれていた点である。その秘められた知識とは、「われわれはどこから来てどこに還るのか」という人類最大の謎に対する答えであり、知ることがそのまま成仏と直結するとされた知識であった。そして、それを伝授するための秘儀こそが、摩多羅神を本尊としておこなわれる「玄旨灌頂」、および摩多羅神の本地である阿弥陀如来を本尊としておこなわれる「帰命壇灌頂」の二種の密儀だったのである。

この章では、まず玄旨帰命壇の母胎となった「天台本覚論」と呼ばれる中世思想を概観し、そのうえで玄旨灌頂と帰命壇灌頂という二種の密儀がどのようにおこなわれ、いかなる秘儀が伝授されたのかを詳しくながめていく。また、玄旨帰命壇の特色を体現している摩多羅神とはどのような神なのかについても、摩多羅神のルーツと考えられた摩訶加羅天・吒枳尼天・東寺夜叉神・金剛牙菩薩・七母天（摩怛哩神）などと対比しつつ考えていきたい。

なお、『秘教Ⅱ』には、唐の天台大師智顗が遺したとされる『天台灌頂玄旨』、および摩多羅神のルーツを論じた天台僧・覚深の『摩多羅神私考』の口語訳を収録した。

1、中世を席巻する天台本覚論

天台仏教の〝あだ花〟

真言立川流と並ぶ天台宗の異端とされてきたものに、玄旨帰命壇がある。徹底した現実肯定と、阿弥陀仏およびその垂迹神としての摩多羅神の崇拝で知られるこの謎多き密儀について、島地大等氏は名著『天台教学史』のなかでこう記している。「（中世の）乱雑時代の檀那流口伝の中もっとも有力にしてひろく都や田舎を風靡し、その口伝の内容またもっとも集成的なるものはいわゆる玄旨帰命壇なり。……しかれども玄旨帰命壇たる、その思想と形式とに渉ってはなはだしく顕密雑乱して或は密灌の形式によりて灌頂の儀式をおこない、あるいは禅の影響を受けて偈頌法語のごときものを濫造してもって古先徳（いにしえの祖師・高僧ら）の名に託し、歴史と教義と儀式に渉って雑乱することすこぶる甚だしきものあり[1]」。ここに指摘されているとおり、玄旨帰命壇の「歴史と教義と儀式」にわたる「雑乱」ぶりにすさまじいものがあったのは事実だが、その根底に流れている思想は、実は意外なほどに一貫していた。その思想とは、天台の中核思想を極北の地点まで純化し、仏教哲理の「クライマックス」とも評された「天台本覚論」である。

玄旨帰命壇を知るためには、まずその大前提となっている天台本覚論を知る必要がある。玄旨帰命壇は、江戸時代の霊空光謙（一六五二～一七三九年）が著した『闢邪編』による弾劾で息の根を止められたとされている。たしかに『闢邪編』は、玄旨帰命壇に含まれる儀式次第や思想が、天台本来の教義や信仰から逸脱したものだということを論証しているが、同書は、ただ玄旨帰命壇を弾劾するためだけに書かれたのではない。むしろ、玄旨帰命壇とは切っても切れない関係にあった本覚思想を否定することに眼目があったのであり、実際、この『闢邪編』によって「天台本覚思想は終わりを告げたといわれる」[2]のである。

天台本覚論それ自体は異端でもなんでもなく、中世の天台仏教を支配した、最も主流をなす思想だった。その影響は、たんに天台宗にとどまるものではない。本覚思想の洗礼は、他の仏教宗派はもちろん、神道や芸事にまで及んだが、その圧倒的な魅力に倍する猛毒を内に秘めていた。そして、この思想の論理的な帰結として必然的に生み出さざるをえなかった〝あだ花〟こそが、この章で見ていくことになる玄旨帰命壇なのである。

日本のオカルティズムにも絶大な影響を及ぼしてきた天台本覚論とはいったい何なのか。玄旨帰命壇を見る前に、まずその思想と歴史を駆け足でたどっておきたい。

迷える凡夫の救い

仏教の目的は、煩悩（ぼんのう）にまみれた衆生（しゅじょう）を悟（さと）りに導き、解脱（げだつ）という救済にあずからせること、究極的には、衆生を仏（覚者ブッダ）そのものにすることにある。けれども、迷いの世界を輪廻（りんね）してまわる煩悩まみれのわれら衆生と、すでに輪廻から解き放たれて、悟りの世界を本拠としている仏との間には、けっして乗り越えられそうもない断崖絶壁がそびえ立っている。

仏は無限にひとしい時間をかけて難行苦行をおこない、また衆生救済のために働いて、すでに無限の功徳（くどく）を円満に成就している。ところが煩悩を断ち切れない凡夫（ぼんぷ）は、心に染みついた根っからの無（む）

明の習性につねに突き動かされて、名誉や財産を何より大切なものと思い、この世の歓楽や栄華を祈るために、あちこちの寺社を駆けずりまわる。そんな凡夫には、極楽往生や、悟りという仏果を得ることは望むべくもなく、来世は定めて地獄・餓鬼・畜生の三悪道の底に沈むであろう――。

中世の天台本覚論書『真如観』③（十三世紀前後？）は、世間一般の凡夫が抱いていた常識を、まずこう要約したうえで、これは大いに誤った考え方だと否定する。凡夫の誤りは、仏と衆生、仏の世界とわれわれが暮らしているこの現象世界を別々のものと考えるところから発している。しかし、両者は別のものではない。現象世界も、凡夫の心も、実は〈あるがままの真理の姿そのもの＝真如〉のあらわれであり、〈衆生が本来そなえている悟りの智恵＝本覚〉のあらわれにほかならない。そのことを知れば、その時点でただちに救われる主張するのである。

「今日ヨリ後ハ、我心コソ真如ナリトシリ、悪業煩悩モ障ナラズ、名聞利養、返テ仏果菩提ノ資粮トナリツレバ、只破戒無慙ナリ、懈怠嬾惰ナリ共、常ニ真如ヲ観ジテ、ワスルル事無バ、悪業煩悩、往生極楽ノ障ト思事ナカレ」

今日より以後は、自分の心がありのままの真理のあらわれであると知ることだ。この真理を悟れば、悪行や煩悩も成仏・成道の障害とはならないし、名誉・財産を求めることは、かえって悟りの仏果を得るためのもとでとなる。そうであるから、たとえその者がただただ戒律を破って恥じることなく、修行に怠けてでたらめな日々を送っているとしても、常に真如の教えに心を集中して、その教えを忘れないようにしているのなら、悪行や、次々と湧き起こってくる煩悩が極楽往生の障りになると思う必要はない――『真如観』はこう述べる。これが本覚論の根本的な考え方なのである。

この思想は、もともとは仏と衆生、煩悩と悟りといった、相対する二元論を乗り越えるための思想として提唱された。世界に存在するあらゆるものは、それ独自の固定的な実体があるわけではない。仏と衆生、仏の世界と衆生の世界は、ともにその本質において無我（むが）であり空なのだから、その意味で不二（ふに）であり相即（そうそく）（二つのものが融け合って無差別一体になっていること）しているという、空観（くうがん）にもとづく相即不二論をベースとして、インドで生み出されたのである。

その後、この説は次第に発展して、仏と衆生、煩悩と悟りは不二だという段階から、両者を貫く絶対的な真理は、衆生と世界に内在しているという考え方へと進んでいく。人間には、生まれながらに悟りの智恵（本覚）がそなわっており、仏の種が宿されている（如来蔵（にょらいぞう））という大乗仏教の考え方から、さらに進んで、現に見えているこの世界や、そこに生きている衆生こそが、真如・本覚の顕れにほかならないとする思想、この世界とそこにいる衆生こそが真理の顕現そのものだとして現実を絶対的に肯定する思想へと発展していったのである。

この最後の段階の本覚論は、日本の天台宗において生み出された。「地獄モ真如也（しんにょなり）。餓鬼モ真如也。畜生モ真如也」「草木・瓦礫（がれき）・山河・大地・大海・虚空（こくう）、皆是真如（みなこれしんにょ）ナレバ、仏ニアラザル物ナシ」と『真如観』はいう。われわれの暮らす娑婆（しゃば）世界はもちろんのこと、最も罪業深い地獄・餓鬼・畜生の三悪道にいたるまで、一切が真如――仏の真理の顕れそのものだというのである。

この立場に立つとき、仏と凡夫の差別は消える。永遠浄土と迷界である娑婆世界にも、差別はない。仏の住む世界は、天台宗では「常寂光土」と呼ばれる。衆生世界のように生滅変化することなく（常）、凡夫につきものの煩悩のざわめきもなく（寂）、ただ本然の智恵の活動（光）のみがある世界（土）を常寂光土といい、そこにいる仏を真理の本体である法身仏というのだが、常寂光土とはこの現象世界そのもののことであり、法身仏とはわれわれ自身のことだというのが、本覚論の主張なのである。この立場に立てば、次から次へと罪業を生み出す燃料のような煩悩も、恐れたり悩んだり厭ったりする必要はなくなる。煩悩があるということそれ自体が、悟りと直結するからである。

『三十四箇事書』（十三世紀中ごろ？）は、「煩悩即菩提」について、こう説明している。

> 問う。煩悩即菩提とは、煩悩がさかんに起こっているとき（煩悩熾盛の時）は、悟りを求める心もさかんに起こっており（菩提熾盛）、悟りを求める心がさかんに起こっているときは、煩悩もさかんに起こっているということか。
>
> 答える。そのとおりである。たとえば真っ暗闇のときには、灯明はくっきりと闇から浮き出て光明が認められるが、日中には光明があまり認められないようなものである。また、極寒時には氷が厚く張り、小寒時には氷が薄くなるようなものである。寒は煩悩に、氷は菩提にたとえられる。煩悩が熾盛であることをもって、悟りを求める心も熾盛だということを知るのである。ゆえに煩

悩が増すときには、菩提も増すのである。

ただし、これは一般的な考え方である。真実相をいえば、明暗は本来同体であり、迷いと悟りも、もとより同じなのである。この（真如相即の）立場から見るときは、明暗も迷悟（めいご）もまったく同一であって、相対的な二物ではない。だから、煩悩即菩提の本当の意味の中には、右に述べた譬喩（ひゆ）のような意味は含まれていない。明暗不二・迷悟不二を悟ったときには、煩悩と菩提、明と暗などを相対的な二物と見なすようなことは、まったくなくなる。そのゆえに、その人はただ平等（びょうどう）寂静（じゃくじょう）の境地に住するようになるのである。

ここで要求されているのは、ただ世界の真実相を知れということだ。煩悩と悟り、無常な迷界と常住の仏界、凡夫と聖（ひじり）――これらは、世間一般では対立している二つの相のように考えられている。しかし、実際は同じ相即不二のものであり、相即不二の真如実相と、それが二つのものとして顕れている現実もまた不二だという二重の不二により、眼前に展開されている一切の事象こそが真如本覚の「活現（かつげん）のすがた④」だと悟ることが、天台本覚論の大眼目なのである。

本覚思想のパラドックス

世界と衆生の実相をこのように理解すれば、成仏の意味も変わってくる。いつ果てるとも知れない輪廻世界で、あるいは人と生まれ、あるいは獣や虫と生まれ変わりながら、無限ともいうべき長大な時間をかけて難行苦行を積み重ねないと開悟成道はおぼつかないと、古い仏教は教えてきた。けれども本覚論は、そんなことをする必要は微塵もないと説く。ただ自分こそが、あるいはこの現象世界こそが、真理の顕れだと悟ればよい。この悟りを得た瞬間、人は成仏する。『真如観』は、そのことを端的にこう述べている。「仏ニ成道ニツイテモ、真如観ヲ知ラザル権教（方便の教え）ノ菩薩ハ、無量劫ノ間、身命ヲ惜ズ、難行苦行シテ仏ニ成ル。コレ実ノ仏ニアラズ、夢ノ内ノ権化也。真如観ヲ知ル人ハ須臾ニ（瞬時に）仏ニ成。……只我真如ナリト思ウ計ノ事ニヨリテ、須臾ニ仏ニ成ル」。

じつに驚くべき主張だ。衆生教化のために釈迦が方便として説いた教え、すなわち「権教」の教えを奉じている菩薩たちは、天地宇宙の真理を知らないから不惜身命で難行苦行に励んでいるが、そんなものは真実の菩薩ではないと言い切っているからだ。もし天台本覚の教えを知り、自分自身そのものが真如だと悟ったなら、たとえ極悪深重の凡夫であろうと、その人は権教の菩薩の地位を瞬時に超脱する。「只我真如ナリト思ウ計ノ事ニヨリテ、須臾ニ仏ニ成ル」のである。

「天台本覚思想は、煩悩と菩提、生死と涅槃、あるいは永遠（久遠）と現在（今日）、本質（理）と現象（事）などの二元分別的な考え方を余すところなく突破・超越し、絶対不二の境地をその窮みにまで追及していったもので、仏教哲理としてはクライマックスのものと表することができよう。……天台本覚思想は、天台法華の教理を根幹としつつ、華厳・密教・禅などの代表的な大乗仏教思想を摂取し、それらを素材として絶対一元論の哲学を体系づけたのであって、いわば、大乗仏教の集大成ともいうべきものである」[5]——田村芳朗氏はこう書く。けれども、ここまで徹底した現実肯定の絶対一元論を立てた場合、ひとつの大問題が生じてくる。見たまま、ありのままの世界と、その世界のなかを、悩み苦しみながらうごめきまわっている衆生が真如本覚の顕れであり、そのことを知れば成仏するというのなら、なにも厳しい戒律を必死に守ったり、過酷な修行に努める必要などないではないかという仏教否定の考え方、仏教自身による自己否定が、必然的に生まれてくるからである。

この問題は、すでに最澄が天台宗を開いたときから、論敵の法相宗によって指摘されていた。最澄と法相僧の徳一の論争の中に、こんなくだりがある（最澄『守護国界章』）。徳一が最澄に問う。

「生死即涅槃、煩悩即菩提が、もしあなたのいう天台円宗の趣意の範囲のものだというのなら、衆生はそのまま仏だということになる。それなら、何であらためて仏道修行をする必要があろうか。愚痴がそのまま智恵だというのなら、何でさらに智恵を求める必要があろうか」。

この問いに対し、最澄はこう答えた。「諸大乗経中に説かれている即是の文が蔵している義は、はなはだ奥深いものだ。……諸大乗経中に『婬欲即ちこれ道なり、嗔痴も亦復然なり』といっているのは、婬欲の相がそのままただちに菩提だという意味ではない。ただ、婬欲の性を観ずることが、すなわち悟りへの道だという意味である」。

最澄の見解はしごくまっとうかつ穏健なもので、インドでも中国でも、同様の義としてとらえられてきた。本覚の用例として必ず引かれる大乗仏教論の古典『大乗起信論』（真諦訳・五五四年）も、「本覚の義は、始覚の義に対して説く。……始覚の義とは、本覚によるがゆえに不覚あり。不覚によるがゆえに始覚ありと説く」と述べている。この文章は、曇った鏡を例にとるとわかりやすい。曇った鏡も、磨きあげればよく物を映すようになる。この、ほんらい磨けば光る性質をそなえていることを「本覚」という。しかし、磨かなければ、その鏡はいつまでたっても物を映し出すことはない。これを「不覚」という。そこで、鏡に鏡としてのほんらいの性質をとりもどさせるためには、研磨というプロセスが必要になる。曇った鏡を磨いて、もともとそなえていた輝きをとりもどすことを「始覚」という。

これを仏教修行にあてはめるなら、人間はだれでも、その本質として「本覚」（磨けば明鏡となる潜在的な可能性＝仏性）をそなえているが、磨かないかぎり「不覚」（曇った鏡＝覆い隠されている仏性）の状態にとどまる。けれども、修行という磨き出しをかければ、煩悩という曇りはやがて晴れ、ほんらいの性質が必ず現れ出てくる。この、修行によって現れてくる悟りの智恵を「始覚」（磨きをかけられた明鏡＝発現した仏性）という。それゆえ『大乗起信論』は、「本覚によるがゆえに不覚あり。不覚あるがゆえに始覚あり」と説くのである。

このように、本覚というのは、万人にそなわっている悟りの智恵というのが原義であって、磨かなければ曇ったまま、永遠に可能性のまま（不覚）にとどまるというのが、ほんらいの用法だ。修行、すなわち〝磨き出し〟は、本覚を顕すために絶対不可欠の作業であり、そこに仏教の存在する意味があった。最澄もその意味で「婬欲の相がそのままただちに菩提だという意味ではない」と徳一に答えたのだが、最澄の弟子たちは、そうした師の立場から大きく踏み出していった。それがすでに見た『真如観』などの天台本覚論であり、たとえば先の徳一の質問に対して、「諸大乗経中に『婬欲即ちこれ道なり、嗔痴も亦復然なり』といっているのは、婬欲の相がそのままただちに菩提だという意味である」と答えるのが、本覚論なのである。

この思想から、煩悩にまみれた凡夫こそが、真実の仏だとする「凡夫本仏論」が生まれてくる。凡夫本仏論の立場からいえば、人は何をやってもかまわない。破戒も肯定される。本覚論書のひとつである『漢光類聚』（十三世紀後期？）には、こんな問答まである。「殺生や盗みなどの悪業を、止観の行者は畏れることなく意のままにおこなってよいのか」。「任運無作（自己のはからいなく自然のまま）の状態で悪業などを行ずるのなら、それは仏のおこないと何ら違いはない。観音菩薩が海人に化身して諸々の魚虫を殺す等のことが、すなわちこれ（任運無作の悪業）に当たる」。業のなかでも最も深い業である殺生が肯定されるほどだから、すべての造業行為（開悟を妨げカルマをつくりだす行為）はまるごと肯定される。

「業即解脱というのは、煩悩による行為の発動（造業）の当体（自分の心身）そのままで解脱するという意味か。それとも、もはや煩悩を発動しない清浄な心身に生まれ変わって、そののちに解脱するという意味か」という問いに、『三十四箇事書』はこう答えている。「すでにあらゆる現象世界は真理の姿そのものだと説いているのだ。どうして業だけが不変の真理の現れでないわけがあろうか。……

円融実教《えんにゅうじっきょう》（天台宗）の意《こころ》は、まったく造業のその身そのままで解脱するということである。……造業の当体には、すでに真理がそなわって顕現しているのだから、それはただ煩悩を生み出すだけに限定された心身なのではない。真理と一体となった心身なのである。鷹が獲物の鳥を取って鷹の体を改めないのは、すなわち解脱の実相である。強犬が獣を追って身を翻さないのは、すなわち解脱の実相である」。このように、天台本覚論には、とかく否定的になりがちな現世および現世における生を絶対肯定するという大いなる魅力とともに、その絶対肯定から生まれてくる過激な逸脱という毒をあわせもつ思想として、中世という時代を席巻した。

　歴史的には、「平安後期（十二世紀）までは口伝《くでん》あるいは切紙相承《きりがみそうしょう》で伝えられ、平安後期から鎌倉時代（十三世紀）にかけて、それらを収集して文献化することが試みられ、鎌倉中期（一二五〇）ごろ、文献化が一応ととのうと、四重興廃《しじゅうこうはい》とか三重七箇《さんじゅうしちか》の法門など、天台本覚思想の体系化に努力がはらわれるようになり、鎌倉末から南北・室町時代（十四～十五世紀）にかけては、本覚思想の集大成とともに、それにたいする注釈がなされていった[6]」のである。この本覚思想の、いわば〝鬼っ子〟——それこそが、「婬欲即是道[7]」の真言立川流であり、天台宗の玄旨帰命壇であった。本覚論については、まだ述べるべき多くの思想があるが、それについてはそれぞれの分野の専門書に譲ることにし、われわれはいよいよ本題である玄旨帰命壇に入っていくことにしたい。

2、玄旨灌頂と帰命壇灌頂

玄旨帰命壇の成立

玄旨帰命壇とは、「玄旨」および「帰命壇」という二つの秘伝を、法を求める弟子に伝授するために編み出された入壇伝授作法のことをいう。特定の宗派の名ではない。一宗の究極の秘密を伝えて、受者を凡夫から覚者へと変容させることを目的とした秘義伝授なので、密教の灌頂になぞらえて玄旨・帰命壇灌頂と呼ぶ。玄旨灌頂は天台で「玄旨」と呼ばれてきた密義を伝授するための灌頂儀礼、帰命壇灌頂は「帰命壇」と呼ばれる秘密の壇を用いて密義を伝授する灌頂儀礼のことであり、灌頂は「法華の法水をもって受者の頂にこれを置く」（『玄旨血脈面授口決』）こと、つまり『法華経』の真理の教えを入門者に授けることを意味する。[8]

玄旨灌頂と帰命壇灌頂は、同時に生まれたものではない。玄旨帰命壇の成立に関する大久保良順氏や野本覚成氏の研究を山本ひろ子氏が要約しているところに従えば、[9] まず最初に生まれたのが玄旨灌頂で、十三世紀の恵尋、経祐のころに関東天台を基盤におこなわれた。ただし、このころの玄旨灌頂は、真言立川流の本尊・吒枳尼天に相当する天台宗の鬼神・摩多羅神を、まだ本尊とはしていなかったらしく、「檀那流住侶方の秘口決伝授の儀式として機能していた」。

　本覚論や口伝主義（奥義は筆録によらず師から弟子に直接口授されるべきものとする考え方）などに立脚した天台の口伝法門に、恵心流と檀那流の恵檀二流がある。『往生要集』の著者の恵心院源信（九四二〜一〇一七年）を祖と仰ぐ流派が恵心流、檀那院覚運（九五三〜一〇〇七年）を祖と仰ぐ流派が檀那流で、この二つの流派から数々の天台秘教が生まれてくるのだが、玄旨灌頂は、この二流のうちの檀那流の「秘口決伝授の儀式」として編み出されたのである。

　その後、「摩多羅神を本尊と祭り、五箇の血脈等を在家富裕の人達にまで伝授し歩いて」いた厳吽という名の天台僧が、天授六年（一三八〇）の『檀那門跡相承資』（什覚）で批判されているので、この厳吽のころから摩多羅神が玄旨灌頂の本尊にとりこまれ、さらに明応九年（一五〇〇）ころに別途成立した阿弥陀如来と星辰に関する秘義を伝える帰命壇と「連携」して、玄旨・帰命壇が生まれたと考えられている。つまり、まとまった秘義伝授作法としての玄旨帰命壇は、室町時代の成立ということになるのだが、そこに流れている思想そのものは、すでに見てきた天台本覚論をベースにしており、思想的なルーツは中古にさかのぼる。この二つの灌頂のうち、まずはじめに玄旨からその中身を具体的に見ていくことにしよう。

玄旨灌頂の印信

玄旨灌頂によって師が受者に伝えたという秘密の教えを玄旨という。檀那流の玄旨は「玄旨五箇血脈」「五箇印信」などと呼ばれたことからもわかるように、左の五種の印信からなる。

①天台灌頂玄旨
②天台宗相承一心三観血脈
③一心三観伝
④一心三観記
⑤鏡像円融口決

このうち、最も秘蔵すべき玄旨とされたのが、唐国天台宗の開祖である天台大師智顗が遺したとされる伝説上の印信、①の「天台灌頂玄旨」(「一言記」ともいう)だ。

日本の天台宗で生み出された伝承によれば、智顗が中国天台一宗の眼目を記したという印信は、二通あった。そのうちの一通は、智顗の遺骸とともに塔墓に納められ、残り一通が智顗の法を嗣いだ弟子に伝えられた。その後、この印信は代々相伝されて中国天台宗七祖の道邃和尚の代にいたったが、道邃は伝えるべき器の弟子がいないとして、印信を天童山の石塔中に納めた。その道邃のもとに、日本から最澄がやってきた。最澄の傑出した資質を認めた道邃は、この者こそ玄旨を継ぐべき嗣法の弟子だと認めて、石塔に納めてあったかの印信を最澄に伝授した。延暦二十三年(八〇四)七月二十二日のことで（最澄が実際に台州龍興寺で道邃から法を授かったのは貞元二十一／八〇五年）、このとき相伝した印信口決こそが①の「天台灌頂玄旨」だというのである。

その玄旨（実際には本覚論に立脚した天台僧の創作）とは、前節で述べた本覚論を天台の根本教理をもって説明したものにほかならない。智顗の玄旨が「一言記」とも呼ばれるのは、そこに成仏の要諦がただ一言で表現されていると伝承されてきたためで、その一言こそ、あらゆる口伝の中でも最重要の口伝と考えられ、その結果、古来さまざまな説が立てられてきたのである。

たとえば本覚論を代表する『漢光類聚』には、「道邃は伝教（最澄）と会い、一言をもって止観（天台瞑想法）の心髄を授けた。いわゆる『本処通達門』の一言がそれである」と述べている。最澄が授かり、のちの弟子に伝えた「一言」とは、凡夫の行為や思いのほかには、特別な観法もなければ特別な悟りもないとする立場を言い表した「本処通達門」という一言だというのである。ここでいう本処とは、その人が現に居る場所を意味する。凡夫が現に居る場所は、煩悩にまみれた迷いの境界だ。けれどもその本処こそが、悟りに入る門（通達門）だということを、この言葉は表している。

けれども一般には、認識の対象（境）と、その対象をとらえる智恵（智）を一体不二のものととらえる「境智不二」こそが「一言」と見なされ、玄旨でもこの説に立脚して「一言記」を創作した。それが①の「天台灌頂玄旨」なのである。具体的な中身については、『秘教Ⅱ』に訳と読み下し文を掲げておいたのでそちらを参照していただくとして、ここでは玄旨の最大のポイントであり、天台教学の根本として重んじられた「三諦円融（さんだいえんにゅう）」と「一心三観」について考えていきたい。これこそが、玄旨灌頂によって受者に伝えようとした「玄旨」の中身そのものだからである。

三種の真理と一心三観

「三諦円融」は日本天台宗が生み出した思想ではなく、天台大師智顗が説き、日本に伝えられた日中天台宗の根本教義である。三諦の諦とは真理（真如（しんにょ）・法性（ほっしょう））のことで、空諦（くうだい）・仮諦（けだい）・中諦（ちゅうだい）の三種が挙げられている。

〈空諦〉　まず空諦とは、この世にあるもの、起こっていることの一切は因縁によって生じており、他の原因によらずに独自に生起するものではないから、その本質は空だと観る認識のことをいう。たとえば子は、父母の交会（こうえ）と中有界（ちゅううかい）から母胎に飛びこんできた識（意識体）が結び合わさることによって生まれるのであって、何の助けも借りずにそれみずからの力によって忽然と出現するのではない。つまり、子という常住不変の実体があるわけではない。これこそが自分の実体だと思っている「我」というものも、つきつめると因縁によって生まれたものであり、他の何物にも依らずに独自に存在する我という実体は存在しない。

世界にある一切の事物事象もまったく同じであって、すべては相対的な関係によって生じたり滅したりしている。万有は無常（因縁によって生滅するので恒常不変性はないということ）であり、無自性（むじしょう）

（独自の本性はないということ）だというのが、この世界の真実である。万有を、このように空だと悟ることを「空諦」という。

〈仮諦〉万有はたしかに空だ。空ではあるけれど、何も存在しないという意味ではない。空とは、あくまで恒常不変の実体としては存在しないという意味であって、万有は、現にそれぞれの因縁によって千差万別の姿をとりながら生じたり滅したりしている。この現実を否定することはできない。だから、空諦に固執して、世界は無常・無自性だという一点にのみこだわることも、正しい認識ではない。また、空というものを、真理の実体と見なすこともまちがっている。空とは、ある真理を言い表すために仮に名付けられた概念、「仮名」であって、空として自存する何らかの実体があるわけではない。このように世界をとらえなおし、仮のものとして存在している世界の現実を肯定的に観ることを「仮諦」という。

〈中諦〉空諦も仮諦も半面の真理であって、真理の本体ではない。真理の本体とは、世界はたんなる空でもなければ、たんなる仮でもなく、空とも仮とも現れることを可能ならしめている「有（実在性）に非ず・空（非実在性）に非ず」という非有・非空の中道の真理である。この中道の真理を「中諦」という。

〈三諦円融〉「有に非ず・空に非ず」という表現は、理解に悩む表現だが、結局のところ、「あるがまま」「現れたまま」が真実実相だということである。そこで、右の三つの真理は分析的に切り離すことはできず、ひとつに融合していると見なし、それを「三諦円融」と表現する。①空諦はすなわち仮諦・中諦であり（空即仮中）、②仮諦はすなわち空諦・中諦であり（仮即空中）、③中諦はすなわち空諦・仮諦（中即空仮）である。そこで、「三諦は一諦にして、三にあらず、一にあらず。しかも三、しかも一にして、不可思議なり」（『天台法華宗牛頭法門要纂』、以下『牛頭法門』と略）というのである。

この空諦・仮諦・中諦を体得するためにおこなう天台の観法を、「一心三観」という。中村元氏が簡潔に説明しているので、それを引用する。

> 常識的立場（仮）から宗教的立場での真理（空）に入るのを空観、その空に停滞せず、仏智に照らされた世俗の場に入るのが仮観、大悲の菩薩行に相当し、前の二観のそれぞれにとらわれずに並べ用いるのが中道観である。これらを順次におこなうのが次第三観、三観を一思いに一時に観ずるのが一心三観で、後者を天台の究極の立場とし、すべての存在がそのまま宗教的真理にかなうことを三面から観じたもの[10]（である）。

天台以外の宗派では、空観・仮観・中観を順を追って実践し、次第に真理を体得していく。そこでこの観法は次第三観と呼ばれるのだが、天台ではただ一心（一念）のうちに三観のすべてを観ぜよと説く。これを一心三観という。玄旨の眼目は、この一心三観の伝授にあった。『秘教Ⅱ』に訳出した「天台灌頂玄旨」の冒頭に、「鏡　一心三観」「智　一心三観」とあるのがそれで、鏡は玄旨帰命壇で実際に用いる具体的な鏡と、認識の対象である境（現象世界）の両方の意味を兼ねている。

一心三観の密意

本覚論書のひとつである『修禅寺決』は鏡（境）と智の一心三観の具体的な意味をこう説く。

「一切衆生が一刹那、一刹那ごとにおこなっている起居動作は、すべてが三観である。なぜそういえるのか。衆生が心に何かを思い浮かべるとき、その思いは他の何かの縁によって思い起こされているのであって、他の原因によらずに思いを起こされているわけではない。だから衆生の一心は〈空〉である。また、心の対象物である万境（人間の認識活動の対象となっているすべての現象世界）は千差万別であり、これは〈仮〉である。空の心が仮の万境と呼応しあって、一刹那ごとに思いが生じ、起居動作が起こされているのは〈中道〉である。このように、とくに一心三観を別修しなくても、念々歩々のうちに三諦の真理が実現されており、一心三観の妙観が生起している。ところが人々は、そのことを知らずにいる。そのため生死に流転して、永々として流転から抜け出すことができない。一心のうちに三観が実現されているということを了知すれば、それが真実の仏相である」

ここに述べられているように、三観は日々の起居動作や一念のうちに、すでに実現されていると『修禅寺決』は主張する。ところが、われわれ凡夫はそのことを知らない。それを伝えるのが玄旨の目的であり、伝えられた受者がそのことを、たしかにそのとおりだと了知すれば、その時点で、凡夫も仏となるというのである。

先に引いた『牛頭法門』も、こう説く。「この三諦は、あらゆる人に自然にそなわっているものであるが、迷いの世界をさまよっていると、三諦が転じて三種の煩悩（三惑）となる。煩悩を打破するためには三観によるのがよく、三観が成就すると三種の智恵がその身に実現され、三種の智恵が実現されると、仏の条件である三種の徳が成就される」。三諦を悟ることの功徳が、ここに端的に言い表されている。三惑・三智・三徳について説明しておく。

〈三惑〉　三惑とは、①見思の惑、②塵沙の惑、③無明の惑をいう。

①は見惑と思惑の総称で、見惑とは、目に見えるものを、因縁から生じた刹那刹那の仮の姿ではなく、実体と誤認することから生じる誤った見解のこと。また思惑とは、日常のできごとや物事に執着することから生まれる貪りや怒りなどの情動から生じる煩悩をいう。つまりこの見思の惑とは、ごく一般的な、万人がそなえている煩悩といっていい。②は菩薩にとっての煩悩で、塵や砂（沙）のように数かぎりなくある現実に正しく目を向けていないため、塵沙の現実に対応して働くこともできずにいる煩悩をいう。現実を直視しない菩薩には、現世の衆生の苦しみがわからず、衆生救済のための化他の菩薩行もおこなうことができない。そこでこの惑は、菩薩化道障とも呼ばれる。③の無明の惑は、無知からくる煩悩をいう。中道の真理を正しく理解できないために起こるとされ、あらゆる煩悩の根源と見なされる。

以上の三惑は、三諦と連関している。空諦を正しく体得していないから、心の対象を実体と錯覚して念々に見思の惑を起こすのであり、仮諦を正しく体得していないから、現実が見えずに塵沙の惑を起こすのであり、空と仮をつらぬく中道の真理を悟ることができないから、無明の惑が起こるとされるのである。そこで、三惑を断ずるための観法として、三観が挙げられる。それも、先の次第三観ではなく、一心に三観を観ずる一心三観を体得することにより、ただちに三惑の身から抜け出て仏となると本覚門は主張する。一心三観を修すれば、三智が輝きだすというのである。

〈三智〉　経典によって三智の内容は異なるが、広くおこなわれてきたのは、①声聞・縁覚の智である一切智、②菩薩の智である道種智、③仏の智である一切種智の三種をいう。ただし天台では、観法（因）をおこなったことで開ける智恵（果）のこととし、空観によって開ける智を一切智、仮観によって開ける智を道種智、中観によって開ける智を一切種智と呼んでいる。とはいっても、天台の観法は一心に三観を観じるのだから、三智も同時に達成されることになる。これを一心三智という。

〈三徳〉　①法身、②般若、③解脱をいう。法身とは悟ったところの真理そのもの、般若はその真理を悟るための智恵、解脱は真理と智恵がひとつになって実現された結果として生じる自由無礙の解放の境地で、この三徳がそなわった状態のことを「大涅槃」という。

本覚門では、このように一心三観によって三惑が断滅し、三智が開け、三徳が成就されると説く。しかもそれは、一般のあらゆる修行や訓練のように、段階を踏み、順を追って達成していくのではない。すべてが一心のうちに成就するという。「因から果にいたるとはいっても、段階を踏んで漸時に修するのではない。説明の上では三観・三智・三徳と段階的に説いたが、実際には順序次第はなく、一気に三智・三徳を成就するのである」（『牛頭法門』）。

このように、天台本覚門では一心三観をきわめて重視し、これこそが悟りにいたるための要諦だと力説したのだが、玄旨帰命壇もこの主張をそっくり受け入れ、特別な由来を付与した。

玄旨帰命壇の説く一心三観のルーツは、霊鷲山の釈迦如来に遡る。玄旨帰命壇関連の文書のひとつ、『相伝法門見聞』はこう述べる。「一心三観は、久遠実成の多宝塔中の大牟尼尊（釈迦）が、南岳・天台に授けた」。ここに出てくる多宝塔とは、釈尊が諸教のなかでも最勝の法華の教えを説くときに地から涌き出るとされる巨大な塔廟のことで、『法華経』見宝塔品に登場する。

同品によれば、霊鷲山における釈迦は、眉間から光を放って、自己の分身たる十方世界の無数の仏菩薩を集めた。そして、地から涌き出て虚空に浮かんでいる多宝塔のなかに入り、塔内の多宝如来と並んで座った。説法を聞くために集まってきた聴衆も、大地を離れて虚空に浮かび、釈迦の教えに耳を傾けたというのが「見宝塔品」の描く壮大な説法シーンだが、この場に、前世の南岳慧思と天台智顗もいた[11]というのが、日本天台宗の秘伝なのである（この場に穆王もおり、穆王から法華即位法の秘法が伝わったとする天台即位灌頂のことは三二六ページで書いた。口伝法門では、この霊鷲山での法華説法をきわめて重視する）。

じかに釈迦から法華の教えを受けた南岳・天台の両大師は、その後相次いで中国に生まれ、中国天台宗を築きあげた。そこから玄旨につながる因縁については、本節の冒頭で述べたとおりで、智顗から道邃和尚を経て最澄に伝授され、日本天台宗内でひそかに伝授されつづけて、玄旨の筆頭である「天台灌頂玄旨」の印信となったというのである。

では、この玄旨の伝授をはじめとする玄旨灌頂の儀式は、具体的にはどのようにおこなわれたのだろうか。儀式そのものを『天台玄旨灌頂入壇私記』[12]（以下『略私記』）にしたがって見ていくことにしよう。

3、玄旨灌頂の次第

初入の説法

玄旨灌頂は初・後（前段・後段）の二回に分けておこなわれる（初中後の三重の灌頂もあるが、ここでは『略私記』に記された簡略な儀式次第によって説明する）。灌頂儀式は、吉日を選んでおこなわれる。一般的には太陽と月が重なる晦日（月隠り）の暗夜が選ばれるが、仏事の吉日である三宝吉日を用いることもある。

灌頂に先立ち、受者はまず十七日間の事前の行をおこなう。毎日三時に法華懺法（『法華経』を読誦して罪障を懺悔し滅罪を願う法式で、天台宗の日常勤行）を修する。また、ニラやニンニクなどの五辛、および飲酒等を断って心身を清める。こうして予定日までに粛々と準備を整え、灌頂のための一丈四方の道場を建立したら、いよいよ儀式の執行となる。

外道場（門前）での作法

儀式は黄昏時から始められる。師はまず道場の艮方（東北）に設けられた門前で、受者に玄旨の印信を授ける旨を伝え、弟子は誓いの言葉（起請文）を読みあげる。まず師の言葉、次に弟子の言葉を以下に挙げておく。

〈師の言葉〉

「第一ニ『天台灌頂玄旨』。先ヅ天ハ湛然寂静ノ理、台ハ照了分明智。灌頂ト申スハ、常ニハ密教ニ親シト雖モ、今ハ単ニ顕教ニ約シテ、即チ円頓ノ法水ヲ以テ受者ノ頂上ニ洒グ、境智冥合ノ全体也。

サテ、玄旨ト申ハ、玄ハ幽玄深奥ノ義、旨ハ旨帰、秘蔵ノ体也。玄旨ノ二字ヲ、〈カスカニカスカナリ〉トモ、〈ハルカナルムネ〉トモヨム也。第二ニ『三句血脈』ノ事。三句ト申ハ〈常寂光土第一義諦〉〈霊山浄土久遠実成〉〈多宝塔中大牟尼尊〉ノ三句、是ハ伝教大師の仰ニ依テ、筆受者ノ置玉ヘル三句ナリ。此ノ三句、即チ空仮中ノ三観、法報応ノ三身ナリ。血脈ト申スハ、久遠釈迦ヨリ当今ノ吾等マテ仏智ノ骨肉ヲ受ケ伝ル貌也。第三ニ『慈恵ノ一心三観』ノ事。是ハ良源大僧正ノ書アソハサルル血脈也。第四ニ『檀那ノ血脈』。是ハ即チ納祖覚運僧正ノ書アソハサルル血脈也。第五、『鏡像円融ノ血脈』。是モ檀那の御筆作、但シ故立者ノ筆トモ申シ伝ル也。以上（五種の印信を）玄旨灌頂ノ序分ト心得ベシ」（この師の説明の文言は別本の『玄旨灌頂私記』によって補った）

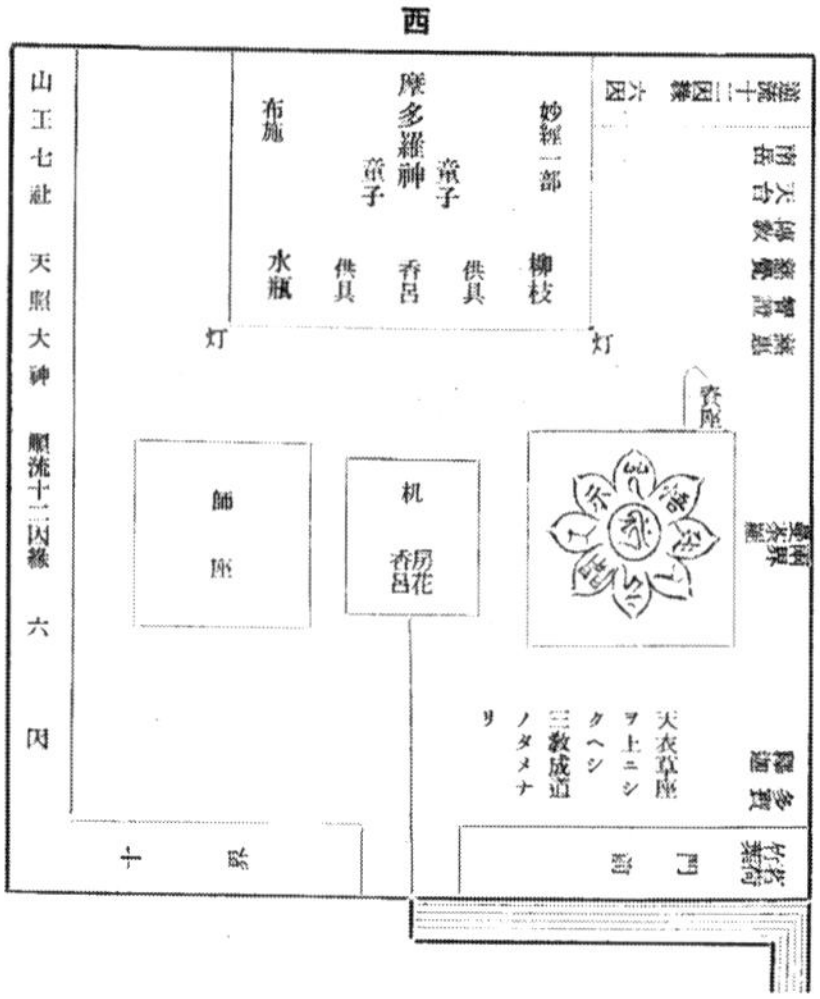

玄旨壇道場の全体図。師資は右下の門から入り、所定の儀礼をおこなって座につく。師資が向かい合って座る形は『法華経』の釈尊と多宝如来の並座を象っている。（『日本天台史』別冊より）

〈弟子の起請文〉

「ソレ摩多羅三尊ノ歌舞ハ、果海ニ至ル三吟ノ遊宴也。天台宗玄旨ノ灌頂ハ、最極要ノ嘉会ナリ。是ノ故ニ四教ヲ一念ニ覚了シ、五時ヲ一時ニ頓成ス。此ノ師弟ヲ成就シテ以後、師長ニ敢テ違謗起スベカラズ。若シ此旨ニ背スルコトアラバ、承ル所ノ諸祖・鎮護ノ神明、治罰ヲ加エラルベキモノ也。仍テ起請文、件ノ如シ。

年月日　弟子（某甲）敬白」

右の起請文に出てくる摩多羅三尊は、玄旨灌頂が本尊とした異形神で、この門流が淫靡不正な邪教と弾圧される直接的な原因となった神だが、同神については節を改めて詳説する。ここではそのまま儀式次第を追っていきたい。

さて、受者が誓いの言葉を述べ終えたら、師資（師と弟子）ともに沐浴して身を浄め、師は法服、弟子は七条袈裟（略式なら五条袈裟）をまとう。次に門前で塗香・洒水。弟子に洒水をほどこしたのち、師が先に道場に入って本尊等を礼拝する。その間、弟子は道場の外で法華懺法などを唱えて待つ。

師が再び門前に出てきて弟子を招き、腰に四本の笏をさし挟むよう指示し、左手には「茗荷」、右手には「竹枝」をもたせる。この茗荷と竹枝は、利鈍の二根（速やかに仏道を成就する資質である利根と、下劣・遅鈍でなかなか成就しない資質の鈍根）、境智（認識の対象を意味する境と、対象を認識する智）の二法だということを弟子に教える。茗荷と竹枝は、摩多羅神につきしたがう二人の童子のシンボルである。以上を終えたら師が先に立って道場に入る。

内道場における公案密義の伝授

内道場は阿弥陀仏の方位である西が正面になるようにつくられており、その正面に、阿弥陀の化身である本尊・摩多羅神と従者の二童子からなる摩多羅三尊像が祀られている。残りの三面のうち、東は十界（地獄・餓鬼・畜生・修羅・人・天・声聞・縁覚・菩薩・仏の十種の世界）の名号が掛けられ、南と北には十二因縁の名号と、それぞれを司る仏菩薩や祖師の像が掛けられている。

師が前、弟子が後ろになって入堂し、まず本尊壇の周囲を無言で右回りに三度回る。次に本尊の宝前に詣で、受者は、まず右手の竹枝を本尊の右に安置し、左手の茗荷を本尊の左に安置する。ついで本尊に対する表白文を読みあげ、礼拝。師は本尊の左、弟子は右に並んで立ち、五体投地の礼拝を三度おこなう。本尊に対する表白文には、すでに見てきた玄旨伝承にまつわる因縁や、「刹那に出世本願を遂げ」て成道が果たされることなどが謳われている。その文中に「弟子某、宿因多幸にして宝塔一会の儀式を成す」という言葉があるが、これは、かつて慧思と智顗が多宝塔内の釈尊から秘義を相伝したように、受者も今日この道場で同じ秘義の伝授を受けることを意味する。西洋・東洋を問わず、密儀では過去の神話の再現が演じられる。玄旨灌頂も、まさにそうした密儀のひとつとして編み出されたものだということが、この表白文にあらわれている。

次に師は、本尊の左側に設けられた中壇（正覚壇）に移り、弟子は本尊の右側に設けられた中壇に移って着座する。師の座を「仏座」といい、弟子の座を「菩薩座」という。師は釈尊直伝の玄旨を伝える慧思の役割を演ずる立場なので仏座、弟子は玄旨を求めてやってきた智顗の立場なので菩薩座に座す。着座後、所定の儀礼を終えてから、師は弟子に公案の偈（教えの肝腎を詩句形式で表した文）を授けていく。この部分は禅宗の公案を用いた問答を摸したもので、弟子は師から与えられた偈について、自分の所感を答えていかねばならない。与えられる公案は右の二種。

①玄旨初観……七仏通戒偈　願諸衆生、諸悪莫作、諸善奉行、自浄其意。
②玄旨二観……大経四句偈　諸行無常、是生滅法、生滅滅已、寂滅為楽。

①の「七仏通戒偈」は、釈尊をふくむ過去七仏の通戒（略戒）で、諸々の悪を作してはならない、諸々の善を奉行せよ、自らその意を浄くせよという根本の教えをいう。また、②の「大経四句偈」は『涅槃経』（天台宗ではこの経を大経と呼ぶ）に説かれる有名な四句の偈で、釈尊が雪山童子として修行していた過去世に、帝釈天から授かった偈と伝えられ、雪山偈とも諸行無常偈とも呼ばれる。「いろは

歌」はこの大経四句偈からつくられたと伝えられ、「いろはにほへとちりぬるを（色は匂へど散りぬるを＝諸行無常）、わかよたれそつねならむ（我が世誰ぞ常ならむ＝是生滅法）、うゐのおくやまけふこえて（有為の奥山今日越えて＝生滅々已）、あさきゆめみしゑひもせす（浅き夢みじ［儚い夢は見ず］酔いもせず＝寂滅為楽）」の意で、万物万象は常に変化してやむことのない無常であり、生じては滅し滅しては生じるのが実相だが、そうした無常の境界を越え出でて寂静の境地に至れば、それが真実の安楽だと歌っている。

師はこの二種の偈を弟子に示し、これを本覚流に解釈せよと問いかける。けれども弟子は、即座には返答できない。そこで師が弟子に、公案の密義を口伝するのである。ついで師と弟子が座を交替し、師による三教成道の説法がおこなわれる。三教とは天台宗以外の小乗・大乗の一切教を指す。究極の教えと位置づけられている天台円教の秘義を伝える前に、まず三教による成道とは何かが説かれるのである。この説法を終えたら、いよいよ玄旨の伝授に移っていく。

内道場における摩多羅神の奥旨の開示

師は弟子をひきつれて東西南北に祭られている諸神仏を拝礼し、順に①東方＝発心門についての説法、②南方＝流転門についての説法、③西方＝玄旨本尊についての説法、④北方＝果門についての説法をおこなう。この四説法のうち玄旨灌頂にとって最も重大なのは、西方に祭られた本尊・摩多羅神

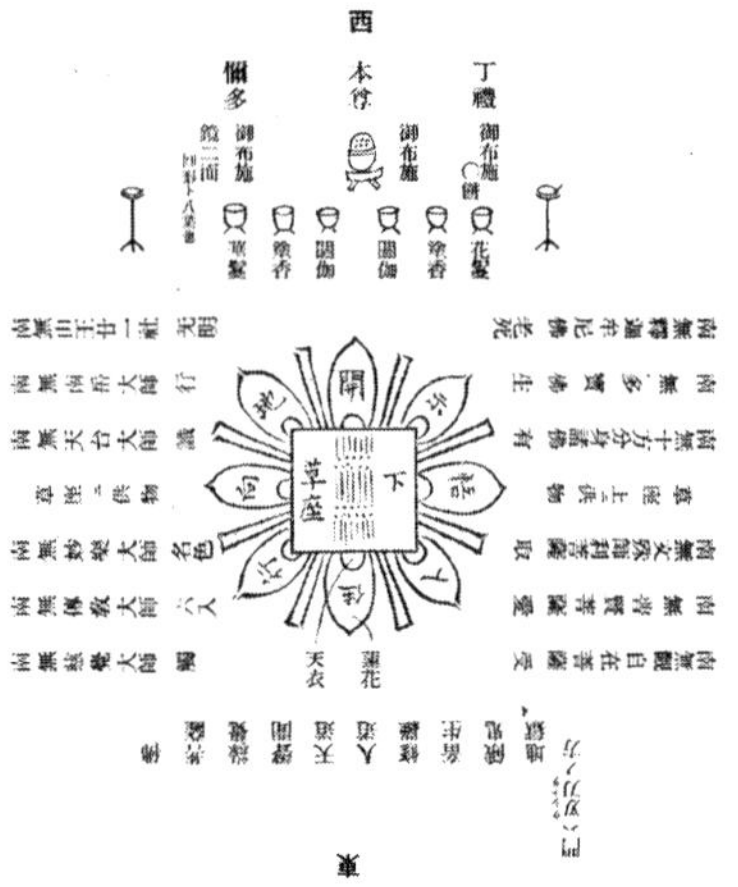

玄旨壇図。西に本尊を祀り、残る三方には十界の名号、十二因縁および関連仏菩薩・祖師像が掛かる。中央は師と弟子が交互に座る仏座。この図の蓮弁の文字は本文に記した「開示悟入仏之知見」ではなく「開示悟入住行向地」となっている。「開示悟入」は仏智を開き、示し、悟らせ、無碍自在の境地に入らせることが仏出現の究極の目的だということを示した『法華経』方便品の句。「住行向地」は菩薩の四十種の階梯（十住・十行・十回向・十地）を表す。玄旨灌頂がまさにこの「開示悟入」の場であり、菩薩の最も肝要な階梯が、この灌頂により一気に満たされるということを示している。（『日本天台史』別冊より）

に関する以下の説法だ。

「師は弟子に示してこう述べる。『西方は本地の方位であり、本来なら西方浄土の教主である阿弥陀如来を祀るべきであるのに、垂迹の神明である摩多羅神を安置し奉っているというのは、かえってこの本尊でなければならない深い意味があるからであり、あわせてこの玄旨灌頂を伝える一家の奥旨を顕さんがためである。本地・阿弥陀如来の相貌についての密義は、玄旨灌頂の次に授けられる帰命壇で説かれることになる。一方、玄旨灌頂におけるこの本尊は、仏の姿ではなく俗人の姿であり、手に鼓を持っておられる。二人の童子は歌舞の形をあらわしている。左は丁礼多童子といい、天台でいう〈仮〉、密教でいう〈定〉を表している。右は爾子多童子といい、同じく〈空〉と〈恵〉を表している。この摩多羅神と丁礼多と爾子多によって、一心三観を尊形に顕したのである』。

ついで師は、摩多羅神の囃しの神語を弟子に伝える。『シツシリシニシツシリシ　ササラサニササラサ』。また、こう告げる。『この尊は天台仏法擁護の霊神である。ゆえに根本大師が御在唐のとき、天童山においてこの神明にお会いになられたのである』。（以下略）」

なぜ摩多羅神が玄旨灌頂の本尊なのか、「シツシリシニシツシリシ　ササラサニササラサ」という謎めいた囃しの神語（囃し言葉）の意味するものは何なのかについては、次節で考える。こうして、東西南北の諸神仏についての秘義を受者に伝えたところで初入（前段）の説法は終え、弟子のみが退堂する。複数の弟子に玄旨灌頂を伝える場合、次の者が入れ代わって入堂し、同様の儀式がおこなわれるのである。

後入の説法

〈玄旨の伝授〉　初入時の師の仏座は、まず草座（そうざ）（草で編んだ坐具）を敷き、その上に天衣（てんえ）、その上に八葉蓮華（はちようれんげ）の形をした敷物を重ねたものを用いたが、この後入ではそれらを取り去り、まず八枚の笏（しゃく）を敷き、その上に八葉蓮華の敷物を敷く。笏は八葉の葉と葉の間にくるように敷くので、四一六ページの図のような形になる。初入では師が八葉蓮華の仏座に着いたが、後入では弟子が仏座に着き、師は菩薩座に座す。八葉蓮華は仏の座所の象徴なので、そこに座ることによって、受者が仏になることが示されるのである。仏座についた弟子は、胎蔵界（たいぞうかい）の大日如来（だいにちにょらい）の印である法界定印（ほっかいじょういん）を結んで座に安住する。これは、後入の段では弟子が仏と一体となり、いよいよ悟りの世界に入るからである。

ここで師は、弟子が座っている仏座についての奥義を伝授する。『法華経』によれば、釈尊は地から涌いて虚空に浮かんだ多宝塔中に座したが、ここで弟子はその虚空の仏座の密義にあずかったらしい。その密義は「円教虚空為座の成道」と呼ばれており、「一代超絶之秀句、宝塔中高之眼目、前代未聞之口決、己心所行之深腑」と、最大級の形容でたたえられているが、具体的な中身は記されていない。この「円教虚空為座の成道」の奥義を弟子に説き伝えたら、師は天台大師智顗の入定印を弟子に授け、それが「三三九箇ノ三諦ヲ事相ニ顕ハス一心三観ノ印」だと教授する。「三三九箇ノ三諦」とは、先に記した空即仮中・仮即空中・中即空仮の三諦のことで、これを具体的な形として表したものが一心三観の印だというのである（印形は不明）。

次に師は、南岳慧思の偈を公案として弟子に授ける。つづいて焼香・散花・礼拝。師が弟子を礼拝する。これは弟子がすでに仏果を得たからである。以上を終えたら、師はもとの仏座にもどり、弟子もまた菩薩座にもどって着座する。ついで、玄旨灌頂の最大の眼目である「天台灌頂玄旨」の印信について、師が講説をおこなう。次に「起滅再岸の印信」（公案）、「止観の心要の印信」、「起請文の印信」を弟子に授け終えたら、師は天台大師の入定印を結んで一心三観の観法をおこなう。最後に「鏡像円融口決」を弟子に伝授する。鏡像円融とは一心三観を鏡とそれに映る像にたとえたもので、鏡明を空、像を仮、鏡そのものを中道とするのである。以下にその概略を述べる。

〈鏡像円融の秘義〉鏡像円融には数多くの解釈があり、理解にも深浅の別がある。本覚論に立つ口伝法門でもさまざまな説が立てられており、『牛頭法門』では三重の鏡像円融説を述べているが、いわんとするところは、鏡と鏡に映る像が、それぞれの本性を保ちながらも完全に一体となって融通無礙（＝円融）だと教えることにある。たとえていえば、鏡は心に、鏡に映る像は心に浮かぶ思いや感覚・印象・感情などの一切の心的内容に相当する。心がなければ像はなく、像がなければ世界は世界として現れてこない。また、像をあらしめている世界がなければ、心に浮かぶものは何ひとつない。心を、像を映すものとすれば、その本性は〈空〉であり、そこに映し出された像は実体ではないから〈仮〉であるが、心を空とするのも仮とするのも正しい観方ではない。心は空と仮が円融して融通無礙に働く場であり、それが〈中道〉なのである。

このように、鏡像円融は三諦の円融としても解釈できるし、一心三観のたとえとしても用いることができるが、玄旨灌頂で伝授される鏡像円融については『玄旨壇秘鈔』に「鏡像円融口決」の印信そのものが収録されている。そこでも諸説が列挙されているが、肝心の玄旨部分の説明の前に、まず前振りとして、華厳宗の鏡像円融に関する逸話が述べられる。

「鏡像に関する法門は諸宗に数多くあるけれども、中でも華厳宗がこの法門を専ら明らかに説き明かしている。その例を挙げるなら、中国華厳宗の香象大師（賢首大師）が天皇后（則天武后）に事々円融の法門をお示しになったとき、十面の鏡を十方に懸けて、互いに互いの影像を映しあうようにすることで、あらゆる現象がそれぞれの本性を保ちながらも、鏡の中で完全に一体となって何の障礙もなく現れること（事々円融用々無碍の法門）を示された。また、八角の灯炉の八つの角のそれぞれに鏡を懸け、灯炉に火を点じて、この火の影像が八面の鏡に浮かび、また鏡同士でその姿を映しあうさまを見せて、一心に万法が具備されていることを示されたのである」

　ここで語られているエピソードは、賢首大師が武后に教示したとされる「鏡灯喩」のことで、『華厳経』そのものに説かれている。すなわち、十面の鏡の中央に蠟燭を置くと、その光が鏡に映り、それがまた他の鏡にも映って際限のないように、万物は互いに入りまじり、相互に関係しあいながらも相即円融して「重々無尽」だという教えである。この法門に対し、天台には二面の鏡の秘伝と一面の鏡の秘伝があると「鏡像円融口決」は述べる。最澄が道邃から授かったとされるもので、二面の鏡の秘伝は「赤銅八葉の鏡」と「白銀真円の鏡」を用い、一面の鏡は「白銀真円の鏡」を用いた。後者の鏡は最澄が帰朝のおり、道邃から譲り受けて持ち帰ったと伝えられる。これらの鏡を、玄旨の儀式では具体的にどう扱い、どう説明したのか。口決の先を読もう。まず二面の鏡の秘伝——。

「密室の東西に鏡を懸け、西には本尊（摩多羅神）を懸け、東には行者を置き、中央に灯明を置けば、本尊と行者と灯明と鏡が互いに映り合う、その互いに映り合う相をもって、（先師は）十界互具の法門をお示しになった。いわく、西の鏡は仏界の己心（自分の心）を表し、東の鏡は現象世界の己心を表し、灯明は依報（心身の依り所である国土世界）を表すのである」

　十界互具の法門とは、地獄・餓鬼・畜生・修羅・人・天・声聞・縁覚・菩薩・仏の十の世界のひとつひとつが、それぞれその世界の内に他の九つの世界を具えていると見る思想のことをいう。このように十界が互具していればこそ、最底辺の地獄に呻吟する住人も至高の仏界に入ることができるし、仏界の住人も煩悩にまみれた迷界に堕ちうる。つまりこの世界は、どんな境遇にあっても悟りに至ることができるようになっているというのが実相であって、絶対に許されない悪人もなければ、絶対の善人も存在しない。いまその人がいるその場所、いま起こっているその一念のうちに、地獄界から仏界まで、どこにでも瞬時に移りうる世界が同時的に生起し、円融しているのであり、そのように十界互具して成り立っているのが世界の実相だからこそ、煩悩即菩提の道も開けるし、凡聖不二の法門も成立する。この天台思想を、二面の鏡を用いて示したのが、この鏡像円融なのである。

次に一面の鏡は、こう説かれる。

「一面の鏡とは、道邃和尚が最澄に境智互具の法門をお示しになったとき、白銀鏡に師弟の像を映して、それが一緒に映ることをもってこれを示されたのである」

境智とは、認識の対象（境）と、対象を認識する心の働き（智）のことだが、それが互具していることを示すために、師と弟子がともに一面の鏡に姿を映したのである。弟子から見た師は境であり、その境を、弟子はおのれの心（智）に映し迎えて、秘義を継承する。また、師は弟子の心という境に、おのれの智を映しこませることで、秘義を伝える。しかもこの境と智は、ほんらい一体不二のものだから、いま、一面の鏡に映してみると、両者は並び映って円融している。円融というのは、それぞれがそれぞれの性を失わず、師は師として、弟子は弟子としてその場におりながら、なおかつ鏡像のなかでひとつになっていることであり、これこそが真理の実相だということを示したのである。

玄旨灌頂では、こうして鏡を用いた種々の作法を実際におこなって、弟子にその意味を考えさせた。その作法には、さまざまなバリエーションがあったらしい。ここでは詳しく作法を記録している『玄旨灌頂私記』の該当部分を読み下し文によって紹介しておく。

> 大壇ノ正面ニ案（机）ヲ立テ、中ニ油盞三灯、円鏡（白銀真円鏡）ヲ師ノ右ノ方、方鏡（八葉鏡）ヲ師ノ左ノ方ニ安キ、師ハ南座ニ着キ、資ハ北ノ座ニ着クベシ。此ハ是レ、境智二面ノ鏡也。一ノ鏡ニ笏ヲ浮ベルハ事理円融ノ全体、一面ノ鏡ニ師弟相並ブハ師弟一致ノ義也。マタ十界ヲ一面に浮ルハ十界一念ナリ。仍テ己々心鏡冷暖自知スベシ。
>
> ……二面鏡ハ、白銀円鏡ハ隋煬帝ノ智者大師ニ奉リ下ヒシ鏡、即チ境ノ一心三諦、赤銅八葉ノ鏡ハ、山神、天台大師ニ献ゼシ鏡、即チ智ノ一心三観也。而ルニ境ノ鏡ヲ右ノ恵ノ手ニ持テ、智ノ鏡ヲ左ノ定ノ手ニ持ツコト、境智不二・生仏不二・寂照同時也。此ノ二面即天地二面ノ鏡、色心面ノ鏡也。重々ノ相伝、広々ノ口決コレアリト雖モ、委細ハ（師の）面受ヲ期スノミ。

ここで述べられていることは、その前に書いてきた鏡像円融の説明で、ほぼ理解していただけるものと思う。再三書いてきたとおり、玄旨の眼目は、一心三諦・一心三観を受者に伝えることにあった。それを伝えるために、種々の儀礼が重ねられてきたわけだが、最後に鏡像円融の秘義を伝えることで、玄旨灌頂はほぼ完了する。あとは本尊に対する表白文を読みあげ、常の仏事作法をおこなって、初入とは逆に弟子が先、師が後になって出堂するのである。

こうして儀礼のあらましを見たかぎりでは、そこに淫祀邪教(いんしじゃきょう)として激しく糾弾(きゅうだん)されなければならないような次第があるとは思えない。扱われている玄旨は、いずれも天台が一家の教法の眼目として尊重してきたものであり、口伝法門におけるまっとうな秘伝といってよい。けれどもそのなかに、ただひとつ、その由来も意義も不明なものがある。異端・異形の神とされた本尊・摩多羅神だ。この神は、いったい何者なのか。なぜ異端・異形の神とされたのか。

4、謎の異形神・摩多羅

得体の知れない神

摩多羅神とはいかなる神なのか。本節ではこの謎の神を追っていくが、その正体は、実は容易につかむことができない。喜田貞吉氏は「摩多羅神考」で種々考察をおこなった末の「結論」として、「結局摩多羅神とは、本体不明な或(あ)る威霊(いれい)ある神として祭られたもので、一向要領を得ぬ事に終わる」⑬と述べている。つまりこの神のルーツそのものは、結局のところ、わからないというしかないのが実態なのである。それは摩多羅神への信仰がさかんにおこなわれた中世においても同じで、この「得体の知れぬ神」についてさまざまな説がつくられた末に、やがてあるひとつの形に収束していった。玄旨帰命壇の本尊がそれである。

そこにいたるまでに、摩多羅神の本体とされた神、あるいは摩多羅神と関連づけられた神は多数にのぼる。おもなものだけでも、①摩訶迦羅神（大黒天）、②吒枳尼天、③東寺夜叉神（聖天・吒枳尼天・弁才天の三面合体神）、④金剛牙菩薩（摧破一切魔菩薩）、⑤七母天（摩怛利神）、⑥焔魔天（泰山府君）、⑦金毘羅神、⑧山王権現、⑨赤山明神、⑩新羅明神の諸神がたちまちあがってくるといった状況で、探る側は途方に暮れるばかりなのだが、これらの神々を子細に検討していくと、一見とりとめがなさそうにみえる神々も、属性という点で、じつは驚くほど似通っていることに気づく。

その属性とは、いずれも暗黒の冥府神、死の神、障碍の神だということで、①から⑦までの神は、すべてこの属性を表看板としている。そして、暗黒面が強ければ強いほど、その神とよしみを通じれば大きな福を得られるという信仰が編み出されてくるのが常で、ここから福神という第二の属性が派生してくる。つまり摩多羅神は、死をもたらす暗黒神であると同時に、現世利益をもたらす福神と見なされた未詳の神なのである。残る⑧から⑩までは、摩多羅神信仰の中心である天台叡山の守護神で、日本・中国・朝鮮の山神である。その守護神と摩多羅神を同体とすることで、摩多羅神と天台宗の因縁を明らかにするとともに、摩多羅神の権威づけがおこなわれたのである。

玄旨帰命壇の摩多羅神について見ていく前に、摩多羅神という神の性格の鍵を握っている①〜⑦までの神々について、ざっとながめておくことにしよう。

大黒天と吒枳尼天

まず、①の摩訶迦羅天（大黒天）と②の吒枳尼天についてだが、これについては天台の口伝法門を集成した『溪嵐拾葉集』がこう述べている。

常行堂摩多羅神のこと。

慈覚大師（円仁）が唐国で引声念仏を御相伝なさって帰朝された時、船中で虚空から響いてくる声を聞いた。その声が告げていうには、「我は摩多羅神と名づく。すなわち障碍の神なり。我を崇敬せざる者は往生の素懐を遂ぐべからず」と。そこで大師は、（叡山の）常行堂に摩多羅神を勧請なさったのである。口伝によれば、摩多羅神はすなわち摩訶迦羅天（大黒天）である。また、吒枳尼天であるともいう。かの吒枳尼天の本誓が経文にある。そこで吒枳尼天は、「もし人が臨終せんとする時には、我はかの所（臨終の場）に行きてその肝屍を食らう。ゆえに（死に臨んだ者は）臨終の正念を得る。もし我、肝（肉体における心の在所のことで、肝臓ではない）を食わざれば、（死に臨んだ者は）正念を得ず、往生も遂げず」と告げている。このことは非常に重い秘事であって、知っている者はいない。というのも、常行堂に奉仕する僧侶さえ知らないのだから、余人が知っているわけはないのである。吒枳尼天の本誓は、決して口外してはならない大事である。秘崇すべし、秘崇すべし。

またある説では、摩多羅神は摩訶迦羅天のことだといっている。経にいうところの能延六月の秘事（に由来する説）である。吒枳尼天は一切衆生の精気を奪う。摩訶迦羅天はその吒枳尼天を降伏して、奪精鬼（＝吒枳尼）の難を除く。だから、人は臨終の正念を得ることができる。このことと併せて、六月成就の秘法についてもよく考えるようにせよ。

右の文章中、吒枳尼天が人の死の六ヵ月前にその死を察知して内臓を食うことは『大日経疏』に説かれている（該当部分の読み下し文は第五章2）。同疏によれば、大日如来は吒枳尼天ら奪精鬼（奪一切衆生精気）の所業をやめさせるべく、摩訶加羅天に化身して吒枳尼衆に食人を禁じた。吒枳尼衆が、それでは食い物がなくなると泣きついたので、死人の心臓を食うことを許したが、「人の命終を知るや否や、大夜叉たちが争うようにやってきて死人に食らいつきます。とてもこちらまで食い分は回ってきません」と、なおも吒枳尼衆が訴えた。そこで摩訶加羅天は、「六月を限りとして、呪法をもって死期の迫った者を加持することを許そう（加持して延命させること）。そうして命終の時が至れば、おまえらはその者を取って食えばよい」と告げ、吒枳尼衆に人の死を六ヵ月前から察知する呪法を授けるとともに、屍肉を食らうことを許したというのである。

この説を受けて、中世日本では、吒枳尼天には人間の死を直接支配し、半年ではあるが、寿命を延ばす力があるという信仰が広まった。『渓嵐拾葉集』に出る「能延六月の秘事」とはこのことを指している。さらに吒枳尼天には、強力無比の福神としての属性もあった。吒枳尼天を本尊として祭れば、いかなる願いであれ六ヵ月以内に成就すると信じられたのであり、それが「能延六月の秘事」の次に出てくる「六月成就の秘法」なのである。

このように、中世天台では摩多羅＝吒枳尼という説がおこなわれていたわけだが、『渓嵐拾葉集』は摩多羅神を摩訶迦羅天（大黒天）そのものとする口伝も併記している。これは、大黒天を吒枳尼天と同じ鬼神とする信仰もあったためで、江戸中期の真言僧・明龍渧忍の『空華談叢』はこう述べている。「大黒天には権類と実類の二種がある。『孔雀王経』『三世最勝心明王経』『不空羂索経』『仁王経』の所説は実類の大黒天であって、軍神である。その姿は三面六臂。この実類の大黒天は鬼神の王であり、もっぱら血肉を食する神である。また『南海寄帰伝』『神愷記』の所説は権類であり、護法善神としての大黒天である。その姿は一頭二臂である」。大黒天に二種あるというのは、この神の本来の姿（実類）は「もっぱら血肉を食する」忿怒相の軍神・鬼神（摩訶加羅）なのだが、中世になると、同神を福の神とする信仰がさかんにおこなわれるようになり、そこから施福神としての大黒天（権類、権は仮の姿の意）が造像祭祀されるようになったということだ。

今日、われわれになじみの大黒天は、米俵を足にかけ、手には打出の小槌、肩には大きな嚢をぶらさげて、満面の笑みを浮かべた福の神としての大黒天だが、中世密教寺院では『空華談叢』のいう「実類の大黒天」、すなわち暗黒神としての大黒天祭祀が中心だった。その根本儀軌といえるのが、平安末以前に唐の嘉祥寺神愷という僧が書いたという体裁でつくられた和製儀軌の『大黒天神法』（『空華談叢』のいう『神愷記』）で、この書こそが、以後の大黒天信仰や修法に絶大な影響を与えたのである。
その肝心の部分を以下に訳出する。

大黒天神法

大黒天神は大自在天の変化身である。五天竺（東西南北と中央の天竺＝インド全体）、ならびにわが国の諸伽藍等ではみな安置している神である。ある人は、大黒天神は堅牢地天の化身だといっている。（中略）大黒天神の胎蔵界曼荼羅における名を摩訶迦羅天と云う。また、大黒天神とも云う。その印には普印を用い、三摩耶形（シンボル）は剣。青色で三面六臂。前の左右の手は横に剣を執り、左の次手は人の頭、右手は牝羊をぶらさげており、次の左右の手は象の皮を持って背後に張り広げ、髑髏を首飾りとしている。（中略）大黒天神は闘戦神である。もしかの神を拝礼すればその威徳を増し、おこなうことはすべて勝利をおさめる。ゆえにこの神を饗応して祀るのである。（中略）『孔雀王経』の説に、こうある。

「烏尸尼国の国城の東に林がある。名を奢摩奢那という。尸林（死者を捨てたり葬る林、墓場の森）のことである。その林は縦横の広さが一由旬で、大黒天神が住まいしている。この神は摩醯首羅神（大自在天＝シヴァ神）の変化身で、もろもろの鬼神や無量の眷属とともに、常に夜間に林中を遊行している。大神力（だいじんりき）がある。多くの珍宝を所持しており、姿を消す隠形薬（おんぎょうやく）もあれば、寿命を延ばす長年薬も所有している。遊行（ゆぎょう）して空に飛び、もろもろの幻術薬を人に与えて貿易するが、その際には、ただ生きた人間の血肉のみを（代価として）受け取る。まず斤両（きんりょう）（約六〇〇グラム）の血肉と交換する契約をしたうえで、薬等と貿（か）えるのである。もし人が尸林に行って大黒天と貿易しようと願うなら、陀羅尼（だらに）でその身を加持してから行くようにしなければならない。加持せずに行くと、かの諸鬼神が自分たちの姿を隠して人の血肉を盗むからである」

大黒天図。『神愷記』（大黒天神法）の説に基づく像と注記がある。（『別尊雑記』巻 51・大正蔵図像部三より）

以上の記載から、大黒天（摩訶迦羅天）がどのような神と見なされていたか、ご理解いただけると思う。吒枳尼天を人の心肝（しんかん）を食う鬼神だとする『大日経疏』の説は先に引いたが、この『大黒天神法』では、大黒天が人の血肉を貿易する神として描かれている。しかも『大黒天神法』は、右の文のすぐあとに『大日経疏』を引いて、吒枳尼天のエピソードも併記している。つまり本書が書かれた平安後期以前から、大黒天と吒枳尼天は血肉を食らう暗黒神として、ひとくくりに見られていたわけで、『渓嵐拾葉集』は、その説に天台の摩多羅神を結びつけているのである。

金剛夜叉・七母天・金毘羅

大黒天・吒枳尼天という暗黒の人食い鬼神は、③の東寺夜叉神とも通いあう。この神は大黒天と同じ「三面六臂」の鬼神で、守覚法親王の『北院御室拾葉集』にこう述べられている。「東寺の夜叉神については、弘法大師が御入定ののち、西御堂において檜尾僧都にお授けになった条々というものがある。摩多羅神もその一つである。大師はこうおっしゃった。『この寺に奇神ありて夜叉神と名づく。摩多羅神これなり。持すれば吉凶を告ぐる神なり。その形は三面六臂なり』。かの三面とは三天のことである。中面は金色、左面は白色、右面は赤色である。中央は聖天、左は吒吉尼、右は弁才天である」。ここに挙げられた三神は、まさに中世を代表する鬼神だ。吒枳尼天はいわずもがなであり、聖天も天部屈指の障害神・破壊神として恐れられ、崇祀された。その属性については、第四章4で触れている。そして弁才天が暗黒女神としても祭られてきたことは、拙著『真言立川流』で詳説したとおりだ。また、大黒天は④の金剛牙菩薩とも重ね合わされた。金剛牙菩薩は金剛界曼荼羅中の菩薩の一尊だが、夜叉に等しい属性をもっており（梵名はバジラヤクシャで金剛暴悪と訳される）、「摧一切魔菩薩」とも呼ばれる（『理趣経』）。夜叉族との親近性は、この菩薩の教令輪身（仏教の教えに従わない衆生を折伏するために仏がとる変化身の一で、忿怒の猛悪相をとる）によっても表現されている。

夜叉を出自とする五大明王中の金剛夜叉明王が、金剛牙菩薩の教令輪身なのである。

金剛夜叉明王について、『阿娑縛抄』は、「金剛夜叉、これは北方の菩薩、北は（五行では）黒色なので大黒と為す」と記している。大黒天（摩訶迦羅天）と金剛夜叉明王はまったく異なる神だが、「大黒」の通名が共通していること、金剛夜叉明王が三面六臂であること、ともに黒色で描かれる恐怖神であること、夜叉・鬼神の支配神とされていることなどから重ね合わされたもので、長沼賢海氏は「（金

玉女神、三天神とも称される東寺の夜叉神。中央は聖天、左に吒吉尼、右に弁才天の三面からなる（京都市立芸術大学芸術資料館蔵）

剛夜叉の）三面六臂・三忿怒毒形といふは、彼の三面六臂の摩訶迦羅大黒の暴形と頗る接近せり。摩訶迦羅大黒の形像の此の変化は恐らくは此の金剛夜叉大黒より受けたる転化として大なる誤なきが如し」[14]と述べている。つまり、暗黒神としての大黒天が三面六臂で描かれるのは、金剛夜叉明王の姿に由来するとしているのである。

次に⑤の七母天（梵名は摩怛哩神で、忙怛哩神とも表記する）は、世界に疫病をもたらす神として恐れられ、祭祀されてきた。胎蔵界曼荼羅では冥府の王の焔魔天の眷属として描かれ、『大日経』では焔摩天の姉妹と位置づけられている。この女天も夜叉の仲間で、『孔雀王経』は施欲国に住む「摩怛哩薬叉」と記す。摩怛哩は「母」の義なので、摩怛哩薬叉は母天の薬叉（夜叉）神ということになる。『密教大辞典』は、この摩怛哩薬叉が摩怛哩神の起源だろうと推測している。夜叉族の首領は摩訶加羅天なので、七母天を摩訶加羅天の眷属とする説もおこなわれてきた（『七巻理趣経』）、さきに引いた『大黒天神法』も、七母天を摩訶加羅天の眷属としている。摩怛哩神が摩多羅神と重ねられたのは、マタリとマタラが音通すること、両者とも黒色をシンボルカラーとしていること、災厄をもたらす障碍神であること、摩訶加羅神の眷属とされていることなどの理由によるだろう（『秘教Ⅱ』に収載した覚深の『摩多羅神私考』参照）。

⑥の焔魔天（閻魔天）は、亡者が生前につくった罪業を審判する地獄の裁判長として信仰されてきた。死王や科罪忿怒王などの異名が、この天の属性を端的に表している。焔魔天の眷属神の一つである闇

夜天（黒闇天・黒夜天）が大黒天と混同された結果、やはり摩多羅神と結びあわされたもので、『覚禅鈔』はこう述べている。「（閻魔曼陀羅における）閻魔の西の位置に、閻魔后と死后を作る。死后もまた閻魔の后である。東の辺には黒夜叉神および七魔怛里を作る。七魔怛里は訳して七母という。みな女鬼である。その形はことごとく黒色とする」。焔摩は死を司る。したがって、その配下の中には人の命を奪ういわゆる死神がいるわけだが、仏教ではこれを奪精鬼と呼ぶ。その奪精鬼が吒枳尼天であり、ここに出る七魔怛里の女夜叉なのである。

⑦の金毘羅神は、薬師十二神のクビラ大将（宮毘羅）をさすが、中身は夜叉神王の上首で、大黒天同様、鬼神のボスといってよい。『密教大辞典』によれば、梵語の金毘羅は「鼻の長き鰐神、又は象頭山に住める夜叉神の名」だといい、『孔雀王経』には金毗羅薬叉の名で登場する。他の諸神のような暴悪性はないが、夜叉神の上首である点は共通している。

阿弥陀仏の化身としての摩多羅神

以上、摩多羅神と同体の神とされてきた諸神をざっとながめてきたわけだが、いずれの神にも共通しているのは、〝死をもたらす神〟という点だ。摩多羅という神は、ルーツこそ定かではないものの、今日でいう死神として祀られてきたはずなのである。しかもこの死神は、その本性にしたがって人にとり憑き、血肉を食らい、精を奪う暴悪一辺倒の鬼神と考えられたわけではない。先に引いた『溪嵐拾葉集』の吒枳尼＝摩多羅神の本誓を、もう一度読んでいただきたい。そこにはこうある。「もし人が臨終せんとする時には、我はかの所に行きてその肝屍を食らう。ゆえに（死に臨んだ者は）臨終の正念を得る。もし我、肝を食わざれば正念を得ず、往生も遂げず」。ここでいう「肝屍」とは、生きている間に溜めこんだ諸々の罪業や妄念でいっぱいになっている心（肝）の残骸といった意味であり、それを臓器で象徴したのが『大日経疏』のいう「心臓」だと考えられる。摩多羅神ないしそれと同体の大黒・吒枳尼天は、その肝屍を食らい尽くす。その営みは、一見鬼神たちの蛮行のように見えるけれども、じつは人に臨終の正念を得さしめるため、往生させるための方便の〝肝屍喰い〟だと、『渓嵐拾葉集』はいっているのである。

　臨終の正念とは、阿弥陀仏への帰依の思いただ一筋になりきり、自分を阿弥陀に全託することをいう。その心境になりきるためには、摩多羅神や吒枳尼天などの鬼類に、自分の肝屍、すなわち煩悩にまみれた心を食い尽くしてもらう必要があると考えられたのであり、だからこそ摩多羅神や吒枳尼天は、人を浄土に導く神として信仰されたのである。ただし、吒枳尼天その他の鬼神の〝肝屍喰い〟が、当初からそのように考えられていたとは思われない。これは天台宗内に浄土信仰が深々と広まっていった平安後期以降に芽生えてきた思想であり、本格的にいわれだしたのは、おそらく中世に至ってからだろうが、その背景には、たぶん弥陀来迎の思想があったにちがいない。天台では、人の死に際して、阿弥陀仏が観音・勢至・地蔵・龍樹の四菩薩をひきつれて来迎し、末期の念仏者を浄土に連れていくという信仰がさかんにおこなわれた。臨終者の枕辺（まくらべ）に、浄土から阿弥陀五仏が迎えにくると信じられたのである。

ところで、念仏をおこなう臨終者の枕辺にやってくる神は、阿弥陀五仏のみではない。『大日経』や『大日経疏』その他の根本経典には、吒枳尼天や夜叉など臨終者の屍肉を食らう死神のことが説かれているのだから、これらの鬼神も枕辺で待機していると考えられたはずである。その鬼神たちも、究極的には大日如来（天台では釈迦如来）の変化身であり、本願は衆生の救済にある。ならばおぞましい屍肉食いと弥陀の来迎は、同じ救済のわざの裏表でなければならないという発想が、おそらく生み出されていったのである。

臨終の場では、まず念仏を唱えている臨終者の枕辺で、吒枳尼等の鬼神が人の肝を食い、血を啜る。肝や心臓や人黄（じんおう）によって象徴されているのは、生きている間に積み重ねてきた業想念でがんじがらめになっている心だ。それを鬼神に食ってもらうことで、念仏者は現世に対する最後の微細（みさい）な執着心（しゅうじゃくしん）（煩悩）まで捨て去り、迷いから解放される。すると、彼の本体である心（識心（しきしん））は、弥陀一念で満たされる。すなわち正念を得る。鬼神は、他力による救済を万人にもたらす。そこで、あらゆる念仏者を救済すると約束している阿弥陀仏が、念仏者の枕辺に飛来してきて、彼を浄土へと導く――これが念仏者の臨終場面のイメージだったろうと考えるのである。

この構図の中では、死者を自身の浄土に導く阿弥陀仏は、死者を浄土で生まれ変わらせる〝再生の神〟にほかならない。一方、吒枳尼天や摩多羅神は、死者の心の中でなおくすぶっている現世に対する執着・未練を断ち切り、再生の前提である〝死を確定する神〟であり、浄土入りの条件を整えてくれる〝弥陀の使者としての救済神〟と観念されたのである。この観念が近世まで継承されてきたことは、十七世紀末の『谷響集』（運敞）に明らかだ。同書の「荼枳尼」の項には、荼枳尼は「如来の応迹」で、「心垢を噉尽（喰らい尽くすこと）」すると明記されているからである。

こうして吒枳尼天や摩多羅神や夜叉類その他の神々は、鬼神から救済神へと位相を変えた。その結果、天台では、摩多羅神は「念仏者の守護神」として信仰されるようになり、天台念仏行の根本道場である常行堂に秘祀されるようになった。常行堂の本尊はもちろん阿弥陀五仏だが、摩多羅神はこの五仏の来迎の条件をバックヤードでととのえる神として、本堂裏手の「後戸」と呼ばれる隠された区画に、ひっそりと祀られたのである。先に円仁が唐からの帰国の船中で摩多羅神と出会ったという伝承を引いたが、これと双子の関係にある伝承が天台にあったことを、山本ひろ子氏が指摘している。[15] 唐からの帰朝船に乗っていた円仁の眼前に、波間に浮かぶ金色の「阿弥陀像」が現れ、円仁が低頭すると、像が袖に飛びこんだ。そこで帰国後、円仁は常行堂を建て、本尊の阿弥陀仏の胎中に、秘仏として右の金色の阿弥陀像を納めたというのである（『山門堂舎記』「山門秘伝」）。

この二つの伝承の背後には、摩多羅神を阿弥陀仏の垂迹神とする信仰が横たわっている。玄旨帰命壇が天台から受け継いだ信仰は、まず第一にこの摩多羅＝阿弥陀仏信仰であった。しかし、摩多羅神には、もう一段の秘められた顔があった。第五章2で吒枳尼天がエロスとタナトスの神であることを示したが、その吒枳尼天と同体とされる摩多羅神にも、エロスの神としての属性が、しっかり付与されていたのである。次にそれを見ていくことにしよう。

5、摩多羅神のシンボリズム

摩多羅三尊と唯識説

摩多羅神は、たんに阿弥陀仏の化身というだけではない。この神には、現世にかかわる複雑な性格が付与されていた。典型的な説明が『玄旨灌頂私記』にある。以下がそれだ。

中尊（の摩多羅神）は六識の心王、脇の二童子は、六識のうちのあらあらしく粗雑な精神作用（麁）と、微細な精神作用（細）を司る心数である。二童子の一人が小鼓を打ち囃したもうというのは、細念の働く様子を表し、もう一人の童子が袖を翻して舞いたもうというのは、あらあらしく粗雑な麁念が働く様子を表しているのである。

別の説によれば、摩多羅神は八識の心王、丁礼多は七識の念、爾子多は六識の念であるという。われわれの本心は九識の静都にあるが、八識の心王である摩多羅神が大鼓を、七識の細念である丁礼多が小鼓を打ち囃すことで、六識の爾子多の麁念が十二因縁の舞台に舞い出たときの姿（が摩多羅三尊だ）ともいわれている。

ここで語られているのは、仏教認識論を用いて摩多羅三尊を説明したものだ。順に説明していこう。

仏教では、われわれが何かを認識するのは、対象を知覚する眼耳鼻舌身意の「六根」（六種の感覚・知覚能力ないし器官）をよりどころとして、感覚の対象である色や音などの「六境」（六種の認識対象）を感知し、それが何であるかを了別する眼識や耳識などの「六識」が働くからだと説明する。六境から入ってくる情報を、六根が受け取り、六識が了別することで、はじめて認識という作用が可能になると考えるのだが、六識は、それぞれが個別に働いてものを認識するわけではなく、色や匂いや形や手触りなどを総合して、ひとまとまりの対象として認識する。この、認識対象をひとまとまりのものとしてとらえる心の働きのことを「心王」といい、この心王に付随して起こる感情や欲望、衝動などの種々の精神作用のことを「心数」（心住）というのである。

玄旨壇を生み出した檀那流は、伝統的な六識説にもとづいて心の働きを考えたから、『玄旨灌頂私記』の筆者はまず中尊である摩多羅神を「六識の心王」といい、二童子は「麁細の心数」とした。けれどもこれとは別に、六識のさらに奥にある根源的な心の働きとして九つの識を立てる説も、天台ではおこなわれていた。引用文にある「別の説」とはこれを指す。その説では、第六識の奥により根源的な働きを受け持っている三種の識を立てて、精神活動を考える。その三種の識を、末那識（第七識）、阿頼耶識（あらやしき）（第八識）、阿摩羅識（あまらしき）（第九識）という。

　まず第七識の末那識とは、顕在意識がない状態でも働いている意識で、身体を維持し破滅から守る働きをする識と考えられた。この識は、本能的・無意識的な心の活動を司る小脳や間脳などの機能と対応している。また、六識は睡眠中や気絶したときなどは働かないが、末那識はその間も働いているとされるから、やはり無意識の概念に極めて近い。隠された欲望・執着・妄想・感情・自己愛・コンプレックスなどは、みなこの末那識から起こる。つまりこの識は、自分に対する妄執の巣窟でもある。そこで「妄識無明（もうしきむみょう）」とも呼ばれる。

　次の第八識（阿頼耶識）は、六識および七識を生みだし、それを働かせている場（フィールド）のようなもので、「根本識」とも「蔵識（ぞうしき）」とも「真如識（しんにょしき）」とも呼ばれる。密教が日本にもたらされる以前の代表的な宗派である法相宗の唯識（ゆいしき）説では、この阿頼耶識が輪廻（りんね）の主体になると考えた。輪廻の主体になるということは、この識こそが業（カルマ）や記憶などを載せた霊魂の本体ということである（仏教では本来、霊魂は立てないが理解のために便宜上こう呼んでおく）。

　第八識は、人間の意識的・無意識的な全精神活動を支える最も根源的な心の働きをいう。世界を心の現れと見る唯心論（ゆいしんろん）の立場では、この阿頼耶識こそが、世界を生起（しょうき）させている原因である種子（しゅじ）の貯蔵庫だと考える（阿頼耶は貯蔵の意）。そこでこの識は、万有を蔵する蔵識とも、万有の種子そのものを意味する種子識とも呼ぶ。世界は阿頼耶識から生まれるという思想である。

世界を成り立たせている種子をプールしている場という点では、八識は近代隠秘学(オカルティズム)でいう「アカシックレコード」（虚空に保存されているとされる原初からの一切の事象の記録、世界記憶）に近い。種子を情報と読み替えれば、阿頼耶識は〝情報の貯蔵庫〟ということになる。この場合の情報とは、末那識の内容である我執(がしゅう)と一体化した記憶や感情などではなく、たとえば遺伝子情報のようなものに近いと考えられる。その組み合わせによって、あらゆるものがつくられ、生み出されてくるからである。

以上の八識説は、中国唐代に玄奘三蔵(げんじょうさんぞう)が興した法相宗の説で、日本では入唐して玄奘に学んだ道昭が、帰国後、法相宗を立ててこの説を広めたが、天台宗では、さらに第九識の阿摩羅識を立てて、法相宗の八識説を超える九識説とした。阿摩羅識を立てねばならなかった理由は、阿頼耶識を究極の識とすると、万人が清浄無垢(しょうじょうむく)な仏性を具えているとする密教（大乗教）の立場と相容れないことになるからである。阿頼耶識は万物の種子を蔵するが、万物は究極的には空であり、うつろいゆく虚妄(きょもう)なものだから、万物の原因である種子を蔵する阿頼耶識も、理論上は、虚妄で汚れたものと考えねばならない。われわれを悟りから遠ざけている貪瞋痴(とんじんち)の三毒も、種子識の阿頼耶識からくる。けれども大乗教、とりわけ密教では、心の本性はほんらい完全に清浄無垢であり、本質は如来と同じ（如来蔵という）だと考えるから、虚妄を含む阿頼耶識を心の本体と見なすことはできない。そこで、何ものにも汚されていない識として立てられたのが、この第九識なのである。

第九識とぴったり合致する精神科学の概念はないが、ユングのいう「セルフ」（内なる神）が、一部これと重なりあっている。この識は汚れのない識なので「無垢識」ともいい、内なる神、内なる仏性の本体なので「仏性真識（ぶっしょうしんしき）」とも「法身識（ほっしんしき）」ともいう。『玄旨灌頂私記』が、「われわれの本心は九識の静都にある」と述べているのはこの阿摩羅識のことをいっている。

心念の舞楽

識を六識説で考えるか、八識説で考えるか、九識説で考えるかで、摩多羅三尊の理解もちがってくるが、ここでは『玄旨灌頂私記』の別説（九識説）にしたがって説明する。別説は、中尊・摩多羅神＝第八識（阿頼耶識）、丁礼多（ていれいた）童子＝第七識（末那識）、爾子多（にした）童子＝第六識としている。われわれの本体である第九識が、摩多羅三尊に含まれていない点に、まず注目していただきたい。摩多羅神が八識の心王だということは、この神が煩悩をまるごと蔵した心の王国の王、カルマを担う識の心王だということである。また、この摩多羅神につき従う眷属の二童子のうち、七識の丁礼多はわれわれの無意識の心に相当し、六識の爾子多は顕在意識の心に相当する。

六識は六境に触れ、六根を働かせることで、せっせと想念を生み出す。念々に生じる思いはこの爾子多によって象徴されるが、その裏には七識の丁礼多の無意識活動がある。六識から七識にプールされていく思いもあれば、七識の無意識に知らず知らずに動かされて六識に浮かんでくる思いもある。この時々刻々とうつろって際限のない二童子の心は、より根源的な心である摩多羅神の八識に従属する心の働きということになる。そこで『玄旨灌頂私記』は、「摩多羅ノ三尊ハ我等カ貪嗔痴ノ全体ナリ」という。あらゆる欲望、怒りや悲嘆などの激発（げきはつ）する感情、愚かさなどといった煩悩の全体を表したもの、それが摩多羅三尊だということを、ここでいっているのである。

心が動けば、煩悩が同時に動く。たとえば異性を見たとき、触れたとき、声を聞き、あるいは体臭を嗅いだとき、人はただ生物学上の男女としてその人を認識するわけではない。美しい、醜い、ともに過ごしたい、交わりたい、不快だなど、さまざまな思いを意識的・無意識的に抱きながら、煩悩とともに対象を認識している。煩悩抜きの純客観対象として見ることはできない。食べ物を見ても、物事を見ても、そこで何らかの心が騒ぐ。心が囃したてる。その心の騒ぎを引き起こす作用を象徴的に表したものが、八識の摩多羅神の持つ大鼓と七識の丁礼多の小鼓であり、大鼓と小鼓が打ち囃されることによって心中に湧き起こってくる種々の止むことのない念の生滅を表したものが、六識の爾子多の歌舞なのである。われわれの究極の仏性は、こうした心の喧噪とは無縁の九識の「静都」にある。

一方、摩多羅三尊は、隙あらば心を囃したて、歌い舞おうと待ちかまえている。生きるということは、四六時中、六境の刺激にさらされることにほかならない。食べたい、寝たい、交わりたい、出世したいなどの思いが四六時中心に浮かび、それらを満たすために働き、考え、行動する。生きるということは、まさに貪嗔痴そのものにほかならない。その本尊こそが摩多羅三尊なわけである。

けれども、天台本覚論の立場に立つ玄旨帰命壇では、生とは貪嗔痴そのものであり、それを知ることが悟りと直結すると考える。「煩悩業苦は本来の修行なり、ただ凡聖の不同は知ると知らざるの境なり」（『玄旨血脈面受口決』）という言葉が口決になるのはそのためだ。『天台宗玄旨帰命壇伝記』はこういう。

「この本尊は、衆生のありさまそのものである。心王の摩多羅神が大鼓を打ち鳴らし、細念の心数（丁礼多）が小鼓を打って、麁強の心所を囃したて、（爾子多は）十二因縁の袖を翻して踊り舞う。これにより、われわれの心水のうちの澄んだ部分は昇って人・天などの善趣に舞い出るし、濁った部分は下って地獄などの悪趣に舞い降りるのである。そうであるから、鬼畜のふるまいも、仏果の荘厳も、心念の舞楽の内にある。この三尊を迷の方面で約言すれば三道の流転となり、悟の方面で約言すれば三徳の妙理となるのである」

摩多羅三尊像。上部に北斗七神、摩多羅神は鼓、二童子は笹と茗荷を手に躍動している。（日光市・日光山輪王寺蔵）

三道とは惑（煩悩）・業・苦のことをいう。煩悩があれば、それを因として業が生じ、業が生じれば、その報いとして苦がやってくる。悟りの世界に入らないかぎり、人は輪廻転生をくりかえしながら、この迷・業・苦の三道流転の人生を送ることになる。一方、三徳とは、最も大いなる解脱の境地（大涅槃）に至ったものが具えているとされる三つの徳――法身・般若（真理を悟る知恵）・解脱をいう。三道と三徳は、このようにその境涯においてまさに天地の隔たりがあるが、天台本覚論は、その隔たりを、ただ一念のうちにジャンプする。すなわち、「苦即法身・惑即般若・業即解脱」と説く。この天台独特の法門を、「鬼畜のふるまいも、仏果の荘厳も、心念の舞楽の内にある」として摩多羅三尊の舞楽によって象徴したものが、玄旨帰命壇の説なのである。

シシとソソの隠語

以上で摩多羅三尊が、われわれの心のどんな働きと対応しているかが明らかとなった。ひと言でいえば、三尊は人間存在が普遍的に抱えもつ〈煩悩の全体像〉ということだが、本覚論の立場では、煩悩は即菩提であり、凡聖はまったく不二なのだから、この煩悩まみれの三尊狂乱の舞楽の中にこそ、悟りへの道があるということになるわけである。けれども、摩多羅神にまつわる教説は、どうやらこの段階ではとどまらなかったらしい。玄旨帰命壇が立川流と並んで淫祀邪教の双璧と見なされたのは、吒枳尼天同様、摩多羅神にも性神としての意義づけがおこなわれたからなのである。

永禄五年（一五六二）霜月吉日に山門西塔北尾の舜慶という僧侶が相伝したとの奥書がある『一形対鏡事附摩多羅神』に、以下のような興味深い文章が出てくる。肝心の部分なのでまず原文を引き、次に訳を掲げよう。

摩多羅神三道三毒ノ體(たい)也、二童子ハ業・煩悩、中ノ神ハ苦道也、中ノ神ハ痴煩悩也、二童子ハ貪・嗔ノ二也、三道三毒・生死(しょうじ)輪廻・狂乱振舞ヲ表シテ歌ヲ歌ヒ舞(まい)ヲ舞(ま)フ也、中ノ神ノ鼓ヲ打テハヤス、苦道即法身ノ振舞也、二童子ノ歌ヲ歌フニ、左ノ童子ノ歌ハ、

シヽリシニシヽリシ

ト歌フ、大便道ノ尻ヲ歌ニ歌フ也。右ノ童子ノ歌ハ、

ソヽロソニソヽロソ

ト歌フハ、小便道ノソヽヲ歌フ也、男子女子童男童女振舞ヲ舞ニ舞也、殊勝ノ本尊也、生死煩悩ノ至極(しごく)ヲ行ズル跡事ヲ舞歌(まいうたう)也、所以(ゆえ)ニシリソヽヲ為々(シシ)スル其(そ)ノ便道ヲ為(し)スル婬欲熾盛(いんよくしじょう)ノ処(ところ)也。之(これ)ヲ秘スベシ、口外スベカラズ、秘々(ひひ)中深秘(ちゅうじんぴ)ノ口決(くけつ)也、……此(この)歌ノ言(ことば)ヲ世人コレヲ伝へ来テ、男女ノ持物(じぶつ)ノ名ヲ呼ブ也。

これを訳すと、私見ではこうなる。

摩多羅神と二童子の三尊は、煩悩・業・苦の三道と、貪(むさぼ)り・瞋(いか)り・痴(おろか)さの三毒を形に表したものである。二童子は業と煩悩、中央の摩多羅神は苦道である。また中央の摩多羅神は三毒中の痴の煩悩であり、二童子は三毒中の貪と嗔である。三道三悪にまみれ、生死輪廻の世界のなかで狂乱する衆生の振る舞いを表すために歌を歌い、舞いを舞うのである。中央の神が鼓を打ち囃すの

は、業の報いとして現れた苦の世界が、そのまま永遠の真理そのものの（法身）だということを表すための振る舞いである。二童子は歌を歌うが、左の童子は、

　シシリシニ、シシリシ

と歌う。これは大便道の「シリ（尻）」を歌に歌っているのである。また、右の童子は、

　ソソロソニ、ソソロソ

と歌うが、これは小便道の「ソソ」を歌っている。そうして、男と女、童男と童女の振る舞いを舞いに舞うのである。これは殊勝の本尊である。生死や煩悩の極致を行ずる姿を舞い歌うのである。そのゆえに「シリ・ソソを為々する」「その便道を為する」という意味の婬欲熾盛のところを歌うのである。これを秘すべし。口外してはならない。秘々中の深秘の口決である。……この歌詞を世間の人が伝え来って、男女の持ち物の名として呼んでいるのである。

文末に「男女の持ち物の名」とある以上、シシとソソが男女の性器の隠語であることは疑い得ない。まず左の童子のシシだが、シシと同音の獅子・猪は、いずれも男根の隠語として用いられてきた。また、右の童子のソソについては、今日でも女陰のことをオソソと呼ぶことからもわかるように、女陰の隠語である。では、なぜシシが大便道でソソが小便道なのか。シシを大便道というのは、寺院で最もさかんにおこなわれてきた男色（大便道のシリとシシが交わる）を暗示したものにちがいない。稚児愛はとりわけ天台宗の地位のある僧たちが執心したもので、愛童を観音菩薩に見立てておこなう稚児灌

頂まで編み出されていた。こうした背景も関連しているのかもしれない。これに対し、女色は尻ではなく小便道（前尻）との交わりとなる。ゆえに秘歌は一括して「シリソソを為々する、その（大小の）便道を為する」と歌ったのだろう。これはもちろん、戒律違反の男色・女犯にほかならない。そこで「婬欲熾盛処」と表現したと考えられるのである。

　文章の意味は、一読、ただちに了解されると思う。いかなる仏菩薩も、女性の胎を経ずに出生することはありえない。それと同じように、悟りや往生も、最も煩悩にまみれたところ（男女の交わる場所）からこそ生まれ出る。「為々する」行為は卑俗と神聖が一点にまじわる不二そのものの行為であり、摩多羅三尊の歌舞そのものの行為である。であればこそ、「殊勝の本尊」を囃す際に、「シシリシニ、シシリシ」「ソソロソニ、ソソロソ」と歌うのだと『一形対鏡事附摩多羅神』は説いたのである。

　性交を即身成仏の秘決とした立川流では、実際に秘儀としての性交が実践されたと思われる。それと同じことが玄旨帰命壇でもなされていたかどうかは定かではなく、右の囃し言葉がいつからおこなわれていたのかも不明だ。あるいは別の意味の囃し言葉が、後世、「為々する」意味の囃し言葉に変化していった可能性もある。玄旨灌頂や次節で述べる帰命壇灌頂の次第のなかには、性交と即身成仏を結びつける類いの要素は含まれていない。ただ、具体的な実践の有無はさておき、三道即三徳とする本覚論そのもののうちに、立川流と通い合う強烈な異端性が内在していたことは疑い得ない。玄旨帰命壇が淫祠邪教視された理由は、まさしくそこにあったのである。

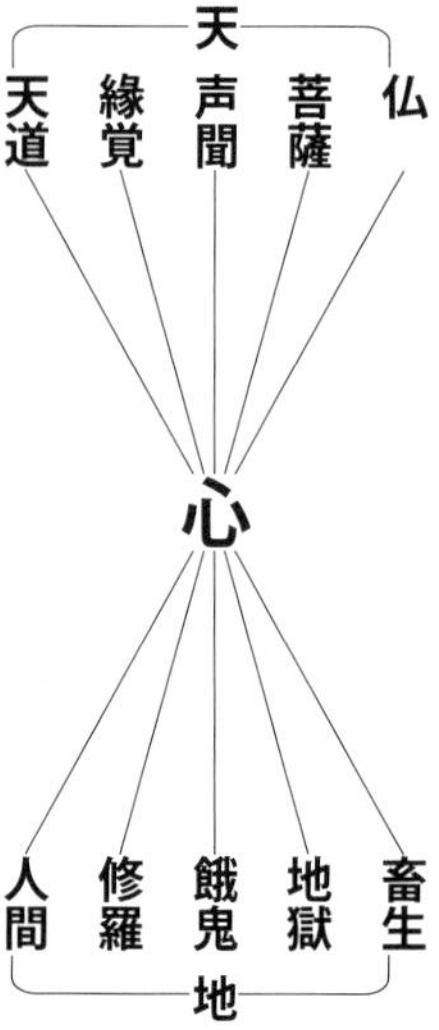

鼓一心三観図。「心」を中心として天地が連絡・交渉している。

第五章で、立川流の敷曼陀羅（しきまんだら）を紹介した。最底辺の地獄界から、最上界の仏界までの十界を、重なり合う二人の男女によって表し、十界が男女結合の一点で結び合わされていることを描いた曼陀羅だが、それとよく似た「鼓一心三観」の図が、玄旨帰命壇では伝授されていた。その図とは、右図のように十界を上下に配し、対角線でつないで全体を摩多羅神が手にする一個の鼓に見立てたもので、一見すると立川流の敷曼陀羅とは何の関係もなさそうに見える。しかし、この図の解説は、立川流敷曼陀羅にもそっくり当てはまるのである。『玄旨血脈面受口決』は、この「鼓一心三観」を常行堂の秘法だとして、こう述べる。

仏事でも神事でも、この鼓を打つものである。その心は、地獄などの五界のほうを打てば、その響きが反対側の天の五界に伝わっていくということである。鼓を打つ五本の指は五大・五輪・五智である。この五智はすなわち五仏である。五仏の手をもってこれを打ち、五界の迷いを翻して悟の五界に進めて帰すのである。ただしこれは、常行堂の秘法である。心の一字は煩悩即菩提の心をあらわす。下の五界は煩悩、上の五界は菩提、煩悩と菩提は人の一心に生まれながらにそなわっている徳であり、隔てはないのだという道理を表さんがために、糸で上下をつないでいるのである。これはすなわち十界一心の意である。

この「鼓一心三観」説が、立川流との直接的な交流ないし影響のもとに編み出されたというわけではないが、両者はともに本覚論という中世の時代思潮を母胎としている。煩悩即菩提や業即解脱といった、現実を全肯定する思想から水を汲みあげて生み出された異端が立川流や玄旨帰命壇なのであり、本覚論の即物的な解釈が立川流の敷曼陀羅となり、玄旨帰命壇の鼓一心三観説になったと筆者は考えるのである。

性神のシンボリズム

摩多羅神と性の関連では、同神の本体と考えられた大黒天を性神とする信仰が関与していた可能性が大いにある。女性器ないしセックスを意味する手印に、親指を人差し指と中指の間に挟んで指先をのぞかせる、いわゆる「女握り」がある。西欧ではこれを「マーノ・フィーカ」（イチジクの手）と呼んでいるが、F・T・エルワージによると、マーノ・フィーカは太古から欧州各国で用いられてきた「蔑視と侮辱の仕草」で、「とりわけ悪意に満ちて力のある魔女がもたらす邪悪な作用を間違いなく妨げる」手印として、あるいは「邪視除け」として、また、「何か物をほかの人に捧げたり贈ったりするとき、その物を握って持たなければならない場合には、それに伴う邪悪から与える者を護る」呪術的身振りとして、古来、繁用されてきたという[16]。

女性器に魔除けの力を認めるのは、東洋・西洋を問わず広くおこなわれてきた民俗信仰で、日本でも男根と並んで女陰崇拝が太古からおこなわれてきた。この女陰を象徴する女握りの印を組んだ大黒天の造像例が、日本にある。西岡秀雄氏は、①奈良県生駒郡矢田松尾寺大黒堂大黒天（国宝）、②奈良県奈良市興福寺南円堂脇納経所大黒天（国宝）、③奈良県奈良市三月堂手水屋大黒天（国宝）、④奈良県磯城郡三輪社、⑤滋賀県蒲生郡平田村（現・東近江市）下羽田光明寺大黒天（国宝）、⑥静岡県田方郡修善寺の六例を挙げているが[17]、注目すべきは、それら女握り大黒天像がいずれも「鎌倉・室町期」の古式大黒天像だという点にある。これらのうち、③の三月堂の大黒天は鎌倉時代の作で、そのものずばりの「オメコ大黒」として庶民に親しまれてきた。この大黒像が造像された時期は、まさに玄旨帰命壇ないし摩多羅神信仰が広まっていった時期と重なっているのである。

先に述べたように、大黒天の本来の姿は三面六臂の障碍の鬼神だが、オメコ大黒はそれとは異なり、和装で袋を背負った福神としての大黒天の姿で造像されている。この姿は先述の『大黒天神法』にもとづくもので、同書には大黒天の託宣として、自分の像は、頭には黒色の冠烏帽子をかぶり、袴ばき狩衣姿で、裙は短く袖は細くする姿で作るようにとの指示がある。このスタイルは、日本神話の大国主命の姿に模したもので、大黒と大国が音通することなどから、日本では両神を同体の神として信仰してきた。その大国主は、古来、縁結びの神、和合の神として信仰されてきた歴史がある。

「ギリシア神話の愛の神エロスやローマ神話に於けるキューピッドにも優るとも劣らぬ神は、日本神話の大国主命であり、……現在なお日本人に親愛され尊崇されている性神である。しかし、大国主命が、わが平安初期に入唐の高僧により天台宗・真言宗が行われる頃に仏教と共に輸入された大黒天と何故結合(けつごう)されたかは、……本地垂迹(ほんじすいじゃくせつ)説の流行に伴って、真言宗あたりで第一に大国(おおくに)を大国(だいこく)と読めることにより大黒と結びつけ、第二は大国主命も大黒天も元来は武神の性格であり、また第三に……大黒天がその手に金嚢(きんのう)を持つことと、大国主命が神話で袋を背負ったことも類似の連想を招いたかも知れない⑱」

こうした理由から大黒天と大国主命は習合し、性神としての大国主の性格が大黒天にも反映した結果、先に挙げたような数々のオメコ大黒が造像されたのだろうが、この大国主神を祭る神社のうち、畿内で最も重きをなしたのが大和三輪社で、祭神の蛇神・大物主神(おおものぬしのかみ)（『日本書紀』によれば大国主命の和魂(にぎみたま)）にも丹(に)塗りの矢に化身して姫神の火処（女陰(ほと)）を突いたという神話が残されている（『古事記』）。この三輪の神が天台叡山の守護神である山王神と同体とされたところから、大国主＝大黒天＝山王＝摩多羅神という説も天台宗ではおこなわれていた。

興味深いのは、冠烏帽子・袴ばき狩衣姿の和風の大黒天の姿と、中国（唐）の幞頭(ぼくとう)という頭巾(ずきん)をかぶり、和風の狩衣を着た穏やかな老翁の姿で描かれる摩多羅神の姿がきわめて近いことで、かりに摩多羅神の姿が『大黒天神法』によるのなら、大国主＝大黒天の性神としての性格が摩多羅神に反映されたことは、きわめて自然な流れだったはずなのである。また、大黒天には、地神女天(じしんにょてん)を踏む形で描く形式のものもある。これも性神としての大黒天を表しており、踏まれている女天は大黒天の后神（こうしん）だ。「ここに大黒天の踏める地神女天といふは、堅牢地神（けんろうじしん）なるべし。『覚禅鈔（かくぜんしょう）』の地天法の章の本地（ほんじ）の条（くだり）に『大日経疏四（だいにちきょうしょよん）云（にいわく）、地神是女天（これにょてん）、女是三摩地義（これさんまじのぎ）、即是大日世尊（すなわちこれだいにちせそん）』云々とあり」[19]と長沼賢海氏は書いているが、引用文中にある「地神はこれ女天、女はこれ三摩地の義」は意味深長だ。

三摩地は、行者が修法の本尊と一体となる境地をいう。大黒天の踏んでいる女天が三摩地（融合一体の悟りの境地）の表象だということを、立川流に、あるいは玄旨帰命壇流に解するなら、大黒天と女天が和合する義となり、それはとりもなおさず立川流の敷曼陀羅、ないしは玄旨帰命壇の鼓一心三観説の絵解きそのものということになるからである。

このように、大黒天は、吒枳尼天・聖天・弁才天・愛染明王・毘沙門天などとともに、中世を代表する性神・施福神の一柱として信仰された。今は失われてその実態がほとんど知れない摩多羅神信仰にも、おそらくそうした性神崇拝的な要素がふくまれていたのであり、であればこそ、玄旨帰命壇が、のちに淫祠邪教として批判される一因となったと思われるのである（ただし批判の本筋が本覚論にあったことはいうまでもない）。

太秦寺「牛祭」が象徴するもの

天台に縁の深い摩多羅神だが、この神は真言宗でも祀られていた。摩多羅神が主役をつとめる祭礼で最も有名なものに、京都最古の寺の太秦・広隆寺（真言宗御室派）の牛祭がある。寺史によれば、平安中期には広隆寺にも常行堂が建立され、鳥羽天皇の永久二年（一一一四）に円蓮という僧が念仏会を始修して以降、常行堂における不断念仏（昼夜間断なく念仏を唱える法会）が恒例となった（『常行堂三昧会縁起』）。この念仏会に際し、歌舞音曲をともなうにぎやかな祭礼としておこなわれたのが「摩陀（多）羅神風流」で、ついには摩陀羅神風流のほうが民衆を魅了して知れ渡るようになり、常行堂における不断念仏との関係が曖昧となって、後世に及ぶに至ったものらしい（『太秦広隆寺史』[20]）。この摩陀羅神風流が、のちの牛祭なのである。

牛祭では、祭りを執行する行人が摩多羅神やその眷属に扮する。摩多羅神は天狗のような鼻高の白仮面をつけ、宝珠を載せたような冠物をかぶり、白装束姿で後ろ向きに牛の背に乗る。寺史には、風流の祭儀なので「滑稽味を帯び、諧謔を交うる」のが通例であり、「風流なれば平常常用せざる牛を殊更に用いて滑稽味を添」えたと解釈している。それも理由のひとつだろうが、牛に乗るのは、摩多羅神をシヴァ神の仏教形である大自在天に見立てたためだろう。シヴァ＝大自在天は牛に乗る神であり、かの摩訶迦羅天（大黒天）でもあるからである。

摩多羅神の眷属は四人いて四天王と呼ばれるが、仏教守護の四天王ではなく、摩多羅神の四方を守る青鬼・赤鬼のことを指す。鬼たちは鼻高の面と冠物をつけ、冠物の上には眷属の属性を表すとみられる飾り物——大根・松茸・筍・茗荷が載せられている。筍と茗荷は、天台摩多羅神の二童子のシンボルにほかならない。大根・松茸と摩多羅神との関係は不明だが、大根（二股大根）を大黒天の供物とする信仰は、東北・北陸から江戸、京都、九州の大隅全域にまで広がっている。[21]

その背景には、大黒天を豊饒をもたらす農神（都市部では繁昌や利益をもたらす福神）、また豊饒神と同じ意味を担う性神とする信仰があった。これらの地方では二股大根は女性の下半身のシンボルと見なされており、これを大黒天に捧げて「大黒さまの嫁とり」などと称する地方も少なくない。その大黒天と摩多羅神は同体だから、大根を摩多羅神の「嫁」ないし配偶の「女陰」と見れば、松茸は「男根」のシンボルと考える以外に解釈のしようがない。つまり筍と茗荷は摩多羅三尊のうちの二童子のシンボル、大根・松茸は愛法神としての摩多羅神のシンボルとして、牛祭にとりこまれたと推定されるのである。

牛祭の次第に目を転じよう。喜田貞吉氏によれば、近世における牛祭では、毎年旧暦の九月十二日の夜十時ころ、各町が行灯や提灯をつけた竿を押し立てて仮金堂の方丈に集まる。群衆が雑踏する中、青鬼・赤鬼の眷属をひきつれた鼻高面の異形の摩多羅神が「怪しい囃し」に乗って登場し、境内の所定のコースを練ったのち、金堂前の仮拝殿にのぼって祭文を朗読する。[22]その祭文のなかに、興味深い部分がある。一部、意味が通じないところもあるが、そのまま引用する。

「柊槌頭に木冠を戴き、鍬平足に旧鼻高を絡げつけ、縅牛に荷鞍を置き、痩馬に鈴を付けて馳るもあり。踊るもあり。或は鞍爪に大閫を詰めてにがみ、或は鞍に尻瘡を摺剝いて悲しぶもあり。

企ては誠に十列の風流に似たりと雖も、体はただ百鬼夜行に異ならず。此等の如き振舞を以て、摩吒羅神を敬祭し奉る事、偏に天下安穏、寺家太平の為めなり」（『太秦牛祭絵詞』㉓）

牛馬とともに異形の風体で境内を練り歩き、鉦や太鼓が鳴り響く中、舞い踊る行列一行の姿は、百鬼夜行に異ならないと、祭文はいう。この行列の周囲には、摩多羅神らを囃し立てる観衆がいる。松茸の被り物を被った鬼は「大鼓」を持ち、茗荷の被り物の鬼は「鉦」を持っていたというから、ドンドンチンジャラと、やかましい鳴り物が境内に響きわたっていたはずだ。ほかにも、「松明を持ったもの、鞭を持ったもの、開けた扇を持ったもの、灯籠を提げた子供等、何れも駆け足で騒々しく走って」いたというのだから、これは明らかに騒擾の祭りであった。

　人々の興奮を煽りたてる祭礼のさまは、摩多羅三尊を、衆生の貪瞋痴・三毒を煽りたてる神とした玄旨帰命壇の説と、みごとに合致している。烈しい乱痴気騒ぎのなかで三毒を煽り、人々のアドレナリンをかきた

鼻高異形の摩多羅神の仮面をかぶった役僧が牛に乗って祭場を練り歩く図。（『太秦牛祭絵』高島千春写・国立国会図書館蔵）

て熱狂させた末におとずれる一種のカタルシスは、それ自体が迷悟一如の境地であり、群集の前に現れた異形の摩多羅神と眷属は、人々の煩悩をかきたて、それを浄化する八識の心王・摩多羅神と、六、七識の麁細の心数を象徴する童子眷属たちだったのである。

牛祭は夜の十時ころから始められたというが、こうした夜祭には、しばしば性的な享楽が付随していた。たとえば、東京・府中一の宮の大国魂神社の「くらやみ祭り」では、神輿はかつては夜十一時から渡御され、町内の灯火は消されて町全体が闇に沈んだ。その間、男女の自由な交わり――いわゆる上古の嬥歌の遺習がおこなわれたのであり、この風習が戦後の昭和まで続いていたということを、筆者は同祭の世話人から聞いている。似たような祭りは全国にあった。俗に「種とり祭り」と呼ばれる宇治の「懸祭」、京都八瀬の「雑魚寝祭り」、下総鹿岩の「帯解祭り」、紀州田辺の「笑い祭り」（笑いは隠語で性的交歓を意味する）など、その例は枚挙にいとまがない。こうした嬥歌の古俗と牛祭の関係は明らかではないが、それが性神たる摩多羅神の祭祀であること、牛祭の祭文には摩多羅神のほかに、日本を代表する性神である大黒天や道祖神も名をつらねていることなどから、両者にはかならずや連絡があったものと想像せられる。

真言宗御室派に属する広隆寺の異形の摩陀羅神と、天台の説く阿弥陀の垂迹神としての摩多羅神が同体の神と観念されていたことは、牛祭そのものが常行堂の不断念仏に附随して始められた祭礼だということから明らかだ。[24]『広隆寺由来記』の「常行堂摩多羅神像安置の事」の条には、摩多羅神を「念仏の守護神として（常行堂の）後戸に安置した」旨（むね）の記載もある。牛祭自体は後生安穏（ごしょうあんのん）の祭りではなく、現世の災いを払い、福を招くための祭りであった。したがって、そこに登場する摩多羅神は、天台流の阿弥陀仏の垂迹形（和装・鼓手の老翁（ろうおきな））ではなく、攘災招福（じょうさいしょうふく）を司る鬼神の姿で扮装されていたが、広隆寺常行堂に「念仏守護神」としての摩多羅神が祀られていた以上、この、一見すると別神のように見える摩多羅神も、やはり中世に流行した、往生決定（おうじょうけつじょう）させるために心臓を食らう摩多羅神のバリエーションのひとつだったと考えて大過ない。

玄旨灌頂における摩多羅三尊は、われわれ自身の三毒にまみれた心であり、人生であった。そして、その心や人生そのままが、ほんらい仏なのだということを、特異な入壇伝授作法によって伝えてきたのが玄旨灌頂であった。摩多羅神が阿弥陀仏の垂迹なら、玄旨灌頂の本尊にはそのまま阿弥陀仏を用いればよさそうなものだが、そうしなかった理由は何なのか。『玄旨灌頂私記』は、「阿弥陀をもって本尊とすべきであるとはいえ、今、愚かな衆生の心と報いが、そのまま悟りへと通じる一心三観の道なのだということを顕（あらわ）すために、われわれと同じく、俗塵（ぞくじん）にまみれた垂迹の神明（摩多羅神）を本尊とするのである」と説明している。

こうして玄旨灌頂は、生の実相とはいかなるものなのかについての秘義を受者に授けた。ついで儀式は、人はどこから来て、どこに還るのかという究極の謎に答えるために秘密灌頂へと移る。帰命壇灌頂がそれだ。われわれは、いよいよ玄旨帰命壇の最後を秘儀を見ていく段となった。

6、魂の根源世界としての北斗七星

北斗七星と帰命壇灌頂

帰命壇灌頂で師が弟子に伝授したのは、われわれの生死の本源についての秘密であった。われわれはどこからやってきて、どこに帰るのか。われわれの生死の本源は何なのか。この永遠の謎に対し、帰命壇は以下の歌で答える[25]。

「短夜(みじかよ)の天(そら)なる台(ほし)に憧(あくが)れて、露(つゆ)の命を帰(たてまつ)る壇(にわ)」

人は、永遠の相から見ればほんの一瞬にすぎない露の命を終えると、「天なる台」に帰還する。帰命壇の「帰」の字は、われわれの魂のふるさとが星界であること示している。この秘義、および正しく「天台(そらなるほし)」に帰還するための秘密の口決を伝授するのが帰命壇灌頂の場である「壇(にわ)」だと、この詩は歌っている。

では、ここで歌われている本源の星とは何なのだろうか。これに関する帰命壇の主張はやや錯綜(さくそう)しており、北斗七星とするものと金星とするものがある。まず、北斗七星とするものから見ていくことにしよう。

「我らは天の七星の精霊下りて五体身分と成る也。報命尽れば虚空の七星に帰る」と『帰命壇伝授之事』は述べる。われわれは北斗七星の精から生まれ、命が尽きればまた北斗七星に帰っていくというのだ。衆生が北斗から生まれるということについては、玄旨帰命壇伝書中の『塔中相承大総持妙法蓮華経』（『玄旨壇秘鈔』下）に具体的な説明がある。

口伝にいわく。父母が交懐して赤白の一滴を下すとき、本命属星と元神星の二星が父母の肩に下り、七日を経て父母の耳から体内に入る。一月を経て二星は赤白二水となり、男女の赤白が合して根門（子宮）に浮かぶ。その量は七分の円形である。この円形が次第次第に長じて、我ら衆生となる。このゆえに、衆生はみな七星の変作というのである。またある口伝では、赤白二渧の和合のとき、本命七星は母の頭の頂上から入って衆生の精神となり、元神は父の趺（かかと）から入って衆生の肉体になると伝えている。我らの肉体と心は、ただ本命星と元神星からできあがっているのである。

赤白二水は立川流のいわゆる赤白二渧で、赤水は理念としての女性の精液（経血）、白水は男性の精液だ（この時代、卵子の存在は知られていなかった）。父母が交わると、北斗七星のうちの二星――本命星と元神（元辰）星が、父母の肩に下ってくる。本命星とは、生まれ年の十二支によって定められている七星の中の一星で、いわば霊的な本源に相当する。元神は、その本命星と陰陽配偶する七星の中の一星で、肉体の本源に相当し、やはり生まれ年の十二支によって決まる。この二星が母胎内で結合することで、あらゆる生物になるというのである（本命・元神星については第二章4以下を参照）。

右の説をより精密に、肉身と心（精神）に分けて説くとこうなる。まず肉身。

> 我らが両の眼は、すなわち日と月である。首から上には七穴（両眼・両耳孔・両鼻孔・口腔）があるが、これは北斗七星の全体である。また身には九穴（頭部七穴と大小便道の二穴）があるが、これは九曜星の正体であり、わが身の無量の毛孔は無量の衆星である。……両手には二十八節がある。これは二十八宿であり、『法華経』の二十八品である。以上の理由により、我らの心身というものは、七星・九曜・二十八宿ならびに無量の星々があわさって五陰依身（五陰は色・受・想・行・識の五蘊、この五蘊が寄り集まって人身と精神活動が成立する）を造りあげているのであり、（死んで）分散すれば、みな本地であるもろもろの星へと帰る。そこで分散後については、「虚空に帰る」とか「寂光に入る」というのである。

次に心と星の関連については、こう説明している。

> 我々の心は、三つの魂と七つの魄とから成るといわれている。三魂とは三台星、すなわち日・月・明星である。七魄とは北斗七星である。よって慈覚大師はこれらの口伝により、わが比叡山に総持院を建立した。慈覚大師がこの総持院を天子本命道場と名付けられた心については、こう言い伝えられている。「かの総持院には熾盛光曼陀羅を安置する。熾盛光曼陀羅とは、すなわち北斗七星である。七星は一切衆生の本命星である。この曼陀羅を供養すれば、天子および万民が長寿

を得る云々」。これすなわち、一切衆生の色心はみな七曜・九曜の和合から成っているのであるから、その本身である七星の供養をおこなえば、衆生も随伴して安穏になるというのが慈覚大師の心なのである。

ここに述べられている説は、十世紀以降から大いに隆盛した密教の星神信仰、とりわけ北斗七星にまつわる信仰と、陰陽道の星にまつわる理論・信仰に、真言立川流の赤白二渧の和合・成仏理論が交わって形成されたものにほかならない。ちょうど欧州の占星術理論が、中世からルネサンスにかけて、現象界の事象の一切を星と連動させ、人体各部もくまなく星と照応させたように、帰命壇においても、人体のすべてが星々と対応関係にあると説かれるのである。

第二章2で述べたとおり、われわれが北斗七星からやってきたという中国から伝わった信仰は、すでに平安時代からさかんにおこなわれてきたもので、玄旨帰命壇のオリジナルではない。玄旨帰命壇は古代からの北斗信仰に肉付けをし、特殊な秘儀形式をととのえたのである。『塔中相承大総持妙法蓮華経』は、一切衆生がみな星の精だという証拠はあるかという問いに、こう答えている。

> 我らが祖師の智者大師（智顗）が誕生して七日ほどの間、七星中の破軍星が見えなくなった。これは破軍星が祖師となって地に顕れたためである。また、（詩人の）白居易のときは、出生後七日の間は、文曲星が見えなくなったという。他のすべての人々も、みなこれと同じように誕生時に本命の一星が見えなくなるというのが道理ではあるのだが、凡人の身であるため、こうし

た奇瑞（きずい）を見せてはもらえないだけなのである。

こうして帰命壇は、北斗七星をわれわれの魂と肉体の故郷であると説き、星にまつわる秘事を受者に伝授した。これを「星の大事」という。星の大事の伝授にあたって、三魂七魄説が援用されている点が興味深い。すでに見てきたとおり、三魂七魄説は立川流でも重要な意義づけがなされていた。髑髏本尊は、髑髏に宿っている鬼神の七魄と、赤白二渧を結合させる秘法だったが、玄旨帰命壇でも赤白二渧に独自の意義づけがなされており、三魂は「三台星（日・月・明星）」、七魄は「北斗七星」とされているのである。

では、この三魂である日・月・明星とは何なのか。つぎにそれを見ていこう。

衆生の本源としての日月星

「生の始まりを知ろうと欲するなら、日月星（にちげっしょう）を知るべきである。生の終わりを知ろうと欲するなら、日月星を仰（あお）ぐべきである」と『玄旨血脈面受口決』（以下『口決』）はいう。日月星は、太陽・月・金星を指す。なぜこの三星が生死の本源を握っているのか。『口決』はこう説明する。

一切の衆生は日月星から生まれてきた。衆生の心とは、日月星の三魂（さんこん）のことである。三魂が地に下って、衆生の色心（しきしん）（肉体と精神）の主（あるじ）になる。そこで、衆生が滅する時には、元祖である日月星に帰還するのである。（『法華経』の見宝塔品（けんほうとうぼん）はこの理（ことわり）を明かしている。すなわち）三魂が地に下って衆生として生まれ出ることを、釈迦が地上の霊山（りょうぜん）に現れて法華の教えを説き始めた法会として描きだしてこれを「霊山会（りょうぜんえ）」と名づけ、地獄から仏界までの十界が、ことごとく虚空に帰って釈迦の本分の説法を聞く段を、三魂が滅して虚空に帰ることになぞらえて「虚空会（こくうえ）」と名づけているのである。そのゆえに、地から涌き出た多宝塔の多宝如来も虚空に昇り、十方世界に散って活動している釈迦の分身も、見宝塔品の中では虚空に昇っている。（「灌頂之事」）

先にわれわれは衆生が北斗七星から生まれ出て、北斗七星に帰るという秘説を見たが、ここでは日月星が衆生の生死の本源とされている。日は太陽で陽の原理（陽魂）、月は太陰で陰の原理（陰魂）に当たる。この日月・陽陰の交会によって万物が生まれるという男女のアナロジーに基づく創成論は、古代の農耕儀礼から中国の陰陽論、西方世界の錬金術など、世界のいたるところで見いだすことができるが、帰命壇は、そこに秘説を加える。「日」という字と「月」という字を組み合わせた「明」字の星――つまり「明星＝金星」こそがわれらの本源であり、帰命壇の「真実ノ本尊ハ明星天子也」として、これを最奥の秘伝としたのである。

前記『大総持妙法蓮華経（だいそうじみょうほうれんげきょう）』は、こう説いている。

> （帰命壇の）本尊は明星天子である。明星天子とは、迷悟一体・陰陽不二の精が明星天子となって顕れたものである。さて、陽の精たる日天子は、明星の陽精が分かれて日天子と顕れたのであり、陰の精たる月天子は明星の陰精が分かれて月天子と顕れたのである。……二字を合して三と

いう大事がある。このことはだれも知らない。いわゆる明星がそれである。明とは日月のことであり、釈迦（日）と多宝如来（月）である。

最後の部分は、さきに読んだ『法華経』見宝塔品の虚空会のことをいっている。多宝塔の中で釈迦如来と多宝如来が並んで座った状態こそが、「二字を合して三という大事」の標示、すなわち日月＝明の星だというのである。

　明星を太陽と月と結びつけるのは、この星が明けの明星として現れるとともに、宵の明星としても現れるところからきている。すなわち日月をつなぐ星と見なされているのであり、であればこそ、「明星天子は寅の一点に出て終り、日輪と成る。申の時に出て終り、月天子と成るなり。されば字にも日月並べて書くなり」（『玄旨重大事』）ともいわれる。『口決』の続きを読もう。

　この明星は、一切衆生の能蔵（八識＝阿羅耶識）の菩薩なので、虚空蔵菩薩ともいう。玄旨の大事では、玄旨を相承して玄行を修行するには、まず虚空蔵菩薩を本尊とする修法を習う。その習いにおいては、明星をもって本尊とすべきである。

　すでに記したとおり、阿羅耶識は、現象界を成り立たせている法から生じる種子の一切を蔵する種子識と考えられてきた。そこで「能蔵」とも訳されているのだが、その能蔵を司るのが明星であり、隠秘学でいう「アカシックレコード」を神格化した菩薩が虚空蔵菩薩（アカーシャガルバ）なので、この菩薩を「能蔵の菩薩」と呼んだのである。右の口伝は、空海が虚空蔵法を修して明星を呑み、大悟したという有名なエピソードを下敷きとしているが（『三教指帰』）、天台から出た日蓮も、虚空蔵菩薩から明星のような智恵の大宝珠を授かって以降、「八宗並に一切経の勝劣ほぼこれを知りぬ」と述べているし（『清澄寺大衆中』）、同じく天台出身の親鸞にも、明星天子の示現をこうむって高田専修寺の前身の念仏道場を建てたというエピソードが伝えられている（『正統伝』）。

明星に虚空蔵菩薩を観じ、虚空蔵菩薩に明星を観ずる思想のルーツは大陸にある。インドの雑密でも明星は虚空蔵菩薩の化身だと説かれているし（『虚空蔵神呪経』など）、天文の大家だった唐の一行阿闍梨は、日月星は虚空蔵菩薩の化身だと説いている（『宿曜儀軌』）。明けの明星は月輪の支配する夜に現れ、日輪が現れる前の暁の世界を照らして、迷妄の闇を破する神とみなされた。であればこそ、日月の中間に位置する明星は、「迷悟不二」の中道そのものと位置づけられた。帰命壇灌頂は、インド・中国から伝わった星辰信仰と法華一乗の思想を組み合わせて、一派の秘説を立てたのである。

前節で、玄旨灌頂の本尊は摩多羅神、帰命壇灌頂の本尊は、摩多羅神の本地である阿弥陀仏だと述べたが、明星とは、実にこの阿弥陀仏のことだとも位置づけられた。陽精である日天子は明星の陽精が分かれて現れたもの、陰精である月天子は明星の陰精が分かれて現れたものだと、玄旨帰命壇では説く。ところで、この太陽＝陽精の本地は、弥陀三尊（阿弥陀・勢至・観音）のうちの観音菩薩、月＝陰精は勢至菩薩、そして中尊の阿弥陀仏は、われわれの息風（呼吸の息）であり、日月すなわち明星だとも説かれたのである。この陰陽の精は、父母の赤白二渧が交わるとき、息風に乗って日月から母胎に下るが、息風とは阿弥陀仏にほかならない。そこで、『帰命壇伝授之事』はこう述べる。
師と弟子が（帰命壇灌頂の）内道場に入るとき、師は弟子に、「鼻と口から入る息は阿弥陀如来の来迎、出る息は往生である」と教示せよ。また、「両の鼻穴から出入りする息は観音・勢至、口から出入りする息は阿弥陀如来であると思え。このように了解すれば、呼吸の一息一息が刻一刻の来迎であり、また、刻一刻の往生にほかならない。この秘義をゆめゆめ疑ってはならない」と教示せよ。

ここで説かれている教えを「弥陀命息（みだみょうそく）」という。弥陀命息は、帰命壇灌頂の中核ともいうべき教えだ。帰命壇に「風息壇」㉖の異名があったのはそのためだが、同様の教義は浄土真宗の異端や真言宗でも伝えられており、立川流では、息の出入りを赤白二水の出入り（男女冥合）にたとえ、歓喜の妙境に顕れる法悦（成仏）の境地そのものとみなしていた。つまりこの思想は、阿弥陀信仰が深々と浸透していった中世の一大思潮だったのであり、その天台における代表的流派が玄旨帰命壇だったのである。

このように、玄旨帰命壇では日月星が人格神の姿をとって現れる場合には、観音・勢至・阿弥陀の「弥陀三尊」になると考え、同じセットが俗体となって現れると、観音菩薩を本地とする爾子多童子、勢至菩薩を本地とする丁令多童子、阿弥陀如来を本地とする摩多羅神の「摩多羅三尊」となると説いた。これら三尊は、究極的には『法華経』でいう〈釈迦如来＝日〉と〈多宝如来＝月〉の〈並座＝明星〉の変容、一心三観・三諦一如の真理の展開の具体的な姿にほかならない。そのことを一仏に集約して表せば阿弥陀如来、一経で表せば『妙法蓮華経』、一星で表せば明星ないし一字金輪となるというのが、玄旨帰命壇の秘義の中核だったのである。

7、帰命壇灌頂の次第と星の秘儀

本源の星に帰る秘儀

以上を踏まえたうえで、帰命壇灌頂の式次第をざっとながめていこう。初夜の玄旨灌頂では、阿弥陀如来がなぜ摩多羅神に化身して垂迹したのか、その意味を伝授した。弟子は玄旨灌頂により、現実の生がそのまま悟りと直結していること、すべての真理はただ一心のうちに体得でき、成仏の機縁もそこにあること、煩悩は即菩提であることを伝授された。それにつづく後夜の帰命壇灌頂では、われわれがどこから来てどこに帰るのか、生死の本源についての密義が伝授される。灌頂儀式は、まず摩多羅神の祭壇が設けられた屋外の外道場から始められ、次に内道場に移って種々の伝授があり、最後にまた外道場（帰命壇）で星の大事が伝授される。この最後の部分が、冒頭で述べた「露の命を帰る壇」――帰命壇そのものに相当する。

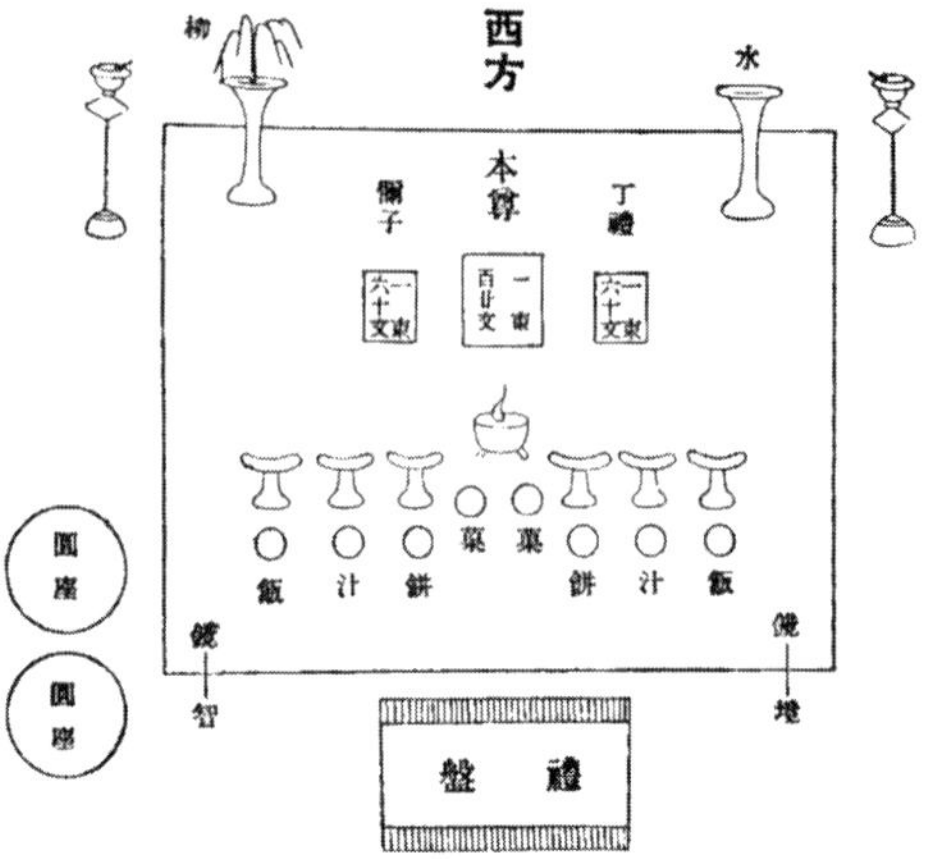

帰命壇・外道場図（前方便時）。摩多羅三尊を祀る。（『日本天台史』別冊より）

外道場での作法

帰命壇灌頂の前方便としておこなわれるもので、摩多羅神像を東向きに掛け、机に仏具、灯明、供物などを供えた屋外の外道場で修される。まず、師が弟子（受者）に公案を授ける。公案はさきに述べた「鼓一心三観」で、「鼓を打って鳴る音は、手が鳴るのか、皮が鳴るのか、調べが鳴るのか、胴が鳴るのか。どれが鳴り、何物が一心三観なのか。弁じ来れ」と弟子に問う。弟子が答えられなければ「重ねて工夫せよ」という。また、「我らは何者が生じてこの身となっているのか。また死ぬときは何物が滅するのか」と公案を与える。これらの公案に対する答えは、資料には記されていないが、前者は玄旨灌頂の教えに添ったものだろうから、手も皮も調べも胴も同時にひとつに融け合って鳴り響き、鼓の音のうちに空仮中の三諦が成就している旨を答えるのだろう。また、後者は前節で解説した星の秘義を答えたものと想像される。その後、師は弟子に罪障懺悔について説法し、内道場に移る。

内道場での作法

内道場は、西方に阿弥陀仏ないし弥陀三尊が祀られている。入堂して、師は弟子に覆面をかぶせ、顔を覆う。あるいは目を閉じるよう指示する。目隠しされ、合掌している弟子の指先をつかんで、師が弟子を仏前に導く。本尊前で着座し、「不至(ふし)の境とはいかなるものか。古来、受者はいろいろと弁じたものぞ」と師が弟子に問う。しばらく待って弟子が明瞭に答えられずにいたら、「重ねて弁ぜよ」といって弟子の覆面をとり、今度は「至の境とはいかなるものか。弁じてみよ」と問う。その後、師は弟子に「不至の境」と「至の境」について、以下のように説法する。

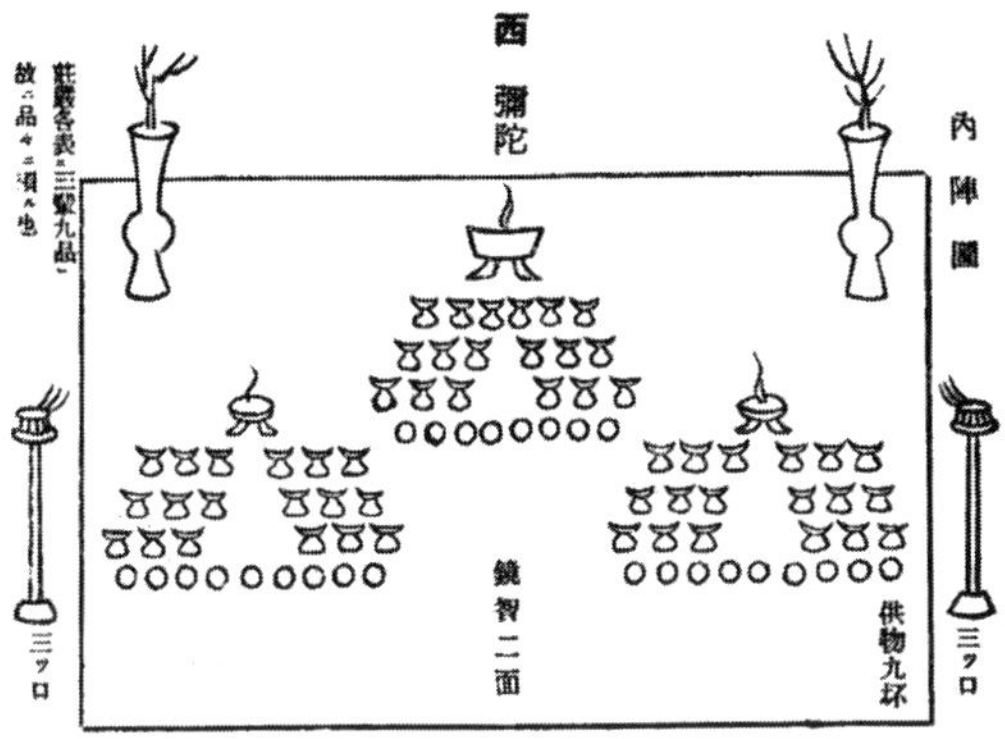

帰命壇・内道場図。阿弥陀三尊を祀る。(『日本天台史』別冊より)

「今述べてきた不至の境というのは、仏智が開けていない凡人の智目が闇に閉ざされていて、自分は死後どこに行くのかを知らないまま生きている境涯のことをいう。だから汝は、覆面をして両目を閉じたのである。至の境とは、正しく西方極楽浄土に至ることをいう。覆面をとって両目を開いたとき、汝はただちに本尊の阿弥陀仏を拝見したであろう。それが至(し)境(きょう)の姿である。……ただいまこの座に至ったということが、即極楽浄土に至ったということだ。弥陀とは即妙観察智である。また、摩多羅三尊が一心三観の尊体であったように、この弥陀もまた一心三観の尊体である」

　このように説いてから師は二面の鏡を手にとり、弟子に手渡して左右の灯明を鏡に映させる。帰命壇で最も重要な密儀が、この鏡を用いた秘義伝授だ。『帰命壇之事』は、ただ、「左ノ手ハ下、右ノ手ハ上ナリ、境々互照、智々互照ト云ハ此ニ顕ルト示シ玉ヘリ、是亦工夫セヨト云ヘリ」としか述べていないが、『帰命壇伝授之事』には以下のような詳しい説明がある。

　鏡を手に取って右の鏡に灯明を映して智境（大円境智）を照らすことを示し、左の鏡には右の灯明を映して、また智境を照らすことを示す。さらに両面を互いに映して境々互いに照らすことを示し、両灯を互いに映して智々互照を示すべし。

　文中の智境（大円境智）とは、大円鏡がすべての像をありのままに映し出すように、一切を明らかに把握してあますところのない如来の知恵をいう。観法に大円境智観がある。それは向かい合った二面の大円鏡が互いの影を映しあうように、仏と我が互いに互いを映しあい、相手の中にそっくり入り合うさまを観ずる瞑想法のことをいうが、帰命壇のこの段では、右の大円境智観を、実際に鏡を使って行じてみせているわけである。ついで師は、先に述べた「弥陀命息」の秘義を伝授し、一呼吸一呼吸がそのまま弥陀の来迎だと教える。

外道場（帰命壇）での作法

内道場における伝授を終えたら、師と弟子は屋外の帰命壇に移る。いよいよ密儀のクライマックスとなる。ここで、生死の根源の意味が弟子に伝えられる。帰命壇は、四角い方壇の中にこのページの図のような円壇を置いた天円地方壇になっている。方壇は地を表し、円壇は天を表している。まず鍬（くわ）をもって七尺四方を「サクリ平ケテ」（掘って平らにして）、清浄地にする。次に三尺に切った竹を三本、方壇に立て、方壇の上に紙と絹でつくった「面広サ三尺」（直径三尺か）の円壇を置く。その円壇に天衣（てんね）と八葉（はちよう）を敷き、その上に供物を供えるのである。

帰命壇・外道場図（最後の秘義伝授時）。二十八宿を象徴する鍬が円壇を取り囲む。（『日本天台史』別冊より）

注目されるのは方壇の東西南北の角に七本ずつ置かれた鍬だ。なぜ鍬を置くのか、『帰命壇之事』はその理由をこう説く。「（鍬は全部で）二十八丁である。鍬は二十八宿の三昧耶形（さんまやぎょう）だから、このようにしつらえるのである。次に師は鍬を一丁ずつ手にとり、鍬の置かれていた元の場所を掘って穴をうがつ。その穴に、お神酒（みき）を供える。鈴を用いて穴に酒を注ぐのである」。

円壇にも酒を入れた瓶子が供えられる。北斗は酒を愛する神なので、神酒を供えるのだと『帰命壇図』にある。ついで師は壇の西方に立って東を向き、弟子は南に立って北を向く。

師は弟子に印信二通を伝授する。次に師は灯明を消し、壇に置かれていた一面の鏡を手にとって天台星（北斗七星）を鏡面に映してから、弟子に鏡を渡す。弟子も師と同じように鏡に七星を映し、映し終えたら鏡を師に返す。ついで、「我らは天の七星の精霊が下って五体身分と成ったのである。報命が尽きれば虚空の七星に帰る」と口伝を授ける。以上で帰命壇灌頂は、とどこおりなく終えるのである。

われわれが帰るべき場所

星を不動の実体と見なすことに慣れている今日のわれわれには、今日とはまったく理解を異にする日月星のセットと北斗七星を、ともに命の本源とする帰命壇の説は了解しがたい。けれども、この時代の人々にとっての星は、決して不動の実体ではなく、いかようにも変容する真理の化身であった。その背後にある思想や原理が共通であれば、それら星々は、ちょうど大日如来と明王のように融通無礙に変容し合って、同じ真理の変奏曲を奏でたのである。

それだけではない。われわれが地に下った日月星の精である「三魂」から形成されているように、北斗七星も、地に下れば三魂となるという思想すらあった。『玄旨重大事』は、「七星を三台星（さんだい）という」と説いている。「三台星」は道教に由来する星で、もともとは北斗七星ではなく、北斗七星の南に連なる六つの星を二つずつのセットにして上台・中台・下台と呼んだものだ。道教では、上台は寿命を司る虚精開徳星君（きょせいかいとくせいくん）で色は赤、中台は宗室を司る天淳司空星君（てんじゅんしくうせいくん）で色は白、下台は軍兵を司る曲生司禄（きょくせいしろく）

星君で色は青とし、以上の三台を瞑想・祭祀することにより、邪を除け福を招くことができるとした。またこの三台が、人間の三魂（道教の場合は陽性の胎光、陰性の爽霊と幽精の三魂）になるとも説いたが、こうした道教説が口伝法門の中に受容されるとともに、七星イコール三台、三台イコール三魂といった説へと発展していったのである。

これら星に関する秘義の数々を、帰命壇灌頂は具体的な作法によって表現した。右に述べたとおり、同灌頂のクライマックスでは、屋外の帰命壇で鏡に星を映す「暁天の作法」がおこなわれたのだが、この作法のポイントは、まさに〝明けの明星〟が輝く暁天に、〝七星〟を映すという明星と北斗のセットによって、われわれがそこから来り、そこに帰る本源を教えることにあった。

玄旨帰命壇については、まだ紹介すべき多くの象徴体系があるが、阿弥陀信仰から紡ぎだされた如上の儀式次第だけでも、従来、立川流の亜流のごとき邪教としてしか語られることのなかった玄旨帰命壇の面目の一端が伝えられたのではないかと思う。天台思想の本流からいえば、この二つの灌頂儀式で説かれる口伝法門が多分に通俗的で牽強付会なものであったことは否定しようがない。ただし通俗的であるがゆえに、玄旨帰命壇がかえって宗教の本来もっている呪術性や非合理を突き抜けた神秘性を生き生きと甦らせ、中古の天台宗に生命の息吹を与えたことも事実なのである。

地には鼓で囃し立てられて狂乱歌舞する摩多羅神と二童子、天には命の本源である北斗七星と日月星――これらこそ、玄旨帰命壇の絵解きそのものであり、理想と現実、聖と俗のただ中で業にまみれて生きるわれわれの人生そのものであった。そして同壇は、それを否定的にとらえるのではなく、大肯定することによって、天台正統の法華・本覚精神を開花させようとしたのである。

　三魂は生前は虚空に住していた。……死ぬときはまた、もとの虚空に帰るのである。いわゆる三魂とは、天に在っては日月星の三諦（さんだい）である。ゆえにわが一心を空と観るときは、わが空魂（くうこん）は日輪に帰る。日輪とは、すなわち生身（しょうじん）の釈迦・報身（ほうじん）の如来である。わが心を仮諦（けたい）と観るときは、この仮魂は衆星に帰る。衆星とは十方（じっぽう）分身の釈迦牟尼（しゃかむに）・応身（おうじん）の如来である。わが心を中道と観るときは、この中道の不思議魂は月輪（がちりん）に帰る。月輪とはすなわち多宝塔・法身の如来である。

　このように、一心三観の行者は自分の生前の形である日月星を日夜拝見し奉っている。日夜に自分が死後に生じるところを知るのである。そこで修行の功徳（くどく）によって、行者の三魂はついに虚空の三諦に帰る。この口伝を知ることがなければ、その人は生前、自分がどこにいたかも知らず、死後、どこに帰るのかもわきまえない愚痴の人として生きることになる。（『一心三観之来報事』）

　現世利益と極楽往生——中世人の関心は、この二点に集約されている。そのうちの現世利益方面に主眼を置いて多くの人々を惹きつけたのが真言立川流であり、西方浄土の教主・阿弥陀仏のもとに往生することを眼目としたのが天台の玄旨帰命壇であった。この中世異端の二大流派は、近世においてそろって弾劾され、歴史の表舞台から消え去っていく。けれども、そこで説かれたオカルト説は、形を変えてさまざまな秘教のなかに伝承されることになるのである。

【注】

①島地大等『天台教学史』（『現代仏教名著全集』９・隆文館）

②田村芳朗「天台本覚思想概説」（『天台本覚論』岩波書店）

③以下に引用する「真如観」「三十四箇事書」「漢光類聚」「天台法華宗牛頭法門要纂」「修禅寺決」はいずれも岩波書店・日本思想大系『天台本覚論』によった。

④田村前掲論文

⑤田村前掲論文

⑥田村前掲論文

⑦本覚思想は天台で発展したが、その源初形を日本で最初に展開したのは真言宗の空海である。なお、天台本覚論は真言宗にも広く流れこんで甚大な影響を及ぼした。その影響は立川流にも顕著に見られる。

⑧玄旨帰命壇関係テクストは上杉文秀『日本天台史別冊』中の「日本天台檀那流玄旨帰命壇秘録集」（破塵閣書房・国書刊行会の復刻版あり）、および三田村玄龍編『信仰叢書』（ゆまに書房より復刻）の「玄旨壇秘鈔」を用いた。玄旨帰命壇の思想と儀礼は右の両書によってほぼ説き尽くされている。ほかに天台宗全書等にも若干のテクストが収録されている。

⑨山本ひろ子『異神』平凡社

⑩『仏教語大辞典』東京書籍

⑪法華経説法の場に前世の慧思と智顗がいたという伝説は、最澄の愛弟子で最澄没後、宗門の発展のために多大の貢献をなした光定（七七九〜八五八年）が、その著『伝述一心戒文』で強調している（同書中巻）。また、光宗は慧思の生まれ変わりが聖徳太子で、日本に仏教を流通するために太子となって転生したとも述べており、太子を崇敬した最澄の衣鉢を嗣いでいる。太子を慧思の生まれ変わりとする「聖徳太子慧思託生説」は、神護景雲元年（七六七）の淡海三船の漢詩の序や同じ淡海三船の編述になる『唐大和上東征伝』（鑑真伝）でも述べられており、すでに九世紀の時点から光定ら最澄の弟子によって天台内に広められていた（慧思と太子については本書三章および『秘教Ⅱ』『聖徳太子伝暦』参照）。

⑫『天台玄旨灌頂入壇私記』は前記『日本天台史別冊』所収。
⑬喜田貞吉『福神』宝文館
⑭長沼賢海「大黒天再考」（民衆宗教史叢書29『大黒信仰』雄山閣所収）。なお、長沼の『日本宗教史の研究』教育研究会（昭和三年）に詳細な大黒天研究論文（「大黒天の形容及び信仰の変遷」「同続篇」）が収録されている。
⑮山本前掲書
⑯F・T・エルワージ『邪視』リブロポート
⑰西岡秀雄「マノフィカ」（前掲・民衆宗教史叢書29）
⑱西岡前掲論文
⑲長沼前掲論文
⑳橋川正編著『太秦広隆寺史』京都太秦聖徳太子報徳会
㉑北陸から東北にかけては及川大渓「大黒天」（前掲・民衆宗教史叢書29）、江戸・京都については宮田登『江戸歳時記』吉川弘文館、九州大隅については小野重朗「大黒様」（前掲・民衆宗教史叢書29）。
㉒喜田前掲書（「摩多羅神考」）
㉓高田与清『擁書漫筆』所収の『太秦牛祭絵詞』の祭文を漢字仮名文に改めた。祭文は応永九年（一四〇二）九月十二日、恵心院源信の作となっている。
㉔広隆寺における常行堂不断念仏は、寺伝によれば後一条天皇の万寿元年（一〇二四）から始まったといい、叡山横川の恵心僧都源信が「極楽生身仏を礼し奉らんと欲せば、広隆寺絵堂の丈六像を礼し奉る可し」との夢想を得たことがきっかけだったと『太秦広隆寺史』にある。ただし源信の示寂は一〇一七年なので、常行堂念仏始修の年とは合致せず、後代の付会と思われる。ただ、摩多羅神信仰が常行堂念仏を介した阿弥陀信仰から展開していったものだということは、広隆寺の牛祭からもうかがうことができる。
㉕硲慈弘『日本仏教の開展とその基調』名著普及会
㉖命息信仰について山本ひろ子氏は、「息風・気息を衆生の生命の本体とし、その出入りをそのまま弥陀の来迎・往生とするのは、弥陀命息の信仰である。この深義は、とりわけ帰命壇において内道場に入る時に観念せしめ、伝授され

るので、帰命壇の灌頂は『息風壇』と呼ばれたりもした。こうした命息信仰は、真言密教の秘密念仏の流れを汲むものであり、叡山では鎌倉中期以来、恵心・檀那両派によって摂取され、新義を生んでいった」（『異神』）と述べている。

この信仰は立川流のなかにも色濃く影を落としているのみならず、専修念仏の浄土真宗にも深く食い込み、近世の真宗異端・御蔵法門などへと展開していった。親鸞から如真に伝えられたと称する秘伝書に『安心決了秘鈔』『即身仏體秘鈔』『発願回向秘鈔』があり、それを合綴した『御袖下』なる偽書は江戸時代の信者たちの間でひそかに読みつがれたが、そこには、たとえば「法便法心といふは、阿吽の二字より出生し玉ふ、陽の一念の息は即阿の息なり、此の阿の息の一念によっての弥の字とは成玉ふ也、是を心と号るゆへに法性也、法性の二字は阿の一念を呼と受る所也、陀の字と顕るるなり、故に赤渧白渧和合の所を法報応の三心とは号るなり」などといった中世以来の念仏にかかわる異端の秘説が縦横に展開されている。

あとがき

本書がふたたび日の目を見るとは考えてもみなかったことなので、戎光祥出版株式会社代表取締役の伊藤光祥氏から熱心な再刊の勧めをいただいて驚いた。とはいえ、旧著に若干の語句の訂正を加えただけで再刊するということは、もの書きの良心として選択しがたかったので、どうしたものかと大いに迷った。

書き改めなければならない部分は多々あったし、新たに現代語訳を付け加えたい文書もあったが、それをやると原稿枚数は大幅に増える。旧著の時点で二段組六百ページを超えていたが、新版は旧著より活字を大きくし、一段組で読みやすくしたいとの方針もうかがっていたので、これは難しいなと考えていたところ、伊藤氏から、論篇と訳篇を別々にして二巻本にしてはどうかという、まことにありがたいご提案をいただいた。本書はこうして再刊にこぎつけることができた。その際、伊藤氏から、自分はあなたの著述の熱心な読者の一人だと言われ、もの書き冥利に尽きると感激したことは忘れられない。

旧版のあとがきで、私はこう書いている。

〈――仏教も陰陽道も道教も、すべては大陸の先進国から日本にもたらされた。日本固有のものとされる神道は、中世という時代を経るまでは、いまだわが国の古俗の域を脱するものではなかった。これらが融合しあい、日本的なるものに生まれ変わるためには、中世というカオスのひとつ鍋で煮込まれ、どろどろに溶けて混じり合う必要があった。個人的な神秘体験を核に、神話などを自由に再解釈することによって生み出されるオカルティズムは、この中世において孵化し、異常なまでの発展を見た。本書の言う「日本の秘教」とはこれであり、私が追っていきたいのも、まさにこの部分なのである。〉

この思いは、いまも少しも変わっていないが、現在の自分は「個人的な神秘体験」のさらなる細部に分け入る作業に没頭している。それは山岳信仰と密接不可分にからみあっているが、聖俗が混在する都邑部における密儀信仰が中心の本書では、山の要素はほとんど語られていない。私自身の次の課題は、これになるだろう。

さきにも述べたとおり、本書は伊藤氏のありがたい勧奨とご配慮がなければ実現しなかった。また、やっかいな編集作業を根気よく続けてくださった編集の宮川万理子氏にも、たいへんお世話になった。心より感謝申し上げる。

二〇二二年正月

藤巻一保

【著者紹介】

藤巻一保（ふじまき・かずほ）

1952年、北海道に生まれる。中央大学文学部卒。宗教研究家。作家。宗教における神秘主義をテーマに、雑誌・書籍などで幅広く執筆活動を行う。

著書に、『第六天魔王と信長』（悠飛社、1991年）、『真言立川流』（学習研究社、1999年）、『安倍晴明』（学習研究社、2000年）、『日本秘教全書』（学習研究社、2007年）、『アマテラス』（原書房、2016年）、共著に、『北の五芒星　安倍晴明』（春陽堂書店、2000年）、『七人の役小角』（桜桃書房、2000年）、『安倍晴明『簠簋内伝』――現代語訳総解説』（戎光祥出版、2017年）、『秘説 陰陽道』（戎光祥出版、2019年）など多数。

装丁：堀 立明

秘教（ひきょう）I
――日本宗教（にほんしゅうきょう）の深層（しんそう）に蠢（うごめ）くオカルティズムの源流（げんりゅう）

二〇二二年五月十日　初版初刷発行

著　者　藤巻一保
発行者　伊藤光祥
発行所　戎光祥出版株式会社
東京都千代田区麹町一‐七
相互半蔵門ビル八階
電　話　〇三‐五二七五‐三三六一（代）
ＦＡＸ　〇三‐五二七五‐三三六五
印刷・製本　モリモト印刷株式会社

https://www.ebisukosyo.co.jp
info@ebisukosyo.co.jp

ISBN 978-4-86403-418-0